旋风！旋风！

第40集团军征战史记

张正隆 著

人民日报出版社

第40集团军征战历程图

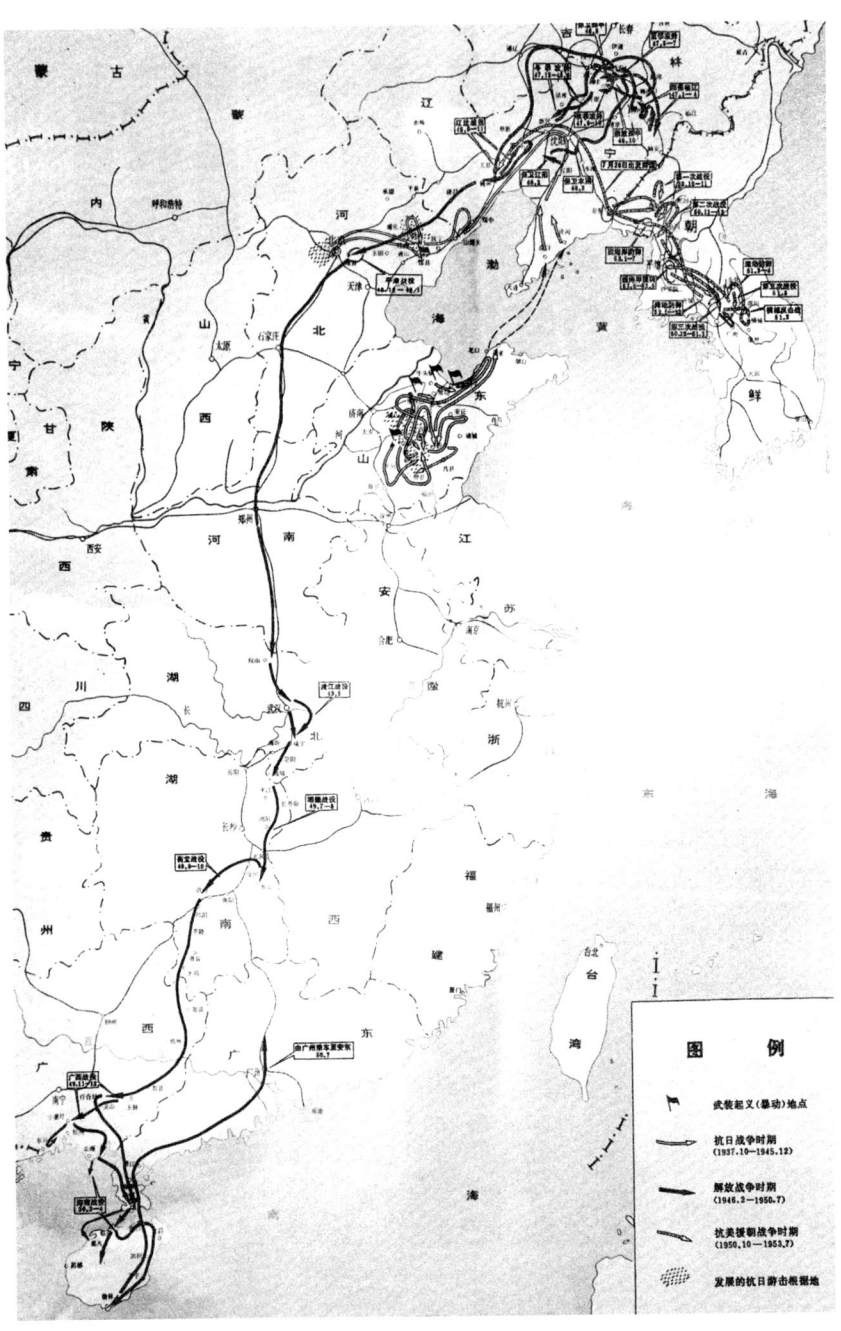

目 录 CONTENTS

上篇

第一章 山东好汉 ——————————————————— 3
　1/ 国难当头一声吼 ///3
　2/ 出手 ///8
　3/ 一支新部队 ///13
　4/ 家 ///20
　5/ 游击——战争家常— ///24

第二章 "机枪一响下炸药" ———————————————— 30
　1/ 死打硬拼小张庄 ///30
　2/ 王凤麟和刘厥兰——英雄谱一 ///33
　3/ "敌人的炮楼开了锅" ///40
　4/ 巍巍马鞍山——续英雄谱一 ///44

第三章 战斗进行曲 ——————————————————— 49
　1/ 讨伐吴化文 ///49
　2/ 克沂水 ///52

3/ "武士倒"　///55

4/ 千军与一将——名将录一　///60

5/ "机枪扫大炮轰消灭鬼子兵"　///65

6/ 千曹世范们——英雄谱二　///69

第四章　浴血冀东

1/ "青纱帐起来去抗日"　///76

2/ 用战斗宣示这片不屈的土地　///81

3/ 复仇战役　///83

4/ 打日军和最反动的伪军　///87

5/ 不打仗的日子像节假日一样少——战争家常二　///91

6/ 冀东英雄——英雄谱三　///94

第五章　出关第一军

1/ 前所会师　///97

2/ 拿下山海关　///100

3/ 进驻沈阳　///103

4/ 我们只服从中央的命令——名将录二　///108

中篇

第六章　"我为谁人来打仗"

1/ 不是家常成家常——战争家常三　///115

2/ 李伯秋和他的部下——名将录三　///118

3/ 天下穷人是一家　///122

4/ 毛泽东亲自修改诉苦经验报告　///129

第七章　大雪飘飘　　　　131

1/ 腊七腊八，冻掉下巴 ///131
2/ 旋风 ///135
3/ 还是旋风——名将录四 ///139
4/ 枪又打不响了 ///146
5/ "一九四七年第一名战斗英雄"——英雄谱四 ///150

第八章　辽沈大战　　　　156

1/ 首攻义县 ///156
2/ 攻克锦州第一险 ///158
3/ 辽西会战——斩首行动 ///166
4/ "攻占配水池的打铁汉"——英雄谱五 ///171
5/ "文武双全的全面英雄"——英雄谱六 ///174
6/ 什么叫"头等主力"——战争家常四 ///177

第九章　"没有敌人能够阻挡我们"　　　　182

1/ 北平入城第一师 ///182
2/ 思议韩先楚和他的部下——名将录五 ///186
3/ 胜利在腿上——战争家常五 ///192
4/ "东北虎"不是"华南虎"——战争家常六 ///198
5/ 战争是雄性的——战争家常七 ///202
6/ "不惜战至一人一枪一弹"——名将录六 ///207
7/ 战争马拉松——续战争家常五 ///211

第十章　旋风旋上海南岛　　　　216

1/ 海练 ///216
2/ 解放海南第一船 ///220
3/ 迎击最后一颗子弹——名将录七 ///224

4/ 大医医国——名将录八　///229

5/ 要不是他极力推动，海南岛会不会成为第二个台湾——续名将录四　///235

6/ 陆军海战队　///239

7/ 笑不起来的胜仗——战争家常八　///244

8/ 跑到天涯海角——续战争家常五　///247

9/ 吴连义、万守业式的英雄黄继光——英雄谱七　///250

下篇

第十一章　龙啸　　257

1/ 从海南岛直奔鸭绿江　///257

2/ 出国第一仗　///260

3/ 军号和小喇叭　///266

4/ 见识美军　///271

5/ 俘虏没处放就放了　///275

6/ 天地斗——战争家常九　///280

第十二章　半岛的月亮　　285

1/ 剑不如人，剑法胜于人　///285

2/ 从平壤到汉城　///296

3/ 夜老虎　///299

4/ 砥平里：半岛之战转折点　///305

5/ 一把炒面一把雪——炒面也没了——战争家常十　///311

6/ 杀开百里血路　///317

7/ 一级战斗英雄——英雄谱八　///321

第十三章　拼的一股英雄气 —————————— 326

1/ 旋风本色　///326

2/ 争雄三八线　///331

3/ 侦察兵的故事　///336

4/ 英雄不语——英雄谱九　///341

5/ 谁是最后一名烈士——战争家常十一　///347

第十四章　和平无声 —————————————— 351

1/ 古来征战几人回　///351

2/ 还是战争家常　///355

3/ 梦里杀声　///359

参考文献 ————————————————————— 364

上 篇

投降派逃跑了
我们便从地上站起来

第一章　山东好汉

1/ 国难当头一声吼

干冷干冷的北风，裹挟着战火硝烟，一阵紧似一阵地扑向齐鲁腹地。

泰安县（今泰安市）县城东南30公里处的徂徕山，被当地人称作"大寺"的法华寺大殿里，聚集了160多个男女。

莫道命都有点顾不过来了，有人还有心思进香拜佛。12年后，这支从徂徕山打出去、创造了名扬全军的"七个第一"的"旋风部队"，进军广西，急行军，强行军，有时一昼夜百余公里，不时与敌遭遇。路边庙宇里，一些人焚香磕头，闭着眼睛念念有词，祈祷神灵保佑家人和一方平安，对枪炮声充耳不闻。

而眼下法华寺里的这些人，正是要迎着那枪炮声去的。

这是一支队伍，一支几乎囊括了七十二行的队伍。

长袍短袄，制服西服，还有5个全副武装的军人。礼帽、鸭舌帽、瓜皮帽，高高的土耳其帽，火车头式的水獭帽，更多的是与抿裆裤、撅腚袄搭配的毡帽头。女人剪短发的、留长辫的，在脑后梳个疙瘩鬏的，几乎都是徒手。男人手拿肩扛的可就五花八门了，除了5个军人肩头令人艳羡的上着刺刀的七九步枪外，捷克式、德式、法式、俄式步枪，大都老掉牙了，据说有的拿粒弹头放到枪口，顺着枪膛当啷一声就掉进去了。国产的汉阳造、山西造、沈阳造（因枪栓上方有个防尘罩，又称"沈阳盖子"）等，最多的是以"章丘造"为代表的各种土造长短枪，其中仿捷克式、沈阳造较多。还有"土压五"（一种压5发子弹的七九步枪）、"撅把子"（一种单打一手枪，又叫"药条"）、"二人抬"（一种土炮，行军时需两个人抬着），当然也少不了被称作"鸟枪""土铳""老洋炮"的各种火药枪，更多的是红缨枪、大刀片，以及棍棒什么的，有的连这类家什也没有。如果这一刻打起仗来，只有从身边随手操起个什么家什，或者抓几块石头。

一支武器装备远比七十二行还庞杂、繁乱的队伍。

一阵忙乱，松柏环绕的法华寺大殿前的空地上，160多人排列好队伍。

凛冽的寒风中，冷冰冰的阳光，照耀着一张张冻得通红的庄严、肃穆的脸。

中华民族解放先锋队（简称"民先"）山东总部负责人孙陶林，一位20多岁的北平来的大学生，人称"孙大炮"，激昂慷慨地高声宣布：徂徕山武装起义誓师大会，现在开始！

升起一面缀有镰刀斧头的红旗，中间两个大字"游击"。

孙陶林指挥大家唱歌：

> 起来，不愿做奴隶的人们，
> 把我们的血肉筑成我们新的长城。
> 中华民族到了最危险的时候，
> 每个人被迫着发出最后的吼声。
> ……

除了学生、军人和有着类似经历的人，许多人是平生第一次站到队列中。他们不懂"立正""稍息"，不知道怎么"向左转""向右转"，也不会唱《义勇军进行曲》。但是，像那些唱得热血沸腾的人一样，他们周身的每个细胞都被那旋律鼓荡、燃烧着，国难当头发出不屈的愤怒的吼声。

中共山东省委书记黎玉讲话，宣布徂徕山起义部队编为"八路军山东人民抗日游击第4支队"，洪涛任支队司令员，赵杰任副司令员，黎玉兼政治委员，省委宣传部部长林浩任政治部主任，泰安县抗敌自卫团团长马馥塘为经理部主任。这是1938年1月1日。

"七七事变"，平津沦陷，日军沿津浦路南犯，10月初侵入山东。国民党山东省政府主席、第3路军总司令韩复榘，各地军政官员，携家带口，大车小辆，陆续难逃。民间有话："闻风四十里，枪响一百一。"

兵荒马乱，人心惶惶。

泰安县力里村大地主张少周，听说日本人快到了，一头栽倒在地，再未醒来。

"纳上粮，自在王"，说的是每年向官府交上钱粮税，就没有老百姓的什么事了，官府也不管你，人们也从不关心官府的事情。碰上天灾人祸，山东人传统的活路是闯关东。正常年景也有人去东北讨生活。山东人少有没有闯关东经历的，也真有在那边发家致富的。"九·一八"事变，"满洲国"了，那边的日子难过了。这两年不断传来的信息，是日本鬼子归屯并村，大搞"人圈"（"集团部落"），房屋焚毁，田地荒芜，许多人冻死饿死。"九·一八"事变，除了东北四省，没有比山东人受到的震动、创痛再大再剧烈的了。而今，华北也事变了，韩复榘扔下山东跑了。山河破碎，老百姓，包括维系国民党统治的社会基础的有钱人，原本没指望大小韩复榘们拯救他们于水火，只是这事变还会怎样变下去，这世道乱到什么时候是个头啊？难道就这么眼睁睁地瞅着吗？

封家庄的封振武、封虞臣、李子敬，楼德村的冯平、王理民、王一民、李镇卿，都是农村小学教员，同行同乡，还有些亲戚关系，经常聚会，说古道今，无话不谈。这回，闷雷似的炮声一阵阵从北方传来，日本强盗快杀到家门口了。国家兴亡，匹夫有责。因学校停课凑到一起的热血青年教师，畅谈战局国事，同仇敌忾：当官的跑了咱们干，宁可战死也不当亡国奴！

拉队伍首先要有人。7个人分头行动，很快就动员组织了50多人，多是血气方刚的青年农民。

还得有枪。封振武当过兵，会摆弄枪。附近各村财主都买枪看家护院防土匪，常请他去验枪识货。买了枪又不会用，更不会拆卸擦拭，还得请他帮教。谁家有枪，有几支什么枪，他都有数。

日本鬼子要来了，有枪可是个祸害呀，鬼子要是发现你们有枪，会认为是打他们的，闹得倾家荡产不说，八成命都难保。把枪借给我们，一家平安无事了，抗战也有你们一份功劳。等把鬼子赶走了，我们还去教书，这枪自然还是你们的。

这话算是说到财主们那提心吊胆的心里去了。青年教师们很会说话。那时教师被称作"先生"，颇受敬重、信任，在乡间还要加个"更"字。而且，同村住着，或者十里八村的，老少几辈相识，知根知底，不会妄言。

财主都说在理、在理，又舍不得那枪。就说鬼子还得过一阵工夫才能来，这阵子万一土匪来了,有几杆枪也能抵挡一阵子。等鬼子到县城了,立马把枪送去。

结果到手的,多是后来土改时定为中农成分人家的枪,最好的是"土压五"。

一天下午,封振武和李子敬正在学校商讨有了人和武器,下一步应该怎么办,封虞臣的儿子气喘吁吁地跑进来,说我爷(爹)说山阳那边来人了,让你们快去。

封振武立刻有种预感,和李子敬三步并作两步感到封虞臣家。

两个个头不算高的陌生人,头戴黑毡帽,身着黑棉袍,脚穿钩子鞋(也叫铲鞋),衣着打扮与当地农民差不多,脸膛也黑黝黝的。

封虞臣介绍:这位是赵杰同志,这位是侯德才同志,是从延安来的,省委派来泰安组织领导武装起义的。

封振武和李子敬,恨不得扑上去抱住行个外国礼。

在乡间,小学教师,特别是像封振武和他的战友这样的青年教师,是最时尚、能够代表那个时代的先进思想的一类。学生时代,民主、自由、平等、反帝、反封建、反迷信,就听闻并拥护共产党的思想、主张。待到决心抗战了,他们的最头痛的问题,就是拉起队伍后怎么办。别说群雄纷起难以立足,连人吃马喂都没有办法,不用鬼子打,自己就垮了。拉杆子占山为王,这个路数几乎是现成的。古有梁山好汉,那是官逼民反,今天也有打家劫舍的土匪。任何乱世都不乏乱中捞世界的人。共产党虽然也被称之为"匪",却是有理想、有信仰、有主义,顺应时代潮流得人心的,有这样的党做靠山,准成。泰安城有个夏天庚,山阳村有个程照轩,传说是共产党,谁也不认识,找一阵子没找到。好歹认准个柴城的王传敬,去家里一打听,早在国民党的大牢里牺牲了。

没想到共产党找上门来了。

这天晚上,在封虞臣家房后的井台边,赵杰告诉他们,根据你们的表现,我和侯德才同志介绍你们入党,并成立封家庄党支部,封虞臣同志为支部书记,李子敬同志为组织委员,封振武同志为宣传委员兼保卫委员。今后的任务,是积极发展党员,继续扩大武装,但不能乱拉人、强要枪,要团结各阶层人士一道抗日救亡。又特别嘱咐,马上派人去找冯平等人,将这些意见传达给他们,今后一起行动，听候党的指示，准备参加起义。

封振武和冯平的队伍，是最先拉上徂徕山的一支地方武装。

山东省委早有武装起义计划，时机选在国民党逃跑，日军尚未到来之际。这工夫国民党自顾不暇，不可能派兵镇压，权力真空无政府，乘势而起，发展壮大。

举义地点，选定泰安徂徕山。

徂徕山北靠泰山，南依蒙山，东接莲花山、沂蒙山，西通大峰山，群山环绕，天然屏障。当年赤眉军起义，曾在这里安营扎寨。周边有泰（安）新（泰）、泰（安）莱（芜）、新（泰）汶（口）公路，津浦铁路，占据徂徕山，即可威胁、控制这些交通命脉。而且徂徕山位于山东腹部，进出东西南北，与各地抗日军联系，方便多多。

最重要的当然还是人。

省委调兵遣将，分赴各地组织领导起义。山东人，中国心，国破家危，干柴烈火。有的是像封家庄、楼德村那样，几近万事俱备，省委来人，就只差打出旗号了。有的是下去后，利用各种身份掩护，秘密串联，甚至半公开地活动。像长山县长山中学校长马耀南，在当地颇负众望，完全拥护共产党的抗日主张，省委派来的红军干部廖容标和地下党员姚仲明，就和他以办"民众夜校"为名，举办了60多人的游击干部训练班，为武装起义准备骨干。国民党逃跑失掉人心，共产党挺身而出，让人民看到希望。党组织虽然还处于地下，但是抗日救国光明正大，理直气壮。

徂徕山起义前，有冀鲁边起义、鲁西北起义、天福山起义、黑铁山起义、牛头镇起义、蔡家栏子起义，之后有泰西起义、鲁南起义、湖西起义——以上只是比较大的十次起义。

中华民族到了最危险的时候，山东好汉揭竿而起。

而由山东省委亲自组织领导的包括徂徕山起义诞生的4支队（以下各种部队番号均略去"第"字）的八路军山东纵队，经历抗日战争、解放战争和抗美援朝的洗礼，已经发展演变为包括40集团军在内的现有5个集团军的种子部队。

2/ 出手

10月5日德州失守，中旬国民党军队退到黄河南岸，11月16日日军隔河炮击济南，从济南南下的几条公路，史无前例地喧闹、忙乱起来。大车小车，汽车马车，喇叭声、喊叫声在飞扬的尘土中搅成一团。达官贵人全然没了昔日的威风，官太太们也顾不上面子工程了，弄得灰头土脸的，车上大包小裹不知装了多少金银财宝。当然也少不了军队，韩复榘的3路军有10来万人哪。一队黄潮般涌过去，又一队再涌过来，军人们在黄尘中大张着嘴巴，汗水在脸上淌出一道道泥沟。

这帮狗官就欺负咱老百姓有能耐，这时都熊包了，比兔子跑得还快。

养兵千日，用兵一时，国家养这样的官兵，还有咱老百姓的活路吗？

兵随将令草随风，这叫"兵熊熊一个，将熊熊一窝"啊。

而像封振武和冯平这样的人，议论、气愤之余，更眼馋逃军们背挎的枪械。这要是搁在咱手里多好哇！晚上就经常做梦，自己变成齐天大圣，吹口仙气，那些枪支弹药就收归囊中，率军向北杀去。

站在徂徕山上，津浦铁路、泰新公路就在眼底脚下。起义当天，日军占领泰安城，接着又占领大汶口、新泰。最先看到被焚的是良庄，入夜后火光冲天。之后就是狼烟四起，大路小路上乡亲们扶老携幼，许多人跑上徂徕山。

4支队官兵眼里喷出火星子，许多人要求下山和鬼子拼个你死我活：咱们拉队伍上山干什么？不就是为了打鬼子吗？

封振武任队长的2中队，有队员说：小鬼子有大炮，咱们背的也不是旱烟袋。就算咱是鸡蛋，小鬼子是碌碡，碰不过他也弄他一身黄。

真的，应该用什么样的语言来形容这支刚打出旗号的队伍？

半个多世纪后，参加并领导了徂徕山起义的林浩、赵杰，在一篇回忆录中写道："乍一看，就像一伙闯江湖卖艺的。"

倘是泰安街头，打个场子，那些手持红缨枪、大刀片中的几位，轮流下场舞弄一番，是不是就该卖上大力丸什么的了？而那些官员装扮、学生模样，来赶集的城里人、乡下人，还有那5个全副武装的军人，是不是就是路过这里围上来看热闹的？

再看为纪念徂徕起义4周年,林浩发表在《胶东大众报》上一篇文章中的文字:

> 我和洪涛所率大约八十余男女同志,按时顺利地到达目的地——徂徕山广化寺,那时我们只有大枪三支(两支不能用),短枪两支(我现在还保存一支),再还有一些土炮、手榴弹,其他再没有武器了。忽然,吓我们一跳,从山那面来了五个全副武装的大兵,我们估计是统治者的爪牙,来镇压我们,一方面准备抵抗,另外还是我们困难,因为乌合之众是不堪一击的呀!同志估计也可能是打散的逃兵,那样还可以争取他们,于是就派武中奇同志去说服争取,结果我们完全胜利了,大家都很高兴,我们有了主力军了!我们有了十几支枪!

毫无禁忌地自称"乌合之众"。

一支乌合之众,要下山打鬼子,岂不就是拿鸡蛋碰碌碡——以卵击石吗?

但是,他们是为保卫国家、保卫家园而战,是为父老乡亲,甚至就是为父母妻儿去拼命,正所谓"一人投命,足惧千夫"。这是那些望风而逃的军队所不具备的,也是无论怎样强大的对手都不能不头疼发怵、忌惮几分的。

队伍下山了。

新汶公路上常有日军往来,大摇大摆,一副不可一世的模样。1月25日,支队派人侦察,获得确切情报,第二天有支马车辎重队,经大汶口去新泰县城。

支队召集排以上干部会议,决定在寺岭打一次伏击。

政委黎玉亲自进行战斗动员。这是4支队诞生后的第一仗,这一炮必须打响。

不到一个月,4支队已发展到4个中队近400人,副司令员赵杰从中选出30多人的一支精兵。

拿红缨枪、大刀片的不在此列,徒手的不用说了,火药枪和打不响的枪一概留下。这可不是背扛着吓唬汉奸,让老百姓瞅着威武雄壮,而是真和鬼子干仗。谈不上战斗经验什么的,挑当过兵打过枪的,特别是射击技术好的。比如在家曾经打过猎的,如果这时还拿支火药枪,就可能换上一支钢枪入列。手榴弹可是个好东西，土造的、洋造的，扔出去不知道能不能响的，没多少也尽量多带点。

次日清晨出发，天蒙蒙亮到了寺岭村。赵杰派出瞭望哨，封锁村口，许进不许出，30多人的队伍就在村东南角的寺岭埋伏起来。

远远看到日军来了，骑马的、坐车的、徒步的，全无戒备。马蹄声伴着扬尘，暗绿的钢盔在冬日的阳光下一闪一闪，三八大盖上挑着的膏药旗像饿狼的独眼。

赵杰手中的驳壳枪声有点炸耳根子，一阵排子枪随即居高临下打下去。

泰安、新泰、莱芜、宁阳、泗水，大家大都为徂徕山周边各县土生土长的官兵，眼瞅着鬼子越来越近，好像都能瞅见那一抹"鼻涕胡"了。"鬼子""小鬼子""猪狗不如的小鬼子"，咬牙切齿骂了多少年了，那个"有朝一日"也早已等得不耐烦了。当这一刻终于到来时。不知道该是怎样"仇人见面，分外眼红"，这下子可是实实在在见识了什么叫"人仰马翻"。

鬼子没想到会被伏击，有些懵，反应过来，迅速在车辆和路边坡坎后卧下，向岭上还击。一顿手榴弹砸下来，鬼子又一阵忙乱，又让官兵明白了什么叫"鬼哭狼嚎"。

掷弹筒向岭上轰击，掩护鬼子发起冲击，官兵就用排子枪和手榴弹伺候。

应该是不到半个小时的战斗（有人说是两个来小时，有人说就十几分钟），鬼子冲到岭上时，"土八路"连个人影都没了。

首战寺岭后，4支队向沂蒙山转移，发现新汶公路上军车往来频繁。这样的战机岂能放过，封振武请战，支队决定让2中队打一仗，并派人送来两颗西瓜大小的电发火地雷。这东西能炸翻小鬼子的汽车？官兵瞅着两个"铁西瓜"，好奇又兴奋，抱起来大气儿也不敢出，生怕把它弄响了，又怕它该响的时候不响。

四槐树东面公路上有座石桥，用碌碡铺筑的桥面，抠出几个，埋好地雷，在上面印上车马走过的痕迹。天亮前一切弄得妥妥当当的，2中队就在河边树丛里等上了。

土龙似的扬尘裹着车队过来了，七八辆卡车中间，是辆黑色的小轿车。

封振武兴奋得有些亢奋：今天还能捞条大鱼！

就在小轿车的车影刚刚遮住"铁西瓜"的瞬间，支队派来专门操控"铁西瓜"的参谋赵玉一按电钮，轰隆一声巨响，小轿车七零八落飞上天去，随后的一辆卡车也被掀翻到河里，随即就是排子枪、手榴弹一阵打砸。待到鬼子缓过神来，封振武已经按照预定计划见好就收了。

不应忽略的一笔，是这次战斗还有观战助威的。当地一些老百姓，听说八路军要在四槐树打鬼子，跑到北岭上看了个全过程，拍手鼓掌这个乐啊，有的把眼泪都乐出来了。

首战寺岭，4支队牺牲一位杨桂芳，二战四槐树无一伤亡。

杨桂芳是3中队2班班长，莱芜县许小洼村人，胸部重伤，送治途中已无脉搏。第二天，支队在凤凰庄为烈士举行了隆重的追悼会。

杨桂芳是4支队，也是从徂徕山走出来的中国人民解放军5个集团军战史上的第一位烈士。

1938年底，根据中央军委指示，山东各地起义部队统一编为"八路军山东纵队"。

从徂徕山下来的4支队主力，和下面写到的首次抗战打鬼子的部队，后来编入了40集团军。

潍县蔡家栏子起义，400多人的队伍定名为"八路军鲁东游击队第7支队"。2月4日首战，在冯马杨孟村东一块坟地，伏击从潍县北犯的日军。枪声大作中，日军不明虚实，仓皇回窜。

寿光县牛头镇起义成立的"八路军鲁东游击队第8支队"，首战是三里庄伏击战，击毁小汽车一辆，毙敌3人，其中有个少佐。

长山县黑铁山起义诞生的"山东人民抗日救国军第5军"，1月19日的小清河陶塘口伏击战，有人说是八路军山东抗战第一枪。

日军铁蹄踏上齐鲁大地，铁路、公路、水路成了繁忙的运输线。从渤海湾、羊角沟入口的各种战略物资，被运往各地，也经小清河运往济南。正在兴头上骄傲的日军，将小清河流域视为安全的后方，还未吃过苦头，容易得手。

被官兵亲切地称为"廖菩萨"的5军司令员廖容标，亲自率领一支40多人的精兵，在小清河南岸的陶塘口设伏。又派人与北岸的"联庄会"联系，由他们控制河北，一旦打响，两面夹击。

从西面过来两只双桅篷木船，拦住一问，是被日军抓差刚放出来的民船。

船老板看着官兵手里的长短枪，摇着头说：鬼子来往的多半是汽艇汽船，汽船跑得快，没有炮，光凭这些家什，怕是拦挡不住啊。

有人说：把这两只船横在河上，把汽船挡住，不就能打了吗？

廖容标还真没想过这个问题。当年的红军团长身经百战，那是打国民党，是陆战。这回是打鬼子，而且是水战，他连汽船什么样儿都未见过，大姑娘坐轿头一遭。用木船挡汽船倒是个好办法，可这两只船可能就报销了。

别小瞧了俺山东人。听着廖容标的江西口音，两个一口胶东腔的船老板不高兴了：你们打鬼子把命都豁出去了，俺这两只船算个啥？

远处传来突突的马达声，船老板说是汽船的声音，堤岸上的气氛立刻紧张起来。

▲徂徕山抗日武装起义纪念碑

看到横在河面上的两只双桅船，拖着黑烟的汽艇慢下来。一个鬼子站在艇前，哇啦哇啦喊叫着，汽艇就靠上了一只木船。又有几个鬼子从仓里走出来，想弄明白到底发生了什么事，或者要对那木船动手。太好了！廖容标叭的一枪撂倒一个，堤上的排子枪就像股疾风卷向汽艇，手榴弹也飞了上去，鬼子大都栽到河里。有两个活的，一个刚游到对岸，就被子弹追上。另一个被"联庄会"逮住，死不投降，被一顿枪托棍棒打死了。

廖容标登上开始下沉的汽艇，发现8个鬼子尸体。初次照面，不识日军军衔。后来从国民党报纸上得知，其中有个联队（团）长松井山村中佐，还有个少佐参谋。

8年抗战，齐鲁大地上唱得最响的战歌之一，是《山东纵队进行曲》，"徂徕山，举义旗，誓死守土我们不离开！"唱出了这支部队的壮志与气魄。

"在雷神庙、魏家堡、杨家横、刘家井、五井、大柏山、青驼寺……"在山东纵队的战史里，本节写到的这些首战根本没份儿，连四槐树这样无一伤亡、大获全胜、堪称经典的战例也不算数，甚至连被省略的资格都没有。

3/ 一支新部队

前面说了，封振武等人起义前最愁的，就是队伍拉起来后怎么办。兵荒马乱，民不聊生，连有钱人都觉得没活路了，那时有威望的人振臂一呼，就有人跟着走，"当兵吃粮"嘛。封振武这些教书先生想的和共产党一样，咱是拉队伍打鬼子，不能祸害老百姓。可"兵无粮不战"，喝西北风能打鬼子吗？

徂徕山起义，人们关注的是以黎玉为首的省委领导，以洪涛为首的延安来的军事干部。从各县来的多是农民的队员，还关注那些从平津地区和泰安等县城来的大中学生，特别是女学生，挺洋气的学生服，假小子似的短发，觉得时尚、新奇，一时又有些看不惯。而所有人都不能不关注的，是经理部主任马馥塘，特别是肚子咕咕叫的时候，就四处张望：马主任呢？

成天背着个帆布挎包东跑西颠的马馥塘，30多岁，中等个头，有人说他胖胖的像个笑佛。

这时正规的八路军有"供给部"，后来解放战争改称"后勤部"，4支队的经理部实际上就是供给部、后勤部的意思。供给部、后勤部负责供给部队粮草、被服、枪支弹药，乃至枪械维修等，粮草或发钱自己购买，或者发物，直接运送部队，或者自己派人来取。一句话，从吃穿到打仗用的各种必需物资，都是供给部的事。经理部当然也应包括这些职能，只是眼下这支刚刚竖起旗号的队伍，就剩个吃饭的肚子问题了。上山的各路人马，手拿肩扛的家什是自带的，"没有枪，没有炮，敌人给我们造"，再发展扩大队伍要到战场上去缴获。五花八门的服装，对付过去这个冬天没大问题，天暖了掏出棉花，还能当单衣穿。这肚子却是一天也马虎不得的，"人是铁，饭是钢，一顿不吃饿得慌"。

马馥塘从当上经理部主任那一刻起，就开始"化缘"。先在队伍内"化缘"。自己人好办，而且穷家富路，儿子（丈夫）要出门打鬼子了，多多少少也给带点零花钱，许多人不用开口就掏出来了。还有现成的吃食，各支队伍上山时都带些吃的。像新泰县的20多人，带了3天的干粮，有钱的带馒头，差点的带煎饼，穷人就是窝窝头和玉米面、地瓜面的混合面煎饼了。省着点，4支队160多人，也能吃个两顿多半饱。

再是向老百姓"化缘"。这村那庄，找管事的人，或是德高望重的长者。徂徕山人古朴实在热心肠，说明来意，难得不出手相助的。当然，有钱还是尽量拿钱买。经理部主任像个守财奴似的，那个帆布挎包里总要打点埋伏，留待万不得已时再用。只是山里太穷，富裕人家实在太少，就算有座金山银山，有时也买不到东西。

早饭拖成午饭，晚饭还不知道什么时候开饭。起义伊始，官兵能不能吃上饭，就看经理部几个人的脸色了。看他们乐颠颠、喜洋洋的，就知道这两天能吃饱饭了。

有时一天的吃食，就是一张煎饼，司令员洪涛还掰下一半给了旁边的一个队员。那队员不要，司令员就说我是江西人，吃不惯这煎饼。又说这是命令，那个队员就吃得眼泪叭嗒叭嗒的。

胖胖的经理部主任越来越瘦，笑佛有时就变成哭佛，没人处偷偷抹眼泪。看到来人了，或者进了村口，就又变成了笑佛。

不久成立了募集队，队长赵笃生。

"七七事变"后，泰安县成立人民抗敌自卫团，马馥塘是团长，徂徕山起义拉队伍上山之前，他是省立第一师范学校毕业的书生，是泰安民众教育馆馆长，在城里、去乡下办民众夜校，在泰安算得"桃李满天下"了。赵笃生是多年的中学教师，学生多，社会关系多，走到哪里都有人叫他"赵老师""赵先生"，恭敬有加，而且是真心实意地恭敬他们这种知书达理的先生。这样的人搞募集，优势不言自明。

那也不容易。

到个村子，募集队的人分头下去拜访比较有钱的人家，然后会同村里管事的人开座谈会，宣传有钱出钱，有力出力。交钱后，募集队发给盖有经理部（后来是供给部）公章的收据。募集队想多募，捐款人想少捐，一对矛盾，关键看带头认捐的人立的标杆如何。有时典型没选好，标杆定低了，接下来的就都顺坡下来了，部队就得半饥半饱几天了，募集队的人就不吃饭也不觉饿了。

部队行军，或者打完仗转移到个什么地方，募集队进村了，官兵找个地方休息，或者帮老乡挑水扫院子，等着开饭。有时挺快，筐呀笸箩水桶什么的，拎着端着挑着就来了。有时是馒头、煎饼，白菜（萝卜）汤，里面有粉条、豆腐，有时还有几块肉，有时就是窝头、地瓜，连咸萝卜疙瘩也没有。用亲历者的话讲，就像小鸡在垃圾堆里扒拉食，小虫、米粒、石子、玻璃碴子，扒拉着什么吃什么。有时都饿得前胸贴后背了，吃什么不香啊？

"猪啊羊啊送到哪里去，送给咱英勇的八路军"——这是后来端了鬼子炮楼，回到根据地时的情形。

建立根据地，这时还未提上这支部队的议事日程，就是提上了也得有个过程。

离休前为40军副军长的翟文清老将军，参加八路军第二天就打仗，在安丘县梁家官庄打伪军。战前动员后，班长郎君田找他谈话，问他害不害怕，他说害怕。班长说第一仗免不了害怕，打一仗就好了，有时一仗下来就成老兵了。又告诉他，咱们班编3个战斗小组，你是第1小组，我是班长，还是小组长，你就跟着我，看我的动作，我怎么做你就怎么做。结果，整个战斗也没看清一个敌人，几乎就盯着班长了。班长卧倒他卧倒，班长跃起他爬起，班长射击、投弹、上刺刀、冲锋，他就在班长屁股后头手忙脚乱地忙活。匍匐接敌时，听到岗楼上哨兵的咳嗽声，一颗心要跳到嗓子眼了，看着班长就踏实些。班长开火了，他的枪也响了，后来总觉得这平生第一枪是闭着眼睛放出去的。开了第一枪后，就不大害怕了，看到敌人逃跑就更不怕。这时也忘了看着班长了，只管拼命往前跑。战评会上，班长说：翟文清同志第一次参加战斗，勇敢不怕死，追击敌人跑俺前边去了，好兵！

这是1943年7月，翟文清是鲁中军区1团1营3连士兵——经过几次整编，徂徕山起义的4支队和几支部队编为鲁中军区1团、2团，老百姓自豪地称之为咱们的"老一团""老二团"。

刚起义时，有的叫"游击队"，有的叫"救国军"，百多人、几百人的队伍，有的叫"支队"，有的称"军"。经过五期整军，从不正规转向正规，番号、序列、建制变化多端，连亲历者也难以数道明白。而这只是形式，一个"老"字道出的才是实质、真谛。

这时，别说班长郎君田，班里一个普通老兵，战前也会像翟文清这样教导一番。

上一节写到的几次首战，从赵杰到廖容标，指挥员都是支队（军）的军事主管、副官，都是从延安来的军事干部。起义军缺吃缺穿，缺枪支弹药，缺医少药，什么都缺，最缺的是军事指挥员。不然，小学教师封振武不会仅仅因为当过兵，起义后就被委以重任。争取了5个全副武装的士兵参加起义，林浩也不会欢呼雀跃般"我们有了主力军了"。（用今天的话说，应该是"我们有了急需的人才了"）5个士兵中的班长李怀英，也不会立马连升两级，像封振武一样当上中队长。

官兵非常崇拜、信赖延安来的军事干部，认为他们身经百战，跟着他们能打胜仗。首战寺岭，那是非胜不可的，不知道战前赵杰胜算几何。指挥了陶塘口伏击战的廖容标，半个多世纪后在回忆录中写道：

> 和日军打仗，连我也还是第一次。日军从哪个方向来？怎么打法？都没有把握。并且还要尽力避免伤亡，如果伤亡过大，这支没经过残酷考验的学生队伍，很可能一蹶不振，可能垮台。所以，我感到担子特别重，过去指挥一个团打仗，也没像今天这样困难。

陶塘口之战，战斗员几乎清一色长山中学学生。封振武和冯平带上山的30多人，多是农民。在几乎囊括了七十二行的队伍中，农民注定是多数的。省委号召每个党员动员两至三个人上山，封振武他们超额了，可原来约好的是 70 多人哪？这些人说，快过年了，等在家过个团圆年再走。

家乡子弟兵，在家门口当兵，到个村子宿营，有人说俺回家了。十里八里，三五里路，就走了。在哪不都是睡觉吗？有的也不请假，有的请假了，班长也不一定报告排里连里。白天扛枪来了，晚上扛枪走了，像上下班似的。还有今天来了，明天不来的，问他怎么回事儿，他还振振有词：昨天打仗了吗？没耽误打鬼子就行呗？

离休前为 40 军副政委的李洪奎，参军不久后站岗，夜间在个小山头上。站一会儿觉得没意思，好像也有点害怕，就唱起家乡小调，被罚在连部门口又站了一班岗。

开头李洪奎不大服气：俺在家经常唱歌，什么时候想唱什么时候就唱，管得着吗？

等在家过个团圆年再走，并非都是反悔后的托词，因为多数人后来都上山了，许多人会锤炼成真正的军人，有的还会成为英雄。但是，他们现在还是农民，像李洪奎那样持枪站岗了，也还是农民。他们知道节气不饶人，什么时候该种什么庄稼，那是万万耽误不得的，却不一定懂得军情急如火，军人随时都要准备投入战斗。连后来的儿童团都晓得站岗唱歌可能造成什么后果，哨兵职责也应该听过多少遍了，可那骨子里还是原来的角色，顺嘴就唱起来了。他们自由散漫惯了，祖祖辈辈就这么过日子，参军了也自由散漫着。

伏击车队应该先打哪一辆，应该先打轮胎，还是先打司机？讲这个都爱听。练射击、投弹、刺杀，更来情绪。练队列、立正、稍息、向左转、向右转等，一些人就不耐烦了，说这跟打鬼子挨得上吗？不识字的农民知道前后，有的却不懂左右，你说吃饭拿筷子的那只手就是右手，他可能是个左撇子。可战场上指挥员下令 1 班从左翼攻击，2 班向右侧迂回，你还能"左撇子"吗？

一切从头训练，几近从最原始的 ABC 练起。

离休前为北京军区政委的刘振华上将，1938 年 4 月参军后的第一个职务，是 4 支队司令部警卫连 5 班"政治战士"。

曾任 40 军政委、沈阳军区副政委的开国少将李伯秋，同年 1 月初上了徂徕山后，即被任命为 4 支队 3 中队 2 排"政治战士"，享受排级待遇。

徂徕山和各地共产党领导的起义部队,甫一成立即设政治部,下设中队或连都有党支部,从政治部主任、所属部(科)长到中队(连)指导员,编制一系列政工干部。这是沿袭红军的建制、传统。而班排设政治战士,则为山东八路军所独有。

所谓政治战士,就相当于班排的指导员,协助班排长做政治思想工作,一般都由党员担任。刘振华虽然参军两个月后入党,但他思想进步,抗战坚决,又有文化。谁有什么想不开的问题,随时与之谈话。谁和谁闹别扭了,更要及时解开疙瘩,不团结怎能打好仗?谁家亲人病了亡故了,除了劝解安慰,还要向排里连里报告,行军路过那里,上级有关部门和连队干部会去探望,帮助解决点实际困难。来个新同志,什么地方人,家里几口人,娶没娶媳妇,有没有孩子,你参军爹妈和媳妇怎么说的啊?翟文清参军后,班长给件衣服,副班长给条裤子,战斗小组长给双鞋,别人再凑些毛巾、绑腿、袜子什么的,基本就齐全了。如果凑不齐,大家都剩最后一件了,政治战士就得缺东少西的了。

战士就是士兵,班的政治战士不享受班级待遇,班长也不是干部。可排级就是干部了,别说排的政治战士,就算团里也有政治战士,那也应该只是个战士、士兵,怎么能享受排级干部待遇,岂不是逻辑不通?而无论通不通,这些政治战士享受的待遇,都是平时吃苦在前,享受在后,战时冲锋在前,退却在后。

一支新部队,朝气蓬勃,充满活力,必将一往无前的新军。

首战寺岭,次战四槐树,当地老百姓传说徂徕山下来几万红军,专打鬼子,这回咱们有盼头了。"红军"来了,老百姓箪食壶浆,那情形就差还不会唱"猪啊羊啊送到哪里去"了。

有的寨门紧闭,联庄会、自卫团把枪架在围墙上,喊着再走一步就不客气了。天下大乱,没人管了,各村都组织武装保家园、防土匪。你说你们是八路军,是抗日的队伍,不动老百姓一针一线,这年头"抗日"的队伍多了去了,有的尽干些伤天害理的事情。

宣传队就上阵了,在围寨外演讲、唱歌、演戏,有时就演唱进去了。

几乎囊括了七十二行的4支队,成员主要是农民和学生。平津和济南来的有大学生,泰安的都是中学生,其中还有些女学生,也要求站岗放哨打鬼子。许多男同志都没枪,中学生年纪也小,优势不在这上头。支队成立个宣传队,由政治部宣传科长孙陶林兼队长，发挥这些学生的特长，向群众作宣传。

洋学生本来就让乡下人好奇，再比之不知听了看了多少辈子的那些说书人、戏班子说的唱的戏文，这些洋学生演唱的不就是咱老百姓眼下最着急上火的事吗？无论大小韩复榘们怎样只管要钱要粮，好歹也算有个政府，没想到这帮东西没见到日本人影就撒丫子了，人们悲观失望伤透了心，这亡国奴的日子怎么熬啊？这支叫"八路军"的队伍，对老百姓不打不骂，不抢不夺，还给挑水扫院子，在谁家烧水用了柴火还给钱，古往今来谁见过这样的队伍啊？

队伍中最引人关注的是女学生。土匪不会唱歌，土匪忌女人，队伍中不会有女人。这是打开寨门的非常重要的理论根据。对于这些穿军装、不穿军装的留短发的女学生，有老太太还凑上去，看有没有戴耳环扎的耳朵眼。确认了，就觉得不男不女的，抛头露面，男女混杂，有伤风化，有些看不惯。可这些满口新词，不是唱就是说呀笑呀的女学生，实在不能不招人喜欢，一些大姑娘、小媳妇、老太太就围着问这问那。有的说，听你们互相都叫"同志"，这"同志"是个什么官，有区长大吗？比区长大，是县长。一句玩笑吊起胃口，马上宣讲共产党、八路军讲究男女平等，官兵一致，军民一家，地不分南北，人不分老少，只要抗日，就是"同志"。有老太太乐了：俺也抗日，俺也当"县长"了。

有的让进，进村就用土匪黑话跟你对话。这就不是唱进去的，而是把你当成了土匪，见你人多势众，打不过，就以礼相待，不然打进来还不杀个鸡犬不留啊？

有的怎么唱也不让进，部队就在村外宿营。天当被子地当炕，肚子咕咕叫，也不动老百姓的庄稼。

徂徕山起义后的第一个春节，大年初一在新泰县立庄，吃的是被当地人称作"狗团子"（即喂狗的食物）的豆腐渣做的窝窝头，喝的清汤寡水的萝卜汤。

别说家境大都比较好的学生，就是自称"地保是儿（地保是清朝和民国初年在地方上为官府办差的人，意为死后有地保收尸），狗肚子是棺材"的穷苦农民，看着也不免皱起眉头。但是，看到司令员洪涛、政委黎玉抓起就吃，就吃得香甜顺溜了，并对被政治部主任林浩称作"乌合之众"的这支队伍充满信心、希望。

4/ 家

1929年出生的黄魁勋老人，永远忘不了1939年6月4日那个烈焰冲天的日子。

沂水县崔家峪的老百姓，早就听说日本鬼子要来了，有点动静立即收拾东西跑路。

崔家峪当时叫"区"，就是个镇子，三面环水，四面是山，一条沂（水）蒙（阴）公路从镇中穿过。镇子里有个集市，5天一集，集上有从济南贩来的日用百货、当地的土特产，打从黄魁勋记事，就觉得那里是世界上最热闹的地方，而今早已冷清了。今天说鬼子到沂源了，明天说到沂水城了，后天说今天傍晌准来，下地的男人跑回来，推碾子的女人赶紧往簸箕里划拉。东西早就收拾好了，男女老少，背着扛着推着独轮车，赶着牛啊驴呀往山里跑。

鬼子好像发现南山上有人，冲山上放了一阵枪。黄魁勋一家就在南山上。一会儿就见西边镇子蹿起火舌，一会儿就卷入镇子里。除了十几户有钱人家的瓦房，都是麦秆草房，那还不快吗？浓烟烈火，噼噼啪啪的燃烧声，在山上都觉得烟熏火燎的。两个多小时工夫，300多户人家的镇子，只剩下些朝天张着焦黑的大口的房框子。

从不骂人的父亲咬牙切齿：我日你小鬼子八辈子祖宗！

母亲嚎啕大哭：这日子没法过了。

73年后，转业时为40军118师后勤部政委的黄魁勋老人，告诉笔者：小鬼子不让你活，怎么办？跟他干！

他说，传说鬼子要来了，有人说日本人也是人，也得老百姓供吃供喝，就得让咱也活。这回怎么样？没有选择，小鬼子都逼着你跟他。

黄魁勋12岁当儿童团长，15岁是青救会长，16岁参军前就入党了。

失去家园的人们，在山上的"团瓢"中栖身。团瓢是沂蒙山人盛放粮食的一种建筑，3米多高，直径2米来长，用树条子编的，里外抹上泥，顶上苫的草，圆鼓隆通的像戴顶大草帽，烟囱不烟囱、炮楼不炮楼地矗在房山旁，或是院子的哪个角落。这回住人了，建大些，多建几个。镇里人大都在山上有点地，做生意的这回也得土里刨食了。难啊，再难也是个家。也是八路军的家。八路军来了，只要自己有口饭吃，就不能饿着八路军，就得帮八路军，帮抗日的队伍。

徂徕山起义前后，各地队伍蜂起，司令如毛。淄川有"八大司令闹淄川"，章丘一个区就有4个司令，拉支队伍就叫个"司令"。省委发动起义前，曾考虑有的队伍成分比较复杂，如果纪律好就打八路军的旗号，如不好就叫救国军，不能坏了八路军的名声。一些乱世"英雄"可不管这一套，被老百姓称作"挨户子队""油饼队"，挨家挨户要吃要喝，没有油饼就得挨打。老百姓说："不怕天上飞机来下蛋（投弹），就怕地上游鸡（游击）要白面"，"吃点喝点还能忍着，就是对家里娘们'那个'实在受不了"，"这是抗民的，不是抗日的"。

有国民党地方官员拉队伍抗战，有的真抗，有的抗着抗着就成了伪军。当初望风而逃的一些人也回来了，招兵买马抢地盘，"挨户子队"也要，有的自己就是"油饼队"。

4支队下山后，在新泰县烈庄抓住两个形迹可疑的人，带着一箱国民党的空白委任状。一问，是国民党特务刘元顺、何进步。国共合作，统一战线，不可造次，放了。部队转移到雁翎关一带，老百姓说当地有支"挨户子队"，一打，原来是刘元顺、何进步的队伍，把两个人又抓住了，又放了。

徐州会战正酣，日军调兵南下，莱芜城只剩些伪军，被4支队一举拿下。这是4支队第一次攻占县城。因为没有政权，叫花子般吃够了募集苦头的这支部队，并未在城里建立政权。当时讲和国民党共同建立根据地，你单方面成立政府，会不会影响、破坏统一战线啊？国民党一些人可是目的明确，就是要乱中取利，弄顶愈大愈好的官帽，不然谁在这地方玩命啊？4支队撤离不久，国民党顽固分子谭远村、景肇令，就拿着刘元顺、何进步发的委任状来了，一个成了"县长"，一个当上"保安大队长"。这两个东西首先拿共产党开刀，抓捕了以经理部主任马馥塘为首的留守人员。

不到一个月，4支队对刘元顺、何进步两抓两放，谭远村、景肇令连派去要求放人的谈判代表也扣下了。

有篇题为《新山东的成长》的新华社文章，比较原汁原味地记述了当时的情形：

> 3月底北纵（当时4支队分作南北两支纵队——笔者）打开了莱芜城，打垮了维持会，他们请专员秦启荣派人来当县长，并帮助成立保安

队。一个多月以后,以反共为业的秦启荣便过河拆桥,驱逐北纵出莱芜。这支好说话的没有经验的本地农民和知识分子组织起来的抗日军,忍气吞声地退往博山一带。

4月下旬,4支队兵分两路,再次突入城内,谭远村、景肇令束手被擒。

这回轮到秦启荣派代表要求放人了。国民党军队和乱杂武装近2000人,早已部署妥当,只待4支队放人,立即发起攻击。

秦启荣没把"土八路"放在眼里,"土八路"把对手视作乌合之众。结果,自称"乌合之众"的把真的乌合之众揍个乌眼青,消灭500多人。一直忍气吞声的4支队,多少算是出了口恶气。

秦启荣是国民党特务组织"蓝衣社"在山东的头子,公开身份是国民党山东省党部常委和省政府委员。他倒没跟着韩复榘逃跑,在惠民打出"国民政府军事委员会别动总队第5纵队司令部"旗号,自封中将司令,到处发委任状,成为山东最大的一支地方顽固派队伍,八路军称之为"土顽"。大敌当前,国共合作,山东八路军愿与一切友军携手抗战。四槐树之战,就是为配合临沂专员张里元的部队进攻新泰城打的,那两颗"铁西瓜"也是张里元给的。也是土顽的王保,团部在益都城北遭日军围攻,8支队闻讯,奋勇出击,将敌击退。可对这个秦启荣,无论怎样"好说话""忍气吞声",都找不到共同语言。山东纵队各部,几乎没有不被这支顽军袭击过的,秦启荣最终也成了"老一团"的枪下鬼。不知他抗战有何功绩,国民党如何评价他,毛泽东说他"形同汉奸",就是因为这小子是同室操戈的急先锋。

1939年3月29日,秦启荣指使部下在太河镇伏击3支队南下受训干部及护送部队,杀害支队政治部主任鲍辉、特务团团长潘建军、宣传科长邓甫晨等10人,囚禁官兵270多人——这就是山东抗战史上骇人听闻的"太河惨案"。

4月上旬,毛泽东在《对山东问题的处理办法》中,就"太河惨案"指出:"山东方面过去在统战工作(中)退让过多,未能乘国民党县长逃亡时,普遍委任自己的县长,有些已委任的,又接受沈鸿烈的命令而取消;秦启荣形同汉奸,多次向我攻击,未能予以有效还击,这些情形如不加以改变,山东创造根据地与坚持抗战是要受挫折的。"

毛泽东这样说了，还能客气吗？

从 8 月下旬开始，在山东纵队指挥张经武、副指挥王建安统一指挥下，1、3、4 支队先后发起两次反顽战役，毙伤俘秦启荣部 1200 余人，收复淄河流域广大地区，将顽军赶出莱东根据地。

同年 6 月，日军对鲁中地区"大扫荡"，国民党军队溃败，各级官员又一轮狂逃。共产党随后跟进，先后成立了泰安、莱芜、新泰、沂水、蒙阴等县抗日民主政府——沂蒙山根据地初具规模。

> 人人那个都说哎——沂蒙山好，
> 沂蒙那个山上哎——好风光。
> 青山那个绿水哎——多好看，
> 高粱那个红来哎——豆花香，
> 万担那个谷子哎——堆满场。
> 咱们的共产党哎——领导好，
> 沂蒙山的人民哎——喜洋洋。

在 1940 年反顽战斗中诞生的《沂蒙山小调》，唱的当然是成了根据地后的好风光了。

像《沂蒙山小调》一样广泛流传的，是沂蒙山的"红嫂"。

有电影《红嫂》、京剧《红嫂》，还有芭蕾舞剧《红嫂》。沂蒙山有很多"红嫂"，最著名的一位叫明德英，沂水县马牧池区王家村人，据说是个聋哑人。1941 年冬日军"扫荡"期间，她发现一个八路军伤员昏倒在草丛里，干裂的嘴唇微微颤动着。把伤员藏在家里怕汉奸发现，在山上弄座假坟，把伤员藏在里面，一日三餐，精心照护，直至伤愈归队。

在中国共产党领导的抗日根据地中，除了延安，没有比沂蒙山再著名的了。

位于山东腹地，远离城市、海港的沂蒙山区，历代统治者压榨，兵匪劫掠，这回又来了侵略军烧杀，人民接受共产党的革命理想，那是太容易、太顺理成章了。共产党人又好像是天生的发动群众的行家里手，县、区、村各级政权很快建立起来，村村都有农救会、妇救会、青救会、青抗先、儿童团和自卫团民兵组织，生产支前，看护伤员，抓捕汉奸。鬼子出动了，山上有"消息树"，各村传报，从边沿区到中心根据地很快就知道了。打起仗来，民兵配合主力作战，当然还是八路军的后备军。

在大反攻中成立的鲁中3师8团，几乎都是蒙阴子弟。没那么多军队干部，县委书记任副政委，区长、区委书记当连长、指导员。坦埠区崮岘村一家兄弟12人，编为一个班，老大当班长，老二副班长。12兄弟姓公，名字中都有个"茂"字，人称"十二茂"，又称"茂子班"。

后面将要写到的"渡海先锋营"营长陈永康，参军时所在连一百多号人，全是一个村的，清一色姓陈（包括在抗战中牺牲的他的两个哥哥），人称"陈家军""陈家连"。

115师进入山东后，进村敲门喊"老乡"，山东纵队叫"大爷、大娘"——不经意的差异中显现的是土生土长的子弟兵特色。

5/ 游击——战争家常一

1938年底，根据党中央和山东省委指示，4、8两个支队分头向鲁中地区集中，准备去沂蒙山区开辟根据地。

8支队越过胶济铁路，进至博山南夏庄时，得知从博山出来的一个中队日军和一个大队伪军，在源泉一带抢粮食，还烧了一些房子，就决定给这帮东西点颜色瞧瞧。

9中队长张明山，带一个排和配属的两挺机枪，在敌人回博山的必经之地天津湾南山等上了。

不知道张明山这位山东汉子的年纪、个头、形象，参加牛头镇起义前做什么，是否是战争幸存者，还是后来在那次战斗中牺牲了，或者怎么样了。就已知的天津湾南山伏击战而言，他应该是土生土长的八路军中最早的一批游击战专家之一。

山坡上一排石头墙，1米多高，十几米长，官兵在石墙后隐蔽，山顶放上瞭望哨。

拂晓时分，敌人过来了，是伪军，放过去不打。天蒙蒙亮了，猎物出现了。让人出乎意料惊喜的是山路上踢踏的脚步声停止了，这帮不知死的鬼竟然在枪口下烤起火来。快冻僵的官兵热血沸腾起来,两挺英式机枪和30多支步枪吼叫着,足足有20来分钟,鬼子也未能还击一枪。待到鬼子找到北了,机枪、掷弹筒掩护,冲到阵地前眼看就要"胜利"了,轰隆隆稀里哗啦,那排石墙天崩地裂般迎面塌滚下来,又一阵猝不及防地死的死、伤的伤、爬的爬。好一阵子又找不着北了,终于爬上阵地,还是找不着北:这"土八路"怎么连个影儿也没了啊?

毙敌69人,9中队这个排无一伤亡。

像四槐树之战一样,一点亏不吃:敌众我寡,火力更不成比例,等你拉开架势,我已见好就收了。

前面说了,几个支队(军)起义后的首战,都是这种伏击、突袭。

4支队首战寺岭,凯旋路上,有队员说:冷不丁一顿揍,揍一阵就跑,这就叫"打仗",就这么打鬼子啊?

这当然就叫打仗,当然也不都这样打鬼子,但这是古往今来弱者对付强者最有效的手段。那种突如其来的锤击,简直要让人灵魂出窍的震撼,无论多么训练有素的强悍对手,一时间都难以承受、招架。而对于侵略者来说,这种打击手段几乎天然就是为他们预留的,也就防不胜防,噩梦连连。

身穿大褂子,
腰别撅把子,
叭勾一下子,
回头钻茬子。

至今仍在山东老根据地流传的这首抗战歌谣,把这种游击战法说唱得再形象不过了。

徂徕山起义,誓师大会升起的旗帜上,明白无误两个大字:"游击。"

起义队伍就叫"游击队",不叫游击队的也明白自己是游击队。

4支队司令员洪涛,有个"三不打":没有胜利把握不打,没有准备好不打,没有有利条件不打。

要想有把握、有准备、有有利条件,就得游,就得走。

韩复榘被蒋介石处决后,继任山东省主席兼保安司令沈鸿烈,提出"枪不离人，人不离乡"，限制八路军发展。而无论国民党瞅着比共产党多么强大，又占据那么多有利地势，果真如此，死守山头，不知游走，也只能自取灭亡。

近一年间，八路军四处游击，固然于建立根据地不利，却是符合游击战的原则原理的。

翟文清老将军说，当年有句话："游击战，游击战，百八十里算一天。"

1939年2月，4支队先后袭击了博山、八陡、泰安、莱芜之敌。今天这村，明天那庄，通常是晚饭后出发。情报搞准，赶到就打，打完就走。有时没打下来，有时也没想打下来，让小鬼子不得安宁就行了。有时围点是虚，主力早在援敌来路等上了。

4月下旬，4支队夜袭泰安城东杨庄日军后，泰安、莱芜的日伪军气势汹汹出动了。4支队忽聚忽散，飘忽不定，今天在侧翼打个伏击，明天在敌后拔个据点。敌人被"指挥"得团团转，还在极力寻求与支队主力作战时，4支队却已转移到莱芜西北休整了。

5月11日夜，我方将泰莱公路上一段电话线剪断，两个连加上特务连一个排，就在马家庙等敌上钩。第2天9点来钟，日军一个小队护卫维修人员如期而至。激战半小时，首创泰山区全歼日军一个小队的战例，三八大盖、歪把子和掷弹筒什么的，也照单全收。

火力不行，兵力占优，7对1，这回一打到底了，那也赶紧打扫战场撤离。

逢上敌人"扫荡"，一双铁脚板就更不得闲了。

敌人是奔你来的，知道你就在那一带的山里，要寻到你、抓住你、吃掉你。避敌锋芒，尤其不能被合围，那样后果注定是灾难性的。敌动我动，动的风险很大，不动风险更大。游击队，游击战，目的在"击"，前提是"游"。人熟地熟，在游动中抓住机会，抽冷子就是一下子。游击战的优势、要义，是敌在明里，我在暗里，你能看到他，他却看不到你，要走要打就有主动权。你打了他，立刻就把自己置于明处，置于险境。兵贵神速，打要神速，走要神速，迅速隐于暗中，让敌人找不着北。

从1940年开始，敌人在"扫荡"中实施"铁壁合围"。这是对根据地的一种大空间合围，层层围堵，突破一层，还有几层。同时建立据点，大修碉堡，对根据地进行封锁、蚕食、压缩。

青驼寺是最早深入根据地的一批据点之一，也成了最早被拔除的据点。

这年10月17日夜，1团1营空降兵般突然而至，将青驼寺包围，随即发起攻击。

第2天10点左右，从临沂赶来增援的日军一个中队和几百伪军，进至大柏山区时，被占据有利地形等在那里的1团两个营劈头盖脑一顿痛击。

青驼寺这边已攻入村内，开始围攻中心炮楼里的日军。在还未发明"爆破攻坚第一法"、把炸药引入战场前，没有重武器的八路军，要拿下鬼子顽强据守的坚固炮楼，着实不是件易事，甚至有点手足无措。大柏山那边激战竟日，敌人使出吃奶的劲头，攻占了几个无足轻重的小高地后，也成了强弩之末。

19日拂晓，又有大批援敌赶到，1团已经撤了。

接下来的一幕，好像有点"不战而屈人之兵"的味道：驻守青驼寺的不知还剩下多少人的一个日军小队，急慌慌地退回临沂了。

不知道此战1团跑了多少路。8年抗战，1团、2团在鲁中大地上来来往往叠印了多少脚印，连土地爷也说不清。全国各地的八路军、新四军，或多或少都有红军成分。如果说各支部队此前的行军里程都差不多，或者从抗战算起，那么从山东到东北，又从长白山打到海南岛，再跨过鸭绿江，以"老一团""老二团"为主力的40集团军战争年代用铁脚板丈量的行程，就是中国共产党武装力量之最。到东北后，多为远距离奔袭的运动战、攻坚战，在山东几乎就是跟小鬼子兜圈子、捉迷藏的游击战了。

游击战在军事上不解决根本问题，却能使对手痛苦不堪，打击、摧残、折磨侵略军的士气和国家经济。一个小小的青驼寺，如果小鬼子还在那里死挺，谁知道八路军何时会神兵天降？人吃马喂，军械、车辆、油料损耗，人困马乏的仅仅是一次次从临沂等地出动的敌人吗？

翟文清老将军说他现在做梦，经常是行军，急行军，强行军，不管雨天雪地，黑灯瞎火走啊走啊。

如今部队不发绑腿了，当年打绑腿是当八路的必修课、基本功。分辨老兵新兵，不能光看年龄，还得看那绑腿打得怎么样。爬山、蹚河走一夜，老兵那绑腿还跟刚打时一样，新兵有的就秃噜到脚脖子上了。打绑腿行动利索，更重要的是防止肿腿，负伤了还能当绷带用，绑扎担架，用处多了。

穿衣吃饭要学，起床睡觉要学，说话走路要学，连拉屎撒尿都得学，老兵掏出家伙边走边撒，迎风也能撒得挺利索。新兵就惨了，有时憋得要爆炸了也撒不出来。你走路不掉队，那夜摸、接敌不还得学吗？行军时传口令，平时训练、战时命令，那么多军事术语，你还那套庄稼嗑？睡觉前，枪支弹药和其他随身物品放哪儿、怎么放，都有学问。敌人摸来了，或者有什么情况紧急出动，老兵抓起来边跑就边披挂整齐了，新兵就得乱忙活一阵子。

白天晚上钻山沟，有时跑上几天，也没打上仗。有时赶到目的地，又接到命令去别的地方，或者返回原地。"兔子没抓着，把鹰累死了"。终于逮住机会，打了胜仗，就能多少明白点战机是走出来的。当八路，打游击，就得有副好脚力。

昨晚这场雨下得挺是时候，小苗一下子就窜出来了。

看来今年的年景不错啊。

不知家里怎么样了，地种上没有。

放下锄头拿起枪的农民，闲来没事挂在嘴上的，还是这些家常话、庄稼嗑。"二亩地，一头牛，老婆孩子热炕头"，谁也不能把家抛到脑后。但是打过几仗，看到了自己与对手的差距，本来不该倒下的战友在身旁倒下了，那话题就不能不集中到他们置身的这场战争中，并自觉地把自己修炼成真正的军人。

"俺那几枪都瞄准了，怎么就打不上啊？"

"小鬼子拼刺刀挺有两下子，咱们得好好练练。"

"这次打埋伏，要有几颗'铁西瓜'就好了。"

"这炮楼太难啃了，得想个什么办法才行。"

"排长指挥有问题，不该让咱们班从正面攻击，应该从右侧迂回，打小鬼子的屁股。"

"班长也不对，应该集中火力先敲掉那挺歪把子，那样副班长就不会牺牲了。"

离休前为军事科学院军制部部长的郑需凡老将军，战争年代从侦察员到侦察科长，就做情报工作了。换套比较时髦的便衣，骑辆那个年代挺洋气的自行车，腰间手枪故意露在外面，大摇大摆就进城了。不用理睬城门的哨兵，理睬他就牛了，没完没了地盘问你。进城见到鬼子，有时往前凑凑，反倒会更安全。

土生土长的八路军人熟地熟，也离不开情报。没情报，或者情报不准确，那不成瞎游了？地下党自然也搞情报。离休前为40军政治部副主任的李湖，参军前家里常有客人，认识的不认识的。一次，一个教书先生模样的人进屋坐下，一支手枪从长衫下面掉到地上。李湖吓了一跳，父亲说这人是来卖枪的。抗美援朝归国后探家，才知道在他眼里一直都是普普通通的老百姓的父亲，原来是个地下党。

在 40 军当到团政委，离休前为锦州军分区副政委的徐振山老人，父亲是地下党员，他是民兵队长，民兵也搜集情报，还配合八路军作战，有时是自己抓机会打游击。

得知鬼子从什么地方过来了，徐振山带着 12 个人的民兵队，在山上冲鬼子放枪。鬼子架起机枪、小炮打一阵子，往山上冲锋。后来发现是帮比"土八路"还土得掉渣的民兵，就不理睬他们了。看着鬼子进村了，半夜时分，悄悄摸到村头打枪，这回看你还理睬不理睬？有时还把哨兵摸掉，再把心肝宝贝样舍不得扔出去的几颗手榴弹扔出两颗，鬼子立刻就炸营了。

第二章 "机枪一响下炸药"

1/ 死打硬拼小张庄

1940年8月中旬，2团攻打蒙阴县小张庄受挫。

守敌为这时还未投降日寇的国民党顽固派吴化文的一个营，装备精良，火力炽盛。

200多户人家的小张庄，被一圈石墙围裹着。有人说那墙两人多高，有人说三人来高，一人来宽，墙外有条护城河似的小河。战斗最激烈时，水都红了。

2团连攻5天未下。

一位旅（有人说这时还叫支队）领导决定组织"奋勇队"，即今天人们常说的"敢死队"，成员为党员和班排长，死打硬拼，一定要拿下小张庄。

重机枪咕咕咕，轻机枪嘎嘎嘎，还有"金鼓齐鸣"：有人说集中全团的号兵吹冲锋号，《中国人民解放军第四十集团军军史》（下称《40集团军军史》）中说，是"集中骨干敲锣打鼓助威爬城"。

正是一年中最热的时候，天地间好像都被这声响填塞了。

枪林弹雨中，奋勇队一波又一波，奋勇向前。

《40集团军军史》中说："部队伤亡数百人"，"部队的战斗情绪受到严重挫伤"。

有老人说：部队打仗靠谁？就靠这些党员和班排骨干啊。

有老人说：山东8年，没有比这一仗再惨烈的了。

敌人也被这种不要命的劲头吓破胆了，扔了小张庄跑了。

由于历代匪患不断，沂蒙山区村庄，少有不像小张庄那样修筑围墙的。而在更广阔的空间，自1840年鸦片战争后，内忧外患，战乱频仍，溃兵有时比土匪还可怕，山东省和全国各地也就跟沂蒙山区差不多，修筑围墙以图自保，许多四角还有炮楼。中国共产党的武装力量，红军时期就打土围子，那种反动地主武装据守的土围子。有的真是土围子，有的是像小张庄这样的石围子，有的是砖墙，像在影视作品中看到的高大坚固的城墙，缩小版而已。

1940年后，日军所到之处，除了加固围墙外，在据点和交通要道还筑有碉堡，钢筋水泥的，砖混结构的，八路军和老百姓称之为"炮楼"、"乌龟壳"。

这种"乌龟壳"式战法，就是窥准了八路军没有火炮，无法攻坚。

长山县北城门上炮楼里，住着4个鬼子，在城里无恶不作，就是不出来。天一黑，这4个东西就在炮楼里喝酒唱歌，八路军干瞪眼没辙。有人想出个办法，买通炊事员，下毒。以往鬼子吃饭，都让炊事员替他们站岗。这个炊事员胆小，下上毒就跑了。鬼子起疑，用饭喂狗，把狗毒死了。最后还是买通伪军，把鬼子骗出来消灭了。

7支队，即现在的1团，蔡家栏子起义后不久，攻打昌邑县姜家泊村。战前准备的梯子、门板都用上了，其实根本用不着。土围子，不厚，现找几把锹镐刨挖个洞就进去了，连还拿锄头的农民都知道。白白牺牲两个人，战后大家这个懊悔呀。可初经战阵，那当口知道的、不知道的，慌乱中都是一个字："懵。"

而今已是"老一团""老二团"了，不说身经百战，也久经血火了，对小鬼子的"乌龟壳"和应为冷兵器时代的产物的坚固围墙，还是没辙。

1944年9月葛庄歼灭战，1团缴获1门三八野炮。这是鲁中军区的第1门野炮，之前缴获的都是迫击炮。"没有枪，没有炮，敌人给我们造"，唱着容易，那得拿多少命换啊？鲁中军区兵工厂就开动脑筋，研究怎样把迫击炮改成平射，对付敌人的炮楼和围墙。

最后一次试验是1940年4月，两发炮弹，射出20多米，一发落地爆炸，一发哑弹。

这时已是1团4连指导员的李洪奎，和许多官兵跑去观看，那心都提到嗓子眼儿。共产党、八路军不讲迷信，那一刻也都在默默祈祷，恨不得自己变成炮弹从炮口飞出去，想去哪儿去哪儿。

山东纵队兵工一厂，曾研制出比歪把子还好的鹅脖式机枪，迫击炮改平射却一直未能如愿。一是迫击炮就是曲射炮，把抛物线变直线，等于从根本上改变它的性能，谈何容易。二是缴获炮弹很少，需要自己制造，而土法上马、经常在山里搬家的兵工厂，无论怎样不懈努力，实难过关，砂眼很多，极易炸膛。

"土八路"的兵工厂造不出平射炮，官兵自己想办法。

1团缴获两发三八野炮炮弹，宝贝呀，可炮弹不能自己飞啊？沂蒙山连根铁管子都难找，有人琢磨枣木最硬了，找棵粗大的枣树做成炮筒，把炮弹装进去，用铁钉激发底火。还真就鼓捣响了，轰的一声，连炮筒子也七零八落地飞了出去。

2团做门榆树炮，把炮筒用铁皮、铁丝包裹、缠紧，装上火药、铁钉、秤砣。这榆树炮是扛到阵前放的，轰击蒙阴县李家宅子的伪军，炸伤几个，"八路军有炮了"，还真的威慑、震撼了敌人。这榆树炮幸亏是先试验，后实战，点火后人躲出老远。因为那铁钉、秤砣不光往前飞，那炮膛也同时炸飞了。

游击战经常是夜袭，打响前叫夜摸，悄悄地摸近敌人，越近越好。个人的饭缸子，炊事班的锅盆铲子什么的，能轻装的就轻装，非带不可的就用衣服、麻袋什么的包裹起来，免得碰出声响。快接近敌人了，那是连大气儿都不敢喘的。可2团攻打新泰县张家栏子伪军据点时，1连的队伍里有人竟然抱着几只大公鸡。那要是突然叫起来，岂不是比李洪奎站岗时唱歌还可怕吗？

攻进村后，敌人退守一个大院。院墙一人多高，大公鸡一下子就扔过去了。那鸡像拖条辫子似的绑根麻绳，浇上煤油，点着后扔过去的。那鸡感到生命受到威胁，顿时疯狂起来，拖条火龙，嘎嘎叫着窜上柴垛，飞上房顶，顷刻间烈焰熊熊，敌人只剩下逃命的份儿了。

这"火鸡"原是准备突破围墙时用的。围墙高，距离长，鸡是活物，你往里扔，半道上说不定扑棱哪去了。

有人想到火箭。做把弓，箭头绑上棉球，蘸上煤油点着后，往炮楼的射击孔里射。

有人还发明了"化学武器"，也离不开火。把干辣椒碾成面，选上风头把堆秸秆点着，就把辣椒面往上撒，期待把炮楼里的鬼子呛得找不着北时，一拥而上。有时风向突变，倒把自己弄得鼻涕眼泪，喷嚏连天。

徂徕山及各地起义，诞生了一支支冷热兵器混杂的队伍。而今"老一团""老二团"已经告别了冷兵器，却依然缺乏攻坚利器。全国各地的八路军、新四军，也难例外。盛产好汉的齐鲁大地，读过书的没读过书的军人，好像也只能从古书古戏的冷兵器时代，寻求点破解之道。那个"金鼓齐鸣"，也不应是即兴之作。

真的，除了强攻硬打，就没招了吗？

2/ 王凤麟和刘厥兰——英雄谱一

2团参谋长于淞江，发明设计了一个"土坦克"。这是个像座哨楼似的土坦克，一人多高，木质骨架，顶上和前后左右钉上木板，蒙上四五层被子，浸湿后钉牢，下边安上4个木轮，炸药放在里面，人也在里面，推着前进，去炸敌堡或者围墙。

1941年1月9日，2团攻打新泰县张家栏子，就是上一节刚写过的大公鸡上阵那次战斗，"土八路"的土坦克第一次在战场上露面了。

这东西又大又笨重，自然成了敌人的靶子。几层湿被防得了手榴弹弹片，却挡不住子弹。夜色中弹雨如织，官兵都为在里面"驾驶"土坦克的工兵排副排长（姓肖）、1班副班长（姓孟，人称"老孟"）捏着把汗。模模糊糊眼瞅着前进了30来米，就停住不动了。

工兵排1班班长刘厥兰，掏出火柴要点炸药包的导火索，被旁边的副团长王凤麟伸手拦住：跟我走。

两人猫腰前行，进到距碉堡不到百米的一道沟沿下趴下，王凤麟手中的手电筒闪了一下，见那个正在喷吐火舌的射击孔下面，还有个黑洞洞的射击孔。

王凤麟说：看到了吧？我观察多时了，下边这个射击口一直没有射击。俺用火力把上边那个封住，你把炸药放到下边那个孔里，立即行动。

王凤麟那支带瞄准具的法式狙击步枪，瞄准上边那个射击孔，一枪一枪，弹弹进洞。

刘厥兰跑上去一看，再伸手摸摸，原来是个废弃的射击孔，里面堵死了，外面还有半截洞子。太好了！把导火索哧哧燃烧的炸药包塞进去，又在外边堵上两块石头。

来去也就几分钟的工夫，轰隆一声巨响，碉堡被掀翻了，围墙也被削开个豁口。

在中国共产党的武装斗争史上，张家栏子这声少为人知的巨响，绝对具有划时代的里程碑意义——从此有了"土八路"特色的攻坚利器"手中炮"，从抗日战争轰隆到解放战争，再轰隆到朝鲜半岛。

而推着土坦克送炸药的肖副排长、孟副班长，是中国共产党的武装力量在爆破攻坚战中最早牺牲的两位烈士，刘厥兰是第一个抱着炸药包冲上去的英雄。

▲王凤麟

王凤麟，本姓李名芳，在莫斯科东方大学学习期间改姓名傅合，1938年回国后在延安改成现在的姓名。

他是吉林省宁安县（今属黑龙江省）卧龙河村人，1911年生于一个普通农民家庭，读过4年书。"九·一八"事变后，他和大哥李新、二哥李凌云，先后参加东北抗联5军。1935年被派往苏联学习前，是抗联4军特务连连长。三年半后回国，不久派来山东，在2团任营长、副团长。

1米75左右个头，英俊帅气，身手矫捷。令人称奇的是，行军作战，风吹雨淋，那人一个个皮黑肉糙的，他那张脸总比别人浅几色，有人说他像个大姑娘，有人说他像个资产阶级。原本有个女人名字的东北汉子，微微一笑：像，就不是，是俺那疙瘩水好啊。等赶走了小鬼子，俺带你去一趟，松花江、镜泊湖水喝个够，大米干饭、猪肉炖粉条子随便造。

有人说他性情爽朗、宽厚、温和，平时话语不多，喜欢思考问题。有人说他爽快，胆大心细，行事果断，还挺倔，对谁都敢直抒己见。那支带瞄准具的法式狙击步枪，不知何时缴获的，人见人爱。一位旅首长跟他要，他说这枪在我手里才最管用。

他是神枪手。

到山东后，近一年间，王凤麟没有下部队任职。他在苏联学的是工兵专业，组织上根据他的特长，让他办了山东纵队第一个爆破训练班。刘厥兰就是第1期学员。当副团长后，在他的建议下，山东纵队又有了一个新兵种——由他亲自率领的鲁中军区2团直属工兵排。

小张庄血战，给他的印象太深刻了。脑子稍有空闲，眼前就是前仆后继的官兵，围墙下、小河上横七竖八的烈士遗体。可敌人到处都在修碉堡、建围墙，战争已经走到这一步，再不解决，这仗怎么打下去啊？

没人说他和工兵排与那碉堡、围墙有什么关系，但他总觉得与之应该更近些。

看到枣树炮、榆树炮，还有火箭、辣椒面什么的，连大公鸡也抱上阵了，他非常感动，更感自责，压力倍增。

刘厥兰说：副团长，炸药能炸断钢轨，为什么不能用它炸碉堡、围墙呢？

王凤麟也正在思考同样的问题。

在个石砌的炮楼下面，埋上炸药，用土封严。全团干部参观，一声巨响，炮楼塌了大半。

许多人没见过炸药，不信那么点炸药，就能炸坏那么大的炮楼，这下子服气了。爆破成功了，还得有人把炸药送上去。在敌人火力下保存自己，冲上去，才能消灭敌人，就有了土坦克，结果是王凤麟的一支枪掩护着冲了上去。

射击、投弹、刺杀、土木作业，步兵单兵四大技术就这么多了个"爆破"，成了五大技术——直至今天。

一个月后，3营攻打徐家楼伪军据点。这是第二次把炸药用于战场。王凤麟亲自指挥，命令3营长在正面进行佯攻，自己带领工兵排和营主力隐蔽进入侧后。枪声大作中，第一爆破手还是刘厥兰。王凤麟告诉他，把炸药放在碉堡和围墙的结合部，黑灯瞎火，怎么也找不着这个结合部了。哧哧冒着红蓝色火苗的导火索不等人啊！刨坑掩埋想都不想了，把炸药放在围墙下转身就跑。碉堡还立在那里，敌人却被这声巨响惊呆了、震懵了。趁着敌人还没反应过来的工夫，部队冲了进去。

这次爆破用的不是TNT炸药，是工业用胶质炸药，黑色，粘糊糊的，放嘴里尝尝甜丝丝的。这种炸药威力多大，谁心里都没底。这次用上，行，量大点就行。

之前工兵排训练，在山东纵队爆破训练班讲课，都强调"内炸"。就是刨土挖坑，把炸药包埋上，这样爆炸威力大。一包炸药十几斤，有时甚至二三十斤，再背着锹呀镐的在敌人火力下运动，影响动作、速度。在敌人眼皮底下再挥锹抡镐的，那就不用说了。这次证明，放到那儿，外爆也行。

刚成立工兵排时，谁有把钳子就了不起了。偌大的山东纵队，办个爆破训练班，只有块比肥皂大点的TNT炸药。炸药奇缺，也就特别宝贵，甚至比生命还宝贵。也就不能"白听个响"，只能在实战中实验、证明。

这次爆破，歪打正着，一举两得。

还有一个不能也用不着在战场上试验、解决的问题。

爆破手冲上去了，炸药包拖着的那条挺长的导火索哧哧喷着火星子，夜色中等于给敌人指示目标，白天哧哧冒烟也差不多。爆破手的伤亡率非常高，在伤亡率最高的步兵中也是最高的。途中负伤了，还能往前爬，那导火索有多长？是没到位就爆炸了，还是随身带了把剪子，把导火索剪断，送上去再点燃？倘是不能动了，那几乎只有粉身碎骨了。这是王凤麟绝不能容忍、绝不能眼睁睁看着的。可把炸药包放到炸点上再点火，就算当时一丝儿风没有，周围枪响弹炸掀起的气浪呢？有时头上那射击孔掉下来的手榴弹，简直就像羊拉屎似的。再沉静、镇定，将生死置之度外，那个年代被称作"洋火"的火柴，能划得着吗？

就把手榴弹的发火原理、方法，用到了炸药包上，放好了一拉弦就行了。

同年9月，1旅将王凤麟调任1团副团长，目的明确，就是让他传授、推广爆破经验。

1948年7月16日，毛泽东在关于攻取太原给华北军区副司令员、1兵团司令员兼政委徐向前，1兵团副司令兼副政委周士第，"并告华北局"的电报中，说：

> 攻城方法采用山东部队所使用者，既迅速，伤亡又小，又节省炮弹炸药。即使在火力掩护下用少数人（甚至一个人）携少量炸药置于城根，炸成一洞；再用同样方法置炸药于已炸开之洞内，炸成一更大之洞；第三次，用大量炸药置于该洞，即可能成功。

毛泽东亲自推介"爆破攻坚第一法"。

恩格斯说："每个在战史上因采用新的办法而创造了新纪元的伟大将领，不是新的物质器材的发明者，便是以正确的方法运用他以前所发明的新器材的第一人。"

又说："一旦技术上的进步可以用于军事目的并且已经用于军事目的，它们便立刻几乎强制地,而且往往是违反指挥官的意志而引起作战方式上的改变甚至变革。"

在中国共产党的武装斗争史上,40集团军是最早把炸药用于战场的。有了这种开创性的技术进步和作战方式的变革,躲在"乌龟壳"里的敌人,就再也不可能像以往那样高枕无忧了。而由于当时的根据地一疙瘩一块的,比较闭塞,在挺长的一段时间里,这绝对"土八路"特色的"攻坚爆破第一法"的"手中炮",还只是在鲁中军区把敌人轰隆得墙毁堡塌,魂飞魄散。

1947年夏季攻势后,林彪在东北提出的"六个战术原则"中的"四组一队"(火力组、爆破组、突击组、支援组),1941年在山东鲁中军区已经基本成型了。

炸药首次在战场上逞威,王凤麟和刘厥兰,实际上已是一人一组的火力组、爆破组。火力掩护,爆破成功,部队一下子冲了上去,那不就是突击组吗?

后来逐步完善,爆破也不再是工兵排的专利,而是每个连都掌握的技能、战术了。火力组主要是机枪,集中火力掩护爆破组送炸药。爆破组有时组中还有组,这组伤亡那组上。突击组也不是一声巨响后一拥而上,而是有专门的突击组,一个连通常为一个排。还有手榴弹组、梯子组,前者实际上应归于火力组,根据距离、地势决定,有时有,有时没有。机枪开火了,手榴弹也投出去,杀伤敌人,烟尘也能掩护爆破组。梯子则是用来越壕爬墙的。

从山东到东北,刘厥兰赫赫有名,一些新兵见了,却难免失望:这就是"爆破大王"啊?不就是个小老头吗?

▲刘厥兰

刘厥兰,小个子,黑黑的,瘦瘦的。那时战士老的老、小的小,有的班长不到18岁,还不是成年人,战士已经40来岁了。干部则普遍比较年轻,像刘振华18岁当指导员,19岁时任教导员,25岁为团政委,30岁当师长了。刘厥兰30来岁了,长得老相,到东北后还经常呼噜气喘的,在20岁上下的年轻人眼里,就把他归入"小老头"之列了。

有人说他慢性子。行军休息抽袋烟,有人已经敲打烟灰了,他还叼着那根尺把长的旱烟袋,不紧不慢地吧嗒吧嗒,那模样好像脚下有颗哧哧冒烟的手榴弹,也能把那袋烟抽完。可到了战场上,眼睛一瞪,立刻就像变了一个人,精明、强悍,机灵像兔子,快捷似鹿,勇猛如同狮子、老虎。还未开打,碉堡、炮楼里的敌人,听说"爆破大王"上来了,就要吓得尿裤子。而战友们一看到他抱着炸药包上去了,立刻信心百倍,枪打得更准,手榴弹投得更远——不能让咱们的"爆破大王"伤了亡了啊?

人们敬他、服他,他也不客气。谁跟他抢炸药包,他就说:让你上去白听个响啊?

刘厥兰是淄川县东刘庄人,11岁就成了"煤黑子"。据说从他爷爷那辈起,刘家男人就下煤窑,摆弄炸药也算家传了。只是前人爆破采煤,他是让敌人"坐飞机"。

淄川、博山,就在今天的淄博市,盛产煤。鲁中军区许多官兵是淄博子弟,煤矿工人出身,对炸药都不陌生。这是这支部队所以创造"爆破攻坚第一法"不可或缺的因素。而一天书没念的刘厥兰,天生的精灵、聪慧,什么事一点就透,不点也透。像能不能用炸药炸碉堡、围墙,和王凤麟想到一块儿去了。把手榴弹的发火原理、方法,用到炸药包上,也是两个人一道研究的。两个人成为绝配,"手中炮"应运而生。

当然也少不了运气。在这个世界上,简直没有人比刘厥兰再需要运气的了。不然,极可能像推着土坦克的"肖副排长""孟副班长",以及在他身前身后倒下的那些战友一样,连姓名都不为人知。

至于勇敢,对于每个曾经在战场上送过炸药包的军人,还用得着再说这两个字吗?

徐家楼战斗后,团参谋长于淞江率1营攻打茅茨据点。

泰安县茅茨镇,向东卡住进出徂徕山根据地的山口,向西可控制津浦路的大汶口车站,驻扎日军一个小队、伪军一个中队,是敌人设在这一带的中心据点。茅茨原是老根据地,被敌占据后,地下党仍很活跃。战前2连副连长带几个侦察员,都进到日军伙房里去了。还策反伪军,一中队伪军当晚一枪未放,1营可全力对付中心碉堡里的鬼子。

这是砖混结构的碉堡，有两层楼高，两层射击孔，上边是个像口倒扣的大锅样的"铁帽子"。"铁帽子"下沿与碉堡上沿间，有道1尺多宽的空隙，一挺歪把子转着圈儿射击，一门掷弹筒专门轰击对他威胁最大的目标。

时隐时现的火光中，第一次看到刘厥兰抱着炸药包冲上来了，敌人可能有些惊异。这"土八路"抱着个什么东西，冲上来干什么啊？身后还哧哧地冒着火星子？在朝鲜战场，美国人最初看到志愿军如此这般，也应该是这种感觉。后来，从伪军、日本鬼子到国民党官兵，再到美国鬼子和其他的"联合国军"官兵，可就明白了，拼命射击。眼看着冲到跟前了，就知道自己的死期到了，要"坐飞机"上天了。

刘厥兰吧嗒吧嗒抽完一袋烟，把烟袋锅子朝地上磕打磕打，往腰间一插：让兔崽子们尝尝坐"土飞机"的滋味！

打鬼子，像每个官兵一样，刘厥兰特别来劲儿，浑身充溢着一种无与伦比的激情、亢奋和快感。

这回要扛着张桌子，上面是几层透湿的被子。火力组的机枪喷吐火舌，手榴弹组攀上附近的房顶，向碉堡的射击孔和"铁帽子"下边的空隙投弹，要防弹片，防敌人的，这回还要防自己人的。特别是到了碉堡底下，手榴弹威胁最大。他能感到不时有东西砸在上面。他的体重也就百多斤，那桌子、被子比他沉多了。要在平时，别说扛着走，有时还得小跑一阵，怕是在原地都动不了窝。可到了这工夫，人会变得力大无穷。

一声巨响，一小队鬼子就剩个半死不活的。

8月底攻打天桥崮，爆破围墙的任务给了1班。刘厥兰对副班长赵洪昌说，俺先上，俺要是不行了，你替俺报仇。

沂蒙山区有很多"崮"，国人最熟知的是孟良崮。所谓"崮"，就是四周陡峭，顶部比较平坦的山。这天桥崮自然有登顶的石阶，那是把碉堡、围墙炸毁后，攻击部队冲锋的通道。炸药包绑在背后，双手抓住岩缝中挤出来的酸枣棵子，手脚并用在光溜溜的岩石上攀爬。眼看登顶在望，一脚踏空，一块石头掉落下去，一阵机枪子弹应声而至，打得岩石飞迸。他像壁虎似的紧贴山岩，一动不动，觉得这回凶多吉少了。枪声突然停了，他听到咔嗒一声，又一声。机枪卡壳了！一阵狂喜，一股急劲，三下两下爬了上去。

他枪林弹雨中与死神擦肩而过不知多少回了，有人说子弹都躲着他飞，却没扛过疾病。有老人说他是矽肺，参军前在煤矿得的。越来越重，行军都跟不上了，蹲在那儿喘不过气儿，脸憋得通红。

1947年四保临江战役后，"爆破大王"转业到吉林省西安（今辽源）煤矿工作，当管理员。

1950年秋，听说40军移防安东（今丹东），刘厥兰呼噜气喘地赶去了，有人说还挂根棍子。当年的"小老头"才33岁呀。从长白山打到海南岛，那么多熟悉的人，见到的，见不到了的，挨个问哪。

站在鸭绿江边，望着在夜色中踏着江桥南去的老部队，老英雄热泪盈眶。

3/ "敌人的炮楼开了锅"

韩复榘放弃山东，被蒋介石处决，任命沈鸿烈为山东省政府主席兼保安司令。1941年8月，沈鸿烈调离，51军军长牟中珩成了国民党在山东的军政一把手。沈鸿烈反共，牟中珩更甚，上任即上阵，进攻八路军鲁中根据地，夺取东里店以南整个大崮山区。同时指挥114师两个团，配合吴化文顽军，准备进犯泰安、新泰、费县、泗水等地。

10月8日，鲁中军区发起北沂蒙反顽战役，1旅1团的任务是夺取沂水、蒙山之间的朱位。

朱位驻守51军684团一个营，另有被八路军称作"土顽"的地方顽军200多人。这个营是团的主力，装备好，挺能打。当然谁都明白，最难啃的还是坚固的石头围墙和碉堡。

说明敌我态势，我之决心、部署，旅长王建安问团长李福泽：怎么样？

李福泽道：我们准备了40公斤炸药，炸毁一个炮楼应该没有问题。但是，这种外部爆破，1团还是第一次。2团的爆破经验，我们认真学习研究，这回是在实战中初学乍练，不能说有绝对把握，七八成还是有的。

星星在天上眨眼，小虫在草丛中鸣叫，深秋的鲁中山区已经颇有凉意。部队在收割的、未收割的庄稼地里，向朱位悄然逼近。李福泽亲自带领爆破组，和担任主攻的2营营长进至一户独立家屋，那里距碉堡、围墙也就30多米的样子。

机枪啸叫起来，手榴弹也飞了过去，敌人也迅速还击。

手电筒明灭两下，巧极了，竟然跟2团张家栏子首次爆破的那个碉堡一模一样，两层射击孔下边的那个射击孔，一声不吭。

李福泽担心有诈，又仔细观察了一阵子。

接下来的程序，跟张家栏子一样。

不同的是，李福泽准备了两个爆破组，每组4个人。他对旅长说有七八成把握，没有绝对把握，其实他要的就是十成把握，绝对把握：只能成功，不能失败！

第一爆破手倒下了，第二爆破手上。

不知道1团的"刘厥兰"叫什么名字，只知道他塞进炸药包，一拉弦扭头就跑，边跑边大喊大叫："坐飞机"了！"坐飞机"了！

曾多次送过炸药包的翟文清老将军说，爆破手光勇敢、不怕死不行，还得胆大心细，肯用脑子。上去前，通常领导会给你指示目标、炸点，敌我火力散布区域，敌人重点封锁地段，地形地物如何利用。领导讲得再明白，还得靠你自己去理解、实施。前面有几道沟坎、坟包，有时还有石堆、鹿砦什么的，都得看仔细，想明白，真得动番脑筋。可炸药包往腋下一夹，一腔血冲到脑门上，在那几十米、百来米的冲击路上，枪声、手榴弹爆炸声都听不到了，你能想什么？全凭机灵劲儿和平时训练的功夫。今天看电视，踢足球进球了，你看球迷那种狂欢狂热。当年爆破手终于上去了，看着导火索咻咻冒火星子了，那种大功告成的感觉，那种激动、兴奋，特别是第一次送炸药包的人，实在难以名状，无法形容。

报奋勇了，报奋勇了，谁报奋勇，报奋勇的站出来！

攻坚战，战前动员完了，群情激昂，连长或指导员讲一下这次战斗的分组情况，有多少个组，就让大家自告奋勇到哪个组——那时叫"报奋勇"。

俺报爆破组！俺报手榴弹组！俺报梯子组！除了火力组固定为机枪班外，其余各组都可以报奋勇。每个组一路纵队，报哪一组就到哪一组站好。各组任务、性质不同，要求也不一样。像梯子组就得身强力壮个大的，个大有劲啊。每连都有几个特等射手，两三支枪封锁射击孔，像王凤麟那样的神枪手一支枪就行，也报火力组。当过矿工摆弄过炸药的，报爆破组。个人根据自身特点报奋勇，开头有人没报明白，也很难报明白，有的组人多了少了的，连里要调配一下，组长也由连里临时任命。时间长了,谁干什么都知道,到时候就自动成组上去了。

"火力组开火!"

"爆破组上!"

"手榴弹组跟俺来!"

"梯子组跟俺上!"

"突击组准备突击!"

"一声声口令中,各组就分头行动了。"

  机枪一响下炸药,

  敌人的炮楼开了锅,

  坐飞机上了德国,

  坐飞机上了德国。

翟文清参军时,"老一团""老二团"就唱这支歌,叫《机枪一响下炸药》。

翟文清参军第二天就打仗,个把星期后打了第二仗,都没报奋勇。第三次听说要报奋勇,他问班长俺报什么好,班长说你想报什么,他说爆破组。他非常羡慕爆破手,全连的眼睛都盯着,就等着那声巨响,就想试一把,用这"手中炮"把碉堡炸开锅,让小鬼子"坐飞机"去德国。

班长郎君田说不行,这么多老兵,还显不着你,再说炸药多金贵呀!你跑得快,小鬼子耳聋眼瞎还没明白自己是人是鬼呢,你就冲上去了。听俺的,报突击组。

成了老兵,如愿以偿,炸的都是伪军。

老将军说他这辈子最大的遗憾,是没让小鬼子坐他的"土飞机"。

张家栏子战斗前,敌有盾,我无矛。这回"土八路"有了"手中炮",躲在"乌龟壳"里也没有安全感了,敌人就开始折腾上了,怎么折腾也没辙。

把碉堡底层加宽加厚,就用支架把炸药擎到上边悬炸。加固工事,修筑双层围墙,就多梯队接力式连续爆破。在围墙、碉堡外相当宽的区域拉上铁丝网,用树头子什么的做成鹿砦,阻止爆破手接近,就用小包炸药连续爆破,打开通道。在碉堡、围墙外扩展壕沟,侦察员去量好宽深,根据尺寸做两个大梯子,上面有

6个大木桩子,先把一个推下壕沟,两条腿就成了支架,再把另一个搭上去就成桥了。

随着战局变化,攻坚战越来越多地提上了战事日程,炸药的需求量也就越来越大。

开头非常强调内炸,原因就是内炸威力大,可以节省炸药。

从鲁中军区到旅、团领导,无论多么囊中羞涩,在炸药费用上从不吝啬,要多少给多少,有多少买多少,问题是有钱也得有地方买啊。

淄博矿区是2团的兵源地之一,而炸药则几乎全是从矿区搞出来的。

炸药、雷管、导火索,在矿区算不得稀罕物,矿工家里都能看到。"土八路"把它们弄成了"手中炮",小鬼子眼睛瞪大了,有时几斤炸药要拿命换。地下党在工人中建立一条秘密渠道,2团也派人潜回矿区,和地下党一起收集炸药。2团还在淄博成立了一个13中队,敌后武工队似的,由3营教导员张慧源率领,主要目标是各种爆破器材。2团工兵排有两匹骡子,驮载炸药、雷管、导火索。唱着《机枪一响下炸药》的官兵,看骡子走起来那驮架咯吱咯吱的,挺沉挺有劲道了,就算计能让多少炮楼"开锅"了。

> 八路军在葛庄,
> 胜仗打得好,
> 消灭鬼子三百多,
> 剩下的跑散了
> 牵来了大洋马,
> 得来的开山炮,
> 乡亲们龇牙咧嘴哈哈笑。

后面将会写到的1944年葛庄战斗后,唱起来的这支《葛庄战斗歌》,特别在意那门"开山炮"——这是鲁中军区缴获的第一门山炮。

缴获的大洋马拉着,老百姓拍手鼓掌"八路军有大炮了",官兵兴奋、激动地指点着:"看,咱们的大炮上来了!"

20世纪70年代,笔者所在的炮兵团,40火箭筒已经编制到班了。在描写那个年代末的一场战争的文艺作品中,有人仍然对炸药包津津乐道。而这,正是创造了"爆破攻坚第一法"的前辈军人,曾经竭力渴望终结的。

用血肉之躯输送炸药包的军人,谁不渴望拥有自己的"开山炮"啊?

就像为了一挺"敌人给我们造"的机枪,有时要流血牺牲多少人呀?

4/ 巍巍马鞍山——续英雄谱一

1939年6月中旬,从济南出动的日军步兵骑兵数百人,在莱芜北的逯家埠被袭击,向莱芜城撤退。正在温石埠一带执行开辟边区任务的4支队3营闻讯,斜刺里赶去,在关桥口将日伪军分割两处。夜色降临,营长王凤麟下令分头包围敌人。在莱芜城出援日军掩护下,日军扔下尸体,丢了伪军,拼命逃窜。3营又一顿猛追,日军又丢下一些尸体,伪军全部投降。

同年冬,从泰安、莱芜、历城、章丘、博山五个方向出动的日军,对泰山根据地进行分进合击,3营奉命阻击泰安一路敌人。

泰安一路是一个联队,奔梭村的一路是一个加强大队,为敌主力和指挥中心。擒贼先擒王,王凤麟决定拿这一路开刀,先打掉他的指挥中枢。

隔条汶河,水北镇对面就是梭村。上午8点来钟,敌人黄糊糊地过来了,黄糊糊地覆盖了渡口的河面。半渡了,王凤麟的枪响了,3营4个连400多支枪齐吼。这回不是"敌人的炮楼开了锅",是汶河开锅了,沸腾了,飞溅的水花在阳光中泛红。

一阵猛打,迅速撤离,接下来四下里枪声不断,"迎接"敌人进了水北镇。镇子里坚壁清野,连只狗都没有,这个世界只闻枪声不见人。不知道日军联队长怎么想的,反正是调头往回走了。3营一路跟踪,有机会就打一下,"欢迎"再"欢送"。

那时对从延安来的人,人们很尊敬、羡慕。对从苏联留学回来的,那就是崇拜了,觉得他们有真经,翘首期待。有的人除了讲些在苏联的奇闻轶事,多些让人听不懂的词句外,也看不出怎么的。而笔者能说的是,东北抗战14年,东北抗联始终都是游击战。王凤麟虽然1935年就离开了,却是得游击战的真谛的。

此前的8月下旬,顽军突然袭击驻扎池上地区的3支队,3营奉命火速增援。

顽军已将油篓崮、黑虎寨至源泉以北阵地全部占领，油篓崮是其指挥中心。夜色掩护，王凤麟率营从敌人阵地缝隙间插了过去，突然出现在油篓崮，将敌大部歼灭，3营只有1人腿上负伤。

王凤麟常说，战士的鞋坏了，把你的给他，大家都吃不饱饭，干部应该饿得最厉害。谁的家里出什么事了，你不能解决，多唠几句，说些暖心话总行吧？而作为军事指挥员最大的爱兵，是不能打笨仗，要动脑筋，讲计谋，打巧仗，少伤亡。

有老人说：跟王凤麟打仗伤亡小。

王凤麟一向主张多打伏击战，只是敌人吃惯了被伏击的苦头，这种便宜仗也真的不大好打了。

王凤麟找到博山县的县、区干部，建议他们动员群众扒源泉至池上的公路，割电话线，反复扒割，再去给敌人送"情报"。开头，敌人如临大敌，前面有尖兵，两侧有搜索队，一路小心翼翼。时间长了，发现是些民兵，老百姓干的，而每次出动都平安无事，就不大在意了。

1941年3月13日夜，副团长王凤麟带领从3营挑选的3个排，进入伏击地点甘泉庙。山下一条小河，公路依着小河蜿蜒东去，路北一溜小山，甘泉庙就在一溜小山的制高点上。

埋好地雷，王凤麟对负责按电钮的司号员朱道善说："等敌人进入雷区，俺喊三声'朱道善'，地雷不响，俺杀你头。"

朱道善笑着说："保证完成任务，不用杀头，杀头多疼啊。"

又嘱咐8连连长刘佐：地雷一响，手榴弹一扔，不管三七二十一，你就带人往上冲。你不冲敌人就跑了，你慢了敌人缓过劲儿，就会返回来打你。

刘佐朗声道："副团长，你一百个放心吧。"

从地雷炸响，到30个鬼子一个没剩，伪军没死的都当了俘虏，没用10分钟。

甘泉庙之战后，2营官兵找上门了，说："副团长，你也不能总偏向3营啊，下一仗带上俺们打吧。"

全歼全缴获，这样的便宜仗，谁不爱打呀？

第二次伏击战是4月30日，在莱芜县高家庄打的。仍是如法炮制，只是更加慎重，战前王凤麟还化装去高家庄和口镇侦察。伏击阵地在高家庄的围墙内，墙外就是敌人，而高家庄距口镇敌人据点只有4公里——不然，敌人怎么会上钩呢？

王凤麟对也是精心挑选的2营官兵下了死命令："没有俺的命令，敌人碰上你的枪口了也不准开枪！"

仍是地雷轰隆一声后，不到10分钟结束战斗，消灭日军、伪军各30多人，还活捉了个鬼子。

3营、2营、1营轮换着来，这回是6月10日在龙爪沟，仍是伏击从口镇出来的敌人。

有人等得不耐烦了："这小鬼子是两条腿的人，还是四条腿的乌龟啊？怎么还不来啊？"

口镇的鬼子已经吃过一回亏了，能这么不长记性吗？一些人觉得敌人这回压根儿就不会出来，可一想到副团长神机妙算不会错，就七上八下地矛盾着。

王凤麟心中有数：这是口镇据点通往外界的最后一条电话线，你硬着头皮死挺，今天不出来，明天不出来，早晚也得出来修。

这次用了10多分钟，击毙日军27人，伪军10余人，除了跟过去一样的长短枪和掷弹筒外，还缴获两挺狮子牌机枪——这是日军的一种新式机枪，比歪把子好多了。

这就是当时有名的被称作"三个10分钟"的连续三次伏击战。

将才王凤麟。

1942年8月，王凤麟在一次战斗中右腿负伤，膝盖下20公分处骨折，手术截肢。

比之今天，那时是不该截肢的截肢了，该截肢的能保住命就不错了。那种环境、条件，没办法。

在血与火中冲杀过来的老人都说，战争年代，哪儿伤了都不怕，缺只胳膊少只眼也问题不大，唯独不能伤了腿脚，不能行军怎么打仗啊？

1942年9月，秋风飒飒，王凤麟带着那支心爱的狙击步枪，上了马鞍山。

马鞍山位于淄河上游、鲁山北面，因山顶呈马鞍形得名。四周陡峭如削，石缝间一条石阶小道，云梯般通向鞍部的南天门。这里是沂蒙山区连接胶济路以北的清河区、冀鲁边区和胶东地区的唯一通道，敌、顽、我三方曾多次争夺，三次易手。现在是鲁中军区的一个小后方，山上主要是伤员，一个修械所的几个工人，还有一些当地群众。

1942年11月,日寇对鲁中地区的大"扫荡"结束,一支千余人的敌军路过山下。有汉奸告密,说山上有八路军的兵工厂,鲁中军区的大官住在山上,并指名道姓说王凤麟就在山上。

敌人在对面的孟良台和后峪岭上架起山炮,还飞来4架飞机俯冲轰炸,马鞍山上硝烟弥漫。

先是一个挥舞指挥刀的军官,接着又是几个鬼子应声倒地,王凤麟手中的狙击步枪百发百中,几个爬上石阶小道拖尸体的也倒在那儿了。

山上30多人,除了老人孩子,算上能往山下推石头的妇女,能参加战斗的不到20人。王凤麟一长一短两支枪,另外8支都是章丘造之类的土造枪,而且子弹很少,手榴弹更少。

打了一天,王凤麟拄着拐杖,又被刘厥兰和几个人轮换背着,各处查看阵地,让多搬些石头堆在阵地前。这东西轰隆隆滚下去,比子弹、手榴弹管用多了。

山风习习,吹荡着山上的硝烟。王凤麟和刘厥兰坐在南天门上,副团长告诉班长:视情况,明天你随时都准备组织人员撤离。山上有做军衣的白布,撕开绑扎成绳子,把人从后山坠下去,先老人孩子,后伤员群众。你去找团部、旅部都行,报告这里的情况。

刘厥兰有些哽咽:"不行!俺和你在一起!"

王凤麟拍拍他的肩膀:"瞧,驴脾气又上来了,这是命令。"

又道:"能出去一个是一个。"

刘厥兰是几天前送伤员上山的,还给王凤麟带来一封信,是团政委李伯秋写的,仍是劝他回部队。从1941年底开始,日寇频繁"扫荡",规模越来越大,内线外线,部队到处转移。王凤麟通常是用担架抬着,打起仗来背着他跑,已经伤了两个人,他不能再拖累部队了。在马鞍山上,他每天练习走路,期待着扔掉双拐,重返部队。他说实在不行,就去兵工厂专门研究爆破,让小鬼子那"土飞机"坐得更舒坦、更利索些。

半个多世纪后,谈到马鞍山战斗,李伯秋老将军还慨叹:"一个残疾人,拖累部队是真的,可部队安全啊,一个团还保护不了他吗?"

第二天,又是一轮炮火后,敌人开始攻击。

王凤麟不时地大喊几声，指挥战斗。他自己的两支枪，远的长枪，近了短枪，沉静地一枪一枪。

剩下最后1颗子弹了，他挣扎着去抓烈士的枪，拉开枪栓，都是空的。

有被俘后被押下山的人，看到他们的副团长倒在扼守那条上山小路的石阶旁，血人似的，旁边横着一副拐杖。

刘厥兰当之无愧地成为"爆破英雄"，1941年4月山东军区英模大会上被正式授予这一称号，军区政治部主任肖华称他"爆破元老"。

王凤麟一生中从未被明文表彰过——哪怕最低级别、规格的那种表彰。

如今，董存瑞生前所在部队，也编入40集团军了。别说80后、90后，就是00后的那些小学生，许多人对手托炸药包的董存瑞也不陌生。那么，是谁最先把炸药引入战场，成为八路军的"手中炮"，让日本鬼子"坐飞机"呢？没有王凤麟、刘厥兰，也会有"张凤麟""李厥兰"，迟早会有人发明创造出"爆破攻坚第一法"。可那又会有多少小张庄血战，多少人血流成河？还有总是打巧仗、打胜仗的军事指挥员王凤麟，还有马鞍山上双手挂拐的残疾军人王凤麟，那不就是顶天立地的抗日英雄吗？

先把句话撂在这里：我们40军的枪杆子硬。

第三章　战斗进行曲

1/ 讨伐吴化文

前面说了，死打硬拼的小张庄战斗，打的就是吴化文的顽军。

吴化文原是韩复榘3路军手枪旅长，兼济南警备司令。1939年手枪旅改编为新4师他任师长。1943年初投降日寇，成为"和平建国军第3方面军"司令，鲁中地区最大的一支伪军。日本投降后，这个汉奸反倒升官了，国民党96军军长。1948年秋济南战役期间，中将军长吴化文宣布起义，率所部两万余人投奔共产党，被改编为解放军35军，之后参加渡江战役。毛泽东有首《七律·人民解放军占领南京》，占领南京当然要占领总统府了，有幅著名的照片，军人在总统府上欢呼。按说，照片著名，占领总统府的这支人民解放军更应该著名，实际上却鲜为人知。因为这支人民解放军是35军，军长吴化文。

96军改编为35军后，在一次军官会议上，著名的"跳槽将军"吴化文讲话："咱们过去跟妓女一样，今天跟这个，明天跟那个，现在咱们从良了，嫁了个好丈夫，今后再偷人可不行了。"

而让鲁中军民恨得牙根痒痒的，是这小子在根据地制造"无人区"。

敌后抗战势头强劲，日寇岂能看着后院燃起大火。1941—1942年间，日寇调集兵力，连续五次推行"治安强化运动"，对其占领区反复"清乡"，对游击区、根据地轮番"扫荡"，同时进行经济封锁。沂蒙根据地一度缩为南北35公里、东西20余公里的狭小地狱，人称"一枪能打透的根据地"。又值连年灾荒，老百姓苦不堪言，有的地方树皮都扒光了。1团、2团黑豆、地瓜也难饱一餐，非战斗减员越来越多，许多人患夜盲症，行军时用根绳拴上牵着，"夜老虎"成了"瞎老虎"。

吴化文却有办法丰衣足食，公开投敌后更是变本加厉。

吴军所到之处，设立名目繁多的苛捐杂税，老百姓交不出来，就翻箱倒柜。你都藏哪去了？说没有是不老实，说有肯定还有，吊起来打，用烧红的烙铁烙。

老百姓说，轻的鸡毛不拿，重的碾盘不要，比"挨户子队"还"挨户子队"。

当年4支队下山后，到处募集要饭吃，一些村庄不让进，这回随便进了。临朐地区，十村九空，有点活气的也十室九没人，能跑的都跑了。房子东倒西歪，好多塌了，有钱人家门口两个石狮子屹立着。院子里蒿草一人多高，猛地窜出个活物，是狼，人家成狼窝了。

新中国成立后，鲁中老百姓到处打听吴化文哪去了。1950年，听说这小子在上海养病，还当了什么大官（浙江省人民政府委员、交通厅长），派代表去上海请愿，要把他揪回来算账，被劝止。

1938年5月，山东全境沦陷时，有日军42万余人，伪军近万。1943年，山东战场日军减少，伪军猛增至20万。其中实力最强，对抗战祸害最大的，就是吴化文伪军。

1942年，山东国民党系统"降军如潮，降将如毛"时，老奸巨猾的吴化文按兵未动。转过年去，德日意法西斯开始走下坡路了，吴化文却公开"曲线救国"了。不过，就像由国民党而共产党不到半年，他当军长的部队就能冲进国民党政府的总统府，他认为看准了就会不遗余力。而这种被任何方面都瞧不起的人，不可能是以往惯常认为的那种草包饭桶。

7月中旬，鲁中军区发起第一次讨吴战役，在鲁村以西的郑王庄吃掉吴军一个营。

有老人说，那时先打些小仗，缴获些弹药，炸药也积攒得差不多了，吃几顿饱饭，养一下体力，打个大仗。肚里没食，行军走着走着，有人就昏倒了。可一听说打吴化文就来劲了。这小子数典忘祖，一肚子坏水，那"无人区"饿死多少人啊？

11月，吴军夺取大崮区的宝崮顶、大张庄、刁村一线阵地，构筑工事，准备长期盘踞。乘其立足未稳，日军又去清河区"扫荡"，吴化文也不在军中，鲁中军区调集近5个团的兵力，于12月发起第二次讨吴战役。激战4昼夜，收复10余处据点。

吴化文的"和平建国军第3方面军",下辖两个军又一个独立师,听着挺吓人,其实也就一个正规师的兵力万余人。12个主力团,部署在鲁村、南麻、悦庄及其周围地区,一线8个,纵深多为杂牌。工事虽然坚固,防线过长,兵力自然分散,没有纵深,空隙也多。

山东军区决定,选择弱点,突击纵深,打击吴军防区中心,迫使一线部队收缩,在运动中歼其有生力量。

1944年3月26日,第三次讨吴战役打响了。

当天凌晨,1团拿下石桥、石陋,2团攻占磋石,歼敌一个营,并迫使西大崮之敌缴械投降。各部乘胜扩大战果,守敌防线破乱,退至鲁村、悦庄、儒林集一带,固守待援。

29日,日军出动两个大队来援。攻击部队少数控制既得阵地,主力撤出待机。

此时的日军已大不如前,兵力减少,战力下降,会救吴化文吗?自己那老巢安全吗?来回路上会不会被伏击?日军一走,攻击部队卷土重来,整条战线枪声、手榴弹和炸药包的爆炸声震天动地。

吴化文用行动道白的内心世界,则是无论跟哪个,都必须有队伍、凭实力。枪杆子多,队伍壮,本钱大,到哪儿都能跟得紧、跟得上。不然,就是热脸贴凉屁股,这个世界没人会搭理你。

而现在,这个只会死心塌地忠于自己的"跳槽将军",亲率两个师的主力增援前线,赌徒般孤注一掷,要挽回败局,保住他"跟这个""跟那个"的资本时,他的老窝就轻易地被对手端掉了。

1团两个营摸到吴化文设在郑王庄的总部时,敌人还在睡大觉。包括3个少将800余伪兵成了俘虏。

血战小张庄时还没"伪"字,官兵以"正牌""政府军"自居,挺牛,被"土八路"不要命地冲锋吓得灵魂出窍。这回成天吃香的、喝辣的,无论吴化文怎样善于"带兵",笼络人心,当了汉奸,也是底气不足。不过比起其他伪军,吴军还是挺能打的,装备也好,一些人也认准跟定吴化文了。可老窝被端了,不乱也乱了,想打也招架不住了。

2团3连7班长李海启,一人俘虏40多名伪军,缴获13支步枪和1门小炮。

战役期间，民兵破坏铁道、运送弹药、抬送伤员，有的还直接参加战斗，最后是抓俘虏。老百姓也拿着棍棒铁叉杀猪刀什么的赶来了。凡是有吴军据点的地方，到处都有八路军、民兵、老百姓的身影，漫山遍野追逐着、喊叫着、欢呼着。

李洪奎老将军说，我见个老太太，拿根烧火棍，颠着小脚往山上跑，说有个"汉奸队"（伪军）跑山上了，"俺要是抓住这个东西，非咬他两口不可"。我说大娘啊，可不能咬，他是个大头兵，跟吴化文不一样。要是把吴化文抓住了，咬两口就咬两口。你听我这话说的，说完就后悔了，吴化文也不能咬啊，那时那人一提起吴化文，没有不咬牙切齿的，顺嘴就出来了。那也不行啊，还是指导员呢，就这水平啊？

战后总结，掏吴化文老窝的主攻连之一4连指导员李洪奎，去营里汇报时问："这一仗打得这么漂亮，是不是毛主席亲自来山东指挥的啊？"

2/ 克沂水

1938年10月，广州、武汉失陷后，大批日军回师华北，山东日军达10万之众。1944年初，驻山东日军仅有2.5万余人，为抗战以来最少时期。伪军虽然数量大增，也是伪的。全年"扫荡"出动日伪军达万人者仅有一次，每次时间也多在10天以内。从1942年开始的军事、政治、经济、文化等多管齐下的"总力战"，已经名存实亡，军事上则收缩兵力，实行重点守备。仅津浦路以东就放弃据点264处，鲁中战场仅剩沂水、蒙阴、南麻等10余个城镇据点。

这当然与太平洋战场和中国抗战的战局有关，更是山东军民浴血奋战打出来的小气候。

日军出动，难得不带伪军的。伏击战，通常是放过伪军，专打鬼子。笔者采访到的亲历者，都说打鬼子最来劲了。把主子打趴下了，那奴才、狗不用打，有时连汪汪几声都不汪汪就跑了。

而从更广大的宏观上讲，把鬼子消灭了，伪军自然就没了，不存在了。

三次讨吴战役，专门对付吴化文。一是这个东西太不是东西了，二是伪军太多了，你吴化文不是伪军中的老大吗？把这个伪老大打残废了，那些伪军就明白自己该怎么"伪"了，就更伪了。

第三次讨吴战役，吴军折损大半，八路军攻克重要据点40余处，解放村镇千余，人口30多万，控制了战略要地鲁山山区大部，打通了鲁中各区的联系，山东局面大为改观。而更重要的、具有里程碑意义的，是明摆着已经开始局部反攻了。

首战寺岭，次战四槐树，打了就跑，绝不恋战。打得赢就打，打不赢就走，打得赢也就是那么一下子，扭头就跑。如果想再来一拳头，或者一巴掌、扫堂腿什么的，可能就跑不掉了，把老本都赔进去了。

青驼寺是鲁中军区拔掉的第一个据点。小鬼子太欺负人了，把据点弄到咱们鼻子底下了，官兵瞅着来气，对根据地威胁也真大。青驼寺据点也不能说百分之百就是打下来的，而是日军见势不妙跑了，扔下不要了。可接下来写到没写到的茅茨、朱位、半程、铜井等，就是找上门去挑战了，而且屡屡成功。

比之当初的"乌合之众"，"老一团""老二团"已经兵强马壮，不但有了"手中炮"，战斗技艺也日趋成熟，战斗、战役规模也越来越大。日军则相形见绌，兵力越来越不敷分配，那些愈显孤立的据点怎么办？等着被拔除，再损兵折将？

1944年8月，山东军区发起强大的夏季攻势，鲁中军区盯住了一个更大的目标——沂水城。

1团官兵说，这回要进城"逛逛"了。

位于鲁中地区中心地带的沂水县城沂水镇，有五条公路分别通往益都、临沂、蒙阴、博山、莒县。1939年日军占领沂水后，在这里修建军用机场，对鲁中地区进行的大小"扫荡"，其指挥机关均设于此。南关驻有日军一个中队，城内伪军8个中队，由伪县长牛先元兼司令。城外还有8个据点，牛先元就跟着日本人吹嘘，说沂水城碉堡林立，固若金汤。城墙上下，城内城外，碉堡也真不少，只是八路军没有金刚钻，也不揽这瓷器活了。

第三次讨吴战役后，鲁中军区已经定好了下一步的路数。6月11日，在临朐以南攻克几处据点，切断了临（朐）沂（水）公路。接着又在蒙阴以南、费县以北地区，歼灭吴化文部一个独立旅，打破了环绕蒙山的封锁。鲁中重镇沂水已成孤城，裸露在八路军的枪口下。

8月15日，自徂徕山起义后最大规模的攻坚战打响了。

有老人很幽默：我们提前"一周年"，用解放沂水城欢庆日本投降。

扫清外围据点后，1团攻击北门、东门，4团攻击南门，西门是11团和2分区特务营的。机枪吼叫着，手榴弹组跟上，最前面的是梯子组。城墙下是十四五米宽深的外壕，梯子架上桥搭好，爆破组上去了，一座沂水城就被隆隆的爆炸声和硝烟围裹了。

1团很快突破东门，占领城楼，沿着大街向北门发展。

八路进城了！那种恐惧到极点的不自觉就会发出的喊叫，特别瘆人，也就特别有杀伤力。只恨爹娘少生了两只脚的，原本就没想跑的，许多就站在那儿双手举枪过头了。

拿下伪县政府和警察局，钟鼓楼里聚集着不少伪军。中国人不打中国人！放下武器投降，发路费回家！喊一阵子，再找些伪军家属来喊。×××，俺是你娘啊，八路军说话算数，快跟俺回家过日子吧！×××，俺是你爹，你媳妇刚给你生个大胖小子，俺有个汉奸儿已经没脸见人了，你还想让他有个汉奸爹啊？×××你个王八羔子，麻溜给老子滚出来！八路军仁义，看你们帮狗吃食也是条命，不然早让你们"坐飞机"了！

出来200多人。

4团主攻目标是南关的日军。连续爆破，摧毁一些工事，围墙也被炸开一个豁口，被日军各种轻重火力死死封住。天已大亮，冲上去等于无谓伤亡，双方僵住了。

中午时分，副团长高文然眼前一亮，鬼子吃饭了，只有几个人在监视豁口。机不可失！一声令下，"猛虎下山""饿虎扑食"以及同类词语，尽可以随便用了，反正那几百米的距离就是不顾一切了。

一次战斗的胜利，一支部队从指挥员到士兵的成熟、自信，许多时候就表现在这种瞬间的决断和几分钟的一往无前了。

据说，4团冲进并占领豁口时，正在吃饭的鬼子还没来得及展开还击。

解放沂水城，毙伤伪军200余人，俘伪县长兼伪军司令牛先元以下800多人。一个中队日军被全歼，其中包括20个活的。

沂水城枪声、手榴弹和炸药包的爆炸声搅成一团，正在新泰、蒙阴和鲁山区"扫荡"的日军59师团主力，赶紧分头奔来救援。19日赶到，黄瓜菜早凉了。进城呆了一夜，第二天走了，也不"扫荡"了，回莒县了。

沂水是八路军在山东境内克复的第一座县城，没想到还来了个一石二鸟。

18日，攻城部队撤离沂水城前，将7名日军伤俘释放。有17具尸体比较完整，洗净用白布蒙上，让老百姓用担架抬送莒县。其余尸体分作5个坟墓，埋在城边，放上花圈，写了"祭文"。日军进城后看了，有的默默垂泪，有的痛哭流涕。

有人会说这是政治，是宣传战，没错，有的作品写到这里时，并不掩饰这种用意。

人道呢？错了吗？

他们不知道1929年就有了《关于战俘待遇的日内瓦公约》，有人倒是听说日军用中国战俘训练刺杀。他们知道共产党的政策，会唱《三大纪律八项注意》，"第八不许虐待俘虏兵，不许打骂不许搜腰包"。他们憎恨这些漂洋过海来杀人的强盗，称他们是"鬼子"，说他们是畜生、不是人。笔者采访到的这个集团军的老八路，都说打鬼子特别来劲。可看着这些放下武器的鬼子，真的变成鬼了的鬼子，人心中那些原本柔软的东西就出来了，就看到人了，也是爹娘生养的人了。

诞生于孔孟之乡的这支部队，是正义之师、文明之师、仁义之师。正义之师不用说了，文明之师、仁义之师也绝不是抽象、空洞、挂在嘴皮子上的——留待后叙。

3/ "武士倒"

1944年3月，2团1营攻打临朐县冶原镇，临朐城出援的一小队日军、一中队伪军，在马埠村被2营一顿胖揍。1营拿下冶原，1连首先赶到马埠村，伪军扔下鬼子跑了，鬼子刚刚占领一片坟地。一排手榴弹砸过去，副连长亢鲁河带两个排冲上去，和鬼子喊里咔嚓拼起刺刀。

1班副刘洪福，20多岁，个头少说也在1.85米以上，胳膊粗，力量大，手榴弹出手就是50米左右，谁跟他练对刺，那枪碰上不脱手也震个两臂发麻。技术也好，那刀尖忽左忽右，忽上忽下，蛇吐信子般就在你胸前几寸处忽闪，倘是鬼子不知道死多少回了。

几个鬼子端着刺刀明晃晃的三八大盖，呀呀叫着迎上来，掩护其余的鬼子逃跑。刘洪福也不吭声，瞄准个大个鬼子，两只刺刀咔咔撞击几下子，鬼子的枪响了。

古今中外,少有像日军那样注重刺杀训练的。他们就是要用这种血腥的方式结束你的生命,摧毁你的士气。这是一种傲气,也是表现他"大日本皇军"的"皇威""武士道"的强项。可从1944年(有人说是1943年下半年)开始,这些"武士"就顾不得那"道"了,活命要紧,许多枪上着顶门火,看着拼不过你,就开枪了。

▲冶源战斗2团1营指战员与日军白刃格斗,日军已不是对手

7班长李洪水、2排长王哲平，副连长亓鲁河，都是吃了这种亏。他们和刘洪福一样，都是连队刺杀教员，手执三八大盖。各连刺杀技术好的，几乎都是三八大盖。2排长还是团里的刺杀模范，曾刺死刺伤几个敌人。

打扫战场，发现河边浅水处有具尸体。尸体趴着，脸侧歪着，鼻孔露出水面。有人踢了一脚，没反应，又踢一脚，死鬼子一下子活了，趴在水里就把双手举起来了。

开饭了，肉包子，一个比碗还大，热气腾腾的。炊事员那挑子还未放下，俘虏冲上去就抓，一手一个，这顿狼吞虎咽啊，鼻子、下巴油糊糊的都是馅。

大家都笑："大日本皇军"成这德行了。

前面写过的王凤麟指挥的龙爪沟伏击战，在那阵子疾风暴雨般的枪弹中，有人说小鬼子只打出一枪，就击中了1营营长胡念筠。

不能说先期入侵日军都是神枪手，那军事素质的确是后期日军没法比的。

同样印象深刻的，还有刺杀。

1939年初，在莱芜马家庙，也是伏击战，2团1连打的。1排30多人追个鬼子，想抓活的。鬼子转过身来，端着刺刀，呀呀怪叫。谁怕他啊？大家围上去。这个20多岁矮墩墩的鬼子，左腾右闪，前挑后刺，硬是让你难以近身，还被他伤了几个人，最终还是用子弹结果了他。

八路军讲究近战、夜战，夜战也是为了近战，近战却又往往要避免肉搏战。

鸟枪土炮不用说了，老套筒、汉阳造、沈阳造、捷克式、水连珠、九连登，都没刺刀。有的并不是原来就没有，而是那枪太老旧了，不知经过多少人手，许多零件都是补配的，那配置的刺刀早不知哪去了。那时人们喜欢三八大盖的原因之一，就是它有刺刀，缴获一支就多把刺刀，常常连刀鞘都不少。

有人不服气。没刺刀，枪托抡起来不也能砸吗？枪托没刺刀好使，可咱人多，几个人打他一个还不行吗？咱是撸锄杆子的不假，可他小鬼子也是人，也是一个脑袋两条胳膊两条腿，论个头俺还比他高一块呢，俺就不信拼不过他。

有老兵就说："来，你找两个人，咱们试吧试吧。"

输了也不服气："俺今天不行，就不信明天、后天还不行！"

不服就练，在战斗中锤炼，在战斗间隙训练。

鲁中军区有个刺杀教员，不知为什么，都叫他"老丈人"。40来岁，中等个头，瘦削精干，原是东北讲武堂的刺杀教官。据说"九·一八"事变前，他在沈阳和鬼子比武，几个鬼子都不是对手。他一个连一个连地教练，还集中培训许多骨干，这些骨干都成了教员。

到个连队，"老丈人"挑几个刺杀技术好的，或者随便拉出一个班，把他围成一个圈，别人都是真家伙，他手里是支木枪。他说，你们就把俺当小鬼子，跟俺白刀子进，红刀子出，动真格的。开头哪敢啊，他就火了，有时还来几句"妈个巴子"，说到战场上你们死定了。每次也就半袋烟工夫，一圈人不是枪被打飞了，就是人被刺倒了。

和他对刺时，他喊"看着俺的眼睛"，训练中讲得最多的一句话，是"要把你那支枪摆弄得像根筷子一样"。他手里那支枪也真轻巧得筷子似的，原地刺，或突刺，刺上千儿八百枪，大气儿不喘。

白刃格斗，眼到刀到，刀随眼走，你得注意对手的眼神。过去哪知道啊？觉得拼刺刀嘛，当然要看着那刺刀、刀尖了。看着敌人的眼睛，那也只能是一种感觉，经验加感觉。敌人可能使障眼法，眼睛瞅着你胸前，刺刀奔腹部去了。刺杀靠技术，也凭意识，用脑子。你若盯着那刺刀，那就什么脑子、意识、感觉都没了，可能什么也来不及了。

鲁中军区刺杀技术最好的，是1团5连。1941年冬惠家庄战斗，5连冲入敌阵，白刃格斗，全歼日军一个小队。5连清一色三八大盖，人称"盖子连"。行军路上，看见前面刀光雪亮，就说"盖子连"来了。

鲁中军区部队比较正规、系统的军事训练，是从1944年2月开始的，历时两个多月，史无前例。

射击、投弹、刺杀、爆破、土工作业，以及单双杠、木马、超越障碍等体育项目。有人打过棒球，有人看过，说咱也试试，也不懂多少规则，做好棒、球就打开了。偏僻山村，就地取材，土洋结合，简便实用，什么样的环境都搞得生机勃勃、热热闹闹。

庄稼人不吝啬力气，也有的是力气，但大多是蛮力气。单双杠、木马、打棒球等等，不仅锻炼体魄，还能使人头脑灵活，身手敏捷，是"五大技术"的基础素质。

兵工厂曲射炮改平射失败，仿制的刺刀也不过关，易断。反复试验，扁刀改为四棱锥，再改成三棱锥，终于成功。虽不像刺刀那样雪亮耀眼，一个连也是剑刺如林，气势逼人。

训练场上，教员高声问道："同志们，你们是男人吗？"

大家一声吼："是！"

又问："你们是硬骨头吗？"

又一声吼："是！"

"好！每人100次。听口令：突刺——刺！"

杀声雷动。

开头，多数人连续50枪都刺不了。白天训练一天，月亮地里依然杀声震天。有时倒下了，睡不着，或是一觉醒来，悄悄下地，提着枪又出去了。一人走，大家动，你50枪，他60枪，我就非刺上70枪、80枪不可，都是五尺汉子，谁服谁啊？

谁都明白，这工夫训练不到位，到时候一着不慎，小命没了。不光白死，还长敌人威风，灭自己士气。

嗓子喊哑了，虎口震裂了，肩膀胳膊都肿了，吃饭拿不住筷子——那支枪也快摆弄得筷子般轻巧了。

大练兵后第一次较大规模的肉搏战，是这年秋天的葛庄歼灭战。

9月，在沂水县南边的葛庄，日军53旅团43大队450多人和伪军500多人，被鲁中军区3个团伏击。战斗打响，1团在金牛官庄堵住敌人退路，冲上公路与日军拼起刺刀。

在大练兵中被鲁中军区授予"刺杀优胜连"称号的5连，除清一色为三八大盖外，还有两多：刺杀标兵多，每人对付一个鬼子绰绰有余；能连续突刺达1000枪的人多，在三分之二以上。

5连从路边山坡上首先扑向敌人，一把把刺刀在杀声中闪着寒光。冲在前面的鬼子接连倒下，再冲上来的也是同样下场。喊里咔嚓声中，6班长曾本义先后刺死4个鬼子，战后发现刺刀都弯了。

2连2班班长曹世范，连续刺死5个鬼子。未尽兴，四处瞅着，没活的了。

日军中队长冈田健挥起指挥刀，向3连副排长侯玉俊劈来。侯玉俊用枪一挡，飞起一脚，将他踢翻，一刺刀将这小子钉在地上。顺手抓起那把指挥刀，又砍翻两个。

有老人说他听人说的，砍翻两个鬼子后，战斗还未结束，侯玉俊就用衣袖擦起那把指挥刀来，连声道：好刀！好刀！

也就几分钟工夫，43大队5中队长冈田健以下50多个鬼子成了刀下鬼。

没人知道，看着5连官兵端着刺刀嗷嗷叫着扑上来时，这些崇尚"白兵主义"（即白刃战）的"武士"会作何感想。而到了1945年，"老一团""老二团"刺杀水平一般的连队，在与鬼子一对一的肉搏战中也占上风了。

1941年前，肉搏战，一般的鬼子可对付两三个八路军，有经验的老鬼子还要多。在他们眼里，这些"土八路"再勇敢，也跟一脑袋高粱花子的农民差不多，"军人的不是"。肉搏战关上保险，甚至退出子弹，那是傲气，也是自信。可到了1944年（或1943年下半年），从战火硝烟中冲杀过来的"老一团""老二团"官兵，已在战争家常中把自己捶打成军人、战士。第一次面对怪叫着迎上来的鬼子，仇恨和激动可能使热血一下子冲到脑门上，平时练就的技艺无形中会扔到脑后。一两次后，即便血染征衣，杀红了眼睛，喊里咔嚓中的一招一式的从容、镇定，也就更添几分成熟与自信。而随着整个亚洲战场的形势转变，日军伤亡越来越大，兵员素质、训练水平越来越差，那年纪也老的老、小的小，老的差不多能给小的当爹了。这样的"武士"再给他个脑袋，还能有那"道"，肉搏战中还敢关保险、退出子弹吗？

此消彼长。

"武士道"就成了"武士倒"。

4/ 千军与一将——名将录一

就在拿下沂水城前后，日伪军万余人兵分十三路向滨海区"扫荡"，企图合击八路军指挥机关，摧毁后方设施。前面说的1944年唯一一次出动超万兵力的"扫荡"，就是这次，有点以攻为守的意思。八路军不是开始局部反攻了吗，我先下手为强，打掉你的指挥机关，你不就老实待着了吗？1941年冬大"扫荡"期间，驻在蒙阴县马牧池的山东纵队指挥机关，突然遭敌包围袭击。那时日军正在兴头上，强势得很，被他抓住太可怕了。结果一场黄粱美梦。小鬼子总爱拨弄这种算盘，快成秋后的蚂蚱了，还想讨这种便宜。

不断有情报上来，罗舜初让抓个活口。

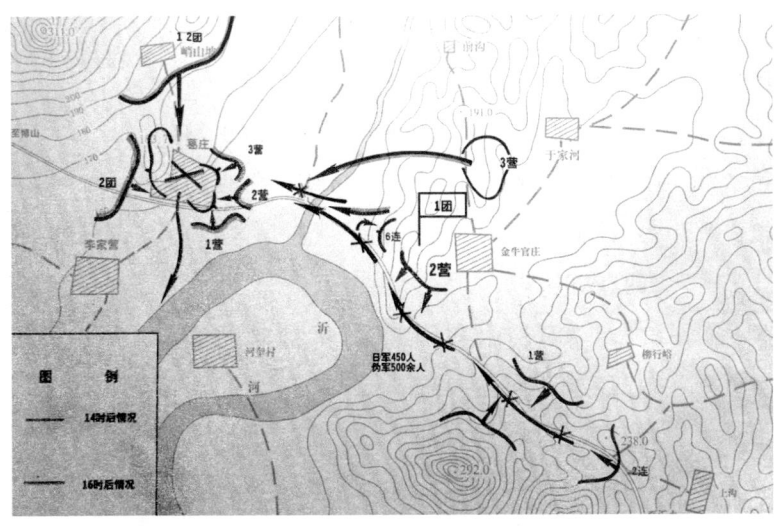

▲八路军鲁中军区第1团葛庄伏击战斗经过要图（1944年9月3日）

（比例：1:25000）

游击战永恒的原则，是有"游"有"击"，游是为击。此前对付大小"扫荡"，是避其锋芒，保存自己，游多击少，瞅准机会捞一把就跑。1939年10月的五井战斗，《40集团军军史》称之为"开创了在反'扫荡'中完全击溃和大部歼灭敌军有生力量的范例"，不知其中有没有、有多少妙手偶得的因素。而现在，根据地已不是日寇想来就来，想走就走的地方了。这回目的明确，就是要收拾一路"扫荡"之敌，就看哪一路最有可能成为这种倒霉蛋了。

从莒县出动的一路约2500余人，9月3日又分作左右两路，沿沂河北进。右路为日军53旅团43大队450人，另有伪滨县警备队300余人，伪3方面军47师200余人。

罗舜初盯住了43大队大队长草野青率领的右路，为其选中的"风水宝地"，就是前面写到的葛庄战斗的葛庄。

葛庄西北两面靠山，南面20公里为沂水城，东为金牛官庄。以葛庄为中心，自东向西一片1.5公里的狭长洼地，东临跋山，西接乔山、松山，南有无儿岗，北面是通往卞山的一条山沟，打伏击的天然去处，当然还得是这一路敌人的必经之地。

包括司令员王建安在内的鲁中军区团以上军事干部,都去山东军区开会了,由军区政委罗舜初坐镇指挥。

排兵布阵妥当,罗舜初指着跋山向西伸出的镢头岭,对1团1营长说:"看到了吧?沂(水)博(山)公路就在岭下,是控制公路的制高点。战斗打响,立即派个连抢占镢头岭,控制公路,扎住口袋嘴,坚决堵住向东南方向突围的敌人。"

9月3日下午两点左右,敌人进入伏击圈。

这回是日军在前,伪军在后。原本准备打后面鬼子的部队官兵,就有些失望,恨不得把枪口侧向已经走出射界的鬼子。

不知道草野青经历过多少次这种平地起炸雷似的打击,枪声大作、人仰马翻中,还算冷静,立即组织一个中队占领葛庄西北角的水母娘娘庙,同时下令抢占镢头岭,企图固守待援,伺机突围。当日军一个中队冲到岭下时,1团1营1连正好赶到那里,两下里像两股潮浪撞到一起,喊里咔嚓,一阵厮拼,日军下去了,1连上去了。山炮、迫击炮猛轰,日军发起五次冲锋,硬是上不去镢头岭。

黄昏时分,罗舜初下令全线出击。

日军向西边的李家营方向突围,被2团1营迎头一顿胖揍。转而向北,4分区12团也早已等在那里了。没头苍蝇般乱撞一阵子,就剩下水母娘娘庙一方容身之地了。

坐落在葛庄西北角桔岭上的水母娘娘庙,原是日军的一个据点,收缩兵力时放弃的,周围工事被当地民兵拆毁。这回残敌躲了进去,立即抢修工事,以炽盛火力阻止攻击部队近前。

罗舜初给身边的干部分析敌情,做出判断。

他说:"水母娘娘不会保佑鬼子,里面没粮没水,不能久守,天亮后必得突围。敌人地势好,居高临下,易守难攻,火力也强,强攻吃亏,今晚咱就不攻,等明天出来后在野战中消灭他。但是不能让他消停了,得好好折腾折腾他,让他瞪着眼做噩梦。"

机枪哒哒哒,步枪叭勾叭勾,忽然又疾风暴雨般搅成一团。隐约可见娘娘庙里外鬼子跑跳的身影,各种火器就像过年放烟花般映红了秋日的夜空。沉寂了一阵子,抱着歪把子的鬼子该打瞌睡了,枪声四起,这回还伴着冲锋号和杀声,鬼子就又开始忙不迭地"放花"。

天亮了,枪炮声骤起,这回是敌人主动"放花"。

有人大喊:"鬼子向北跑了!"

罗舜初微微一笑:"不对,他是向南逃。"

果然,向北只是佯攻。在初秋山野依然浓郁的绿意中,黄糊糊的鬼子像股浊流,从桔岭涌下,向南奔逃。1团、2团、4团、12团和鲁中军区特务营,早已在各自地域眼巴巴等上了,一路截击、追杀,被冲杀得七零八落的鬼子,就往路边的青纱帐里钻。

葛庄之战,有民兵沉不住气,提前开枪,战斗不得不提前打响。民兵毕竟是民兵。这工夫追杀鬼子可来了精神了,那地界熟啊,沿途许多庄稼是他们村的,有的还是自己家的,都快收成了,你小鬼子还给老子糟蹋。听八路军喊"八路军优待俘虏",也跟着喊"八路军优待俘虏"。过后一想,八路军喊的是日语,一般老兵都会几句战场用语,自己喊的是中国话,小鬼子也听不懂啊,再说自己也不算八路军啊。

沂水城破,赶来救援的日军进城吊丧后回莒县,几架飞机沿途护送。这回飞来十几架,莒县出动1700余日伪军接应,不然逃至无儿崮的草野青和50多个鬼子,八成一个也回不去了。

罗舜初,福建上杭县人,1914年出生,中等个头,温文尔雅,一派儒将风度。

念过私塾,上过学堂,读过教会学校,从军后曾在瑞金红军学校、延安抗日军政大学学习。1929年参加上杭农民暴动,1931年参加红军,历任红1方面军司令部参谋,红4方面军司令部2局科长、代局长,中央革命军事委员会2局副局长,八路军总部作战科长,1纵队参谋处长,山东纵队参谋处长,突然"改行"为鲁中军区政委,又司令员兼政委。

戎马一生,罗舜初沾边最多的,莫过于"参谋"了。新中国成立后众多职务中,也有海军参谋长一职。

八路军总司令朱德曾经说过,八路军的参谋工作,与一般帝国主义国家军队中的参谋工作不同,与中国其他军队的参谋工作也不同,他们把参谋工作看成幕僚性质,而我们把参谋工作当作军队的脑筋,历来重视参谋工作的健全与发展,一开始就用品质最优秀的最有知识的人来当参谋,因为参谋人员要帮助首长指挥军队。

沂水攻坚,拿一座县城动刀,一个明白无误的开始局部反攻的信号,也是许多人还未意识到的从游击战向正规战演进的初始阶段的一场硬仗,多少个"第一次"扑面而来?是先拿下外围据点,还是与攻城同时进行?距沂水最近的敌人在哪儿,兵力多少,多长时间能赶到沂水城?援敌到来之前,如果打不下来怎么办?

参谋工作的要义,是一切从实际出发,科学、严谨、缜密,想到各种可能的偶然、意外,提醒首长,并为首长提供预案。包括细节。细节有时就是大历史,就是使战斗、战役的天平发生倾斜的举足轻重的砝码。孙子说"上兵伐谋",这谋有时就是千古留名的将军身旁一位不知名的人物的一个主意。

参谋、参谋长的一句话,可使战场上的"啃骨头"变成"吃肉",也可能使多少人无谓地流血牺牲。

在到处转移的鲁中山区,在行军路上,在老乡家里,这位政治主官、军政主官,脑子难得有闲着的时候,那盏油灯有时会亮到天色通明。

军政双全的将军在谋划。

"千军易得,一将难求。"如果说葛庄之战是一种偶然的机会使罗舜初有了独自表现名将风采的舞台,那么更多的当然还是和他的搭档一道在鲁中导演威武雄壮的抗战史剧。像沂水攻坚战,和司令员王建安通力合作,优势互补,组织得简直滴水不漏,几近完美。

而作为政治主官,在已经有了比较正规的小灶、中灶、大灶制度的1941、1942年,罗舜初经常和士兵一样吃黑豆、嚼地瓜干。

更难能可贵的是,这种品格始终如一。

笔者的一位老首长,曾给沈阳军区副司令员罗舜初当过秘书。当时全军统一规定,下部队每人每天补助伙食费4角5分。一位新秘书不懂"规矩",填好报销单,请首长签字。罗舜初说:"咱们下部队的伙食,已经超过补助标准了,不应该再要补充了。"

下部队坐火车,有时软席车票不好买,就坐硬座。他说:"硬座怎么了?战争年代,白天晚上行军,不就是'11号'吗?"

在招待所写调研文章，不让秘书打扰，自己动笔。有人说秘书干什么的啊？他说谁说秘书就是写材料的？领导念念讲话稿就行了，播音员啊？

用了招待所的墨水，付钱，或者掏钱让秘书去买。

任海军参谋长时，去山东某部队视察。潜艇部队的伙食标准，比飞行员还高。有老百姓去部队伙房的泔水缸里捞馒头、油条。罗舜初找来部队领导，问他们知不知道这个情况。他说，当年山东抗战，老百姓省吃俭用供养八路军，今天这个样子，如果打起仗来，老百姓还怎么支援咱们？

不是批评一顿拉倒，而是实事求是解决问题。多是农民子弟，为什么不知爱惜粮食？出海执行任务时，伙食怎么样，有无浪费现象？平时一日三餐，荤素应该如何搭配？开国中将跟干部谈，跟炊事员谈，跟士兵谈，"开诸葛亮会"——当年八路军就经常"开诸葛亮会"。

从山东到东北，再挥师入关，谈到罗舜初，许多老人说，60多年了，如今的40集团军，还能看到老政委（老军长）的影子。

一位长期率领一支部队的主官的作风，在某种程度上，就是这支部队的作风。

毛泽东说："坚定正确的政治方向，艰苦朴素的工作作风，灵活机动的战略战术。"——就后者而言，在打胜仗才是硬道理的年代，40集团军这支历史并不算长的部队，除小张庄打了蛮仗外，枪打炮轰中写着的都是个"谋"字。

5/ "机枪扫大炮轰消灭鬼子兵"

11月中旬，山东军区集中万余兵力，发起冬季攻势，重点目标是夺取莒县。

草野青大队从莒县出来"扫荡"，被打得落花流水，又往莒县跑。赶去沂水救援的59师团主力扑空后，也往莒县跑。莒县是鲁东南敌人的重要基地，打掉它，看你还往哪跑。

莒县不是鲁中军区战区，负责打援。16日上午，从诸城、高密出动的日伪军6000余人，进至诸（城）莒（县）公路枳沟西一带时，被1团和兄弟部队阻击。战至17日拂晓，日军施放毒气，掩护逃奔枳沟。5混成旅团旅团长指挥的两路援敌，一路300余人在三十里铺被1团攻击，歼敌逾半。结果是，各路援敌一路弃尸，进莒县后与守城日军弃城而逃。

首克沂水,莒县是八路军在山东拿下的第二座县城,第三座是蒙阴。

同为敌人的重要基地,与沂水、莒县不同的是,地处蒙山之北故称"蒙阴"的蒙阴城,深入沂蒙山区腹地,当然早就想拔之而后快了。从想了也是白想,到1945年3月终于动作起来,城内虽有伪军千余,可日军只有一个小队,这枚"果子"就在自然界的春天里成熟了。

这是一次精心策划的攻坚战。

3月8日,1团2连班长曹世范,跟着个从城里来的姓李的老人去蒙阴城。老人说进城时沉住气,曹世范说好。这蒙阴城虽说是第一次去,可这两年常在敌人据点里转,经历得多了。不过这城墙也真让他有些吃惊,青砖到顶,又高又厚,城门的门洞深得胡同似的。

按照预定计划,曹世范去伪警察所找个彭警长,劝其反正。又去找个伪军班长吕连棠,让他去接应曹凤洲。一路眼观六路,耳听八方,把各种敌情印到脑子里,侦察员嘛。

3连班长曹凤洲,挑着30公斤炸药来到城东红石岭,等到太阳快落山了,才见西南路上急慌慌过来个老大爷。爷们,借个火。好,俺也抽袋烟,你来干啥啊?俺来挑地瓜。暗号对上了,两个人就"同志"上了,挑上"地瓜"往城里赶。

敌人好像听到些风声,提前关了城门。老大爷不明就里,说明天不行吗?曹凤洲说不行,今晚必须进城。正急呢,吕连棠出现在城墙上,挥手示意让他们去僻静处,两条大绳抛下来,两个人连同"地瓜"就上去了。

有惊无险,一切顺利,连把"地瓜"放到西城门洞子里也很顺利。

东西南北四个城门,西门工事坚固火力强,是敌人守备重点,也是拿下蒙阴城的首要环节。二曹进城的主要任务,是在约定的晚上9点40分炸开西门,早已进至攻击地域的突击队就冲进来了。

一声巨响,大地猛地颤悠了一下,木片、砖石和水泥块子雨点般砸下来。在呛得人喘不过气儿的烟尘和好像从地狱里传来的惨叫声中,蒙阴城北东南三面枪声炒豆似的。

西门外却鸦雀无声。

突击队3连走错路了。

临时调上 2 连攻击，敌人已将城门重新堵死了。

3 连这回脸可丢大了。可能担任突击队，3 连能是个一般的角色吗？

连长郑希和和几位排长，把文件、钢笔、手表什么的交给营长——他们会说什么还用说吗？

曹世范在城里"逛"了一圈，主动要求参加突击队，被调到 3 连当突击队长。

葛庄战斗缴获的那门"开山炮"上来了，200 多米的距离连开两炮，城门楼上的炮楼被轰塌了。

爆破组上去了，梯子组上去了，曹世范带领突击队上去了，杀声雷动，前仆后继。

而就消灭日军的有生力量而言，这天中午打援的战果更大。从新泰出援的一中队日军，一路 63 人乘两辆汽车，进至蒙阴城北 3 公里处，被 1 团 2 营和 4 团 2 营全歼，毙 59 人，俘 4 人。另一路一个小队，被费（县）北独立营伏击，扔下一些尸体跑回去了。

战后，山东军区发来的嘉奖令，字里行间，激情四溢：

> 我鲁中部队在此战役中表现的出色的英勇果敢，不让一个日伪军从我围歼中漏网，并将增援敌军无情地歼灭，应引为我军的无上光荣并应受到崇高的奖励。

4 月，苏联红军围攻柏林，美军攻占冲绳岛，打开了日本本土的门户。在中国战场，自去年春天发起滇西战役后，国民党军队攻势频频，敌后八路军、新四军更是空前活跃。山东军区则有些急不可耐，在冬春之交的 4 月 12 日，就下达了夏季攻势的预令。

5 月 1 日，山东敌军调集 3 万余人，对鲁中、滨海地区进行"扫荡"。好饭不怕晚，与夏天还隔着个春天呢，夏季攻势先放放，从窝里出来的敌人更好收拾了。

从淄博地区出动的一路，为日军一个大队和一部伪军共千余人，在 54 旅团旅团长吉川资率领下，沿博（山）沂（水）公路南犯，企图会攻滨海区。

其时，在大小诸葛一带待机的 2 团，正奉命经石桥去南麻、悦庄地区，监视博山、鲁村之敌。开进途中，得知该路敌人向石桥方向前进，立即做好遭遇战准备。6日夜，先头3营在石桥北发现敌人，一面向团里报告，一面迅速抢占有利地形。

快8年了，伏击战已成家常便饭，却是越吃越香，胃口也越来越大。只是这次，营连机枪手和那些特等射手的枪口，瞄准的都是骑马的或挎指挥刀的军官。在乍暖还寒的春日凌晨，格外脆亮的第一排枪声中，吉川资少将就毙命了。

敌人被截成两段，日军主力退至石桥村，凭村中围墙抵抗，伪军和数十日军溃散于石桥以西。天亮，2团主力赶到。依然扬长避短，白天不跟你"玩"，黄昏后发起攻击。彻夜激战，还有白刃战。8日，博山、鲁村之敌分头赶来救援，这回可能被敌夹击，晚上也不跟你"玩"了。

2团毙日军旅团长以下200余人。

在沂水城北待机的1团就失落了。由临朐沿青（岛）沂（水）公路南进的敌人，被兄弟部队截击，又听说主将被击毙，退回去了，白等了，没打着。

如果说这次回光返照的"扫荡"，算是日寇替八路军拉开了夏季攻势的序幕，接下来就正式开场了。

历时两个多月的夏季攻势，歼敌7300余人，攻克据点70余处，解放了安丘以南、临朐以东、景芝镇以西1700平方公里地区，在胶济铁路南侧敌之防御体系上打开一个缺口，为继续发展攻势和抗战胜利后国共两党在齐鲁大地上的角逐，创造了非常有利的条件。

> 春天到了万物都发青，
> 咱们庄户人呀家家忙春耕，
> 多生产多打粮支援子弟兵。
> 八路军打仗为咱老百姓，
> 部队向西行攻打蒙阴城，
> 机枪扫大炮轰消灭鬼子兵。

葛庄战斗后的《葛庄战斗歌》，前面说了，特别在意缴获的那门"开山炮"。这首《打蒙阴城歌》，也没忘了这门八八式山炮，而且真的轰了两炮，好像就没炮弹了。

而山东纵队官兵唱得最响的《山东纵队进行曲》,"虽然是赤手空拳","虽然是无中生有"呢?有了第一门就会有第二门、第三门,就会有更多的"开山炮"和炮弹。

> 看吧!看吧!敌人正在我们面前发抖,
> 只要我们战斗,战斗啊!不断地战斗!
> 胜利就在我们的前头!

创作了《山东纵队进行曲》歌词的山东纵队宣传部长刘子超,在1940年反"扫荡"中牺牲了。踏着烈士的足迹,唱着烈士创作的歌曲,山东纵队官兵用鲜血和生命谱写的,是不断战斗、愈战愈强的战斗进行曲。

没人知道夏季攻势结束仅仅两天,日本就投降了。在日本投下两颗原子弹的美国人,也不知道。但是,谁都知道小鬼子是秋后的蚂蚱——没几天蹦跶的了。

6/ 千曹世范们——英雄谱二

特级战斗英雄李海启,蒙阴县人,1922年出生,1939年参军,2团3连7班长。

第三次讨吴战役,3连主攻磋石据点,李海启是爆破组长。

围墙外一道壕沟,里面堆满鹿砦,爆破手王茂仁两次爆破没有成功。敌人好像受到鼓励,轻重机枪叫得更加疯狂。李海启上去了,时而匍匐,时而跃起,猫着腰左闪右躲,一颗10来斤重的土手雷甩过去,壕沟连同围墙都炸塌了。

有爆破手紧紧跟上,一包炸药将个炮楼掀去半拉。突击组正要出击,破炮楼里一挺重机枪又叫了起来。

一个爆破手上去了,中弹倒下了。

李海启又上去了,上到破炮楼跟前了,炸药包扔上去,这下子彻底报销了。

巷战打到一座大院,是敌人的团部。院里一个炮楼,与村外一侧还未拿下来的小高地上的轻重机枪,交叉形成密集火力。突然轰的一声,一发迫击炮弹把炮楼顶盖掀飞了。有人还未反应过来,李海启已经冲上去了。

院子里敌人乱作一团,大门口内侧一挺机枪还在向外喷吐火舌。冲上来的几个人或伤或亡,就剩李海启一个人了。一颗手榴弹投过去,李海启冲上去,抱起那挺机枪,大吼:"投降!都给我投降,不然就突突死你们!"

一个人抓了40多俘虏。

40集团军战争年代所属的3个师,抗战时期有正式命名的战斗英雄16人,其中6人是送炸药的爆破手,包括刘厥兰,3人干脆就被命名为"爆破英雄"。

比之爆破英雄,鲁中军区1分区特务营1连3班班长、战斗英雄李光禄,就显得不那么惊心动魄了。

他是神枪手。

1940年春,1连攻打义封据点,没打下来。天亮后,有敌人探出头来张望,被李光禄一枪打那儿了,第二个脑袋也耷拉那儿了,第三个也是同样下场,就再也不敢露面了。

9月,1连在莱芜县大王庄狼虎岭阻击日军,3班奉命卡住侧翼一条小路,防止敌人偷袭。战斗打响后,真有4个鬼子摸了上来。李光禄说,1颗子弹8斤小米,你们都别动,看俺的。80米左右的距离,叭的一枪,前面那个仰面朝天了。后面3个趴了一会儿,突然跃起冲锋,叭、叭两枪,又倒下两个。剩下一个知道这回碰上什么人了,连滚带爬躲到一道土坎后面,用棍子挑出一顶战斗帽。叭的一枪,帽子打个窟窿,浪费一颗子弹。那鬼子乘机往回跑,左闪右晃跑着"之"字形,训练有素,还挺灵活。一声枪响,一个狗吃屎就栽倒了。

战后,李光禄被正式命名为"神枪手"。

10月,敌人对沂蒙山区进行"扫荡",1连在黑山口阻击敌人,掩护分区机关和老百姓转移。李光禄那支挺新的三八大盖,专打鬼子,一枪一个,非死即伤。

李光禄负了重伤,胸前血糊糊的。这位莱芜农民、抗战军人,叫着"大华""聋子"(他的两个孩子的名字)说,俺不行了,让他俩参军,替俺报仇。

1团4连攻打双泉山受挫,卫生员许忠诚一夜往返火线28次,抢出28名伤员、烈士。

第27次返回前沿阵地时,天已蒙蒙亮了,正在啸叫的机枪突然不响了。许忠诚跑过去一看，机枪手抱着机枪趴在那儿，胸前都是血。简单包扎一下，他伏在地上，抓住伤员的两只手翻身一滚，把伤员背到背上，一溜小跑下山。到了沟口，听到有人叫唤，近前一看，是1班副班长翟建福，头部负伤了。许忠诚说："你等着，俺马上就回来背你。"

天亮了，4连奉命撤出战斗，许忠诚往山上跑。

翟建福昏过去了，许忠诚给他包扎头部，发现腰间也负伤了。没绷带了，手撕牙咬，用自己的衣服给包扎上了。

双泉山是沂蒙山七十二崮中的一崮，沟口是片开阔地，丛生着半人来高的山枣棵子，是敌人封锁地带。夜里还有点天时，这工夫已经完全暴露在火力之下。

许忠诚背着翟建福，在山枣棵子里爬。

这是1941年的8月，太阳还未出山，一年最热的时候中比较凉爽的时刻。许忠诚已经记不得往返多少次了，开头那汗出的啊，也只有在把伤员放下后才能抹把脸，这工夫已经没汗了，也觉不出饿了。可一夜水米没沾牙，那是真渴真饿啊。实在爬不动了，找个比较隐蔽的地方歇一会儿，咬咬牙再爬。不知什么时候，眼前一黑，就什么也不知道了。

醒来后，他听翟建福说："别管俺了，你走吧。"

他说："俺是卫生员，就是管你的。"

许忠诚被授予"'双重'英雄"称号，这"双重"是怎么个意思啊？

攻击高崖镇的战斗打了一夜又一天，团里命令4连穿插偷袭敌人指挥所。许忠诚跟在突击排后面，准备随时抢救伤员。后面两个人影跟上来，许忠诚估计是被打散的敌人，他没枪，有也不能开枪。就问你们是哪部分的，对方说是高司令的卫兵。许忠诚说俺也是卫兵队的，八路进街了，快跟上一块走。还没开打，先抓两个活的。

街中心转弯处，一座地堡里两挺重机枪喷吐火舌，突击排被阻住了。

许忠诚看了一会儿，说俺去把它炸了。排长说行，突然觉得不对，一看是卫生员，连忙说"不行"，一把没抓住，许忠诚已经上去了。

后来他说："那工夫闲着没事，俺就试一把呗？"

当然受到严厉批评："出现伤员怎么办？"

许忠诚已经看明白了，地堡修筑在临街的一幢房子里。他贴着路边墙根匍匐前进，距地堡20米左右把手榴弹投过去，借着爆炸的烟雾冲上去踹开房门，再找到地堡门一脚踹开，举着手榴弹大吼："不许动！谁动就送你们上西天！"

"劳动模范"郑全奎和"二等劳动模范"白岭山的事迹，好像有些平淡。

前面说了，1940年、1942年是抗战最艰苦时期。同为国民革命军，国民党政府断绝八路军的供给，对延安实行经济封锁。山东更困难，日寇对根据地"扫荡"、蚕食、封锁，吴化文制造"无人区"，还有连续两年灾荒，老百姓饿死那么多，部队怎么生存啊。党中央提出"熬时间、蓄力量、爬山头、渡难关"，实行精兵简政，开展大生产。山东军区各级机关精简人员，有的部队进行缩编，同时开展生产自救，像《南泥湾》歌中唱的"又战斗来又生产"。

1团在临朐八区开荒种地，要求每5人开荒1亩。

4连战士郑全奎，参军前就是庄稼院的好把式，这回大显身手。

山东本来人多地少，不然不会一代代人闯关东。山区更少，原地转个圈就能铲完的一块地，在庄稼人眼里都是眼珠子似的宝贝。可现在，一片片荒芜着，长满蒿草蒺藜，更难的是肚里没食，三五个小伙子抢一天镢头也开不了3分地。

据说，郑全奎开头有点想不通，俺参军是来打鬼子的，这种地算怎么回事儿啊？再一想吃不饱饭，缺乏营养，全连一半人"瞪眼瞎"（夜盲），怎么打仗啊？又听了指导员动员，知道这五区是吴化文制造的"无人区"重灾区之一，就觉得这种地也跟打仗差不多了。敌人不让老百姓活，想饿死八路军，做梦去吧。

郑全奎是1939年2月入伍的，地地道道的老兵了。拿惯了枪的手重新操起镢头，亲切感中也有点不适应，头些日子还磨起那么多水泡。当兵从来都是脚上起泡的，倒把这手当得娇贵起来了。呸，朝掌心吐口唾沫，镢头抢得更欢了。

全连他刨的地最多。

7班长白岭山，原来就是"战斗模范""二等练兵模范"，这回开荒种地，在连里的表决心大会上，第一个站出来代表全班同志表决心："俺班打仗从没熊过，干庄稼活也不含糊，谁敢跟俺比试比试就站起来。"

那还能没人站起来吗？结果到底还得甘拜下风。

开完荒种地，几个人拉犁，白岭山出汗最多。班长出汗多，战士那汗能少吗？

白岭山个头不高，瘦瘦的，天生一张娃娃脸，十几岁就跟着父亲给地主扛活。

他说，枪没子弹不行，人不吃饭不行。过去给地主当牛做马，这回是给自己抡镢拉犁，为抗战打鬼子出力，还有什么说的。

上一节说到曹世范和曹凤洲潜入蒙阴城，按预定时间在西城门洞子里引爆炸药，城外却无反应。二人情知有变，怎么办？既然进来了，岂能听个响就走啊？

在那声巨响中活下来的敌人，晕头转向找不着北，胡乱地打了一阵枪，城里的敌人就跑过来了，有的还扛着沙包和桌凳。二曹两只匣子枪迎头一阵猛扫，敌人四下奔逃。

▲曹世范

从东街乱哄哄过来一群人，是伪军赶着老百姓扛沙包来堵城门。曹世范冲天上开了两枪，把人逼住：眼珠子让八路吓掉了？让你们去南门，谁叫你们跑这来了？南门，南门，快去！

黑灯瞎火，一座蒙阴城乱成一锅粥，敌人哪里辨得出真假啊，赶紧奔南门去了。

一会儿，又一队伪军跑过来了。曹凤洲大喊："八路进城了，皇军让八路抓走了，快跑啊！"

一个军官模样的好像觉出有诈，回头跑了几步站住，用枪指着曹世范问："你们是哪部分的？"曹世范把他的枪扒拉开，顺势踹了一脚，匣子枪的枪口点着这小子的脑门："哪一部分也比你官大，你敢不服从命令？"

这一夜，没有比蒙阴城再乱糟糟的了。二曹或者朝敌人屁股打两枪，或者从侧面来个点射，不方便开枪就喊几嗓子"八路进城了"。

出城时，曹凤洲背着匣子枪，大模大样朝日伪军哨兵走去："俺是县长的便衣，外面的看看新泰增援的皇军来了没有。"

这就是"二曹大闹蒙阴城"。

之前，还有"大战于家岭"。

▲曹凤洲

1944年6月麦熟时，鲁中军区发起保卫麦收战役，曹世范带战士张成利去章丘县于家岭侦察敌情，被两个连伪军包围。两个人这儿一枪，那儿一颗手榴弹，在村子里和敌人打起游击战。

1940年大柏山战斗中，曹世范左手负伤致残，后被鲁中军区授予"单手英雄"称号。战场上，通常左手提只手榴弹，右手一只匣子枪，基本弹无虚发。枪换左手，或者插进腰间，有时还叼在嘴里，手榴弹出手，又准又远又快。翻墙上房，像猫一样灵巧，刚看到个人影，那人已经没了。前面写到的葛庄战斗，他就用这"一只半手"操支三八大盖，连续刺死5个鬼子，还觉得没过足瘾，就可以想象，也真难以想象，那是一副什么身手、劲道。

开头敌人想抓活的，被打死打伤几个人后，觉得这八路怎么越打越多啊？不顾老百姓死活，在村子里放起火来。大火从东北卷到西南，两个人隐蔽在西南角一个院子里。这时已是黄昏，他们已在村子里与敌人周旋了8个小时，曹世范那只匣子枪的子弹打光了，张成利还负伤了。曹世范用支缴获的汉阳造打死一个副连长，掩护张成利冲了出去。自己趁着敌人慌乱之际，边打边跑，钻进村外的麦田。

如今影视上的英雄人物，男帅女靓，几乎个个一表人才。按这样的标准，刘厥兰就不行了，曹世范可是满够格的，有人说他1.75米左右个头，国字脸，英俊、潇洒、精干、利落。虽说左手残疾，可那叫"挂彩"啊，也就更添英雄风采。

有人说他是典型的山东人脾气，太倔，爱挑刺儿，看谁不顺眼都敢顶，不分场合，不讲方法。

有当年2团的老人说，一次行军路上，和1团2连相遇，看见曹世范和指导员吵起来，面红耳赤的，大家都扭过头去看。

不是当了英雄就有了脾气，而是从来如此，就这性子。

有人说他有个人英雄主义，不讲政治，一身毛病，就打仗行。

1945年6月，在讨伐伪军张天佐的杏山战斗中，曹世范身负重伤，抢救下来，在医院牺牲了。

有老人说，英雄特别容易伤亡，他冲锋在前啊。

鲁中军区举行隆重的追悼会，号召官兵向英雄学习，并将杏山改名"世范山"。

第四章　浴血冀东

1/"青纱帐起来去抗日"

话分两头——还得回到本书的开头。

就在徂徕山等地武装起义的同时，冀东暴动也在紧锣密鼓地准备中。

山东选择的时机，是国民党军队撤退、日寇还未到来的空当。冀东是正值1938年7月武汉会战，冀东日军主力南调，宋时轮、邓华率八路军4纵队挺进冀东之际。而且，这时青纱帐也起来了。

冀东北踞长城，南临渤海，西控平津，是东北通往华北的咽喉要道，战略地位自不待言。"九·一八"事变后，这里成为前线。1933年的"塘沽协定"，将冀东划为"非军事区"。1935年"何梅协定"干脆让给日军，弄出个像"满洲国"似的"冀东防共自治政府"，冀东成了日本侵华的军事跳板和兵站基地。

"七七事变"后，国共合作，中国军事发生重大变化。8月下旬，在中共中央洛川会议上，毛泽东指出，红军可以一部于敌后的冀东，以雾灵山为根据地进行游击战争，创建冀热边根据地。

9月，北方局指示河北省委，抗战爆发后省委的中心任务，是配合八路军开展游击战争，工作重点在农村。并派省委书记李运昌到冀东，筹划武装起义。同时，一些干部陆续调来冀东，分赴各地，发动群众。

1938年3月，在唐山工委书记周文彬领导下，开滦煤矿3.5万工人罢工，要求提高工资，与矿警激战，历经50多天。受矿工罢工胜利影响，乐亭、滦南一带3000多农村雇工，在党的组织下联合起来要求"长活钱"(即工钱)，喊出口号"青纱帐起来去抗日"，很快在民间流传开来。

▲冀东人民抗日暴动纪念碑

7月6日,由红军干部李润民和滦县县委组织的300多人,首先在北宁路的港北村举义,宣布成立"冀东抗日联军第5总队"。

8日,北宁路北安各庄伪警察局长周维新率百余人起义,与于振中领导的昌黎起义军合编为抗联9总队。滦县城内伪保安队来攻,9总队在杨家院设伏,将其打垮。这是冀东暴动打响的第一枪,俘敌200余人,缴获机枪两挺、长短枪200多支。队员乐不可支,说正缺武器呢,汉奸队就给送来了。

共产党的群众工作太出色了,冀东的群众基础也太好了。到8月底,滦县、昌黎、乐亭、迁安、遵化、丰润、玉田、蓟县、平谷、三河、卢龙、抚宁、密云、通县、顺义、香河、宝坻、宁河、武清、兴隆、青龙,共计21个县参加暴动,人数达20万之众。当时冀东人口600万,就是说20个人中就有一个人参加暴动。

革命军人个个要牢记,
三大纪律八项注意:
第一一切行动听指挥,

步调一致才能得胜利；

……　……

正是青纱帐茂盛之际，西起潮白河，东至山海关，北到长城外的青龙、兴隆，南至渤海岸，暴动队伍唱着刚学的半生不熟的红军歌曲，在草木葱茏、庄稼疯长的冀东大地上行进。依然是原来的衣着，武器更是参差不齐，却是意气风发，所到之处日伪政权土崩瓦解，并和4纵队攻下9座县城和许多重要集镇。

原计划成立6个总队，每个总队1200人左右。结果，仅共产党领导的统称"抗日联军"的就有47个总队7万余人，另有国民党系统和其他抗日军3万多人。

国民党蓝衣社天津站副站长朱铁军，在冀东组织"中央直辖忠义救国军"7路军、9路军，在宝邸、宁河、玉田、遵化、蓟县一带活动，与日伪军交战，曾攻占宝坻县城。

卢龙县师范学校校长高敬之，率领他拉起来的队伍，去卢龙城下"骂城"。城门紧闭，城楼上人黑压压的，荷枪实弹的伪军警、保安队，还有他的朋友、同事和学生。高敬之历数日寇在东北和冀东的暴行，仰望城头，却是居高临下，大义凛然：弟兄们听着，咱们都是中国人，都不想当亡国奴，有血性的中国人都应该起来抗日救国。俺高某人在城里只有两个仇人，一个是日本顾问，一个是"牛犊子"（伪县长姓牛）。"牛犊子"是吃里爬外的汉奸，是咱们共同的仇人，俺们进城就是要收拾这两个东西，请弟兄们给个方便。喊得口干舌燥，城上的朋友、同事和学生往下扔仁丹、西瓜，再喊就有人扔枪扔帽子，一会儿城门就开了。

不到两个月，从无到有，冀东大地一下子兴起10万大军，连一些亲自发动群众，感到形势大好、好得不得了的人都没想到。

谁都能想到的，是队伍必须整训，进行政治、军事、纪律整训。

除了没有"章丘造"外，"土压五""撅把子"和大刀、长矛、棍棒什么的，与徂徕山起义的那支队伍没什么两样。这个简单，也没别的办法，打几仗就解决了。对付伪军警、保安队之类，凭借人多势众，冲上去就行了。可对于正规的日伪军、大部队，还能一拥而上吗？小张庄战斗伤亡惨重，惨重的不光是数量，还有质量，死打硬拼冲上去的"奋勇队"，都是党员和班排长。翟文清参军后第一仗，战前战中班长言传身教，一仗下来没出徒也快了。一支没了有经验的班排骨干的部队，无论指挥员多么出色，善于带兵打仗，都不可能替代这些战斗骨干的作用，都需要一个过程，付出相当的代价，才能恢复到原来的成色。而此刻冀东绝对囊括了七十二行的 10 万大军，别说班排连营长了，一些总队长也是这次暴动才参军的新兵。像高敬之，除了读书，就是教书，哪辈子与个"军"字挨过边啊？却一下子成了上千人马的 23 总队总队长。"骂"下一座城池，在冀东传为佳话，全国也难寻第二个，可他还能就这么继续"骂阵"吗？

没人像林浩那样自称"乌合之众"，却不能不让人想到这 4 个字。

谁都能想到的，是大战在即。

14 年抗战，除"九·一八"事变后东北义勇军风起云涌外，50 天左右聚拢起 10 万之众，也就冀东了。冀东是何等地界，日寇岂能坐视？一旦腾出手来，大战恶战，必不可免。而且目标大，隐蔽性差，易遭围攻。

唯其如此，整训也就愈显急迫。临阵磨枪，不快也光。

问题是在哪儿整训，也就有了根据地的选择、建设问题。

4 纵领导认为，大兵团在冀东活动和整训是困难的，提出把部队拉去平西整训。9 月中旬，一位负责人在迁安莲花院召开纵队党委和负责干部会议，决定西撤，并电请中央。未等中央复电，即率部分主力西撤过潮白河。而发动群众的行家里手，并不一定都会带兵打仗，这等事更是头一次遭遇，一时间也没了主张。"地方党有依靠主力思想，缺乏单独坚持冀东武装斗争的信心，也就没有独立自主的及时的整训部队，加强政权建设，进行创建根据地的各项工作，以致四纵主力一撤退，党政民干部几乎都跟着一齐走……"

9 月 26 日，毛泽东、朱德、彭德怀、刘少奇在给"聂（荣臻）转宋、邓及冀东特委各同志"的电报中，说：

> 在全国坚持抗战有利形势与华北普遍的游击战争，加以八路军远近距离的配合，有广大群众的拥护，有雾灵山、燕山、五龙山东西千余里之大山脉便于回旋，冀东党有相当基础。根据以上各种条件，创造冀热察边区根据地，创造相当大的军队，是有可能的。但环境是严重的，工作是困难的，必须以高度的布尔什维克的精神克服斗争中的一切困难，坚持统一战线的原则，建立坚决持久抗战胜利的信心，克服起义的新军

中不可免的复杂的严重现象。

10月8日,朱德、彭德怀、刘少奇在"聂转宋、邓"的电报中,说:

> 目前即将冀东游击队大部拉到白河以西,将要发生许多困难。
> (1)部队不巩固,远离家乡困难,在行军中可能受到很大损失。
> (2)白河以西地区不大,如集结大批纪律不好的部队,亦不能创造根据地。

从冀东到平西,在敌占区进行这样一次长征,对于这样一支成分复杂的庞大的新军,是不是像个刚会走路的孩子就让他跑了?

战争年代,巩固部队,防止逃亡,始终是政治工作一个非常重要的课题。如今城里到处都有农民工,那时农民的心就在土地上。保卫家园,以死相拼,让他们抛弃妻儿老小,远离家乡,就是万不得已了。辽沈战役后进关,平津战役后南下,离乡离土了,那样身经百战的胜利之师,也有许多人逃亡。这回呢?"远离家乡困难,在行军中可能受到很大损失"——从未直接带过兵的北方局书记刘少奇都想到了。

主要由拿枪的不拿枪的农民组成的这支大军,浩浩荡荡不见首尾,经遵化、蓟县、平谷、密云等山地,一字长蛇阵向平西进发。司令高志远率领的先头部队约万人,过潮白河后连遭日军阻击,队伍成批散去,到平西仅剩千余。副司令洪麟阁率万余人居中,在蓟县马伸桥一带被截击,洪麟阁战死,一夜逃散6000人。李运昌率领的约3万人,且不说战斗伤亡,走在后面连吃饭都成了问题。紧急会议,决定东返,此时还有6000余人。已是深秋,草木凋零,北风凛冽,许多人还穿着单衣,回到家乡就散了。疲惫不堪,又赶上日伪军"扫荡",连日苦战,最后剩直属队130人。

3000多人只剩下一人一枪的23总队总队长,马上就要成为共产党员的高敬之,在回忆录中写道:

> 当我提着枪孤零零地走进油榨镇时,乡亲们眼里流露出同情、惋

惜的目光。他们闭口不问打仗的情况，只是往家里让我。我理解乡亲们的心情，执意不吃饭，只要了点儿热水，喝了两口，就去收拢失散的战士。我挨村挨户找了两天两宿，找回300多人。

"青纱帐起来去抗日"，青纱帐倒了也抗日！

2/ 用战斗宣示这片不屈的土地

4纵队和抗联武装西去后，留下三支游击支队。其中的1支队，是由4纵队33大队特务连约百人为基础组建的，由33大队副大队长陈群任支队长，4纵队政治部副主任苏梅任政委，亦称"苏陈支队"。

这是一支神出鬼没的游击队，在经历了大暴动洗礼的冀东人民中间如鱼得水。

群众给游击队放哨、带路，通风报信，救护伤员。以少胜多，以多打少，因时因地而异，打了就跑。一次在丰润县上水路村，老乡说来了一中队日军，正在马蹄泉边休息。陈群带通讯班赶去，悄悄摸近，一阵排子枪，又一阵排子枪，毙中队长以下10余人，交替掩护，安全离去。

敌人重兵来犯，游击队化整为零，小群多路，瞅机会就咬一口。实在不行，化装成老百姓，隐蔽在堡垒村、堡垒户中。有群众就有依靠，群众是永远不倒的青纱帐，保存自己，消灭敌人。

也难免遇险。先在丰润、滦县交界的华山峰，后在遵化的茅山，被敌人包围。在茅山，敌人还出动飞机轰炸、侦察，穷追不舍，恨不得一口吞掉这支让他们寝食不安的游击队，以绝后患。官兵以野果、树叶、树皮充饥，在山里与敌周旋、捉迷藏，终于寻得缝隙，让自以为得计的敌人又瞎忙活一场。

据不完全统计，自1938年10月开始的历时8个月的反"扫荡"中，苏陈支队和兄弟部队一起作战230余次，主动出击100余次，破坏铁路11次，歼灭日伪军1500余人。

这是最艰苦的时期，也是最需要振作起来的时期。从来都是敌强我弱，从来没有强弱得如此不成比例。大暴动时的轰轰烈烈恍若隔世，人们有多少希望就有多少失落。就是在这样的背景下，小小的游击队苦苦支撑，依靠并发动、组织群众，收拢抗联失散人员，几乎每天都在战斗，用战斗宣示这片不屈的土地，燃起人们的热情和希望。

又是8月，苏陈支队和临时编成的抗联28团、30团，奉命去平西整训。年底，苏陈支队和这两个团合编为八路军冀热察挺进军12团，团长陈群，政委苏梅，并陆续返回冀东。

回来战斗。

仅2月份就作战百余次，毙伤日伪军470余人，生俘日军12人、伪军238人。

7月，青纱帐再起。12团1营会同13团一部，在盘山西麓的田家峪、白草洼一带，将号称"常胜军"的关东军武岛骑兵中队70余人全部歼灭。

关于冀东八路军首次成建制地歼灭日军一个中队的战例，笔者见到的资料，都是这么简单的几笔。

接着，又在国持营歼灭日军40余人。

7月26日，12团夜袭开滦赵各庄伪矿警队，俘敌大部。翌日，又在滦县全庄与日军激战，歼敌50余人。

8月，八路军发起"百团大战"，以破击正（定）太（原）线为重点，（北）平汉（口）、北（平）（辽）宁路沿线八路军予以配合。12团包围开滦煤矿的赵各庄据点，将日伪军大部歼灭，又向矿区发展，光炸药就缴获200多箱。再攻击古冶车站，迫使伪军缴械投降。敌人报复，进行"扫荡"，12团避其锋芒，寻机打埋伏、拔据点。还动员群众破坏铁路、公路、桥梁，使北宁路数次中断。

像鲁中的"老一团""老二团"一样，12团成为冀东八路军的头等主力，无人不晓。

不会唱《山东纵队进行曲》，我们听到的是《游击队之歌》的旋律：

> 我们生长在这里，
> 每一寸土地都是我们自己的，
> 无论谁要抢占去，
> 我们就和他拼到底！

3/ 复仇战役

　　冀东大暴动期间，我党曾在平谷、蓟县、迁安、遵化、玉田、卢龙、乐亭等县任命县长，为抗日军征集粮款，维持社会秩序。乡镇基层政权如何建立，还来不及考虑。4纵队和抗联主力西撤，日伪军"扫荡"，县城丢了，县长们只能走人了。

　　丰润、滦县、迁安3县，是冀东大暴动的中心区之一，苏陈支队主要就在这一地区活动，逐渐成为冀东八路军的抗日根据地。其中以潘家峪最为巩固，是著名的堡垒村。茅山脱险后，苏陈支队陆续奔来这里休整，像回到家里一样。12团四处出击，根据地不断扩大，潘家峪就成了根据地的中心区，丰滦迁联合县政府的主要活动基地，冀东党政军首脑机关也经常驻留这里，并设有八路军修械所和兵工厂。

　　相对而言，鲁中根据地比较稳固，冀东就差些。冀东为战略要地，敌重兵把守，又属平原，易遭敌包围。潘家峪虽然地势险要，敌人也是说来就来了。

　　前面写过的沂水县崔家峪的老百姓，根本就没"招惹"、也还未来得及"招惹"那些被叫作"鬼子"的东西，一把火就把个镇子烧了。什么理由呢？"大日本皇军"来了，你们不夹道欢迎，都跑了，太不礼貌了，太不友好了。

　　火烧崔家峪镇的鬼子，只是路过那儿，顺便的活儿。对这潘家峪可是处心积虑，而且血洗潘家峪的"理由"也太充分了。

　　1941年1月25日，坐落在丰润县城东北30公里处的这个小山村，大多数人还在熟睡。这天是农历腊月二十八，两天后就是传统的春节了。另一个更重要的理由，是搬去唐山的大地主潘惠林给他的弟弟来封信，说经他送礼说情，日本人答应这个春节不"扫荡"潘家峪了。谁能相信哥哥会拿一奶同胞的弟弟的性命当儿戏？警惕性就有些松懈，有些上山的人也陆续回来了。而此时，唐山日军司令部正调兵遣将，从唐山、丰润、滦县、遵化、迁安、卢龙等16个据点，出动3000多日军、2000多伪军，在丰润县公署日军顾问、大队长佐佐木二郎指挥下，利用夜色掩护，将潘家峪团团包围。人们被驱赶到潘惠林家的大院里，说是佐佐木要"训话"。院子里放了许多柴草，还浇了煤油，人们觉出不对，有人发声喊，即开始与敌搏斗向外冲。机枪响了，手榴弹在人群中爆炸，院子里火光冲天。

潘家峪共 220 户 1700 人，当时村里有 1300 多人，仅 86 人逃生。

5 月，日寇华北方面军调集 27 师团、15 旅团和关东军 5 个守备大队，连同伪军共 6 万余人，将冀东根据地团团包围。北由古北口至喜峰口，东由喜峰口经三屯营沿滦河至滦南，南自滦县沿北宁路经唐山、宁河、宝坻至三河，西从通县沿潮白河再到古北口，形成一个大包围圈。25 日开始收缩包围圈，由东向西、由北向南强力推进、挤压，一副一劳永逸荡平冀东的架势。

对于日寇精心策划的这次规模空前的大扫荡，冀东领导准备不足。敌人一方面扬言"扫荡"，一方面散布日军要撤走，由伪军接防。敌人"扫荡"，用汽车拉些"日军"，有时还"丢了"几个，老百姓捡到，是胶皮人。南方战事激烈，兵力不足，日军就从华北调兵，这是有先例的。而且青纱帐将起，这个季节通常不会大"扫荡"。潘家峪惨案后，12 团连续出击，先后在玉田县刘家桥、代家桥、太字沟、渠梁桥袭击敌人，这时正在玉田南部寻机作战。月底，冀东军分区机关和 13 团也被挤压到这一带。这是一条狭长的水网地带，西、南两面是蓟运河，东、北两面敌人重兵正在逼近，冀东军事首脑机关和两个主力团被逼入绝地。

老虎也有打盹的时候，但老虎就是老虎，况且还是复仇之虎。

12 团奉命南下破袭北宁路，外线作战，调动敌人。日军竭力寻求与八路军主力决战，将主力置于机动位置，分乘 400 多辆汽车蜂拥而至，将 12 团包围在大韩庄一带。

6 月 2 日，1 营首先与敌接战。敌人以猛烈炮火掩护步兵攻击，1 营依托村庄连续打退敌人冲锋，当晚转移到孟四庄一带苇塘寻机突围，又被日军发觉。1 营左冲右突，甩开附近的敌人，仍然突不出包围圈，就在苇塘中隐蔽待机。

团决定以营为单位分散突围。6 日夜，暴雨如注，团直属队和 2 营、3 营奋勇冲杀，分头突围。2 营化整为零，分散突围，跳出包围圈。3 营在丰润县河夹流村又遭围攻，激战一天，趁雨夜杀出重围，73 人牺牲。团直属队和所属青英部队（丰玉遵联合县基干队），牺牲 186 人。

被围，突围，再被围，再杀开一条血路。

团里派人与 1 营联系未果，1 营不知已经分头突围。7 月 2 日，从孟四庄苇塘向大韩庄运动，欲与主力会合。到处都是敌人。远远地看见日军 3 辆汽车和 200 多人向大漫港村开进，3 连在村头抢占阵地迎头痛击，1 连、2 连从后面夹击，阵猛打。敌人越聚越多，营长杨作霖下令分头突围，他带1连、2连向东南方向冲杀，营部和3连奔东北。敌人集中火力拦阻1连、2连，营部和3连趁机突出包围。1连、2连被压在一片洼地里，几百具掷弹筒把高粱地的高粱秆都打平了。

历时一个多月的突围战，12团牺牲400多人，包括团长陈群和一些营连干部。

6月6日，在丰润县新军屯镇于前庄，几次强攻未果后，日军运来扩音器广播，还用气球挂标语，劝八路军投降。

有人骂着，冲大喇叭和气球射击。

有人说，沉住气，别生气，注意节约子弹。

那工夫就是打死一个够本，打死两个赚一个，身经百战的老兵会显得格外沉静。

有人把最后一颗子弹留给自己。

有人把最后一颗手榴弹留给自己和敌人。

有老人说，12团是潘家峪惨案后第二天赶去的。以往潘家峪人见到12团官兵，就像自己的孩子出门回家了一样，老房东赶紧腾房烧水做饭。这回呢？800多具遗体无法辨认男女老少，安葬时只能看着像男人就写上个"男"，像女人写上个"女"，像孩子写上个"童"。中国有一个南京，潘家峪有多少？今天怕是也难说得清，那时人们更不知道，甚至不知道潘家峪。但是，12团官兵知道。看着他们熟悉的那些大爷、大娘、大嫂、孩子变成这等模样，再怯懦的人，到了战场上见到小鬼子，也会变成勇士。

从潘家峪逃出来的30名青年，自动组成"复仇团"，宣誓为亲人报仇。

大韩庄血战，旧恨又添新仇。

而翌年青纱帐起时发起的战役，明明白白，就叫"复仇战役"。

叫不叫"复仇战役"，都要复仇！

7月中旬，有准确情报，制造潘家峪惨案的魔头佐佐木二郎，要率兵到滦河以西"扫荡"。

这小子送上门来，还能让他跑了？团长曾克林和几位领导仔细分析研究，决定在干河草设伏。

"潘家峪复仇团"官兵听说了，来找团长，非要打这仗不可。这个"复仇团"是5月正式成立的，这时改编为12团独立连，人们还习惯地称之为"复仇团"。

曾克林二话没说，让他们随2营参战。

2营营长、教导员接受任务，回营里进行战前动员。有人说不用动员了，讲讲怎么打就行了。

18日拂晓，部队悄悄出发，来到干河草附近的高粱地里。露水很重，官兵衣服湿漉漉的。约莫有两袋烟的工夫，有人就急了，说敌人还来不来了。有人说你这人也太难伺候了，人家主动把肥肉送上门来，你还嫌慢了。你说佐佐木这小子长得什么样儿啊？可千万弄准了，别让他跑了。连鬓胡子，像猪似的，还镶着大金牙。你说这小子今天真的能来吗？团长说的，那还能错？俺说的是"万一"，万一不来呢？不许胡说！说着"不许胡说"的，那心里也是十五个吊桶打水七上八下，就怕这个"万一"。就说复仇战役也不是光对付佐佐木一个鬼子，反正早晚要收拾这个王八蛋。

就在昨天，12团在干河草设伏，把伪军两个团打得落花流水，"治安军"集团（相当于旅）司令刘化南被打瞎一只眼睛。像鲁中八路军一样，冀东八路军也是打了就跑，不在一个地方连续作战。佐佐木以为摸到了八路军的规律，这个鬼得很的不知死的鬼，就放心大胆地来了。

先头是伪军一个营，后面两个营，中间180多个鬼子。狂风暴雨般的枪声响起，4连冲向前头的伪军，5连杀进后面鬼子和伪军的结合部。刺刀闪亮，杀声如雷，两头的伪军扔了鬼子就跑，两个连也不追，转身和6连一道对付中间的鬼子。鬼子晕头转向一阵子，向路边一座小山奔去。5连7班已经抢先一步，一顿手榴弹把鬼子砸了下去。

鬼子占领一片坟地，轻重机枪扫得高粱秆纷纷掉落。几次冲锋后，曾克林命令2营营长和教导员率领全营发起冲击。3连和团警卫连、特务连、"潘家峪复仇团"，绕到敌人背后攻击。警卫连1排长李学良瞅准那挺重机枪，一颗手榴弹飞过去，那人就几个健步冲上去，一脚踢翻机枪手。一排排刺刀杀气逼人，前后两面夹击，坟地里喊里咔嚓搅成一团。

曾克林将军在回忆录中写道，仇人见面，分外眼红。特别是"复仇团"的官兵，"专门找鬼子官拼杀格斗"。有人摔倒了，就和鬼子摔跤。有人把鬼子按在地上，拳头像捣蒜似的，边打边喊："血还血！命还命！血还血！命还命！"。

又说有个沧州籍战士，一连挑了几个鬼子，刺刀弯了，捡起一把战刀抡起来。

看到一个小战士被鬼子逼得后退,他纵身一跃,从背后一刀将鬼子劈成两半。又一个扫堂腿,把个鬼子摔个狗吃屎,一脚踏上又一刀。

打扫战场,大家都瞪大眼睛翻找佐佐木,怎么没有啊?这个说俺第一枪就是冲这个小子放的,俺眼瞅着打中了啊。那个说俺也是啊。正着急上火,谷子地里有人喊:"在这儿啦!"

这个长相丑陋不堪的魔头,挂着一枚六角银质勋章的胸前,被打得蜂窝似的。

4/ 打日军和最反动的伪军

1941年2月,侵华日军制定了为期3年、连续5次的"治安强化"运动计划,目的之一就是期望伪军能够担起占领区的"治安"任务。冀东新组建的伪军被称作"治安军",也能说明这个意思:这里的"治安"就交给你了,我好腾出手来应付更重要的战场。

前面写到的大韩庄血战,12团1营两个连仅18人突出重围,而且无人无伤。同时期13团和军分区指挥机关也损失惨重,冀东八路军主力实力锐减。日寇认为冀东八路军已不足为患,10月将日军主力27师团调离冀东,以新组建的"治安军"7个集团、8个独立团,共22个团3万余人,接替冀东防务,实施其第3次"治安强化"运动。先以团、营为单位占领重要城镇,再以连、排占领村庄及交通要道,设据点,筑碉堡,修公路,企图"扫荡""清剿"八路军、游击队,彻底摧毁抗日根据地,建立冀东"模范治安区"。

从日寇到国民党,总是低估共产党的再生能力,更何况曾经不到两个月即奋起10万抗日军的冀东。而这一刻,如果说消灭日军更解气,更能报仇雪恨,那么"治安军"则简直成了八路军的"装备部",就像后来蒋介石成了解放军的"运输大队长"一样。不到一年,冀东部队全部更新装备,步枪清一色三八大盖,一律带刺刀,每连配备机枪6至8挺、掷弹筒两具。这等装备,在全国各地的八路军、新四军中也属一流。

鲁中打伪军,主要是讨伐吴化文,冀东是胖揍"治安军"。

12月15日,军分区司令部获悉,"治安军"3集团6团自迁安三屯营经四十里铺向遵化移防。东起四十里铺,西至大柳树房,12团、13团控制了10公里公路两侧所有的制高点。日上三竿，全线打响，铺了层薄雪的10公里山路上，像摆了一路鞭炮。半小时结束战斗，伪团部机关被全歼，毙敌50余人，俘敌400多，其中少校以下军官30余名，除缴获随身枪支弹药外，还有满载一个团的全部家当的近200辆大车、汽车。

首战"治安军"，官兵乐得合不拢嘴：汉奸队这肉真肥呀。

伪6团团部被斩首，大部被歼，伪5团还是进驻了遵化，一个营驻在双城子，另两个营进占大寨、铁厂。这帮东西强征民夫修碉堡，这村那庄要粮要钱，跟吴化文的"挨户子队"差不多。12月26日，12团一部配合13团，在军分区副司令员包森统一指挥下，攻打双城子据点。先以小分队化装成当地百姓，击毙哨兵占领岗楼，后续部队随即赶到。战至下午两点来钟，主力突入，双城子据点尚未修复即被拔除。击毙日军教官1人、伪军70余人，生俘180余人，缴获迫击炮1门、重机枪1挺、轻机枪10余挺，当然少不了一营兵力的其他长短枪支。

接连受挫，"治安军"好像还能沉得住气，转过年来居然还敢出来"扫荡"。正好，运动中歼敌便宜多了，12团、13团开始大规模全面出击。

1月4日，伪8团向丰润县马庄户、牵马岭一带进犯，被12团迎头痛击，重伤伪团长，乘胜追击，活捉营长以下30余人。

5日，12团一个连佯攻伪5团团部驻地大寨据点，其驻守辛店子据点的2营紧急出援。12团2营在旧寨等个正着，两面夹击，一顿胖揍，20分钟全歼该敌，12团2营无一伤亡。这回连同日军教官活捉250余人，缴获迫击炮两门，重机枪1挺、轻机枪9挺，别的就不说了。

6日，13团又在亮子河一带设伏，全歼一营"治安军"。

12日，13团更上一层楼，在果沿河全歼"治安军"一个团。

"治安军"成营成团地被歼灭，遂改为以团为单位驻防。原计划的以连、排为单位驻守重要村庄及交通要道，想也别想了。

自恃装备精良，没把"土八路"放在眼里的"治安军"，终于明白了，还是"治"好自己的"安"吧。躲在据点里不出来也不保险，还要不作恶，不骚扰老百姓，更重要的是得听八路军和老百姓的话。

夜深人静，地方游击队掩护，妇救会、儿童团去据点前喊话。喊"中国人不打中国人"，喊"放下武器，既往不咎"，喊"你们的父母和老婆孩子等你们回家",再喊"归顺通行证""回家通行证"给你们放那儿了,想归顺、回家自己去拿,沿途解放区一律放行,没路费还给路费。

军事打击,政治攻势,"治安军"驻株树坞一个团,2月没过就剩400多人了。

驻杨家店子的"治安军"20团,放弃据点撤往迁安县城,途中大量逃亡,就剩300多人了。

归顺、回家,当然是最好的"治安"办法了。

最壮观的一幕,发生在1943年春的青龙河。大暴动时"骂开"卢龙城的高敬之,这时是迁(安)滦(县)卢(龙)联合县委书记。青龙河沿岸有18个炮楼,他首先说服了段家沟炮楼的"治安军"排长刘贺,到了约定的那天晚上,18个炮楼一起燃起火把,宣布起义,几十公里河面被映得通红。

还是日军华北司令官,后来的侵华日军司令官冈村宁次水平高:"对冀东(形势)应有再认识。"

"再认识"的结果,是1942年3月下旬,将27师团万余人再次调回冀东,并纠集15旅团、关东军9守备大队和"治安军"17个团、"满洲国军"10个团,从4月1日开始对冀东进行第4次"治安强化"运动。"扫荡"前,先以重兵对八路军活动的基本区构成4条封锁线,与前述的那个大包围圈大体一致。同时强征万余百姓,在基本区内开挖两条大封锁沟,割断山区与平原、东西部游击区的联系。"治安军"看守据点,"满洲国军"封堵长城各口,日军为机动部队,主要置于八路军活动的中心区域。

接受上次血的教训,冀东党政军领导及早组织转移群众,将主力调去外线作战。

血战大韩庄后,军分区调整部署,12团由洪山口出长城,向热河省(辖今河北省东北部、辽宁省西南部和内蒙东南部地区,省会承德)南部挺进。27师团调走后,12团重返冀东,把"治安军"一顿好揍。这回轻车熟路,越过长城,再进热南,先后袭击马圈子、汤道河据点,拔除梓梼树、亮甲台、于南庄、熊虎斗等据点,破坏锦(州)承(德)铁路和承(德)兴(隆)公路,在敌后大展拳脚,闹腾起来。

我在这儿呢,你快来吧。等你来了,我早没影了。

冀东狭小,无回旋余地,一旦被围,即成险地。长城内外,跳来跳去,天高地远。

1944年6月，12团与兄弟部队兵分三路，从界岭口、义院口、九门口出长城，向热东、辽西进击，曾推进到建昌、朝阳、绥中一带。

干河草伏击战后，团参谋长兼1营营长欧阳波平，率1营渡过滦河，进入滦东敌占区寻机作战。8月4日，关东军原田中队从长城口奔迁安、建昌营之间的彭家洼，准备偷袭当地游击队。1营火速赶去，在彭家洼南山设伏。清一色三八大盖和歪把子的啸叫，先是1营的，接着鬼子也开火了。敌人占领村南无名高地顽抗。2连和游击队打援，3连首先冲了上去，1连紧紧跟上，高地上刀光闪闪。欧阳波平一支匣子枪，一枪一个，非死即伤。原田中队76人，只跑掉一个，回去报丧了。

9月，曾克林率团部和2营、3营返回滦东，配合地方党和游击队开辟滦东根据地。一直寻求与八路军主力决战的日寇，消息挺灵通。曾克林与迁滦卢联合县领导高敬之等人，在西牛山开会，敌人来了。赶紧转移到建昌营的大贤庄，敌人又寻到踪迹，从建昌营、迁安城、大横河、包各庄奔来四路人马。从建昌营来的是50多日军，曾克林就选中了这一路。

笔者看到的文章、资料，都说"打得50多个鬼子血肉横飞"。两个营加团直属队的日式火力，那么多歪把子、掷弹筒，那一阵猛打，还不"血肉横飞"吗？

鲁中八路军说：战前动员，一听说打鬼子，那人特别来劲儿。

冀东八路军说：打伪军是吃肉，打小鬼子是啃骨头。骨头难啃，那肉可是香啊。

卢龙县后官地村，位于交通要道，周围据点林立。距最近的陈官屯据点仅3公里，最远的卢龙县城也不过15公里，10公里、8公里的还有燕河营、双望镇。敌人来来往往，大摇大摆，这地界"治安"还会有问题吗？1943年6月7日，12团2营在后官地设伏，一举歼灭日军108人。

像鲁中一样，像"治安军"一样，日军也不得不开始收缩据点了。

抚宁县城西北约30公里处的曹西庄，一条南北走向的街道，两旁挤挤匝匝的是石墙草顶的房屋，12团经常在这里落脚。而1944年后的游击区、根据地，八路军小部队有时和敌人一个村这头那头住着，敌人都不知道。

1月9日上午10点多钟，轰隆隆的声音由远而近，打雷似的，有人说飞机来了。晴空万里，一览无余，哪有飞机呀？就见村南公路上尘土飞扬，两辆汽车和3个奇形怪状的庞然大物，轰隆隆地开来了。这是什么东西呀？有人说是坦克。坦克又是什么东西呀？说是坦克的也是听人说过，估摸着是这东西，"土八路"哪见过坦克啊？

12团团部和3个连住在村里，3连驻在村南。团副参谋长杨树元指挥3连一个急袭，当即将两辆汽车打翻。同样的而且更多的机枪、步枪子弹和手榴弹，打砸在坦克上，却好像毫发未损。

惊愕、骇然，也真叫人发蒙。

眼瞅着第一辆坦克进村了，埋伏在街道两旁的特务连又一阵打砸。子弹打在装甲上当当响，手榴弹投上去像弹个脑门，掷弹筒也无济于事。

连长戴士奇看出了门道，命令掷弹筒手轰击履带，这下子奏效了。

敌人是出来抢粮的，不知道村子里有八路军。知道不知道，这时的日伪军也真的需要给自己壮胆打气，同时用这种庞然大物的"铁乌龟"镇唬一下抗日军民。只是无论12团官兵怎样震惊、发蒙，也不买这份账了，而且这种不光是吓唬人的东西，这回也真的进入了死地。那是一条走牛车还算宽绰的街道，坦克则几乎把它填满了，两边或者临街的房屋，或者院墙，根本施展不开，九二式机枪从瞭望口里向外射击也受到局限。特务连官兵就在那院墙后面，步枪伸出去都能杵上坦克，崩回来的弹片把戴连长的脸都伤了。老乡家院子里有的是秫秸，见坦克瘫那儿了，一些人抱着就上去了。你不是刀枪不入吗？烧你个狗日的。

第一辆"铁乌龟"被烧烤着，第二辆又来送死了。这回是用集束手榴弹炸瘫的。几个战士从院墙上就跃上去了。觉得炮塔应该是个"门"，不知道怎么开，用镐和木棒撬开一道缝，长短枪口伸进去，这一顿打啊。

在村头的第三辆坦克看明白了，调头就跑。官兵呼喊着追起来，直跑得上气不接下气也没追上，这个懊恼啊。

5/ 不打仗的日子像节假日一样少——战争家常二

团长曾克林率12团越过长城，挺进热南，外线作战，在敌人屁股后面闹腾。军分区政治部主任兼12团政委刘诚光，带4连和军分区特务连在冀东中心区坚持斗争。不能都走啊。

到处都是敌人，有时一天打几仗。

4月3日拂晓，在遵化县铁厂附近的李家洼子与敌遭遇。敌人蜂拥而至，很快聚拢3000多日伪军，将两个连层层包围在村外甲山上。白天，天上飞机，地面炮火，敌人的十几次冲锋都被打了下去。

《40集团军军史》中写道：

> 阵地上杀声震天，血染青山，日伪军600余人被我拼死在山上山下。但我军终因寡不敌众，最后，勇士们拼光了子弹、手榴弹后，砸碎武器，集体跳崖，壮烈殉国。此役，除30余人从野明峪西山突出重围外，刘诚光同志、第二营教导员于禾同志和两个连的干部战士200余人壮烈牺牲。

曾克林将军的回忆录中说：

> 一九四二年八月，部队从滦西过滦东时，我团人数为一千三百人，一年后伤亡九百人，最后实有人数是一千八百人。

按照这个伤亡数字，1943年8月后的两年间的伤亡人数，是不是就是最后的实有人数了？

而在一年又两个月间，团长陈群、政委刘诚光两位主官，还有参谋长兼1营营长欧阳波平，先后牺牲，在八路军、新四军中是不是也不多见？

伤亡大，一个重要原因是战斗频繁。

前面说了，自1938年10月开始的历时8个月的反"扫荡"，苏陈支队和兄弟部队一起作战230余次，主动出击100余次，这还是不完全统计。而1940年2月，12团就作战百余次。

离休前为沈阳军区副政委兼黑龙江省军区政委的刘光涛将军，干河草战斗时是12团2营教导员，曾和营长率全营从正面强攻。半个多世纪后，谈到冀东抗战，老将军告诉笔者，那时不打仗的日子像节假日一样少，那时也没有星期天、节假日，八路军和老百姓也不讲这个，部队就是行军打仗。后期经常在长城上跳来跳去，关内吃紧跳到关外，关外吃紧再跳回来。跳来跳去，是寻找战机多打仗，打主动仗。有时几天没打仗，大家会觉得挺奇怪。有时有经验的老兵就说："这是憋着劲呢，要打大仗了。"

除了日军、伪军，还有国民党顽固派，鲁中抗战局势的复杂性，考验、锻炼、提高了"老一团""老二团"的斗争艺术。冀东特殊的地理位置，进关出关的咽喉要地，则是日寇无论怎样收缩兵力，都是重点守备地区，也就决定了冀东抗战的残酷性和战斗的频繁性。

打下沂水城，1团围攻城西南的几个据点，其中孟家村打了三次。1连官兵上下阵地，见片撂荒地里挖了好多坑，一排排的，旁边还放着棺材。有人四下望望，说这地方风水不错啊。有的拍拍这口棺材，看看那个坑，说哪个是俺的啊？有的说谁也不许抢，这口棺材这个坑就是俺的了。一些人就说打仗争主攻、抢头功，谁听说还有争抢这个的吗？

战局变化，条件好了，安葬烈士有口棺材，官兵很满足。

冀东也一样。

连队学文化，扫盲。文化教员讲学文化的重要性，赶走小鬼子，建设新中国，没有文化不行。有人说什么行不行的，说不定明天俺就死了，有这工夫还不如练练射击投弹拼刺刀。

20多年来，笔者采访的老将军不下半百，其中多为老八路。问他们当年想没想过当将军，都摇头。有人还说，拿破仑说不想当将军的士兵不是好士兵，这么说我不是个好士兵。

他们中多数农民出身，枪林弹雨中成为抗战军人。死亡如影相随，多少战友连遗骨都找不到了，倘若自己能够活到胜利那天，还回家种地当农民去。古人不是讲"解甲归田"吗？至于"干部"呀"将军"呀，几多人脑子里有这概念呢？

无论战争年代擢升得多快，将军都太远，而死亡太近。

不打仗的日子像节假日一样少，也有不打仗的日子，干什么呢？

学军事，学政治，学文化——也是为了打仗。

"步枪零件多，简单分三个，枪身、枪机和枪托。"

"手榴弹，威力大，二三十米达，杀伤人和马。"

"天荒荒，地荒荒，我不识字是文盲。不怨爹，不怨娘，地主老财是豺狼。"

找个大点的地场，能坐下一连人就行，有时就是荒山野地，文化教员把块小黑板一挂，就开始识字学文化。抗战中后期，连队陆续开始编制文化教员。有时教材就是这些顺口溜，有的是上级编的发下来，有的是文化教员自己编的，易懂易记，既学文化，又学军事，还搞了政治教育。时间宽裕，一个顺口溜就是一课。行军进村了，干部号房子的工夫，大家坐在路边也学一阵子。赶上反"扫荡"，隔上 10 天半月个把月，接着再学。

这是鲁中。冀东也一样学文化，有人说是先学"人""手""口""刀"，有人说是先学自己的姓名，"先把自己认识了"。教员把字写在黑板上，讲明字义，教员念一声，百多号人跟着一起念。先认后写，先上后下，先左后右，一笔一画，大家拿根树枝在地上写画。行军时，背包上挂块硬纸板，写上几个字，有空就瞅，默写默念。

刘光涛老将军说，战士多是冀东子弟，行军到个村子家访，谈起学文化，老乡可高兴了，说俺儿参军打鬼子，还认了这么多字，跟上学念书似的，这八路军真能出息人哪。

不打仗的日子，有点空闲还要抓虱子。

许多老人说，打起仗来什么也不觉得了，打完仗也没觉得怎的，一觉醒来不行了，身上那个痒啊，虱子在衣服上爬。儿孙说别讲了，恶心死人了。唉，他们哪知道我们这代人怎么过来的啊。有空就抓，那能抓净吗？有人说这东西比地主老财还狠，比小鬼子还顽强。到老乡家弄口大锅，把水烧得开开的，把衣服放里面烫，烫一回能舒服几天。

6/ 冀东英雄——英雄谱三

节振国，1910 年生于山东武城县，10 岁随家来到冀东开滦赵各庄煤矿，14 岁下井当童工。

1938 年 3 月，开滦煤矿大罢工，遭矿警镇压。节振国带领矿工冲进警察所，扣押了伪警长和 3 名矿警。他被推举为工人纠察队大队长，带领纠察队控制矿区，组织工人、家属抢光存煤，迫使资本家接受了工人提出的大部分复工条件。

5月，日军宪兵到赵各庄煤矿抓人，进屋就把节振国大哥绑了起来，逼问节振国下落。节振国自报姓名，推门进来，一个健步去堂屋抄起把菜刀，刀光一闪，审讯大哥的那个鬼子的脑袋分成两半。尸体未倒，腰间那把战刀已到了节振国手里，又一个鬼子见鬼去了。外面的鬼子冲进来，节振国一手菜刀，一手战刀，又砍死两个。

节振国曾拜过几个门派的武师，二郎拳、少林拳、太极拳和刀枪棍棒功夫十分了得。只是室内狭小，施展不开，而且寡不敌众，从后窗飞身上墙走了。

▲节振国

7月，冀东大暴动，节振国带领36名煤矿工人投奔抗联，被编为2路军司令部直属特务1大队，任大队长，曾率队两次攻入赵各庄矿区。12团成立后，编入12团，1939年秋加入共产党。

1940年夏，冀热察区党委组织部长吴德去延安汇报，谈到节振国这个传奇人物时，毛泽东说："这个同志很好，我们要注意保护培养，不然他会牺牲的。"

这年7月27日，说不准是在毛泽东说这话之前还是之后，节振国在滦县上龙各庄战斗中牺牲。

据说，打扫战场时，发现两个日军伤兵，老百姓要打死他们，被节振国制止了。练武之人，节振国参军前对于被打倒的对手，从来以礼相待。这次他刚从晋察冀分局党校学习回来，给老百姓讲八路军的俘虏政策，对伤俘要实行革命的人道主义，给他们包扎疗伤。一个俘虏突然抓起一支枪，节振国胸前中弹，当场牺牲。

周恩来指示有关人员写文章，宣传节振国的英雄事迹。

新中国成立后，宣传节振国英雄事迹的文艺作品，有小说、歌剧、京剧、电影。

笔者中学时代，看过电影《节振国》。

40集团军战争年代所属的118师、119师、120师，各编写过一本《英雄集》，其中抗日战争时期正式授予英雄、模范荣誉称号的单位、个人共 19 个。其中，冀东只有一个 12 团 3 连，1943 年被冀东军分区命名为"拥政爱民模范连"，授予锦旗一面。

连冀东大地曾经家喻户晓，如今 60 岁以上的国人或多或少差不多都有所耳闻的，文艺作品中都称之为"英雄""抗日民族英雄"的节振国，也没有被哪一级单位正式授予英雄称号。

就像为中国共产党的武装斗争做出了巨大贡献的，双手挂拐的顶天立地的抗战军人，民族英雄王凤麟一样。

有没有这种正式命名、授予是不一样的。笔者采访过的一位战斗英雄，所居城市 21 世纪初出台一项政策，各个历史时期相当一级以上的战斗英雄、劳动模范，可享受一些待遇，比如买房有相当的优惠。这位老英雄有证书，就享受到政策优惠了。你是英雄，而且如雷贯耳，没被正式命名，没有证书，就不行了，起码很难。

但是，毫无疑义，王凤麟是英雄，节振国是英雄。

大韩庄血战，把最后一颗子弹留给自己的，把最后一颗手榴弹留给自己和敌人的是英雄。

甲山战斗，像狼牙山五壮士一样集体跳崖的，是英雄。

本书不可能一一列数的战斗，像 1944 年 10 月为掩护朱家峪村群众转移，全部战死的张会山率领的一个排，那死死地抱着敌人的，嘴里衔着敌人的鼻子的，咬着敌人的耳朵的，是英雄。

第一次见到坦克就打出经典战例的戴士奇连长，和那些抱着秫秸冲上去的，跃上坦克撬开炮塔盖的，不也是英雄吗？

英雄是一个民族巨大的精神财富。冀东的英雄，这财富像鲁中一样丰厚。

第五章 出关第一军

1/ 前所会师

克沂水，夺莒县，就在鲁中八路军拿下蒙阴城后不到两个月的5月8日，德国无条件投降了。谁都知道小日本要完蛋了，谁也没想到8月15日天皇就正式宣布投降了，第二次世界大战结束了。

这是一个急剧变化着的世界，一个未来的世界格局还不大明朗，许多重要问题还来不及深思熟虑，看不清真相，举手投足一时间也就有点找不着北的非常时期，每个国家、政党都在迅速地调整自己的政策，以便在迅速变化的政治格局中抢得先机。

历史已经证明，在接下来国共两党大角逐的初始阶段，决定共产党最终拿下中国大陆的战略走向，冀东八路军的作用是举足轻重的。

8月11日，18集团军总司令朱德发布第二号命令，"为了配合苏联红军进入中国境内作战，并准备接受日满伪军投降"，命令"原东北军吕正操所部""原东北军张学思所部""原东北军万毅所部"，分头由山西、绥远、察哈尔、山东等地向东北进发。"现在河北、热河、辽宁边境之李运昌所部，即日向辽宁、吉林进发。"

8月29日，冀东16军分区司令员曾克林、副政委唐凯，奉命率12团、18团、朝鲜支队和军分区直属队约4000人，从九门口出长城，进军东北。

前所是北宁铁路出关后的第一个车站。28日，军分区侦察参谋兼侦察连长董占林，带一个侦察班去前所侦察，得知车站驻守400余伪军，戒备森严，人心恐慌。董占林以八路军部队长的名义向伪军发出通牒令，说你们已被八路军包围，限令下午 5 点前在车站西边集合，举行投降仪式。同时派人火速赶去送信，让主力赶来增援。下午，董占林与伪军谈判。伪军已经全无斗志，没费多少口舌，就同意投降。

军分区副参谋长罗文，27 日带 12 团一个连先行出关。29 日晚派人送信，说有支苏联红军正向山海关开进，明天能到前所。

队伍一下子沸腾了，说"老大哥"是不是来接咱们的啊？

离休前为长春警备区参谋长的高秀成老人，当时是 12 团 2 连指导员。他说 8 年抗战，部队政治教育没少讲苏联。苏联出兵东北后，好像还发了本教材，油印的小册子，专门进行教育。讲苏联是世界反法西斯战争的主力，在欧洲打败了希特勒，又来帮助中国打日本，是支援咱们的"老大哥"。讲苏联是列宁的故乡，是世界上第一个社会主义国家，已经消灭了阶级，消灭了剥削和压迫。讲中国革命胜利后要走苏联的道路，苏联的今天，就是我们的明天。那时觉得苏联太美好了，就像传说中的天堂一样。在冀东出发前搞动员，说去解放东北人民，和苏联"老大哥"会师，大家可高兴了。从前所会师到一块解放山海关，也就几天工夫，语言也不通，也能感到苏军也搞教育，知道毛主席和朱总司令，知道八路军是共产党领导的军队。都是共产党领导的军队，语言不通感情是通的，挺亲的，而且那支部队纪律挺好。

有换洗军装的都换上，绑腿要打得结实、漂亮，枪和刺刀更是擦了又擦，得让"老大哥"看着军容整齐、军威雄壮啊！部队在路边排成纵队，演练喊口号，又集合 20 多名司号员组成一支"军乐队"，站在队列前边。

远远地看到苏军来了，军号齐鸣，口号震天：

红军万岁！

斯大林万岁！

中苏友好万岁！

…… ……

这是一支 60 多人的苏军，分乘 5 辆汽车，拖着 4 门炮，士兵大都是转盘枪，黑洞洞的枪口对着欢迎的队伍。

任何一支在异国作战的军队，都不能不格外警觉，特别是刚到一个地方，敌情不明。八路军官兵看不懂苏军的军衔，苏军或许有人能够明白八路军军帽上的磁质帽徽的青天白日,而那清一色的日式武器装备,则告诉他们这是一支伪军。

曾克林连说带画,告诉为首的苏军军官,我们是毛主席、共产党领导的八路军,咱们都是共产党的队伍。唐凯撸开衣袖,指着参加红军后在手臂上刺下的镰刀、斧头和五角星的刺青,连声道:共产党、毛泽东!共产党、斯大林!

一时间怎么也难说道清楚,就唱:

起来,饥寒交迫的奴隶,
起来,全世界受苦的人!
满腔的热血已经沸腾,
要为真理而斗争!
…… ……

正像列宁说的那样,无产阶级无论到了什么地方,都能凭着《国际歌》的歌声,找到自己的朋友。而这一刻,唱着唱着,苏军官兵也跟着唱起来。"斯大林万岁!""毛泽东乌拉!""万岁!""乌拉!"土洋八路就抱一块去了。

"书籍(指马列书籍、理论)给了共产党,大炮给了国民党",无论这话表达了多少对苏联援助的渴望、失望和不满,都是事实,客观上的事实。早在1933年秋,苏联曾设想通过19路军控制的福建沿海,将武器、药品送到江西苏区。或者在南方找一港口,建立一个为苏区采购和运输武器的机构,或是利用外国商船在长江某个口岸进行交接。或者由莫斯科出钱,从有关系的国民党军队那里购买武器,并为中央苏区提供了相当数量的款项。1935年8月6日,红军长征途中的中央政治局沙窝会议,张国焘坚持南下,毛泽东坚决北上。毛泽东直言:北上"地理上靠近苏联,政治上物质上能得到帮助,军事上飞机大炮,对我国内战争很有大意义"。此后,毛泽东一直希望"打通国际关系,得到国际的指导与帮助",因种种原因未能成功,没想到在前所两军会师了。

冀东八路军出关,无论党中央和曾克林本人意没意识到,都是一次极具挑战性的战略侦察,其主要目的是搞清楚苏军对中共和八路军到底是个什么态度,以决定接下来的战略动作。

貌似不经意的前所会师,看似挺好。

接下来好像更好。

2/ 拿下山海关

放着现成又便捷的山海关不能走,还得绕远从九门口出关,官兵都觉得憋气窝火。

8年抗战,浴血冀东,日本投降了,小鬼子和伪军却不向八路军缴械投降。蒋介石命令他们原地驻防,维持"治安",等国民党军队来了向国军投降。山海关城内驻日军600多人,伪军千余,还有警察、宪兵,又是那等城墙,没有重火器如何攻得破?憋气窝火也只能忍着,绕道九门口了。

前所会师,"老大哥"有大炮,曾克林和唐凯决定杀个回马枪。

苏军带队的是个上校和少校,开头不同意,说苏军是在东北作战,山海关属华北了。曾克林和唐凯跟他们商量,讲道理,做工作,"老大哥"是摇头快,点头也快。

先礼后兵。

> 由于苏联政府对日宣战,强大苏联红军攻入东北,我八路军已全面举行对日大反攻。八月十五日,日本天皇已向日本国下诏,接受无条件投降。现中国八路军和苏联两国强大军队,已兵临山海关城下,着派中苏两国代表,向驻山海关日军司令官送出通牒,命令驻山海关的日军、伪满军接到本通牒后,限于本日下午二时率部于山海关火车站无条件向中苏军队投降。

落款很有气魄:"中国八路军司令官、苏联红军司令官。"——好像是朱德总司令和马林诺夫斯基元帅似的。

在城外一幢房子里递交通牒并谈判。苏军代表命令日军打开城门,让红军和八路军进城。日军代表说山海关归国军接收,贵军要进城,我得请示。苏军代表说我们不是占领,是走到头了,要和城里中国军民联欢。你们立即出城,把枪架好,联欢完了再还你们。日军代表仍说得请示,苏军代表火了:限你们半小时答复,不然就不客气了!

下午5点,曾克林下达了攻城命令。

在苏军炮火掩护下,12团兵分三路,向城东、城南进攻。一路沿城墙向城内突击,一路向南奔桥梁厂,团长杨树元率中路和苏军直插火车站。城里城外,枪打炮轰,硝烟弥漫。日军机关和家属乘火车逃往秦皇岛,截住了敌人准备运走的军用物资,另一路攻占了桥梁厂。

18团主攻"天下第一关"城楼,突破口选在罗城南门。苏军炮响,18团集中轻重机枪和迫击炮,封锁制高点。突击队竖起梯子,边爬边向城垛口投掷手榴弹。东门那边,苏军战防炮轰开城门,两个团和苏军突入城内,向纵深发展。

▲冀东曾克林部队解放山海关,打开了进军东北的大门

晚上9点，战斗结束，毙俘日军200多、伪军千余，缴获武器弹药和军用物资堆积如山。

中国共产党的武装力量，第一次与苏军会师，第一次联合作战，同一天完成。拿下山海关，后续八路军、新四军闯关东的门户洞开了。

同年春，在延安召开的中共第七次全国代表大会期间，毛泽东高瞻远瞩：

> 东北是一个极其重要的区域，将来有可能在我们的领导之下。如果东北能在我们领导之下，那对中国革命有什么意义呢？我看可以这样说，我们的胜利就有了基础，也就是确定了我们的胜利。现在我们这样一点根据地，被敌人分割得相当分散，各个山头、各个根据地都不是巩固的，没有工业，有灭亡的危险。所以，我们要争城市，要争那么一个整块的地方。如果我们有了一大块整个的根据地，包括东北在内，就全国范围来说，中国革命的胜利就有了基础，有了巩固的基础。
>
> 东北是很重要的，从我们党，从中国革命最近和将来的前途看，东北是特别重要的。如果我们把现有的一切根据地都丢了，只要我们有了东北，那么，中国革命就有了巩固的基础。

毛泽东的高瞻远瞩，当然不可能是即兴之作。只是无论毛泽东怎样雄才大略，早已掂量出了这片黑土地的分量，都需要有主动性、创造性的部下去执行、去落实。

而在日本投降后的半年左右，对国共争雄异乎寻常的紧要的，就是时间和速度。特别是东北，不能不受到与国民党政府签订的《中苏友好同盟条约》影响的苏联，具体是这一刻统治着东北的苏联红军，对中共到底是一种什么态度，关系到究竟是"向南发展，向北防御"，还是"向南防御，向北发展"的战略大局，中央在等着决策呢。

冀东16军分区出关的任务，是迅速挺进锦州、沈阳。笔者采访到的人和查阅的资料，都未提到这是一支"战略侦察部队"，16军分区实际上就起了这样的作用。那时好像也没有"快速部队"的说法，实际上就是起了这种作用的一支部队。

这种快速、迅速，当然有地理上的便利。关里关外，就隔道长城，没有比 16 军分区更具这种优势的了。更重要的自然还是人。"天下第一关"走不了，就绕道九门口，有了机会、条件，一个回马枪，也算顺手牵羊了。既未影响自己多少速度，也使后续部队和全局更加迅速。

最重要的，是与苏军的关系处理得那么妥当、得体、成功。

作为 16 军分区主要负责人，曾克林出手不凡。

3/ 进驻沈阳

9 月 3 日，即在东京湾的"密苏里"号战舰上正式举行日本投降仪式的第二天，16 军分区部队乘火车从山海关继续东进。

这是一列客货混编列车，有时称"票车"的客车，更多的是敞篷车、闷罐车，七拼八凑了 40 多节，不少车厢是连夜修好的。日本投降，兵荒马乱，山海关又打了一仗，许多人都不知哪去了，连司机也是好不容易找到的。车体太长太重，在尾部再加上个车头，连拉带推。汽笛拖着长音，平道、下坡吭当得挺快，有点上坡就吭哧起来，那也是"11"号没法比的啊。况且许多人别说坐火车了，过去见都没见过，"土八路"开洋荤，心情好极了。

绥中、兴城、锦州，站牌不是一闪而过，而是每到一地都要留下一些人马。

铁路和城市，从来都是"敌占区"的代名词。这回就沿着铁路线向东北腹地挺进，并一路接管城市，再由城市向周边地区拓展——共产党何时有过这等气势、场面啊？

一路顺风。

5 日晨进入沈阳，高大的厂房，林立的烟囱，官兵们愈加兴奋，没想到麻烦来了。

在苏军眼里，一支没有军衔的军队，那还叫军队吗？至于那清一色的日式装备，那感觉就跟前所会师时的苏军一样了，这不就是伪军，甚至就是乔装打扮的日军吗？

4 日到了锦州，车站上有许多苏军坦克和摩托化部队。曾克林和唐凯与苏军负责人见面，说明身份、此行目的，并提出要留下部分部队，接管锦州，苏军表示同意。苏军还有随军记者采访，16军分区军法处兼宣传科长汤从列，向记者介绍八路军坚持敌后抗战，大反攻挺进东北，刚和苏军一道解放了山海关，记者伸出大拇指连声"哈拉少"（好）。即便锦州苏军未向沈阳苏军报告，后者不知有支八路军今天要进入沈阳，现在要消除这种误会，也根本不成问题了。可苏军机枪架着，转盘枪对着车上的八路军，连车也不准下。

不是误会，而是有了大麻烦——曾克林还不知晓的大麻烦。

这年2月，在黑海的克里米亚半岛雅尔塔皇宫召开的美英苏三国首脑会议上，签订的《雅尔塔协定》（又称《雅尔塔密约》）中，关于德国投降后苏联出兵中国东北，斯大林的要价是：美英两国同意维持蒙古人民共和国的现状，日本将其在日俄战争中夺取的库页岛的日本领土归还苏联，千岛群岛划归苏联，大连港国际化，旅顺港为苏联的军事基地，中东、南满铁路由苏联和中国共同经营。

背着中国，就把一个主权国家，而且是盟国的权益私分后，8月14日，苏联政府又与国民党政府签订了《中苏友好同盟条约》，规定苏军要把东北移交国民党政府。

德国投降，日本也要玩完了，这个世界的政治格局，就要大变样了。通过苏军驻延安情报组，中共中央一直与莫斯科保持联系，互通情报。毛泽东迫切需要明了苏联的动向，以便决定自己的动作。这可是决定中国的前途和命运的动作啊！莫斯科只说一定会出兵帮助中国，至于具体计划，绝口不谈。日本投降，国民党政府即下令日伪军只能向国民党军队缴械投降，美军也下达了同样的命令。美国和国民党有着共同的利益，自然向着国民党。那么，毛泽东早已看好的被苏军占领下的东北，如果八路军去了，苏军又会是什么态度？同为信仰马列主义的共产党，"老大哥"对"小兄弟"，竟无一句"私房话"。

国共两党的实力明摆在那儿，鹿死谁手也是明摆着的。没人愿意站在明显的弱者，也就是明显的负者一边。没人想到4年后中华人民共和国就成立了，别说"老大哥"了，连"小兄弟"都没想到会那么快。

8月29日，即16军分区经九门口出关当天，中央给晋察冀和山东分局的电报中，说：

> 由于苏联受中苏条约之限制，必须将东北三省交给国民党政府，国

民党军队亦将进入东北三省。我党我军进入东北三省后，红军必不肯和我们正式接洽，给我们以帮助。

不要勉强与红军作正式接洽与联络，亦不请红军给我们以帮助。如果红军所坚决反对之事，我们必须照顾，不要使红军在外交战线上为难。

同一封电报中，中央要求闯关东部队"不要声张"，16军分区却是大张旗鼓，在前所军号口号连天地与苏军会师，从山海关出发时车头上插红旗，车厢两侧贴着花花绿绿的标语。中央要求"不要坐火车进入大城市"，这支快速部队乘火车进入了东北最大的城市沈阳。中央要求"用东北地方军及义勇军名义，非正式进入东北"，这支部队就戴着"八路军"臂章，堂堂正正毫无忌讳地进来了。中央要求"不要勉强与红军接洽与联络"，这支部队所到之处，不但主动与苏军接洽、联络，而且还和苏军联合作战拿下了"天下第一关"。

中央对东北情势模糊不清，战略大计也就举棋难定。

从冀东出发时，带部15瓦电台，功率太小，接收不到中央的电报。而自从锦州出发后，连冀热辽军区的电报也收不到了。留在脑子里的，就是出发前受领的任务：挺进东北，收复失地，建立政权。

历史就这般阴差阳错，把一支孤军送入沈阳，站到了一个举足轻重的时空点上。

此刻，这支孤军已经深入东北400公里。是掉头西返，坐等国民党军队接管，还是据理力争，按照既定计划进驻沈阳？无论如何，这支最早闯入关东的部队，客观上都站到了关乎中国革命走向的经纬线上。如果是前者，中国革命的历史进程，肯定不会是今天已知的样子了。

也真是考验指挥员的决策能力和智慧的时候了。

第一次交涉，苏军沈阳卫戍司令部司令卡夫通少将，面色冷峻："你们是什么军队？从哪里来？是谁叫你们来的？"

曾克林尽量心平气和地解说："我们是中国共产党毛泽东、朱德领导的八路军，是坚持冀热辽地区抗战的部队。我们是遵照延安总部的命令，挺进东北，配合苏军作战，而且在山海关已经联合作战了。我们是来解放东北，收复失地，接管东北,维持东北秩序的。"

卡夫通说:"根据《雅尔塔协定》和《中苏友好同盟条约》,最高统帅部是不会同意你们进沈阳的。"

第二次交涉,卡夫通仍是"卡不通",态度甚至比第一次还差。

曾克林也强硬起来:"你们是苏联共产党、斯大林领导的军队,我们是中国共产党、毛泽东领导的军队,我们中苏两党两军的性质、目标是一致的,应该友好协商,为什么对我们发脾气?"

所有谈到卡夫通的回忆录、资料,几乎都少不了"傲慢""蛮不讲理"之类的字样。其实,卡夫通所受党的教育,应该不比16军分区官兵在前所、锦州接触的那些军人差,他对兄弟党及其领导的军队的感情,也不一定比那些军人少。那些军人或者对上边的方针、政策不甚了了,或者就是感情代替政策。但是,这位卡夫通少将就不同了,他了解莫斯科对中共的态度,他是代表苏军,甚至就是代表莫斯科在说话,只能充当这种毫无兄弟党情分的"恶人"角色。即便换个性情温和态度好的将军,也不可能越雷池一步,变成"不卡通"。

第三次交涉是下午3点来钟。自前所会师后,一路上那种见到"老大哥"的喜悦、兴奋和感激之情,早已凉菜了。部队在车上已经待了8小时左右,别说吃喝,连上厕所都成了问题。那也不妨碍官兵议论纷纷:这沈阳的"老大哥",怎么跟前所、锦州的不一样啊?共产党的部队拿枪对着共产党的部队,这叫什么共产党、"老大哥"?这沈阳是咱中国的,凭什么不让咱们下车?

曾克林和唐凯对卡夫通说:"冀热辽是我们部队的战区,我们在这里战斗了8年,你们不让我们来,让谁来?"

又道:我们已经说过,在山海关曾经与你们共同作战,不信可以问莫斯科。

头两次带去的是个蒙古族翻译,自己都觉得不大胜任,这回要求苏军找个水平高的翻译。这工夫或者苏军上层有了新的指示,或者三次交涉起了作用,反正卡夫通允许部队下车了,但要驻到距沈阳市区10多公里外的苏家屯去。

近两千人的队伍排列整齐,向苏家屯进发。

"中国军队进沈阳了!"消息迅速传开,人们都跑来看"咱中国的军队"。当了14年亡国奴,谁不盼望中国的军队呀?沿途几万人夹道欢呼,许多人热泪盈眶,甚至像断线的珠子。有万把人一路跟着队伍,主要是学生、工人,喊口号,帮助疏通道路。排成四路纵队的官兵，则把《八路军进行曲》唱得从未有过的激昂、雄壮。

中华民族解放万岁！

中国军队万岁！

八路军万岁！

一辆吉普一路鸣着喇叭，好歹算是挤到队伍前头，两个苏军上校跳下车，向曾克林和唐凯自我介绍是卡夫通将军派来的，你们不要去苏家屯了，就驻到故宫东面的小河沿。

又说："你们这支队伍不是一般的队伍，留在沈阳，不要走了。"

不知苏军进入解放的苏联和欧洲各国城市时是何情景，可以肯定的是他们被眼前的场面震撼了、感动了。

当晚，部队驻在小河沿一带。第二天，苏军让16军分区司令部搬到原伪市政府大楼，政治部搬进日本宪兵司令部。

9月7日，又来了两个苏军上校，说："斯大林、莫洛托夫来电报了，你们是毛泽东、共产党的部队，请你们两位将军到司令部去。"

参加会见并宴请曾克林、唐凯，是苏军驻沈阳最高首长6集团军司令克拉夫钦科上将、军事委员图马尼扬中将，以及各兵种军长。整个过程，全部内容，都是想象得到、又想象不到的热情、友好。谈到八路军进沈阳不让下车，苏方表示，你们来沈阳，我们没去火车站欢迎，很对不起。这主要是由于中苏条约和美英国家的限制，我们不得不那样做。

克拉夫钦科上将尤其热情："我们现在不叫你们将军了，称你们为'同志'，我们是同志式的谈话。"

同志式谈话的重要成果之一，是变八路军为自治军，东北人民自治军。人民代表中国政府，自治军是维持东北的治安、秩序。概念再模糊、欠准确，多少也是这么个意思。苏军远东司令部下达命令，凡佩戴"东北人民自治军"符号的部队，可以在东北各地活动，对他们的行动不得阻拦、限制。

4/ 我们只服从中央的命令——名将录二

应该用什么样的语言来描述日本投降后的东北和沈阳呢？

兵荒马乱。

苏军纪律不好，最让老百姓痛恨的是糟蹋妇女。日本人成了亡国奴，大天白日，日本人居住区传出妇女的惨叫。这是个人行为。在沈阳、鞍山、本溪、长春等地拆卸工业设备，当作"战利品"运回苏联，就是不折不扣的国家行为了。苏军所到之处，省市县成立"维持会"，基本都是伪政权的原班人马，这些人几乎都期望国民党来接收。沈阳大街上到处可见国民党党旗，伪警备司令部门前，挂块"中国国民党沈阳市党部"的牌子，伪军荷枪实弹为之站岗。国民党公开、半公开地活动，其地下军在沈阳号称有40个团，这儿打枪，那儿响颗手榴弹。16军分区到沈阳当天，有人在火车站附近投手榴弹。苏军进驻锦州10多天了，竟然不知道北大营还有个日伪混成旅5000多人，被18团缴械了。

苏军有个沈阳卫戍司令部，16军分区再成立个东北人民自治军沈阳卫戍司令部。快刀斩乱麻，两三天工夫，就把1.5万余伪军、宪兵和国民党地下军的武装缴械。

9月9日，宣布正式接管沈阳，成立沈阳市临时人民政府。苏军坚决不同意八路军干部当市长，选出一位医生充任，实际主持工作的还是八路军的副市长。

与此同时，16军分区以沈阳为中心，兵分五路，分头接管了辽阳、鞍山、营口、本溪、安东（今丹东）、抚顺、梅河口、铁岭、四平、郑家屯、白城子等地。除接收政府、银行、监狱、水电公司、邮电局外，还有大量的工厂和军用仓库。

苏家屯有座日军仓库，在沈阳，乃至辽宁都是最大的，都是武器弹药，苏军让16军分区看守。说是"看守"，明摆着的你就拿呗。过去一支枪要拿命换，这回伸手就拿，还能客气吗？曾克林也忙里抽闲，赶去亲自指挥，大热的天，跟官兵一样挥汗装车。能动用的各种车辆全力以赴，拉了三天三夜，拉出步枪上万支、轻重机枪上千挺，各种口径的山炮、野炮、迫击炮100多门。

与此对应的另一大奇观，是16军分区出关不到40天，部队就由4000人猛增至6万，创下中共武装力量史上的扩军之最。

这是个需要跑步向前甚至就是百米冲刺的非常时期，寸金难买寸光阴，过了这村就没这店了。

还是个万花筒般瞬息万变的异常复杂、诡谲、敏感的时期。

在这场许多重要环节还是未知数的历史大变局中，斯大林最不想看到的就是一个亲美的国民党政权，像日本关东军那样站到远东的大门口了。支持、帮助中共是必然的，与国民党政府打交道、订条约也是必须的。不光因为国民党是执政党，更因为国民党比共产党强大，他不想刺激国民党背后的美国，不想在外交上被动。具体到苏军的操作方式，对国民党通常是说得好听，基本上只说不做，对中共则是只做不说，也要求中共只做不说。

让16军分区去苏家屯驻防，应是两难处境的折中选择，既照顾了中共的利益，好像又使国民党抓不到口实。你看，八路军来了我不让下车，下车了又没让进城，这沈阳城我不是还给你国民党留着的吗？而共产党、八路军就在苏家屯及其周边地区，实实在在甩开膀子干去吧。这周边地区当然也不排除沈阳，你可以悄悄进来，暗中发展嘛。更不用说苏家屯距沈阳不过10多公里，一旦条件允许，随时可以进城了。

毋庸置疑，沈阳市名义上的一把手市长，必须是位民主人士，也是给人看的。

可就像"八路军"变成"自治军"一样，形式终究不是内容，也就免不了外交波澜。

拿下山海关后，沿着北宁路辽宁段一路接管城市，特别是进入沈阳，美联社、路透社、合众社等西方媒体，纷纷指责苏联违背波茨坦三国联合公告，让中共正规军进入沈阳。国民党的媒体更是连篇累牍，国民党政府提出抗议。美英政府也表现强烈，向苏联政府施压。得知苏军把沈阳的军火库交给八路军看守，美国即向苏联提出交涉。

成立自治军沈阳卫戍司令部，社会秩序立马好转，苏军免去许多麻烦，自然高兴。只是同志式的交谈也好，心照不宣也罢，无论怎样配合默契，"老大哥"那脸说变就变。

▲曾克林

难说"主义"的分量和作用,恒久不变的是苏联的利益。抗战中把武器装备援助国民党,因为国民党更有力量,更能拖住日本,使之不北进苏联。签订《雅尔塔协定》,是为了维护苏联的利益,让八路军退出沈阳,也是为了这种利益,就看怎么动作能使这种利益最大化。

11月中旬,国民党军队突破山海关,苏军要东北局退出沈阳。还是那个卡夫通,居然对据理力争的东北局书记彭真咆哮:你们不走,就用坦克把你们赶走!

东北局电报中央,中央复电:"彼方既如此决定,我们只有服从。"

小胳膊拧不过大腿,不服从怎么办?

现在还没到动用坦克的火候,还挺客气,那也是命令:根据中苏条约,我们要把沈阳、长春、哈尔滨、锦州等城市交给国民党政府,你们要带部队离开沈阳。

▲唐凯

曾克林、唐凯明确表示:我们是奉党中央和中央军委的命令来的,我们只服从中央的命令。

你这"老大哥"怎么说翻脸就不认人啊?这话还用说吗?

我们是中国的八路军,你苏联红军凭什么给我们下命令呀?这话也是不用说的。

无论有多少现成的"理直气壮""义正词严",这都是个凭实力说话的世界。为了两党两军关系,不能感情用事,莽撞行事,也就不能不看着"老大哥"的脸色行事,那脸色却又阴晴不定。深不得,浅不得,你再拿捏好分寸,有理有利有节,人家无理也有理,有实力就有话语权。还有比这再棘手的军事外交吗?更棘手的是不知道中央的具体部署、精神,就凭这"进军东北"这个大原则,单打独斗,机断专行,一着不慎就可能唱了反调,与历史机遇擦肩而过。像到沈阳不让下火车,那我就回去呗?这次又让退出沈阳,我就悄没声地走了呗?谁知道"老大哥"还会怎样意想不到地变脸啊。一走了之,省心省事,个人也不会犯错误。

曾克林、唐凯咬定青山不放松,苏军也想去延安跟中共高层说点"悄悄话"——就有了曾克林和苏军在东北最高指挥官之一的马林诺夫斯基元帅的代表的延安之行。

9月15日上午，一架小型军用飞机降落在延安东关机场。

杨家岭窑洞的灯光，彻夜通明。

从1944年开始，中央向南方派遣部队，计划在华中、华南新建大片根据地和几十万武装力量，以应对抗战胜利后可能爆发的内战。胜利来得太快，让人措手不及。中央审时度势，决定收缩南方，发展北方。苏联出兵东北，为中共提供了大好契机。但是，那片遥远的黑土地现状如何？苏军又是什么态度？东北到底能不能去，去多少部队比较合适？情况不明，中央没谱，举棋不定。

8月11日，即朱德发布第二号命令当天，中央电告晋绥、晋察冀和山东党组织："总部命令第二号系为对外宣传、抢先取得国内外公开地位而发。除李运昌部队外，并非要吕（正操）、张（学思）、万（毅）等马上开往东四省。"26日，毛泽东起草的中央致各中央局、各区党委的电报中说："东北四省为中苏条约规定范围，行政权在国民党手里，我党能否派军队去活动，现在还不能断定。"9月10日，中央明令山东八路军4个师向东北出动，冀中、晋察鲁豫各一个团向东北开动，晋察冀准备派2500名干部去东北，李运昌准备派5个团接替山海关至沈阳防务。进军东北的节奏加快了，规模、力度也大了。但是，东北到底是个什么情形，依然是未知数。由"向南发展，向北防御"，转而"向北发展，向南防御"，这等牵一发而动全身的战略大挪移，岂是轻易就能咬牙横心的啊？

就在这时，曾克林和苏军代表突然空降延安。

一锤定音。

从冀东到沈阳，一次抢得先机的成功的战略侦察，一次大无畏的果敢进军。在"八·一五"后那样无政府的乱世，谁知道前方会潜伏着多少艰难险阻和什么样的变数？而被在延安主持工作的刘少奇赞誉为抢占东北的"先锋官"的曾克林，还出色地客串了一把外交官。

二战后的东方大国中国，是苏美两个世界强国重点关注地区。而东北由于苏军的进入，这片丰腴的黑土地，就成了苏美两国和国共两党争斗的舞台。苏美、苏蒋、美蒋关系，苏联与中共关系，美国与中共关系，国共两党关系，各种关系、矛盾搅作一团，各方都在为自己的利益争斗。三国四方中最弱的中共，却成了最终获益最大的一方。

  这是个万花筒般令人眼花缭乱的历史时期，各种貌似矛盾不矛盾的信息纷至沓来，简直应接不暇。各种政治势力都在调整政策，聚拢力量，局势复杂、微妙、敏感而又诡谲。

  无论曾克林有无思想准备，意识未意识到，作为冀东16军分区这支孤军的主要负责人，他就站在这样一个举足轻重的时空点上。

  而这位读过3年私塾的江西老表，经历了长征的游击战专家，举手投足，有板有眼。

  在这个非常时期这样一个特殊的战场上立下殊勋的曾克林，不愧名将。

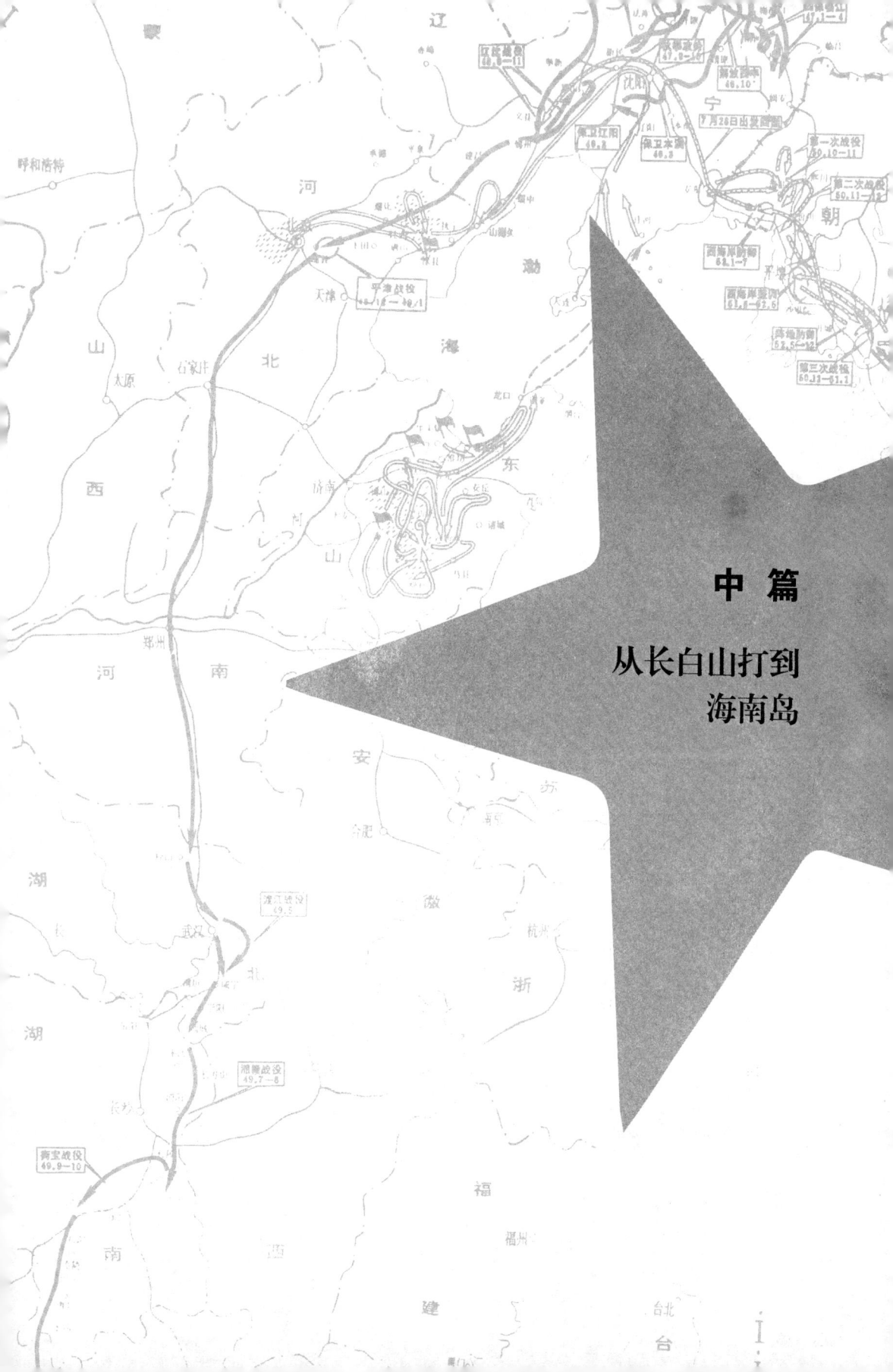

中 篇

从长白山打到海南岛

第六章 "我为谁人来打仗"

1/ 不是家常成家常——战争家常三

8月中旬，大反攻中的山东八路军扩编野战部队，鲁中军区机关一部和1团、2团、军区特务营、边联独立营、蒙阴独立营，编为山东八路军3师，警备2旅的6团、8团合编为警备3旅。11月中旬，由政委罗舜初率3师和警备3旅，从海路进入东北。翌年1月在辽阳，与冀东16军分区12团扩编的21旅、23旅融为一体，合编为东北民主联军第3纵队（以下"纵队"均简称为"纵"），下辖7旅、8旅、9旅，不久改为师。3纵领导机构由辽东军区兼，司令员程世才，政委肖华，第一副司令员罗舜初，第二副司令员曾克林，第一副政委莫文骅，第二副政委唐凯。7旅（师）旅（师）长曾国华、政委李伯秋，8旅（师）旅（师）长杨树元、政委刘光涛，9旅（师）旅（师）长宁贤文、政委谭开云，全纵2.84万余人。

亲历者都知道，10万八路军、新四军闯到关东后的一个很响亮的口号，叫"独霸东北"：把山海关、葫芦岛、营口这样的陆路、海上口子堵住，不让国民党进来，东北就是共产党的了。

接下来的口号是"最后一战"。美国总统特使马歇尔来了，来调停中国的内战，并于1946年1月10日签订了通常被称作"停战令"的《国共双方关于停止冲突恢复交通的命令与声明》。著名的本溪、四平两座城市的保卫战，就是在这样的背景下打的。关内已经停战了，关外这两仗打完了，本溪、四平保住了，东北也不打了，中国就和平了。

从2月中旬开始，3纵先是保卫辽阳，然后是保卫鞍山、抚顺，接下来保卫本溪。

3月底，国民党军队分南北两路，向南满北满大举进攻。南路52军25师、新6军14师和60军182师545团会攻本溪，北路新1军由沈阳沿中长路进犯四平，两座城市的保卫战几乎同时打响。

4月1日，25师开始进攻本溪，被7旅、9旅死死顶住。19团7连连续击退一个营的三次冲锋，27团以攻为守，连克5个山头，将敌击退。从辽阳来犯的14师，也被24团坚决阻击，动弹不得，一保本溪成功。

4月7日，国民党军队兵分三路，卷土重来。右路14师被8旅和4纵10旅击退，左路25师被7旅、9旅击溃，转入守势。激战8昼夜，二保本溪也保住了。

本溪是著名的煤铁之城，新中国成立后曾为中央直辖市，像今天的京津沪渝一样。本溪北距沈阳60多公里，可直接威胁沈阳，又正卡在安（丹东）奉（沈阳）铁路上，战略地位自然十分重要。南满地域狭窄，无回旋余地，而四平保住了，大半个东北就是共产党的了。

4月20日，3纵7旅、8旅奉命北上，参加保卫四平，中央已有放弃本溪之意。5月2日，52军3个师在飞机掩护下，倾其全力第三次会攻本溪，本溪丢了。

从八一南昌起义始，中国共产党的武装力量，什么时候拉开架势打过这样的城市保卫战啊？

8年抗战，多是游击战和运动战，高级指挥员缺乏指挥军（纵）以上规模正规战的经验，而且对眼下的对手也缺乏了解。保卫辽阳期间，4纵两个旅在沙岭将新6军新22师66团（欠1个营）和师教导营包围，3纵负责打援。战前动员，辽东军区一位首长讲，这是"最后一战"了，把炮弹放出去就是胜利。上上下下，都把国民党五大主力之一的新6军当成"土顽"了。土顽谁没打过啊？一顿枪打手榴弹炸，冲上去就抓俘虏了。结果6个团围打1个团，还有个大骡子大马拉着的炮兵团，围打3天没打下来，自己伤亡一大堆。美式装备火力密集，那炮一打一大片，把雪地都打着了，有的炮弹专在你头上几米处爆炸，小鬼子也没这般水平啊？

  沙岭子，
  一场战，
  鲜血流成河，
  尸骨堆成山。

当地有民谣，部队则传说，新6军的士兵都是大学生。

5月19日，四平也丢了。

在此前后，北满包括长春，南满除了沈阳，几乎所有的城市都曾被冠以"保"字，结果是保什么丢什么。

民主联军从四平北撤后，国民党军队一辆汽车拖门炮，就敢对大部队穷追不舍。

民主联军总部作战科副科长王继芳投敌叛变了，更多的是失踪逃亡，一些新组建的部队则纷纷反水。

东北保安司令部司令长官杜聿明，了解民主联军的伤亡情况，以及军心士气。东北民主联军总司令林彪，别说知彼了，对自己都没多少数了。北撤途中，每到一地，第一件事就是架设电台，呼叫、了解各支部队所在位置，还有多少人。

7月，山野间的花早谢了，中午树叶也晒蔫了，被隔断敌后的民主联军部队，有的还穿着棉衣。而进入各大中城市的国民党官兵，则掀起一股"结婚潮"。到处都有日本人留下的空房子，好多贴上了大红"囍"字。这天下是国民党的了，该结婚成家、安居乐业了。

黑土地上的共产党人，从春天步入冬天。

前面说过，鲁中1团、2团从团到班，战前战后都开"诸葛亮会"。冀东没有"诸葛亮会"的说法，也一样战前要研讨，战后有战评。特别是没打好的仗，谁的责任，谁是主要责任人，班排连营团，指名道姓。如果是班排连长，还会指着你的鼻子数落。有人态度比较平和，有人会声色俱厉，有人还会不时埋怨几句。这也是家常话了，少有人会在心头跟谁结个大死疙瘩，因为你也会同样地数落别人。把脑袋掖在腰带上冲锋陷阵的人，谁都希望打胜仗、少流血，言辞再激烈，都是为了一个共同的目标。你好我好，大家都乐呵呵的一团和气，可能死了都不知道怎么死的。

仗没打好，士兵的数落对象，通常出不了连队的圈子，使大劲也越不过团长。四平保卫战后，矛头几乎一下子都对准了林彪，议论纷纷，概括起来是林总（或者干脆就是"林彪"）在苏联吃了几年洋面包，不会打仗了，瞎指挥！

数落对象的火箭升级，说明的是局势的严峻。

更严峻的，则是从来还未有过的战争家常。

国民党也好，共产党也罢，当三点成一线出现在枪口前的敌人，突然由鬼子变成自己的同胞，而且都曾为抗战军人，都曾对炮楼中的伪军喊过"中国人不打中国人"，这些话无论出没出口，那心头多多少少能不这样想吗？

徂徕山起义，冀东大暴动，放下锄头拿起枪，那人无论还有多少庄稼院的庄稼嗑，他们的行为语言都是战争家常，是民族存亡的家常。只是抗战打鬼子，谁唠过这些家常啊？想都没想过，也不用想，瞄准敌人扣动扳机就行了，端着刺刀冲上去就行了。那枪口刀尖前面的鬼子就是敌人，百分之百，不共戴天，从来就不是个问题，更不是家常。可现在，却成了热议的话题、家常，成了关系到国家前途和个人命运的话题、家常。他们疑惑、迷茫、愤懑，不知所终，热血就有些冷凝，那枪也有了另一种沉重，有点拉不开大栓，扣不动扳机了。

每个人心头都积郁着亟待解答的"？"。

2/ 李伯秋和他的部下——名将录三

《40集团军军史》，这样记述唯一参加了本溪、四平两座城市保卫战的这支部队战后的情形：

> 全纵在无后方、无补给的条件下作战，粮食不足，往往一天不得一饱，生活极端困难，而思想政治工作又没有跟上，削弱了对部队的领导，部队中的一些问题突出出来，有些抗日战争时期入伍的老战士，在抗战末期，就有了"打完日本好回家"的念头，此时，又滋长了厌倦艰苦、幻想和平的倾向，出现了地域观念和家乡观念。在新收编和新入伍的人员中，由于成分比较复杂，入伍动机不纯，一些人存在着正统观念和兵痞流氓习气，认为"穷八路"不如"正牌军""共产党打不了国民党"，在战斗中竟然朝天放枪。还有一些人认为蒋军美械"王牌"不可战胜，悲观失望，怨天尤人的情绪不断滋长。部队中出现了严重逃亡现象，少数参军多年的干部、骨干逃跑回家，并且发生过有组织的和带枪逃亡。这都是前所未有的现象，而在新扩编的部队中问题更为严重。1946年5月抗退期间，第七师第二十一团不到半月就逃亡138人，第

二十团第九连一个夜间就逃亡22人。少数战士不服从领导,耍流氓、讲怪话,破坏群众纪律,甚至打骂干部和群众。基层干部反映"兵难带、仗难打"。

战争年代,防止逃亡,巩固部队,始终是政治工作的一个重要课题。部队要离乡离土,远距离行军了,各级干部头脑中"巩固部队"的弦一下子就绷紧了。再就是打了败仗,悲观失望,思想动摇,有人也会逃亡开小差。

而眼下堪称解放战争中最大的这次逃亡波,固然与保什么丢什么的战事有关,更重要的宏观上的因素,则是对这场战争感到困惑不解,失去了目标、动力。我为谁扛枪打仗,这场战争与我有什么关系呢?不干了,走了。

如果说四平之战失利,为东北民主联军所独有,那么马上就要爆发的全面内战,共产党的所有部队都不能不面对这样一个尖锐的问题了。

而3纵这支富于创造性的战功卓著的部队,马上就要答疑解惑,为中国共产党的武装力量再献上一个"第一"了。

辽阳县古树子村人李伯秋,10岁随父亲到沈阳第八小学,父是教师,儿是学生,后考入省立二中。"九·一八"事变后,一家人进关跑去北平,他1935年考上国立北平师范大学教育学院教育系。

"九·一八"事变当夜,李伯秋被炮声惊醒,窗户纸在炮火的闪光中簌簌作响。"七七事变",他正在29军西苑营房参加大学生军训,隆隆的炮声清晰可闻。问题不在于中国有几多人听过北大营和卢沟桥的炮声,而在于此时他已是一名中国共产党员。"一·二九"运动中,他负责各院系游行队伍的通讯联络。从菜市口到正阳门大街,中等个头、一口地道东北口音的20岁大学生,在人群中奔走联系前来游行和被冲散的队伍,指点人们分头向前门汇集。

中共北方局号召共产党员"脱下长衫,到游击队去",李伯秋和几百平津学生南下济南,年底带几个人上了徂徕山。由大学生而军人,第一个职务是4支队3中队2排政治战士,然后中队指导员、营教导员、团政委、旅政委、师政委、军政治部主任,1956年任40军政委,最后一个职务是沈阳军区副政委。

少有像李伯秋将军这样在40集团军任职这么久的,也少有像他这样政工干部一竿子到底的了。

辽阳保卫战前，7旅政委回趟老家，有人叫着他的乳名，问：听说八路军用大姑娘跟"老毛子"换大炮，这是真的吗？

被老百姓称作"老毛子"的"老大哥"，在东北实在没有留下多少好印象。而"老毛子"是共产党，八路军也是共产党，刚刚挺进东北的八路军所到之处，一些人就不能没有一种疑虑、警惕的目光。东北人正统观念比较强，国民党有政府，军队是国军，是正牌，八路军不是，那是不是就有点"胡子"（东北人管土匪叫"胡子"）的味道了？待到国民党军队来了，汽车、坦克、装甲车，新1军、新6军官兵一身罗斯福呢军装，除了人全是美国货，再想想八路军那吃的穿的，手里拿的那家什，包括笔者的先人在内的绝大多数东北人，就觉得这天下是国民党的了。

同时期的国民党官兵，也有逃亡开小差的，只是厌战，不想当炮灰，与其他因素基本无关。在国民党眼里，共产党、八路军和苏联人搞的那些动作，是拿不到台面上的。我们才是政府、政府军，是代表国家来接收的，文的武的怎么接收怎么有理。

国民党真的就这么理直气壮，有块"政府"的招牌，打着"国军""政府军"的旗号，就能说明一切，拥有一切吗？

无论世道怎样乱，都应谋得一个比较体面职业的大学生，自决定加入共产党那一刻起，就认定自己选择的是正义之师，具有无可匹敌的政治优势，那就是这个一直被反动势力打压的政党，与被统治压迫的劳苦大众是站在一起的。

那么，眼下呢？

国内外局势迅速变化，民族矛盾转为阶级矛盾，阵地前冲上来的，不再是日本鬼子，而是同为中国人的全美械、半美械装备的"国军"了。而连"用大姑娘换大炮"这等谣言，也有人相信，或者将信将疑，则说明了共产党和她领导的这支队伍的政治窘境。

当下最紧要的是部队的思想状况。当年4支队和"老一团""老二团"，几天不打仗，就有人说要憋出病了，现在却有人冲天放枪。接到进军东北的命令后，上级指示《山东纵队进行曲》不要唱了，因为其中有"誓死守土我们不离开"，那是当年在鲁中唱得最响的战歌啊，现在这支山东子弟兵要离开了。谁不想家啊？在山东时也想，可不赶走鬼子怎么回家啊？那时有支歌，就叫《打败日本好回家》。日本打败了，不但回不了家，还大老远跑东北来了，还要和国民党打，这仗还要打到什么时候，中国人和中国人打有什么意思呀？可这打不打不是共产党说了算的事，蒋介石要发动内战，国民党要打，你不打，回家去，地主老财国民党的天下，你不还是穷苦人，还得给人家当牛做马吗？

万花筒般变幻莫测的非常时期，使人眼花缭乱，一时间难以窥透事物的本质，也在各级政工人员面前横亘着一个亟待答疑解惑的"？"。共产党打仗，主要靠的是一种信仰、精神力量，即凭借堪称举世无双的政治思想工作激发出来的精神力量。但是，政治工作光凭讲大道理是不行的。用个什么样切实可行的教育方式，使官兵认识到眼前的这场战争是与自己的切身利益息息相关的，从而聚拢军心，焕发士气？

7师政委，当年的"老二团"政委李伯秋，想到了1945年春打蒙阴城前，部队进行的"为谁当兵，为谁打仗"教育。

宣传科长吕村夫、20团政委胡寅，也在苦苦思索，也谈到当年的这次教育，还谈到在减租减息运动中开展的"谁养活谁"的教育。

那是在撤离四平的东退途中，敌人穷追不舍，有的已经跑到前面去了。7师政委和宣传科长、团政委3位政工干部，一面关注随时可能打响的战斗，一面研讨新时期的政治工作，从哪儿能寻找一个突破口。

革命性质、任务、对象都变了，"锁头"跟过去不一样了，"钥匙"自然也不能还是老样子了。揭露国民党专制腐败，控诉地主阶级压迫农民的罪行，这把"钥匙"应该打开这把"锁头"，使官兵同仇敌忾，焕发杀敌热情。

6月1日黑石镇战斗后，当年和李伯秋一道南下上了徂徕山的青年学生胡寅，在20团召开的祝捷大会上，明确提出"说苦"，号召开展"说苦"活动，提高官兵的阶级觉悟。

7月下旬，在柳河召开的连以上干部政工会议上，李伯秋提出了阶级教育问题，强调要用阶级斗争的学说教育部队，解决为谁当兵、为谁打仗的问题，同时介绍了在山东控诉日寇罪行提高部队觉悟的经验，要求大家试一试，发动群众用切身经历教育自己。

3营教导员冯恺敏锐地意识到，这是解决当前难题的一把钥匙，立即动作起来。

最突出的典型，是9连和指导员赵绪珍。

第二次讨吴战役，敌人退守鲁村南面河东村一处地主宅院，院墙高厚，一个高大的炮楼向外喷吐火舌。2团炸药用光了，有点拿它没办法。僵持到天黑，李伯秋来到主攻的1营阵前，看到炮楼顶上有人探头张望。他抓过一支步枪，利用夜色的透空瞄准仰射，枪响人倒，正是敌人的指挥官。随即命令1营准备攻击，同时组织喊话，展开心理攻势。也就20分钟左右的工夫，敌人投降了。战后，大家都说政委的这一枪打中了要害。

40多年后，谈到当年的"诉苦教育第一课"，许多亲历者说李政委的思路点击了要害。

开国少将说：这是一个团队的作用、贡献。

在那个共产党的部队都感到困惑、焦虑的大转折时期，一个团队，李伯秋和他的部下，师团营连的系列政工干部，从中国的国情出发，打了一场摧枯拉朽般的政治攻坚战，为这支独具特色的军队做出了历史性的特殊贡献。

天降大任，并无薄厚，能担承者，是为名将。

3/ 天下穷人是一家

3营9连140多人，清一色新军装、牛皮鞋、皮帽子，清一色三八大盖，腰间挂个日式子弹盒，瞅着令人振奋，稍微了解一点内情，就让人想起那句"驴粪蛋子表面光"。

9连是"八·一五"光复后，由本溪暴动的"特殊工人"组成的，大都是中条山战役中被俘的国民党官兵。老百姓都"想中央，盼中央"，这些人能不盼、不想？沙岭战斗，9连两个排埋伏在一片坟地里，距敌百多米，都是老兵，军事技术蛮好，却只听枪响，不见人倒。那枪大都是冲天上放的。国民党打国民党，是有点下不了手。

指导员赵绪珍从炮兵连调来9连第一天，就有老乡找上门来告状，说你们连的兵偷了俺家的老母鸡。赵绪珍让副连长晚点名时讲讲。副连长正讲着，黑影中一个大个子喊：你瞎嚷嚷个啥，谁说老子偷鸡了？副连长说你怎么骂人？大个子上前挥拳就打。

四平撤退后,有人说不行了吧?还是人家"正牌"厉害。沙岭战斗中,蹲在工事里抱枪不动的房天静,编段快板发牢骚:当兵别当八路军,受苦受累又受穷,死了落个臭烘烘,招来一群绿豆蝇。偷鸡的大个子王福民,打仗像条汉子,白天晚上行军,有时还吃不上饭,就熊了:干这穷八路,打不死也累死了,老子不怕枪,不怕炮,就怕一天一夜不睡觉。

指导员开了小差,才调来赵绪珍。来了没几天,又跑了20多个,连长和司务长也跑了。

9连要黄铺了,赵绪珍一嘴火泡,有人报告侯成安跑了。赵绪珍一口气追出1里多地,看见了,喊着"站住""站住",侯成安站住了。

这回"逮"住一个,赵绪珍就想问个明白:"你为什么要跑?"

侯成安说:"俺爹娘在山东老家死活没音信,俺要回去看看。俺打了两年小鬼子,算为国家尽忠了,现在该回家尽孝了。再说,现在这日子也太苦了,俺在国民党那边也没这么苦啊。"

赵绪珍和侯成安都是"老二团"的,知道他打仗勇敢,在山东时就是战斗骨干。可连指导员、连长都开小差了,这种老战斗骨干开小差也就不稀罕了。不过,侯成安曾在国民党军队干过,倒是第一次听说。

侯成安,山东沂源县郑王庄人,全家10口人租种大地主阎四鬼子25亩地过活。1937年庄稼长势特别好,眼看着丰收在望,阎四鬼子提出抽地停佃,当年地租和往年欠的全部交齐,新粮送到他家。父亲咽不下这口气,去县里告状,县长说他"诬陷好人",抓进大牢。花钱送礼,还得摆4桌酒席给阎四鬼子"压惊",才能放人。母亲卖了二姐,又把两间草房押出去,好歹凑够酒席钱。1942年秋,阎四鬼子带着乡丁来了,说你们家的侯成安17岁了,该着他去当"抗战英雄"了,被拉丁去了51军。一年后侯成安开小差跑回家,郑王庄已经成了八路军的根据地,阎四鬼子蔫吧了,穷苦人扬眉吐气。减租减息运动中,侯成安报名参加了八路军。

41年后,中等个头,清瘦健朗,讲话非常有条理,在诉苦运动中被授予"教育功臣"称号的赵绪珍老人,告诉笔者,当时部队在吉林柳河整训,开展诉苦活动,进行"为谁扛枪,为谁打仗"教育,侯成安的家史让我眼前一亮。我说抗战打鬼子,你侯成安为国尽忠了,可阎四鬼子能让你回家尽孝吗?你的家乡成了解放区,共产党为穷苦人撑腰,阎四鬼子老实了。如果咱们放下枪杆子,把天下让给国民党，那阎四鬼子不是照样抽地停佃拉壮丁，想怎么样就怎么样吗？光打败日本不行，还得打垮阎四鬼子的靠山国民党，咱们穷人才会过上好日子。侯成安是个要脸的人，还聪明，一点就透。被我喊住后一直低着头，这工夫抬起来了，目光里有悔恨，更有坚定，说我这个死脑瓜子，怎么就没转开这个向啊？指导员你就看我的行动吧，不打垮国民党，我侯成安不回家！

侯成安成了9连，也是7师的第一个诉苦典型。

房天静也成了忆苦典型："俺16岁那年，让小鬼子骗到本溪下煤窑。俺娘从山东来看俺，断了盘缠，把三弟卖了25元钱。到本溪俺娘病了，就那么眼睁睁看着俺娘死了。俺哭啊，哭有什么用？穷人没有钱，富人谁管咱？俺这个穷小子却不知道谁亲谁近，打仗不开枪，真是个浑蛋呀！"

王福民跺着脚哭："俺也是个穷小子呀，却盼着蒋介石来，想干'国军''正牌'。蒋介石来了，还能有穷人个好啊？过去瞎了眼，这回心里亮堂了。俺王福民生是共产党的人，死是共产党的鬼！"

王福民参加三次临江保卫战，5次负伤（两次重伤），不下火线。大北岔战斗牺牲时，抓着赵绪珍的手要求入党。这个当初被列为"危险分子"的兵痞，被追认为共产党员。

一保临江中的小黄沟战斗，追击敌人，房天静猛追一个带大盖帽的军官。把这个敌人收拾了，周围一个人影也没了。不对，身后有人，是敌人，他跑敌人前面去了。他从树后站出来，端着上了刺刀的三八枪大声喝道："站住！谁不老实就打死谁！"敌人没想到眼前突然站出个八路，乱哄哄的一时蒙住了。房天静觉出身后有人，一闪身，把个大个子闪个趔趄，顺手一枪将其打死，又一枪把个举枪正待射击的敌人打倒了。

房天静一人歼敌一个班，在3纵开展诉苦立功运动后的第一号嘉奖令中，成为全纵第一个被记大功的人。

在1947年的夏季攻势中，侯成安被授予"七月英雄"称号——留待后叙。

    谁养活谁呀？大家来看一看，
    没有咱劳动，粮食不会往外钻；
    耕种锄割全是咱们下力干，

五更起,半夜眠,一粒粮食一滴汗,

地主不劳动,粮食堆成山。

…… ……

诉苦教育中,部队开头唱的最多的歌,就是这首有三段歌词的《谁养活谁》。

师政治部出了十几道讨论题,其中就有"谁养活谁"。

抗战中进行"为谁当兵,为谁打仗"教育,简单、直观,为国家、民族而战。强盗跑进家里烧杀抢掠,就得把他打出去,就得当兵打仗,这道理一讲就懂,不讲也懂。这回对手变成国民党了,就有些复杂,好像隔墙绕远拐了几道弯儿。欺压俺的是村里的地主老财,和国民党有什么关联啊?蒋介石大老远的,面也没见过,不是八竿子都打不着吗?辨清到底"谁养活谁",层层扒皮,看到国民党的真面目,各级官员都跟资本家地主老财穿着连裆裤,一直连到总根子、总后台蒋介石那儿。

有人说富人什么活不干,却吃香的喝辣的,是穷人养活富人。有人说富人不租给你地种,不雇工让你干活挣钱,你喝西北风?有人说他闯关东快冻死了,一个财主把他架到家里热炕上,给饭吃,又给活干,这不是富人救了穷人,又养活穷人吗?有人说穷人和富人是互相养活,有穷就有富,谁也离不开谁。有人说穷富都是命,前生就注定,有钱人是人家有能耐,坟茔地选得好。谁也不服谁,争论得热火朝天。

还是20团3营,机枪连副班长任纪贞用数字说话:俺爹给地主放200只羊,每年仅繁殖羊羔一笔收入就300多元,地主一年给俺爹的工钱是30元。

1连的办法是现场调查,用事实说话。

1连驻在个叫野鸡背的村子,连部房东是对30多岁的夫妻,5个孩子全是女儿。老大、老二捡父母的衣服穿,帮大人干活,老三往下不能出门,披床破被在炕上偎着。指导员赵兴元赶紧调查,全村还有多少人穿不上衣服,号召全连官兵捐衣服。

房东家只有大哥一个壮劳力,家口多,有点缺乏普遍性和说服力。村里有个李大爷,50多岁,庄稼院的全把式,两个光棍儿子30岁左右,爷三个起早贪黑给个姓卢的地主扛活。赵兴元带全连官兵去李家时,李大爷80多岁的老娘,正在炕上缝全家唯一的一床被子。文书数了数,上面大小70多个补丁。再去姓卢的地主家参观,老远就见高墙大院,四角矗起炮楼。

再看卢家的佃户。种子、农具、粪肥都是佃户的,不论灾年、丰年,秋后一律六四分成,即卢家得六成,佃户为四成。卢家还算比较"仁义"的,还有七三分成的。

这么一看一比一算,"谁养活谁"就有数了,就不是谁一家一户受苦受穷的事了。

诉苦教育一般分为五个阶段:一是典型引路;二是"听了别人的苦,你有什么苦",进入诉苦阶段;三是"苦从何来",也叫擦亮眼睛挖根阶段;四是"你有什么对不起自己的苦的地方",检查忘本思想,进行坦白阶段;五是"有苦怎么办",进入练兵磨刀、杀敌立功阶段。

有老人说,那时一个连百多号人,有几个没苦的啊?倒出苦水,哭成泪人,有的原来表现不怎么样的人,就像变了个人。开展忆苦活动后,战前政治动员的内容,主要就是讲明"为谁当兵,为谁打仗"。有时干脆就搞一场忆苦报告,苦水一倒,那人就咬牙切齿、热血沸腾地朝敌人冲去了。

1947年夏季攻势前,20团1营还搞起灵前宣誓。各连找个空旷点的地方,搭个席棚,把被地主老财和国民党军队逼死杀害的亲人姓名写块木牌供上,点燃香火。各连的灵棚都供着10个左右,就在那灵前诉苦、宣誓。呼爹叫娘的,叫着爷爷奶奶兄弟姐妹老婆孩子的,俺这回就要上战场了,一定多消灭几个敌人,为你们报仇。

也有人想不通。机关干部比较多,这些人文化比较高,家庭大都比较富裕。有的说俺爷爷一辈子汗珠掉地摔八半,到俺爸这辈子置办些房子地,到现在也是一个咸鸭蛋能抠半月,长工随便吃,工钱一个子儿不少,都爱在俺家干活,他们没觉得受剥削,俺觉得俺爹也没压迫他们。有人说你爹这样的地主是个别的。有人说个别不个别,你爹也一点不吃亏。长工吃得好,工钱多,使劲干活,创造的剩余价值不是更多吗?有人一时半会儿难转弯,就继续争论,不戴帽子,不受歧视,只要工作积极,作战勇敢,使用也不受影响。

无论今人怎样理解这场诉苦运动,共产党人已经唤起工农千百万,同心干了。

我为谁人来打仗，为谁来打仗？

我为谁人扛起枪，为谁扛起枪？

为了爹，为了娘，

我为自己来打仗，为自己来打仗；

为了你，为了他，

我为人民扛起枪。

我为人民，人民为我，

人民解放我解放；

我为人民，人民为我，

嗨！嗨！人民解放我解放。

在鲁中，在冀东，战场上抓住个伪军，通常都会恨恨地劈头一句："你是不是中国人？"

这回不用问了，都是中国人。

八路军和老百姓管伪军叫"汉奸队"，当伪军本来就够丢人现眼的，当了俘虏还有什么说的，不识字的乡下农民也能理直气壮地训斥一顿。这"国军"就不一样了，有的当了俘虏也不服气，一副居高临下的"国军""正牌"派头，没把"土八路"、"穷八路"放在眼里。

战争最终、彻底地胜利，不是消灭肉体，而是征服人心，让对手心悦诚服。找不到、站不到道义的制高点的军队，是达不成这种目的的。

诉苦教育后，3纵没文化的普通士兵，也能跟对手理论理论了。

你家在什么地方啊？家里几口人，老爹和兄弟姐妹都干什么啊？像唠家常嗑似的，俘虏觉得这个八路挺有人情味儿，唠呗？唠着唠着明白了，就讲地主老财和国民党是什么关系，你是苦出身，俺也是穷人，天下穷人是一家，联合起来打天下。

国民党俘虏参加解放军，叫"解放战士"。如果跟俘虏唠嗑的是个解放战士，现身说法就更顺溜，更能俘虏人心了。

有的俘虏以为共产党也像国民党那样，"有钱的王八大三辈"，就说自己家有多少多少土地，大骡子大马什么的，反正就往大富大贵上说。有经验的老兵能听得出来，成了战友，还留下一段"佳话"。

各纵都有"解放团"，解放战争中成文的不成文的建制单位，专门负责教育训练俘虏兵，然后补充部队。主要是政治训练，主要方式是忆苦教育。国民党专制腐败，所谓"政府"就是块牌牌，共产党才是真正代表人民利益的，民主联军是为人民扛枪打仗，才是理直气壮的正义之师。国民党士兵也大都苦出身，把苦水倒出来，那人就像脱胎换骨了似的。有的开完忆苦会就要求加入共产党，他以为是穷人就能入党。

解放战争中解放军的兵员补充，一是翻身农民，二是解放战士，有时还即俘即补。

战场上缴获新式武器，特别是炮呀什么的，用上立马可能改变战局，没人会用。开头用枪逼着俘虏射击，后来简单几句话，俘虏就调转枪口炮口，立马成为一个战壕的战友了。

离休前为40军政治部副主任的郭俊老人说，8师23团9连连长刘山，是个老兵油子。在冀东当伪军被缴过五次枪，每次拿5元路费回家。最后一次嫌少了，说他还带过来几个人，留下来不走了。不怕死，能打仗，从战士一直升到连长。在柳河强奸妇女被枪毙了，临刑时面不改色。

这种没有信仰、立场的人，什么时候都有。而且，国民党大势已去，被俘不被俘都端不起"国军""正牌"的架子了，这也是个重要因素。但举足轻重的，还是在倒苦水中自己解放了自己。

本书写到未写到的英雄，好多为解放战士出身。

未署明成文时间的《辽东三纵队的诉苦教育情况专题综合报告》中，这样写道：

> 据七师一九四七年10月冬季攻势前统计，全师九千五百六十八人中就有解放战士三千二百五十四人，占全师总人数的百分之三十四。到辽沈战役结束时，一般连队解放成分都占百分之五十四左右，有的连队甚至达到百分之六十。许多解放战士已经成了战斗骨干，有些还入了党、当了干部。事实说明，诉苦教育是一个强大的政治武器，在解放战争中发挥了教育、团结、改造俘虏使之成为人民军队战士的作用。通过

诉苦,把蒋介石军队的士兵,变成为蒋介石自己的"掘墓人",使蒋介石不但在作战物资和武器装备上,而且在人力上也成了我军的"运输大队长"。

40集团军版的"运输大队长",才是抓住了要害,也最全面、准确、生动、形象的。

4/ 毛泽东亲自修改诉苦经验报告

1947年6月,在辽东军区召开的政工会议上,3纵介绍了诉苦教育的情况。

军区政委陈云指示:"这是部队教育的方向,要把诉苦教育和杀敌立功运动结合起来,立即在全区推广这一经验。"

8月26日,《东北日报》刊登《辽东我军某部根本改造教育工作》的长篇报道,详细介绍了3纵诉苦教育经验,同时发表由罗荣桓亲自主持起草的社论《部队教育的方向》,指出:"诉苦教育的全过程,在部队教育工作上是一个具有极其重大意义

▲毛泽东主席亲笔修改3纵的诉苦经验手迹

的创造,这个创造主要解决了部队教育的两个问题,第一个是部队教育当前主要内容是什么,第二个是应当如何进行部队教育。""这次教育给部队教育开辟了广阔的道路,是启发与教育相结合,是用自己的经验教育自己,用群众的经验教育群众,把教育从少数几个人包办上课的死板事情,变为生龙活虎的群众运动。"

9月28日,东北民主联军总政治部将《辽东三纵学习土地政策经验(诉苦)介绍之二》,电报军委总政。毛泽东非常重视,400多字的经验,修改的文字达32处,标点符号44处,转发全军,并批示指出:进行教育的目的是使全体指战员站在劳苦大众的一边,一心一意为人民服务。

《毛泽东选集》首卷本的首篇《中国社会各阶级的分析》,开篇即道:"谁是我们的敌人?谁是我们的朋友?这个问题是革命的首要问题。"

在经历了一场艰苦卓绝的民族战争后,军人对出现在准星前面的敌人感到疑惑了,因为心头的准星模糊了。

在这历史的转折时期,这是个全军全党都在面对、并亟待解决的问题。不然,毛泽东会那么认真地亲自修改了辽东3纵的诉苦经验报告吗?

"天下穷人是一家,联合起来打天下。"一把泪水,一段家史,3纵以一种谁都能张口就来的最便捷的方式,找到了解决这个问题的突破口,切中要害,立竿见影。

以"两诉三查"("诉旧社会给予劳动人民之苦""诉反动派给予劳动人民之苦","查阶级""查工作""查斗志")为内容的新式整军运动,随之在全军展开,《我为人民扛起枪》的战歌唱响神州大地。

至此,40集团军已有三个第一:"爆破攻坚第一法","挺进东北第一军","诉苦教育第一课"。

军事的,政治的,都是为全军创造的经验,关系到战略全局的动作、经验。

有老人说,关东山,三宗宝,我们40集团军是七个第一七宗宝,都是战争年代留下来的传统之宝。

现在还差大半呢。

第七章　大雪飘飘

1/ 腊七腊八，冻掉下巴

国民党的东北战略是先南后北。南满人口比较密集，又是工业聚集区，空间相对狭小，容易获取，得手后获益也大。"最后一战"期间，首先将南满的大中城市收归囊中，再挥师北进。

这回，杜聿明依然故我，集中兵力，准备首先吃掉民主联军在南满的两个主力纵队3纵、4纵。

共产党的战略是坚持南满，保卫北满，具体是"刨猪割耳朵"战术。杜聿明在南满发动进攻，林彪就指挥北满主力越过松花江南下，打敌人的屁股，又打又拉，让你首尾难顾，两头难受，在运动战中歼灭你的有生力量，有机会再拿下几个重要据点。

这就是扭转了东北战局的"三下江南、四保临江"战役。

自进入1946年12月以来，位于长白山南麓的临江（今浑江）、濛江（今靖宇）、抚松、长白4个边远小县，往昔的节奏被打破了，变得越来越拥挤、热闹而不堪重负。辽宁、安东两个省的省委、政府及办事机构，辽东军区和3纵、4纵，以及一些地方部队，陆续被挤压到这濒临朝鲜的狭小山区。各路穷追不舍的敌人大喊大叫："共军弟兄们，共产党完蛋了，赶快投降吧！不投降就把你们赶进长白山啃树皮，轰进鸭绿江喝凉水！"

即便绿树浓荫的夏日，也能让人联想一片银亮的长白山，整个被个"白"字统治了。屋檐上垂吊下来的冰溜子米把长，夜静能听见山野、河面和乡间土路嘎嘣作响，被冻裂开一道道口子，老百姓称之为"鬼龇牙"，有的能别断马腿。

一保临江战斗，就在这个时节打响了。

敌52军、60军、新6军、新1军和71军的6个师，由辉南、柳河、桓仁、宽甸一线，分路向临江地区进犯。辽东军区的部署是，4纵（欠10师）西进，插到安奉铁路以东地区，威胁敌人后方，3纵和4纵10个师将敌诱至八道江、林子头、三岔子地区实施反击，粉碎敌之进攻。

在四道江、六道沟门、米家街、头道崴子，3纵先后与左路52军195师主力激战。亲历者都说这时的敌人，不光是狂妄，也真的挺难对付，这个全美械装备的195师还挺机灵，能打又能溜。

1月19日黄昏，195师684团2营竟孤军深入到小黄沟来了。

都知道敌人正在向前开进，这是一场预期的遭遇战，只是不知道在何时何地遭遇。

7师20团前卫连1连，在齐膝深的大雪中行军一天，19日黄昏到小黄沟时，西北方响了一声枪榴弹，很快小黄沟村北枪炮声响成一片。连长兼指导员赵兴元，一边命令机枪班占领阵地，一边指挥连队抢占东山制高点，同时派人向营里报告。

当年站岗时唱歌的新兵李洪奎，这时是1营教导员了。枪榴弹未响，他已听到两响手榴弹，这是侦察员发现敌情报警，立即抓起望远镜观察。

小黄沟10多户人家，散落在北高南低的山坡上，东北紧靠大山，村前一条通（化）辑（安）公路。敌人准备向通化方向收缩，与主力会合，晚上不敢走，在村子里宿营。

1营迅速将周围制高点控制，看住敌人，同时派人向团里报告，请求增援。

半夜时分，2营、3营赶到，战斗打响，有的枪却打不响了。

1连机枪班两挺机枪，一挺加拿大机枪叫得挺欢，那挺日式狮子牌不响了。热胀冷缩，撞针弹簧变短了，也是冻得僵硬了，弹性差了，怎么鼓捣也不响。这是到东北后第一次遇到这种情况，哪里明白啊，还以为出故障了。战后把枪拆了，也查不出什么毛病。有人说再放一枪试试。那枪在屋里鼓捣久了，出去一试，真响。活见鬼啦？直到听说别的连队也是这样子，有的还不能打连发，才想到这铁家伙也扛不住这天气，冻坏了。

战斗打响前，山林里嘎巴嘎巴响，赵兴元以为敌人摸上来，碰断干树枝的声响。不对啊，前后左右都响。天亮后才明白，是树干冻裂了发出的响声。往常子弹打在树上也就钻个眼儿，这回嘎巴就裂开了，弹片削上去，比碗口还粗的树一下子就折断了。

《40集团军军史》载："当夜零下40度奇寒。"

1连留在山上做预备队了，2连、3连攻击。除了敌人的炮火外，双方枪声都挺稀落。

李洪奎来到2连，连长宁双川说这天太冷了，战士手脚冻麻了，拉不开枪栓，揭不开手榴弹盖，机枪也不连发，手碰上铁器就粘上了，一拽扯掉块皮。

老天爷不让打仗。团里来个参谋，传达师首长命令，除留少数部队监视敌人外，主力撤出战斗休息，等明天炮兵上来再打。

天亮后19团也来了，中午炮兵也到了。

许多老人说，炮兵起了大作用，也真不容易啊。都是山路，低洼处那雪都齐裆没腰，我们步兵都你拉我拽的，他们那么多带轮子的大家伙怎么走啊？我们在山上快冻实心了，好多人话都说不出来了，再看他们头上还冒汗，冰火两重天哪。

用李洪奎老将军的话讲：师团炮兵一开火，居高临下，就像往井里投手榴弹似的。

个把小时结束战斗，毙敌营长以下120余人，俘副营长以下450余人，缴获各种火炮7门、轻重机枪26挺、各种长短枪300多支，全是美国造。

战斗伤亡比例，通常为3至5比1。

小黄沟战斗是个特例，亡特别少，伤特别多，而且90%以上是冻伤。

20团1连161人，就卫生员宋双龙没有冻伤。主要是脚伤，光截肢的就有7人。

19团2连被炮火压在雪地上，也就10多分钟的工夫，一半人冻伤了。

翟文清这时是8连1排长，冲锋时右膝盖被子弹打穿。他强撑着包扎伤口，手冻得不好使，没包扎完就动不了了。迷迷糊糊中，听见有人喊1排长、1排长，是文书于震海跑来了。

老将军说："再晚一会儿，别说伤了，冻也冻死了。"

一是衣服单薄，二是缺乏防冻经验。

大雪飘飘，4纵挺进敌后，省委、军区和3纵紧急动员，为4纵捐献被服。省委、军区机关怎么捐的不知道，3纵是有大衣、毯子（或者被子）的必须捐出一件，每个班留两件大衣站岗用。时称"两个纵队，一套被装"，其实一套被装也达不到，差远了。山上积雪没膝，林子里北风狼嚎似的，一些人还穿着在山东时的那种薄棉衣。有道是"十层单不如一层棉"，把所有能上身的都穿上了也是瑟瑟发抖，上下牙光打架说不出话。最要命的是一些人还穿着单鞋，截肢的主要是脚，从小腿以下截掉。

战斗结束看管俘虏，1营有10多个战士用自己脚上的单鞋，换了俘虏的大头鞋。李洪奎得知后，通知各连：已经换了的就换了，但是到此为止，如果有人再换，一定严惩不贷。

老将军告诉笔者，按说国民党军队南方人多，更不抗冻，可人家装备好，从头到脚捂得严严实实，都有大衣，换双单鞋，把棉手套套上也冻不坏。那也是违纪啊。要在平时，一定要处罚。可那时一双鞋，就能使一个人免于残废，保留一名战斗员。唉，慈不掌兵啊，我呢，现在想来也够矛盾的，睁只眼，闭只眼，下不为例了。

20团1连在山上待的时间最长，冰天雪地挖不了工事，用雪堆筑工事，挡不住子弹能隐蔽，还能防风御寒。别的连也挖。二保临江后，打阻击都挖。那人困哪，特别是晚上，偎在那儿一会儿就迷糊了。连长、指导员和排长、副排长各班巡查，班长、副班长隔会儿就得喊上一阵子，不许坐下，起来，都起来，活动活动，跺跺脚，搓搓手，揉揉鼻子和耳朵。光喊不行，还得检查，睡着了的，打瞌睡的，无论如何也得拽起来。

东北人讲"腊七腊八，冻掉下巴"，一保临江战斗正是腊月。行军时容易冻伤的部位是脸和手，停下来，守山头，还要加上一双脚。"这天要冻死人了"，"这手冻得猫咬似的"，说这话的人没事，需要特别关注的是那些不吭声的。喊冷喊疼，说明还有知觉，觉不出冷疼的可能就冻伤了。下巴冻不掉，耳朵一拨拉可能就掉了。耳朵是软骨，突出，又薄，不常揉揉，活动血脉，冻得僵硬了，一拨拉就掉了。小黄沟战斗，1连有两人冻掉耳朵。不知不觉就冻坏了，一碰就掉了，当时也没觉得怎么的。

人冻伤，初时皮肤呈红色，继而紫色，后变成白色、白褐色。紫色时还能觉出疼痛，白色后就开始麻木了。深紫色、白色尚可治愈，白褐色就难了。

闯到关东后的第一个冬天，是在城里过的。没见过电灯的"土八路"，对着灯泡啧啧称奇。到时候就热了的暖气，也让人着迷。这回在冰天雪地的长白山里作战，冷丁又是个"零下40度奇寒"，在鲁中、冀东诞生的这支部队，有什么御寒经验啊？看着喊冷的人也安静下来了，还觉得挺好的——完啦！

掉耳朵的，掉指甲的，鼻子冻烂的。有人解绑腿解快了，把皮肉撕下来的。有的脱下鞋来，哟，这脚趾头哪去了啊？一看掉鞋窟窿里了。什么时候掉的也不知道，只是觉得走路不得劲，总摔跟头。

最可怕的是，有人用热水烫手烫脚。老乡见了大惊失色，说这得用雪搓，用凉水缓，搓红了为止，缓得觉出疼了才行——哪懂啊？

笔者采访到的亲历者，少有没冻伤的。战场上断胳膊短腿的，肠子淌出来的，也没有冻伤后缓过来，有知觉了那种疼痛再难受了，有人抱着脚在地上滚啊，说快给俺一枪吧。

2/ 旋风

1947年1月30日，52军、新6军、60军近4个师的兵力，分3路由通化、桓仁、新宾出动，再犯临江。在军区司令员肖劲光指挥下，3纵集中兵力，在高丽城子和二兑一带重创195师，歼其5个营2300余人。紧接着，又在三源浦歼灭207师3团（欠1营）团长以下1400余人。

2月15日，南满敌军又纠集5个师的兵力，第三次进攻临江。18日，7师将进入通沟的暂编21师2团包围、歼灭。22日，又和9师在大北岔、德胜屯地区，将91师272团及师属工兵营全歼。

一保临江期间，北满3个主力纵队一下江南，迫使杜聿明紧急北调两个师增援，缓解了南满的压力。二保临江打响后，北满部队二下、三下江南，发起更大攻势，杜聿明继续调整部署，调兵北上。3纵趁势攻克柳河、辉南两座县城，并配合4纵10师进攻通化，已现局部反攻端倪。

大量歼敌，大量缴获，而且多是美械装备的远征军，3纵武器装备迅速美械化。三保临江后，轻重武器已由日式全部换成美式，炮兵也由汽车逐步替代骡马，除油料、弹药尚觉不足外，火力装备已与国民党的"王牌军"相差无几。

不光在东北，就是在全国，3纵也应该是被"运输大队长"蒋介石最早装备起来的共产党美械纵队了。

日本投降后，蒋介石敢于和共产党较量，而且认定稳操胜券，仗恃之一，就是拥有22个美械、半美械师。毛泽东在打量对手时，自然也不会忽视这一点。因为美械装备就意味着强大的火力，就是现代化的代名词。

不过，这个"运输大队长"更恪尽职守的，还是一批又一批地为共产党不断输送兵员。冰天雪地中行军的部队，各团营连的队伍越来越长，随处可见还穿着国民党军装的解放战士。创造了"诉苦教育第一课"的3纵，把国民党的士兵变成国民党的掘墓人，是越来越顺手了。

临江、濛江、抚松、长白4个巴掌大的小县，人口稀少，兵员补充困难。正好，国民党四次来犯，把兵员送来了，随之而来的粮食又成了难题。

说黑土地插根筷子也能发芽，自然夸张，不愁吃的，那是真的。"满洲国"的本事了不得，硬给弄成假的，城里乡下吃橡子面。1945胜利年，粮食也丰收，还不用"出荷"（向伪政权缴纳粮食）了，兵荒马乱也没处卖，正好民主联军来了。一保临江，苞米面大饼子管够，送上阵地一会儿就冻得铁饼似的，啃一口几道牙印。二保临江，肚子也没怎么亏着。三保时，家家户户院子里老远就能看见的满登登金灿灿的苞米仓子，许多就空了。部队太多了，物价飞涨，有价无市。三保、四保期间，去秋天未收割的，原以为收回家去也是白扔的庄稼地里翻找粮食，与飞禽走兽争食。蔬菜从一开始就紧缺，不久连咸萝卜疙瘩也没了。东北人冬天除了白菜、萝卜、土豆，家家都腌几缸酸菜，后来连那粘糊糊的腌菜水都成"美味"了。

有人说："酸也好，臭也好，总算有点味儿啊。"

有时和老虎一道行军，部队在山沟里行进，它在山上溜达。那种斑斓猛虎，在白皑皑的山林里挺醒目，有时趴那儿一动不动，一副慵懒闲散的样子。

那个冬天，长白山南麓的食肉动物，肯定膘肥体壮。

三犯临江，没达成目的，还损兵折将，连通化城也被民主联军包围了。

杜聿明调集兵力，3月26日第四次杀奔临江。

北满已不足虑，林彪即便调遣主力四下江南，回去就难了，那松花江开化了。而且这回杜聿明出动兵力之多前所未有，11个师约10万人，一副成败在此一举的架势。

北起龙海、梅河口，西至新宾、清原，南到辽阳、本溪，在250公里的宽大正面上，三路兵马像三条黄色的河流，在冬末的山野间向临江滚压过来。南、北两路各约5个团的兵力，西路之敌最为强大，而且进展也快，企图经红石镇、三源浦东犯，先解通化之围，然后向八道江实施主要攻击，一战解决南满问题。

辽东军区决定由3纵司令员曾克林和4纵副司令员韩先楚，组成前方临时指挥部，统一指挥3纵和4纵10师，迎击来犯之敌。

在3纵司令部连夜召开的作战会议上，两位主要指挥员意见分歧。

曾克林看中的是北路的93军暂20师，韩先楚瞄住了中路的13军89师。

暂20师是云南部队，装备、战力一般，处于最北翼侧，先集中兵力把他收拾了，再寻机扩大战果。

13军为全美械装备，89师为其主力。但我有4个师，另有军区和3纵、4纵3个炮团，兵力、火力3倍于敌。而更重要的，也是韩先楚反复强调的，是89师刚从热河调来，在陌生环境中作战，更不了解我南满部队的战斗作风。他一路轻敌冒进，就说明了这一点。我军正可以利用这一点，诱敌深入，将其全歼。而且中路是敌人进攻的重点，89师又是重中之重，将其打垮能够震撼全局，可能粉碎敌人的全面进攻。

后来谈起这一仗，韩先楚说89师的致命弱点，也是这一仗最大的"打点"，就是它不知道咱们的厉害。经过半年多的较量，南满敌人收敛多了，包括王牌中的王牌的新6军新22师，推进中也是前瞻后望，其余的就更加小心谨慎了。这个89师却不然，它在热河没打过什么硬仗，以为这南满共军也不堪一击，长驱直入，无所顾忌。它是强大的，可现在已经无形中把自己搞得弱小了。而那些吃过我军苦头的部队，包括战斗力不是很强的云南部队，因为警觉得多，也就变得比较难打了。

挺进东北立下殊勋的3纵司令员爽朗宽厚，在坚持南满斗争中连战连捷的4纵副司令员沉着冷静，双方言辞都不激烈，但都各持己见，互不相让，那言来语去就碰出火星子。

两种方案同时上报，请军区首长定夺。

电报发出后不到两小时，陈云、肖劲光复电了："同意先楚同志方案。"并明确指示："由韩先楚、曾克林负责指挥。"

4月初的南满，背阴处一冬的积雪还挺厚，山野大地间黄色黑色一天天多起来。阳光下积雪融化，夜里冻上，结层冰壳，人马踏上咔嚓直响。

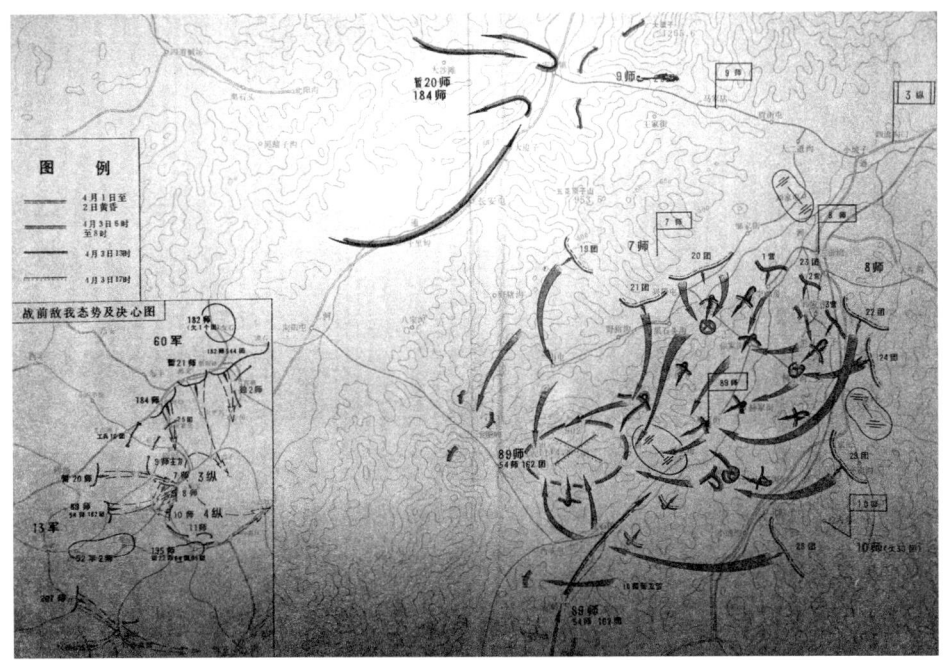

▲第四次保卫临江作战经过要图（1947年3月26日~4月3日）（比例：1:150000）

8师23团3营和10师29团3营，按照既定的"牵牛"战术，将被瞄住了死穴的89师，还搭上个54师162团，一路引入死地红石镇、油家街及其东北地区。

4月1日上午，前方临时指挥部召开师以上干部会议，部署作战，韩先楚的主题词两个字：示弱。

你不是没把我放在眼里吗？我就顺着你的思路走。诱敌部队展开正面要宽些，只准使用轻武器，60炮以上火器一律不准开火。转移阵地时，要显得慌乱些，让敌人觉得是地方部队，甚至是游击队。一句话，不断地示弱、示弱、再示弱，让它跟着咱们的节拍跳舞。

一路追来的89师，从代师长张孝堂到普通士兵会怎么想？都说南满共军厉害，今天就让你们开开眼界，到底是他们厉害，还是你们都是熊蛋。

刹那间，寂静的雪野旋起猛烈的旋风。先是子弹、手榴弹、60炮弹泼水般泻来，榴弹炮弹在冻实的大地上砸响格外有震撼力，炸起的烟尘雪柱搅暗了半边天。紧接着四下里部队旋风般旋裹上来，嘹亮的号音伴着雷鸣般的杀声，山呼海啸，摇天动地。

19团9连从侧后将敌截住,一阵打砸后开始喊话。一些解放战士大喊:"俺们是195师解放过来的,你们也赶快过来吧,过来一块打老蒋!"

一个连俘虏300多人,也看不过来啊?一番口舌,俘虏就互相呼唤着:"到三源浦集合,到三源浦开饭啊。"

3日6时开打,下午4时结束战斗,全歼89师和54师126团,毙伤团长以下660余人,俘代师长张孝堂以下7800人。

敌我伤亡比例25比1。

"三下江南、四保临江"战役的胜利,成为东北三年解放战争的拐点。从此,东北敌军被迫由重点战略进攻转为全面防御,而我军则由战略防御转入局部反攻。

40集团军"旋风部队"的美誉,就是在这个最艰难的时期打出来的。

旋风者,旋转的疾风也,螺旋状运动的疾风也。它迅疾、猛烈、狂野,又难以捉摸会生于何时,旋向何处,一旦着身,就让你晕头转向找不着北,也不可能找着北。

而89师是一下子就彻底被旋蒙了。

张孝堂算是最早领教"旋风部队"的劲道的国民党将军了。

3/ 还是旋风——名将录四

共产党人在闯入东北后的第一个春天,步入冬天。

又是春暖花开的季节,共产党人准备收获金秋了。

在一保临江中负伤的翟文清老将军感叹:"听老同志讲,1942年抗战进入最艰苦阶段,那时的口号叫'熬时间,蓄力量,爬山头,渡难关'。这回坚持南满,又讲'爬山头','爬上山头就是胜利'。在我的记忆里,没有比四保临江时再冷的冬天了,开头那么多人穿着单衣,后来又饿肚子,战斗间隙去庄稼地里扒雪找粮食,

▲韩先楚

在山头上煮苞米粒子吃。那时就寻思这'山头'得爬到什么时候啊？再看国民党那个猖狂劲儿，怎么也得个8年抗战吧？"

没想到打掉89师，一下子就站到了"山头"上了，居高临下开始反攻了。

许多亲历者如是说。

从5月中旬开始的夏季攻势，3纵连续攻克清原、山城镇、草市、梅河口、东丰、西安（今辽源）、西丰等城镇，切断沈吉路，与北满主力会师。

9月下旬，东北民主联军发起秋季攻势。1纵向昌图攻击，2纵向八面城，6纵向伊通，7纵向法库，4纵向八棵树，各路人马从东、西、北三个方向，逼近盘踞在中长路两侧的敌人。3纵的任务，是歼灭开原县威远堡至西丰间的53军116师。

战前，韩先楚调升3纵司令员。

在3纵驻地小四平村，政委罗舜初将有关情况介绍完后，说明纵队拟定的作战预案：集中全纵兵力，首先歼灭西丰之敌，然后再向纵深扩大战果。

韩先楚原想先到师团看看，这么听着，一双脚就在地图前停住了。

116师师部带347团及辎重队、特务连，驻在开原以东的威远堡；347团3营和炮兵营在二道河子以东守备，2营驻守威远堡与西丰间的邸家店；348团在威远堡以北的莲花街；346团2营守备西丰，1营在西丰至威远堡之间的拐磨子。目光在几个点之间梭巡了几遍，就觉得这个作战预案不妥了。西丰之敌有两个团，又是座县城，工事坚固，开战就是攻坚，歼敌不多，自己伤亡不会少。

他盯住了威远堡。

威远堡是师部驻地，敌人的脑袋和心脏。这是个乡间小镇，临时修筑的野战工事，守军只有1个团。这里是敌人的重点，又恰恰是弱点，一个致命而又薄弱的易于攻取的部位。而且，这里一打响，其他各处敌人必定出援，我军就可在半路上伏击，各个歼灭敌人。

1955年被授予上将军衔的韩先楚，中等个头，平时话语不多，那只残疾的左手，少有离烟的时候，总是在喷云吐雾中思考问题。

大半夜未睡，天未亮醒来，叫来纵队侦察科长郑需凡。

听郑需凡把敌人实力、布防、工事情况细述一遍，韩先楚问："从这儿到威远堡是条什么路？"

郑需凡道:"是乡间大车路。"

又问:"这条路你走过了?"

"没有,是7师侦察科报告的。"

"那不行,一会儿你要亲自走一趟。"

又问:"离威远堡最近的敌人在哪儿?"

"在邰家店南山,有一个连。"

"在那儿打响,威远堡能听到吗?"

"这个不知道。"

韩先楚道:"你派人去那打几枪,再甩颗手榴弹,你留在威远堡附近,看能不能听到。来回路上留意路况,哪儿有沟坎、河流,对三八野炮有无障碍,都要搞清楚。快去快回,马上报告。"

罗舜初以为韩先楚会同意这个预案,没想到新任司令员又拿出一套来。两人谈了两次,都很自信。

又是未等与敌交手,自己先"打"了起来。上次是3纵司令员和4纵副司令员,这次是司令员和政委。谁也"打"不服谁,就"打"到了党委扩大会上。

主持会议的政委指着地图:"大家看到了,53军3个师摆在开原以东和东北地区,相距不远,互为犄角。威远堡、西丰距昌图、四平很近,距沈阳不到200公里,又在铁路、公路线上,敌人是机械化,交通便利,说到就到。这次作战,上级没给我们配备打援部队,一切都靠自己料理。所以,我认为应该集中全纵兵力,首先打击、歼灭西丰之敌。这次我们和几个主力纵队在中长路上并肩作战,是没有宣布比赛的比赛,3纵一定要打个有把握的胜仗。"

司令员开口了:"'东总'(东北民主联军总部)对我们3纵的指示很明确,先攻威远堡,再取西丰,吃掉这个116师。所以我们制定作战方案的依据、目标,

▲罗舜初

也只能是这样。那么，怎样才能吃掉它呢？我的设想是，先来个长途奔袭，用'掏心割脑袋'战术，直插威远堡的116师师部。"

前面写了，罗舜初是何等将才，在座的又多是老部下，对他是太了解、崇拜了。对韩先楚这位新司令员也非常尊敬，特别是有了上次的方案之争后，更加信服。这个"掏心割脑袋"战术也够新奇的，只是敌人能让你轻易插进去吗？太大胆、冒险了，就不能不让人想到那个"万一"。

又是两种方案同时上报，"东总"批准了韩先楚的方案。

9月29日，各师团开始向攻击和打援地域开进。未出发即下雨，秋雨阴冷，道路湿滑，诸多不便，却也易使敌产生错觉，便于隐蔽企图，长途奔袭。

一天半夜强行军100公里左右，第二天拂晓前后，各路部队陆续进入指定位置。

半夜时分快到威远堡了，韩先楚说找个能看到威远堡的地方，就上了距威远堡1公里的东山。

天色逐渐亮了，深秋淡淡的晨雾中，轮廓越来越清晰起来的威远堡小镇，传来悠扬的起床号。

战后，被俘的116师师长刘润川说："从战术眼光看，你们可能打西丰，最厉害可能打头营子（即郜家店），万万没想到你们竟打到威远堡来了——这一招太厉害了！"

在起床号中醒来的刘润川，听到枪炮声和报告后，第一反应是共军从哪儿来的啊？我是不是还未睡醒，还在梦中啊？第一个动作是下令给30师、130师发报求救，第二个动作是给西丰、莲花街的346团、348团下令，让他们立即赶来救援师部。当这两个团遵从他的命令，乖乖地进入3纵打援部队的伏击地域时，他也到了只有落荒而逃的分上了。

最后一个动作，是在"缴枪不杀"的喊声中，在一片待割的高粱地里举起双手。

1946年5月下旬，位于安奉铁路中段的小镇通远堡，一座高墙大院、四角还有炮楼的有钱人家，辽东军区司令员兼政委肖华，正在主持4纵师以上干部会议。

延安来电，要南满部队集中兵力，在中长路南段选择有战略意义的一两个大中城市展开进攻，策应北满，减轻北满的压力。

屋子里弥漫着呛人的关东烟，灶洞里劈柴噼噼啪啪燃烧，炕席有点烙屁股。挺热，挺闷，气氛紧张而又沉闷。

有人开口了："连几个'窝棚'都打不下来，还能打大中城市？"

有人说："派一两个团，去沈阳或者什么地方，放阵子枪回来就行了。"

正是保什么丢什么、连哈尔滨都准备放弃了的时候，南满主力只剩个4纵，还没从沙岭之战的阴影中走出来、缓过来。那场战斗的印象太深刻了，真不是一时半会儿就能缓过来的。东北许多村镇叫"窝棚"、"××窝棚"，有人说的几个"窝棚"，主要指的是沙岭。

韩先楚是沙岭战斗期间到4纵任职的。纵队有主官，还有辽东军区首长，他一个副司令员不好说什么，况且战斗已经打上了。4纵是山东部队，他是从延安来的，一个"外来户"，不了解情况，一时间也真的说不出什么？

但是，现在，他不能不说了。

他说："现在不是研究打不打的问题，而是研究打哪儿、怎么打。"

仗能不能打，并不都是以输赢论定的。有些仗即便连战连捷，也不能打，因为局部的胜利可能造成全局的被动。而眼下这一仗，无论有多大困难，付出什么样的代价，都必须打。东北党和军队的首脑机关在北满，敌人倾其全力进攻北满，必须把敌人兵力拉回南满一些，减轻北满的压力。你不打，苟安于一时，待敌人把北满收拾完了再回过头来，你也完了。

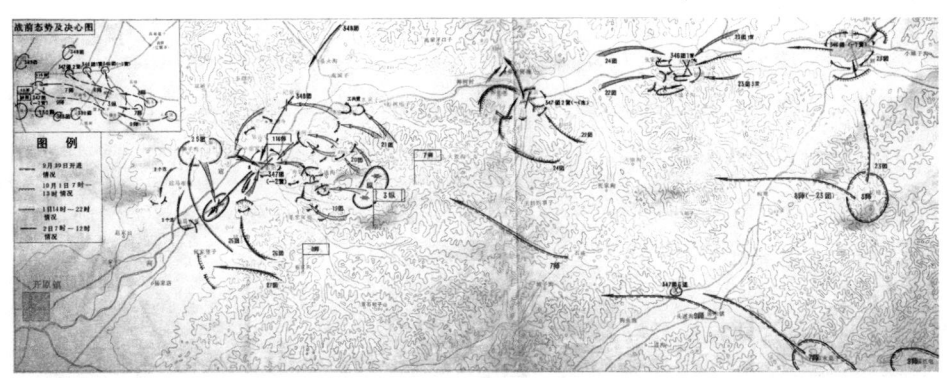

▲东北第3纵队威远堡奔袭战斗进过要图（1947年9月30日~10月2日）（比例：1:100000）

韩先楚用手指点着地图上的"鞍山",又向下一划,定在"海城"上:"中央让我们在中长路南段选择一两个有战略意义的大中城市,我认为就应该在这两个地方动刀子。从客观上看,敌人集中兵力进攻北满,南满空虚,兵力分散,正是我们用兵的时机。具体到鞍山、海城,守军是云南部队,战斗力不算强,和蒋介石、中央军还有矛盾。所以,这一仗不但必须打,而且能打好。"

有人点头,有人沉思,更多的人是摇头——实际上,这一仗许多人是硬着头皮不得不打的。

肖华道:"好,你就带4个团去打一仗。"

就4个团?4个团能打什么仗啊!

韩先楚竭力使自己冷静些:"这一仗不但必须打,而且必须不惜代价地真打、大打,打痛敌人。不打痛他,怎么能把他从北满拉回来啊?"

30多年后兰州军区的这对搭档中的政治主官,这时也真的是竭尽全力了。12师在安奉线上与敌对峙,把10师、11师、炮团,还有辽南军分区两个独立团,都给了韩先楚,大打。

鞍山、海城、大石桥,60军184师3个团,沿中长路南段三点一线摆着。得知4纵行动,帅长潘朔端判断是要攻取大石桥,就将注意力投向那里。韩先楚将计就计,将两个独立团留在那里,作出攻打大石桥的样子,亲率主力直扑鞍山。

10师是4纵主力,29团是主力中的主力,好钢用在刀刃上。29团攻势凌厉,很快拿下城外制高点神社山,又尾随溃逃之敌攻入市内,一鼓作气攻下551团指挥所驻地原伪市公署大楼。

南京"政府"的那些大员,视延安共产党为"土包子"。而在山东八路军眼里,从延安来的一些人理论一套一套的,有的上了战场却没"套"了。韩先楚原是延安抗大1大队大队长,鞍海战役是他出关后指挥的第一仗。战前会议,听他讲得一套一套的,叫真章时有多少斤两啊?这工夫看出有戏了,那就该穷追猛打拿下鞍山,再海城、大石桥一路收拾啊?

一支接一支抽烟、也把刚缴获的骆驼牌香烟递给被审讯的俘虏的韩先楚,却打起让对手投降,甚至投诚、起义的主意了。

最初闪出这个念头时,连他自己都吃了一惊——这不就像个叫花子对百万富翁说,我要收购你的产业吗?

前面说了，进入各地城市的国民党官兵，马上就要掀起一股"结婚潮"了。5个月后的新开岭战役，国民党打了败仗也不服气，俘虏成班成排地逃跑。这天下是国民党的了，谁跟你穷八路走啊？东北的大环境如此，可你60军的大环境又怎样？抗战胜利不久，蒋介石就收拾了云南王龙云，再把60军、93军这些滇军弄来东北，这不明摆着利用共产党消灭异己吗？当然最重要的还是小环境。我现在完全占据主动，不投降就让你灭亡。投诚、起义更好，部队减少伤亡，政治影响就更不用说了。

鞍山市内残敌龟缩在女子中学大红楼里，攻击的"枪炮声"愈发猛烈，这回是射进心里的。

整个鞍山城都打下来了，就剩你们这一坨一块了，没指望了，快投降吧！

蒋介石抓了龙云，又把你们赶到东北，他安的什么心，你们还不明白吗？

枪是老蒋的，命是自己的，过来吧！八路军优待俘虏，更欢迎起义、投诚！

一个马营长率部放下武器，拿着韩先楚的一封信，去海城交给了潘朔端。

战役初始，两个营长作战不利，潘朔端下令就地枪毙。他是准备顽抗到底的，而杜聿明则明令他坚守到一人一枪。后院失火，这个在昆明亲自派人捉了龙云的东北保安司令部司令长官，命令新1军等4个师乘火车疾驰南满。只是火车再快也没共军的动作快，鞍山已失，海城城破，枪炮声越来越近，他还有别的选择吗？

184师成了国民党在东北的阵前起义第一师——"叫花子"真把百万富翁的产业收购了。

沙岭战斗和鞍海战役，一场大败后的一场大捷。

从鞍海战役到奇袭威远堡，或中共中央、中央军委，或东北局、东北民主联军，规格最低的也是南满分局、辽东军区，不断地给予都唱过《山东纵队进行曲》的3纵、4纵通电表彰。

国民党也不吝啬褒扬赞美。威远堡战斗后，一些国民党军队敬畏地称3纵为"旋风部队"。

像这个116师，明明知道3纵在100公里外的小四平，却旋风般骤然而至，让你在起床号中一个美梦醒来，还以为是白日做梦。而那个89师，根本不知道对手在哪里，平地一声雷般拔地而起，一下子就把你旋进云里雾里。至于184师起义，正在兴头上的国民党人，就更是让人摸不着头脑找不到北了：这天下已是咱们的了，这个潘朔端怎么还往八路那边跑啊？

4/ 枪又打不响了

四保临江，大雪飘飘，那是瑞雪兆丰年。

夏季攻势，秋季攻势，冬季攻势，民主联军雪野也收获金秋。没了春天的国民党，只剩下一种季节严冬了。

12月中旬，3纵从西安西进沈阳西北地区，任务是阻击沈阳可能出援之敌，配合兄弟部队进攻彰武、法库。

28日，兄弟部队攻克彰武，包围法库，威胁沈阳。取代熊式辉、杜聿明成为"正宗"东北王的陈诚，紧急调集15个师，兵分三路，从沈阳、新民、铁岭一线的辽河两岸向西北推进，企图合击新民、法库间民主联军主力，解法库之围，保障沈阳安全。

东总随即微调3纵的任务，进至法（库）新（民）公路以东，切断南路新5军后路，防其收缩沈阳，并准备打击沈阳可能出援之敌，配合兄弟部队歼灭新5军195师、43师。

倘若沈阳敌人出动了，3纵就不是"配合"了，可他要是不出来呢？把3个师往新立屯和新民之间一摆，去老乡家围着火盆抽烟，或者在那热炕头上睡一觉呗。

没人叫韩先楚"韩旋风"，谁都知道他是"好战分子"。

郑需凡的骑兵侦察队，向东南、西北两个方向分头撒出去，不时返回报告。战马在雪野中往来奔驰，气咻咻、汗淋淋的。攻击部队进展很慢，西北方向响了两天的枪炮声，也告知了这一点。而东南方向，风雪中仍是一片死寂，一座沈阳城好像也在冰雪中冻僵了。

韩先楚咬咬牙："既然沈阳敌人按兵不动，我们还等在这里干什么？"

和政委一商量，罗舜初也等得不耐烦了："对，马上起草电报，要求改变任务，投入攻击。"

韩先楚掏出那只怕冻住不走而揣在胸前棉衣里的怀表看了看："咱们抓紧时间，边报告，边行动，林总会同意的。"

1月5日，3纵向西北方向发起攻击。8师连续攻占北岗子、水口、李家窝棚三个村落，9师进占姚家屯及其西南地区，7师直逼新5军军部安福屯，歼灭195师一部，切断了敌深井子与安福屯的联系。

又是"冻掉下巴"的时节,辽中平原,两军驰动,枪打炮轰,雪白血红。

温家台是个有 200 来户人家的村子,大都是土坯草房,两尺多深的积雪下埋上压,愈发显得低矮。周围白皑皑的雪野,东南有条河,算河滩 30 来米宽窄,被大雪封漫着,看不出一点河的迹象。河南一座有钱人家的高墙大院,几幢茅草房散落在河边柳树旁。

辽中平原村落密集,几十户、上百户、几百户星罗棋布。新 5 军军长陈林达,原是 195 师师长,四保临江中 3 纵的老对手。军部原在安福屯,6 日被 7 师、8 师攻击,退出后不知去向,反正就在一带,估计就在温家台。"东总"命令 2 纵、3 纵 6 日夜完成攻击部署,7 日拂晓南北两面发起攻击。而此时沈阳援敌已经出动,正向这一带逼近。韩先楚临时决定,7 师立即包围温家台,提前于 6 日 22 时发起攻击,坚决拖住敌人,待主力赶到后歼敌。

呼啸的北风卷扬起满世界的雪粒子,把夜色搅得愈发昏暗。这种天候对攻击方不利,首先在齐膝深的雪野中行进,速度很难上来。但是,用被俘后的陈林达的话讲,是两个"没料到",第一个就是没料到在这种恶劣条件下,3 纵会突然逼上来。

表扬三、二、一、十纵作战积极勇敢

各纵各师各独立师热河特种兵师炮司:

据目前材料所知,公主屯以南战斗指出以下例子:

1、三纵指挥员战斗积极性很高,这当然会影响部队积极性的提高,三纵对安福屯的战斗集中大小四五十门炮猛攻一处,部队即投入冲锋,经两个小时战斗即解决,开辟了这次战斗胜利的开端。

2、我二纵在六号由于种种原因未能发动对温家台的攻击,而在七号发动了胜利的攻击,这种等待准备好了之后再攻的作法是完全对的。(但以后对攻击准备须紧张进行)

3、我们有些部队表现战斗的积极性……

4、我一纵与十纵在支援中皆表现得很顽强和勇敢,反击不仅堵住了大量敌人而且俘获了敌人(一纵俘敌人八千多)。

林 罗 刘
1948. 1. 8

▲"东总"在温家台战斗后发出的表扬电,三纵因作战勇猛被放在首位。

7师3个团,从东西南三面将温家台包围,北面是2纵5师。像7师一样,5师也是东北野战军中的"头等主力师",师长钟伟也是著名的"好战分子"。

20团从南面主攻,3营为突击营,很快占领河南那座独立的地主大院,使攻击部队有了支撑点,站住脚跟。9连一鼓作气攻入村内,一个班一直突进到距新5军军部仅数十米处,占据一幢民房。这还了得?敌人拼命反扑,组织军官队督战,各种火器把雪夜打得通红。9连这个诉苦教育的典型连队,最后只剩下3个人。

营连干部没伤亡的,就剩个8连指导员杨同路。

3营伤亡惨重,1营上来了。

200来户人家的温家台,一下子拥进去个新5军部和195师万把人,1发60炮弹砸下,会是种什么效力?

久经战阵的陈林达,原本未想在此久留,这工夫更是拼命也要杀出条血路,跑回沈阳。他人多、火力强大、密集。新5军全美械装备,冲锋枪多,冲锋时哗哗扫射,刮风似的。防守时,轻重机枪和各种火器嘎嘎嘎、咕咕咕、咣咣咣,听不出个数。天亮后,河边一人多高的柳树丛没几根了,被子弹削得就剩下些长短不一的茬子,像一根根棍子插在雪地上。

不到一个小时,营长赵兴元和教导员李洪奎,指挥兵力不到一个半营的两个营,打退敌人两次营以上规模的进攻。

营长、教导员商量,要拖住敌人,还应主动出击,将战线向前推进。敌人火力太猛,李洪奎率2连两次冲击未果,第三次冲过去了,占领对岸一处民房。炮火把房子摧毁了,就在废墟上据守。

又一轮炮火急袭后,上来的是新5军军官教导队组成的"敢死队",清一色冲锋枪,还有支驳壳枪。他们大都是排级军官,大都是地主、富农子弟,这些人是国民党军队的基础、骨干,也算是豁出老本了。当年是抗战打鬼子,这回怀着对共产党的刻骨仇恨,前边倒下后边上,也真有股子敢死劲头。伤亡大了,匍匐前进,有的还把伙伴的尸体当盾牌,在雪地上推着往前拱。

有人说是半夜时分,有人说是下半夜,有的机枪打不响了,或者不能连发了,有的手榴弹投出去也不爆炸了——武器竟然成了测量是否达到零下40度的温度计。

这是个特别能让人想到夏天的美好的夜晚。与一保临江小黄沟之战不同的是，狗皮帽子、大头鞋、棉手套、棉大衣，此时的3纵早已装备齐整。棉衣里子是白的，翻过来穿，与雪地一色。脸再用毛巾包起来，只露出一双眼睛。"都起来活动活动，跺跺脚，搓搓手，揉揉鼻子和耳朵"，枪声一停，班长、骨干就喊起来。温家台战斗伤亡很大，冻伤很少。但是亡的比例，应为40集团军战史上首屈一指。受伤后未能及时背抬到屋里，一会儿就不行了。对峙的两军中间的河道上，烈士遗体，敌人尸体，横躺竖卧，还有站着的。河道雪深，深处没档齐腰，中弹后不倒，脸上带着笑模样的，都是负伤后冻死的。据说，无论经历了什么样的折磨、痛苦，人在临死前都会感到幸福。而冻死的人，还会感到特别温暖，笑模悠悠的。

无论老天爷怎样不让打仗，新5军也是非打不可的，因为它不想在这里等死。

打退第七次进攻后，团政委刘振华上来了。

政委来了。官兵们互相传告着，顿觉心头涌动一股暖流。

刘振华告诉赵兴元："2纵已经上来了，炮兵也赶到了，天亮后发起总攻。咱们要改变一下战术，不再死打硬拼，把2连也撤下来，坚守既得阵地，总攻时再打头阵、当先锋。"

7日9时30分，总攻开始，7师3个团从三个方向向温家台发起冲击。20团1营、3营直取新5军军部，1营1连3排副排长李承峰，率领1个班最先冲进屋内，活捉了陈林达。

前面说过的陈林达的两个"没料到"，是对1兵团司令员肖劲光说的。第二个"没料到"，用刘振华上将的话讲，是"为20团报功"："没料到你们会是这种打法，特别是昨天晚上从南面突进村子的那个团，和我们只隔几幢房子，逼得我们把血本都拼光了，实在厉害。"

冬季攻势的最后一仗，是攻取战略要地四平——一场典型的城市攻坚战。

"东总"部署，3纵在城南担任主攻，1纵在城北主攻，7纵于城西助攻。

3月7日开始扫除外围据点，12日发起总攻。7师快冲到城下时，几个事先未发现的暗堡，突然从侧后开火，部队被压在雪地上，伤亡很大。调整部署，火力掩护，连续爆破，耽误些时间。然后爬城、突破、巷战，"四组一队"，一个营打一条街，创造了"爆破攻坚第一法"的英雄部队，在城市攻坚中大显身手。四战四平,第三次被打得红天血地的战争名城,最后一次承受枪打炮轰炸药炸。第二天拂晓,8师22团2营与1纵一部,联手拿下四平最后一个据点——红十字会大楼。

四保临江,正面迎敌的就是3纵和4纵10师。之前,南满主力只有3纵、4纵两个纵队,那是阵阵都少不了的。自夏季攻势后,3纵在"东总"统一指挥下作战,仍是如此,而且都是独当一面的硬角色。

5/ "一九四七年第一名战斗英雄"——英雄谱四

王永太,本溪人,1923年出生,1945年参军,3纵7师20团2连1班长。

他中等个头,圆圆的脸,有点娃娃相,却是结实、健壮,战场上机灵又强悍。1946年6月,砬子山战斗中,他只身闯入敌阵,一枪刺死一个敌人,大吼缴枪不杀,6个敌人乖乖举手投降。二保临江三源浦追歼逃敌,单枪匹马追出4公里,一路俘敌38人,荣立特等功。

三保临江,首战通沟,担任主攻的2连被密集火力压在山坡上,距敌也就70多米的样子,硬是动弹不得。眼见东方已经发白,天亮后就更难攻了。

雪地上一人多高的榛柴棵子,快被轻重机枪子弹削平了。王永太爬到排长王焕春身旁,说:"排长,你组织机枪掩护,我带个小组从右侧上去,吸引敌人火力。"

右侧是一片开阔地,一点遮蔽没有,但也真的没有别的办法了。

最危险的地方,有时恰恰是最安全的。但是,如果被敌人发现了,九死一生的概率都难说了。

翻穿的棉衣,白色的里子,与雪野融为一色。王永太和战士何文远、常学礼,在尺多深的雪地里爬出百多米,王永太手中的冲锋枪响了,另两支枪也响了。敌人倒下几个,机枪子弹随即扫帚般扫了过来。战后发现,3个人的

▲王永太

背后棉衣被扫开了好多口子，棉花没多少了。

就这样被按在地上怎么行？王永太甩手投过去两颗手榴弹，爬起来猫腰往上冲出几步，一下子栽倒了。何文远、常学礼以为班长牺牲了，敌人也认为他不行了，谁知他却是迷惑敌人的。就在敌人转移火力的当口，一个身影不顾一切冲了上去，冲锋枪对着堑壕里的敌人猛扫。

王永太被纵队授予"一九四七年第一名战斗英雄"称号。

"独胆英雄"陈树棠，天津市塘沽区于家堡子人，1924年生于铁路工人家庭。童年和弟弟拾卖煤核，16岁去青岛当码头工人，又闯关东到齐齐哈尔讨生活，被鬼子抓去抚顺下煤窑。"八·一五"光复后参军，历任战士、班长、排长，1947年6月夏季攻势中牺牲。

本溪保卫战，四平保卫战，这是大仗，小仗数不过来，苦大仇深的工人儿子，在战斗中成长。他个大有劲，后来调到小炮班当炮手，扛炮。四平抗退，一路上他是负重最多的。

1946年11月的背阴亭战斗，一保临江的头道崴子战斗，陈树棠被评为全营第一名战斗模范。

三保临江攻打辉南县城，班长陈树棠手中的小炮，对准城墙上的火力点，一炮又一炮，八九不离十。正打得兴起，小炮出了故障，他抓起步枪，率全班冲进城去。

在一家当铺门口，听到里面有人说话，南方口音，是敌人。陈树棠让炮手老李在门外掩护，他一脚踹开房门，里面敌人有的收拾东西，有的在吃饭。陈树棠左手持枪，右手高举手榴弹，大声喝道："不准动！谁动就让你们吃手榴弹！"敌人都愣在那儿，一人举手，十几个都跟着举了起来。

大街上空空荡荡的，南关、东关枪声还挺密集，小炮班沿街搜索前进。一个人影在前面一闪，朝一条胡同跑去，屁股上挂支手枪。陈树棠觉得有些蹊跷，让副班长带人监视敌人，联络部队，他去看看怎么回事。大步流星赶过去，那人在个拐角处不见了。过去看，好家伙，一个大院里，两辆汽车上都是敌人，有人还在上车，那车已经发动了。

回头看，部队还没影儿，敌人马上就要跑了。来不及多想，1.80米左右的大汉在大门口一站，依然是一手持枪，一手高举手榴弹："不准动！你们被包围了，缴械投降是唯一的生路！"

一颗子弹从耳边掠过，陈树棠早有防备，而且看得真切。只是连他自己都未曾想到，小炮班长这一刻竟然成了神枪手，抬手一枪，那小子就一命呜呼了。

这一枪愈发震慑了敌人。一个上尉军官，就是陈树棠刚才追赶的那个人，高举双手："我们缴枪，缴枪。"

敌人下车，放好武器，然后排队。

陈树棠正清点俘虏、武器，连长率连赶来了。

俘敌61人，缴获战防炮1门、60炮3门、掷弹筒3具、轻机枪1挺、步枪和手枪43支，当然还有两辆汽车和许多弹药。

陈树棠受到师嘉奖，纵队给他记特等功，辽东军区授予他"独胆英雄"称号，并发给一枚"红星战斗英雄"奖章。

夏季攻势中的四平攻坚战，8师22团在开原八棵树打援，8连坚守366高地。完成阻击任务，奉命撤离，1排长陈树棠掩护连队撤退时，腹部中弹。敌人冲了上来，英雄拉响了最后1颗手榴弹，与敌同归于尽。

比陈树棠大两岁的周恒农，山东高密县人，1945年参军。从鲁中到东北，从长白山打到海南岛，再跨过鸭绿江，历任战士、班长、排长、连长、营参谋长。

三保临江，3纵先在通沟歼灭暂21师2团，又在大北岔、德胜屯全歼91师272团及师属工兵营，乘势向高丽城子91师主力发起攻击。91师不支，乘夜色南逃奔通化，向195师靠拢。8师22团和9师25团，大雪飘飘中一路猛追。

22团4连为前卫连，2班为尖兵班，班长周恒农。

无风，雪落无声，夜色中只有踏雪的嘎吱声。雪把山路和路边沟坎漫平了，一脚滑下去，赶紧拽上来。饿了，从怀里掏出大饼子，贴身处能啃下一层来。嘴里嘎嘣嘎嘣嚼着，不时还要扭头传递口令："快，跟上，不准掉队！"

20时左右进至八区街小南沟村南侧，听到路北半山腰有人说话。周恒农一摆手，示意大家做好战斗准备，然后抢先高声道："你们哪一部分的？"

山上一个南方口音回答："91师的，你们是哪一部分？"

周恒农道："195师的。"

排长上来了，机枪掩护，周恒农带2班向山腰摸去。枪响了，敌人喊自己人，别打啊，30多人非死即俘。

下半夜赶到一面街附近,发现村里、山上都有敌人。敌人没想到对手会来得这么快。

凌晨3时左右,雪停风起,气温骤降。远远地就见长春屯东北山上有堆篝火,十几个敌人在烤火。周恒农判断,这是敌人的警戒哨,长春屯里的敌人不会少,而且很可能是这场追击战所要捕捉的重点目标,不能打草惊蛇,因小失大。请示排长后,周恒农率领尖刀班绕过警戒哨,向长春屯摸去。在村头碰到个老大爷,说是被国民党抓去"拉道"(当向导)的。敌人要跑,一路打下去,正好把敌人推跑了。再次绕弯,摸到村南,切断敌人退路。

▲周恒农

果然,村子里响起汽车马达声,骡马大车也从南门出来了。

一路追击,都是打敌人屁股。这回是迎头痛击,尖刀直刺,不过马上又变成猛追猛打了。

西门外两挺机枪叫得挺欢,掩护敌人后退。周恒农越过公路,顺围墙迂回到西门侧后,一颗手榴弹砸过去,一挺机枪哑了,另一挺就到了他的手里。

有敌人喊:"上炮楼,快上炮楼!"长春屯是日伪时期的"集团部落",寨墙围裹,四角炮楼,让敌人上去真就麻烦,起码要僵持一阵子,伤亡也大。

战斗组长朱佃臣急中生智,大喊:"下炸药!往炮楼下炸药,一包不够下两包!"

这么一喊,连上去的敌人也赶紧下来了。

尖兵班搜索到一个大院,周恒农抱着机枪堵在大门口,大喊缴枪不杀。刚才里面还闹哄哄的,一下子没了声息。等了会儿再喊,还是没有动静。枪口一抬,打得房顶瓦片四溅,这下子立竿见影。周恒农下令:"放下武器,都拍着手出来。"

尖兵班第一次与敌遭遇,周恒农谎称是195师的。眼下这个敌人正是195师,混战中连副师长何世雄少将都被击毙了。

一路追击,所向无敌。再急行军百余公里,攻击辉南县城。周恒农大背着冲锋枪,一把大刀寒光闪闪,冲上去猛砍铁丝网。

▲侯成安

辽东军区授予周恒农"无敌英雄"称号，2班记集体一大功，每人都记特殊功。

1947年7月，夏季攻势，20团3营攻打砬子沟北山，首先发起冲击的是9连2排。

炮火急袭后，2排爬上半山腰。排长侯成安命令6班从正面攻击，主要是吸引火力，自己带4班从左侧迂回。漆黑的夏夜，机枪喷吐的火舌，映红一方天地。侯成安排长在树丛中手抓脚蹬，首先爬到山头工事旁，纵身跃下，一手卡住机枪手的脖子，一手抓过机枪。

2排多挺机枪，很快打下第二个山头。还有一个山头，全排就剩8个人了，侯成安那挺机枪只有6粒子弹。

侯成安告诉战士小李如此这般。看到小李爬到山头侧后去了，侯成安大喊："3排长，冲啊！"小李也大喊："3排快上，冲啊！"趁着敌人调转火力的工夫，侯成安带人冲了上去。

前面说了，侯成安是"七月英雄"。

前面说了，血战温家台，也是3营首先发起攻击。

9连死打硬拼冲进温家台，连长、指导员相继负伤，侯成安代理副连长。

9连攻占的一个地堡和民房，与新5军军部只隔着几幢民房，官兵伤亡大半，这把尖刀依然顽强突进。

侯成安指挥，集中火力，掩护爆破，表演传统的拿手好戏，又炸毁一个地堡。

侯成安抱着机枪射击，一颗手榴弹落在身旁，又一颗子弹打穿了他的脖子。

为副连长报仇！

为阶级弟兄报仇！

为爹娘报仇！

红了眼的官兵喊着。

前面说过，侯成安是3纵的第一个诉苦典型。

自有了"诉苦教育第一课"后，战前动员，战中鼓动，战后追悼烈士，这一课就是全程的。而在四保临江和夏秋冬三大攻势期间，正是方兴未艾和步入高潮之际，官兵的杀敌热情，英雄的成长成就，与此直接相关。

4月下旬，3纵召开第一届庆功大会，司令员曾克林请陈树棠谈谈战斗经验。陈树棠说讲什么呢？俺是个受苦受难的穷孩子——开口就是痛说家史。

喊着"为爹娘报仇"的军人是无敌的。

有了"一九四七年第一名战斗英雄"王永太，就有了1947年的诸多英雄。

有了"独胆英雄"陈树棠，就有了"第一名陈树棠式独胆英雄"万守业，"第二名陈树棠式胆英雄"单岐山，"第三名陈树棠式独胆英雄"曹水河，"第四名陈树棠式独胆英雄"王玉林等等，还有一大批陈树棠式的模范、功臣。

而有点迫不及待的从春天就开始了的夏季攻势，"七月英雄"当然不止侯成安一个。

40集团军的英雄，命名不拘一格，各具特色。

在40集团军的战史上，从长白山打到海南岛的解放战争，英雄是最多的。

而7师19团、20团，是当年鲁中"老一团""老二团"的底子，又是最能打的，英雄也是最多的。

第八章　辽沈大战

1/ 首攻义县

高粱火红，大豆摇铃，玉米咧着大嘴傻笑，1948年的秋天，那叫一个醉人。

东北野战军已发展到12个步兵纵队、15个独立师、3个骑兵师、1个炮兵纵队、1个铁道纵队、1个坦克团，约70万人，另有地方武装及二线补充兵团33万人，总兵力达103万。有战防炮、步兵炮、迫击炮1600余门，山炮、野炮、榴弹炮、加农炮660门，高射炮116门。

国民党还有14个军，架子挺大兵不多，加上地方保安部队，也就55万人，被分割、压缩在长春、沈阳、锦州3个孤立地区。秋、冬攻势，哪儿吃紧，陈诚还调兵出援。卫立煌到任后，哪儿也不去了，就是一个字"守"。也是，有去无回，干吗出去送死呀？

一方金戈铁马，气吞万里如虎，一方孤军困守，"老虎不出动"——那还叫老虎吗？

刚到东北就喊"独霸东北"，接着是"最后一战"——这回可是一点儿也不含糊了。

就像变戏法似的。

如果两年前有人说东北会变成这等模样，别说国民党了，连共产党都不会相信。

9月12日，各路兵马出动，辽沈战役拉开序幕。

当天黄昏，3纵从西安、东丰登上火车。闷罐车咣当一夜到阜新，下车步行，直奔义县。

义县位于锦州城北50余公里,是锦(州)承(德)、锦(州)新(立屯)铁路的交通枢纽,是南下攻锦部队,特别是炮兵、坦克部队和后勤补给的必经之地。欲图锦州,必先取义县。

辽西古城,城墙高厚,城根构筑多处集团式明碉暗堡,有交通壕连接贯通。10余米宽、两米来深的护城壕,壕外遍布铁丝网、鹿砦,地雷就像这一刻辽西农家正待收获的萝卜地里的萝卜似的。炮纵司令员朱瑞,就是在城门外触雷牺牲的。

攻取义县城,"东总"调来19个炮兵连,而且都是大口径火炮,这在东北都是罕见的。义县攻坚战,再一次证实了炮兵的威力,演练了步炮协同。猛烈的炮火,将城门右侧20米宽窄的城墙轰塌大半截,炮火一停,步兵就冲上去了。

义县攻坚的一大发现,属于配属3纵作战的2纵5师。5师在城南攻击方向挖交通壕,深宽各1.5米左右,人猫腰在里面行进,外面看不到。壕是蛇形的,翻起的土扔到朝向敌人一侧,直挖到敌人阵前,以手榴弹投不到为准,既增加了攻击的突然性,又大大减少伤亡。

韩先楚见了,立即在3纵推广,又被林彪拿去锦州。攻锦各师以三分之二兵力,大挖交通壕,每天晚上城外叮叮当当锹镐声。范汉杰看到一条条绞索样伸延到城下的交通壕,顿觉胸闷气短。

10月1日9时30分炮火袭击,11时15分步兵开始攻击。9师、5师由南门以西并肩突击,为主要攻击方向,8师在东门北侧实施突破。

25团1连3排对付地雷。10多米宽的雷区,踏雷、绊雷细小的铁丝横在地面的杂草中。5班长吴新禄抱根两丈多长的钩雷竿,和战斗小组长刘斌钩响第一颗地雷,机枪子弹一阵风般刮了过来。刘斌腿上中弹,包扎好了,继续排雷。钩雷竿炸断了,把爆破筒甩过去,将踏雷、绊雷一并引爆,再用同样的办法对付鹿砦和铁丝网。

1连通过雷区后,被地堡里的机枪阻住了。6班长谢来堂看见旁边堑壕里有个敌军官尸体,灵机一动,上前把衣服扒下来穿上,还挺合身。副班长会意,两人向右侧绕个大弯,然后站起来,"俘虏"在前,"国民党军官"端着冲锋枪在后,大模大样向地堡走去。敌人冲他们招手,意思是你们快点,危险。两个人快步接近,拉开地堡门,一包炸药就进去了。

谢来堂第一个从轰塌的城墙豁口爬上去,一个排的敌人反击上来。谢来堂大喊:"这儿由俺指挥,不用你们管。"见是自己人,还是个当官的,敌人回去了。

谢来堂先是几颗手榴弹追过去,再端着冲锋枪一阵扫射。

22团3连突入城内,迎面一座地堡的火力挺猛。特等射手陆春光叭叭两枪,里面一挺机枪哑了。6班副班长曹水河乘机运动到地堡附近一堵墙下,喊叫让敌人投降。一颗手榴弹从地堡门飞过来,差点儿伤着曹水河。他火了,也甩过去一颗,乘着爆炸的烟尘扑上去,隐在射击死角。身旁射击孔里,一支冲锋枪伸出半截,正待射击,被他一把薅住拽了出来,一个箭步冲到地堡门口,平端冲锋枪大吼:"要命的都给俺举起手来!"

曹水河拿下一个敌堡,抓了23个俘虏。

4小时结束战斗,全歼守敌93军暂20师、保安部队及地主武装1.2万余人,活捉师长王世高。

让3纵攻取义县,并配属个东北野战军的头等主力师5师,林彪当然是深思熟虑的。

一个锦州,一个四平,黑土地3年内战,没有比这两座城市枪打炮轰得再凶的了。

四战四平,一战攻城,守军是国民党接收大员收罗的伪军和土匪,乌合之众。二战保卫战,三战是实打实、硬碰硬,其惨烈在全国都无出其右的攻坚战。1纵、7纵是从三战的血城中冲杀出来的,四战应是必不可少的,还有那么多部队参加过二战,对城内城外情况都挺熟悉,为什么要从未进入过这座城市的3纵加入并担任主攻呢?

没人说林彪是要攻坚作战经验并不算多的3纵,在四平最后一场攻坚战中淬淬火,然后好钢用在刀刃上,在这场决定了辽沈战役、也是决定东北命运的锦州攻坚战中,让3纵挑重担、显身手,但我们看到的事实就是这样子。

为什么?

放心。

2/ 攻克锦州第一险

牛刀小试,4小时拿下义县,然后南下锦州。

位于辽西走廊的锦州,四面环山,南傍小凌河、女儿河,自古有"山海要冲"之称，是东北通向关内的公路、铁路交通枢纽，历来为兵家必争之地。用东北"剿总"副司令兼锦州指挥所主任范汉杰的话说，锦州就像根扁担，一头挑着东北，一头挑着华北。5年后，走出朝鲜半岛的硝烟，步入和平年代，40军就驻扎这方曾经浴血厮杀的举足轻重之地。而现在，这位圆脸、挺大个脑袋的国民党中将指挥他的10余万人马，死死扛着护着这根"扁担"，决不允许它失衡、折断。

9月30日，蒋介石飞抵北平，10月2日又到沈阳，以华北"剿总"会同54军共11个师组成东进兵团，以东北"剿总"11个师及两个旅组成西进兵团，东西对进，企图夹击东北野战军主力于锦州城下。

10月3日，毛泽东在给林彪、罗荣桓、刘亚楼的电报中说，"集中主力迅速打下锦州"，"力争于10天内外攻取锦州"，4日又说"攻击锦州的时间愈快愈好"。早已瞩目锦州的英明领袖，恨不得立马将锦州收入囊中。

4日，"东总"确定攻城部署：以3纵配属6纵7师、炮纵主力及2纵，组成北突击集团，由韩先楚、罗舜初统一指挥，由北向南实施主要突击；7纵、9纵配属炮纵一部，组成南突击集团，由南向北突击；8纵配属1纵炮团，组成东突击集团，由东向西突击。

辽沈战役，决定国共两党命运的三大战役中的首个战役，关键在于攻克锦州，而且要尽快攻克锦州。

而攻克锦州的关键，在于3纵军政主官指挥的强大的北突击集团。

锦州城北高南低，不仅因为地势。

辽西省公署、行署，铁路局，火车站，交通大学，范汉杰的前指、3兵团兵团部和93军军部，国民党军政首脑机关及重要部门都在城北，都是高大坚固建筑，都成了堡垒、要塞，难啃的骨头。

城北是守备核心，外围据点同样不可小视。

一个配水池，一个大疙瘩，形同城北的两扇大门。

配水池位于城北1公里处的82.61高地上，是日伪时期修建的为锦州进行供水配系的钢筋水泥建筑，正扼在锦（州）义（县）公路上，因其地理位置和坚固程度，成为拱卫锦州城北的核心据点。周围散布着14座地堡和10多个明暗火力点，外有堑壕纵横通连，壕外有铁丝网、鹿砦、雷区，壕内有些地段也埋设地雷，还有电发火的飞机炸弹，守军为一个加强营800余人。东侧与之遥相呼应的亮甲山，人称"大疙瘩"，一座上下两层的钢筋水泥大母堡，30多个明暗堡散布周围，与东南200米处的碉堡群互为犄角，构成环形防御体系，守军为一个加强连。

林彪观察地形时说："过去我们是集中优势打敌人的弱点，现在我们有强大的炮兵，可以集中兵力打敌人的强点，打垮强点，敌人就更弱了。"

又说："配水池是锦州的门户，不打下配水池，就没有攻城的制高点，就拿不下锦州。"

10月12日8时，外围战斗打响。

20团1营攻打配水池。

炮火袭击后，部队立即从交通壕中跃出攻击。2连从东北方向，3连从西北方向，强行突击。

各连机枪班3挺美式机枪架在阵地前沿，小炮班两门60炮稍后点，封锁、轰击敌人火力点。营机炮连4挺重机枪、4门60炮，也从侧翼掩护爆破手冲锋向前。都是爆破筒，有制式的，有自制的，把擀面杖粗细的铁管、钢管填满黄色炸药，安上雷管、导火索就成了。1米来长，两米来长，根据需要，多长都行，两头有螺丝，拧上就行。炸碉堡、火力点，从射孔插进去，放在外面也行，比炸药包方便多了。爆破铁丝网、鹿砦、雷区，一声响，五六米宽窄就什么都没有了。爆破手一个接一个，爆破筒一根接一根，冲击道路一会儿就开辟出来了。

敌人各种口径炮弹从城里飞来。纵队和炮纵的大炮不能暴露，要待总攻时发挥威力，掩护进攻的只有师炮兵营。明火力点被摧毁一些，威胁最大的是暗火力点。配水池外野地有许多坟地，坟头有的就比地面高一点点，上面覆盖枯草，在起伏地上很难看出伪装。待部队冲至近前，或从侧翼通过时，敌人把草皮一推，枪口就开始喷吐火舌。

团长汤景仲打电话："1营长，怎么样？"

赵兴元道："暗火力点挺多，只能用重机枪封锁。"

营指挥所在2连攻击出发地后面，背后是预备队1连。2连突破外壕，抢上去占领了配水池前百多米的一幢红房子。赵兴元决定助攻变主攻，命令1连上去1个排，巩固红房子这个支撑点，自己也带着营部通讯班上去了。

快到交通壕尽头时，两个战士架着教导员房干下来了。教导员带2连攻击，副教导员带3连攻击。房干胸前中弹，血人似的。赵兴元喊"教导员""老房"，房干看着他，嘴巴动了动，想说什么，说不出来。

说什么也听不到了，枪炮声和地雷、飞机炸弹的爆炸声融成一体，视野中全是火和烟尘。外壕里电发火的飞机炸弹，大个的100多磅，炸一个，那人粉身碎骨飞上去十几米。大天白日，透过烟尘，隐约看到哪儿不断喷吐火舌，才能判断出那是敌人的火力点，组织攻击。

外壕两米来深，3米来宽，里面全是人，几乎都是伤员。2连1排长白文章，鼻子被弹片削掉了，捂块纱布满脸是血，趴在外壕内侧壕沿下，指挥几个伤员用步枪向敌人射击。

建制已经有些乱了，仗打到这种火候，也该重新部署一下了。赵兴元让通讯员找来几个没有伤亡的干部，和副教导员赵绪珍一起，三言两语交代任务。命令1连指导员贾福祥带人守住红房子，坚决顶住敌人反击。2连长张效增防守红房子右侧，防止敌人从那儿反击。2连指导员李兴顺守卫红房子左侧，那儿敌人有道交通壕，要在壕里放挺机枪。3连指导员张项亭负责组织动员外壕里的伤员，收集枪支弹药，保障前边战斗。机炮连指导员负责掩护侧翼安全，绝不能让敌人迂回过来。

李兴顺率领1排攻下红房子，那人快打光了，贾福祥带1排赶到了。1排又打得差不多了，2排上来两个班。赵兴元进到原本是配水池值班人员办公、住宿的红房子时，两个连近3个排就剩下贾福祥和5班副班长吴亚丁了。贾福祥两次负伤，吴亚丁5次负伤，身上血呀汗呀泥呀的，已经看不出模样了。

吴亚丁是湖南人，二保临江俘虏的解放战士。他是独生子，被抓壮丁当天，父亲上吊了，母亲哭瞎眼睛，疯了。全营诉苦大会上，他哭成了泪人。他作战勇敢，军事技术好，这次坚守红房子，除了60炮，一个步兵连的武器用遍了。这支枪子弹打光了，抓起身边烈士的枪再打。

贾福祥是山东泰安人，参军就在1连，赵兴元刚当指导员时，他是班长。1.70米个头，沉稳，内秀，打起仗来不要命，又是用脑子打仗的那种人。不然，赵兴元不会让他来守红房子。

吴亚丁是在打退敌人最后一次反击，3营冲上来了，开始攻击配水池时牺牲的，刚冲出红房子就栽倒了。贾福祥是快接近配水池时，头部中弹牺牲的。

血战温家台，是3营打得差不多了1营上，这回倒过来了。

黄昏后，3营从西南侧投入战斗，这时1营已在红房子打退敌人30多次反扑。

1营冲上配水池的只有5个人。

这边打下配水池,那边大疙瘩还在上去下来地拉锯。

8师24团3营伤亡过半,调上2营再攻。敌人伤亡很大,那人却好像不见少,因为那火力一点儿不减,活见鬼了。

战场上,各纵师团营连排班之间,都在比赛。上次你打得好,这次我就要打得比你更好,都是5尺高的汉子,谁服谁呀?在3纵,7师是头等主力,而且是东北野战军的头等主力,那这"头等主力"就永远叫你包下了?非打出个样儿叫你看看不可。或者心照不宣,暗中较劲,或者战前公开叫号,发出挑战。可眼下,这不是明明白白掉了链子吗?

更要命的已是13日了,明天就要对锦州发起总攻了,影响了总攻那还得了吗?

师长宁贤文急呀:"一天一夜打不下个大疙瘩,俺就不信打不下这个大疙瘩!"

一直在7师观战的韩先楚,也觉得蹊跷。来到配水池上一看,8倍望远镜里发现"鬼"了:那大疙瘩后面有条暗沟,直通锦州,城内敌人可以不断增援。

集中炮火轰击那条暗沟,拦阻援兵,大疙瘩成了死疙瘩,里面的守敌就很快见鬼去了。

20团1营和24团3营,都未参加锦州攻坚。

▲《东北日报》的相关报道

不知道3营伤亡多少,1营算上炊事员等后勤人员,600多人的主力师的主力团的主力营,还剩22个人。

电影《大决战之辽沈战役》中,配水池战斗结束后,有个50来岁的老炊事员挑着担子上阵地送饭。1营真有个老炊事员,40多岁,姓佟,从山东过海来的,爱抽烟。不管什么时候到了什么地方,往那儿一坐,先去摸腰间那杆旱烟袋,吧嗒吧嗒抽袋烟。这一刻也是这个习惯动作。只是不知道火柴划断了多少根,终于哧啦一声划着了,那手好像就不会动了,烧手了好像也未觉得,泪水吧嗒吧嗒像断线的珠子。

14日有雾，10点了，锦州城还模模糊糊的看不大真切，总攻时间延后一小时。

11时整，炮纵和各纵炮团500多门大炮发威了。深秋的大地骤然颤抖起来，烟尘冲天而起，遮蔽了阳光、炮群。炮弹从攻击部队头上呼啸着掠过，锦州城垣成了铺天盖地的炮弹的弹巢，在巨大的连续的爆炸声中，城塌堡飞，烟火弥漫。

自八一南昌起义以来，同一时间，同一地点，共产党武装力量集中这样强大的炮火，史无前例。

北、南、东3个突击集团，跃起攻击。

3纵7师19团和8师23团，10分钟就抢上城头。

19团进城就被顶住了。省公署和附近几幢楼房的交叉火力，简直密不透风。

这一刻最要紧的是穿插、割裂，打乱敌人的防御体系。韩先楚命令19团牵制敌人，7师、8师主力从突破口东侧重新开辟通道，9师、17师随后跟进，插入纵深。

各师团分头向既定目标推进，一个营打一条街，枪炮声响成一锅粥，爆破筒、炸药包轰轰隆隆。

一路路血火。

美联社报道：锦州之战，子弹密集地在空中相撞。

入夜，照明弹一颗颗挂上天去，把一切染成惨白。熄灭的瞬间，熊熊大火，炮弹出膛和爆炸的火光，立刻从黑暗中钻出来，满城血红。曳光弹满天飞舞，像无数团巨大的红绒线在空中交织。

9师尖刀连27团1连，进至万延街时，突然枪声大作，10多个战士中弹倒地。神社、师范学校和省公署三面火力齐射，纷飞的子弹好像伸手就能抓住几颗——如果能抓住的话。

连长李玉春迅速判断敌情，决定首先攻击威胁最大的师范学校。

学校院子里一个大地堡，周围还有几个小点的，子弹在路面上犁出一道道火星子，1连和营里的轻重机枪则把地堡打得火星四溅。8班战斗小组长廖文祥带领3个战士，利用路边民房掩护，翻过学校院墙，摸到大地堡侧后。准备手榴弹！廖文祥大声命令，一脚踹开堡门。几颗手榴弹连续爆炸的气浪，把堡门和几个喷吐火舌的射孔，变成了喷火冒烟的烟囱，廖文祥再端着冲锋枪朝里面一顿横扫。

27团1营的最终目标，是范汉杰的前指所在地银行大楼。拿下师范学校，1连沿大街插向水塔东北侧时，迎头撞上3辆坦克。战士陈德冲上去，把爆破筒插进坦克履带。一侧履带受阻，坦克猛然一个转向，把陈德辗在履带下，随即一声巨响，坦克瘫了。

水塔附近，一幢小红楼和交通大学，还有那座高大的水塔，又是三面交叉火力。小红楼下一座半地下大碉堡，还有几个小的，直接堵住了尖刀连的去路。

又是廖文祥上去了。

炸瘫了坦克的尖刀连战士陈德，留下来的好像只有两个字的姓名。廖文祥除了尖刀连的尖刀排的8班战斗小组长，还知道他23岁，其他也是一概不知。但是，应该还可以估计、推测，他可能是尖刀排的尖刀班的尖刀组长。而无论名义是否如此，他都是事实上的刀尖。

勇猛似虎，矫捷如鹿，永远少不得的是运气。时而猫腰猛冲，时而利用地形地物匍匐前进，廖文祥从侧后接近了小红楼。先消灭了楼内的敌人，再收拾几个小碉堡，1排的爆破手上来了。连续爆破，大碉堡也"开了锅"。

老远就听见白云公园附近炮声隆隆，1个榴弹炮营正在轰击后续攻城部队。尖刀连迂回到炮阵地侧后，突然猛冲猛打，然后猛抓，将其全歼，缴获105榴弹炮12门。

15日2时左右，27团1营插到终点目标银行大楼。尖刀连尖刀突刺，冲进范汉杰的"前指"，俘获机关指挥人员70余人。

20团、21团和26团，攻克93军军部大楼。

22团、25团和兄弟部队一起，攻占6兵团司令部大楼。

回头再看省公署大楼。

14日天黑后，19团8连接到命令：两个小时内拿下大楼。

4层楼的每扇窗户都成了射孔，楼下有围墙，楼前百多米处一个大碉堡。碉堡外一到两人多宽、深的的壕沟，壕外是铁丝网、鹿砦。

8连4挺轻机枪，营里配属两挺重机枪，掩护爆破手上去下来，一层层往里炸、往里打、往里推。

碉堡里机枪往外打，楼上火力像梳子。攻到楼前了，楼上手榴弹下饺子似的往下砸。几个爆破组上去，不是负伤，就是牺牲了。

指导员翟文清打定主意，正要动作，新战士杨玉文爬回来了，乐颠颠地说："指导员，俺把炸药下上了，准备冲锋吧！"

怎么没响啊？后来得知是炸药受潮了。

再一看，炸药没了。去营里取，只取回一包和一个命令：必须在规定时间内完成任务。

几个人都抢那包炸药。杨玉文更是窝火，说什么也要再给他个机会。

翟文清说："谁也别争了，这包是俺的了。"

通讯员小周抓住翟文清："指导员，你不能去，你要指挥战斗。"

翟文清说："这工夫还有什么指挥不指挥的，炸开大楼就是一切。"

▲翟文清

39年后，翟文清老将军告诉笔者，战后清点人数，6个排长、副排长剩个排副，20个班长、副班长剩两个。当时连干就我1个，班排长还有几个记不得了，印象最深的是8班长孙明杰，他跟我抢那包炸药。仗打到这份上，再完不成任务，我这个指导员怎么交代？"机枪一响下炸药，敌人的炮楼开了锅"，在山东我就干这个。别看没念一天书，摆弄炸药算得上大学生了，全连谁也比不了。

孙明杰抓住那包炸药不放，翟文清厉声道："服从命令！"

又拍拍他的肩膀："如果俺没回来，你代替俺指挥战斗。"

两边火力对射，中间的死亡地带愈显黑暗、恐怖。管他死神在哪儿等着，翟文清摸呀滚呀爬呀，视觉听觉嗅觉，全无感觉，满脑子就是前面的大楼，有我没你，必须炸开大楼。

从山东到东北，再到海南岛、朝鲜半岛，要害不要害，翟文清身上没少见血，都没要命。这回更幸运，能感到子弹噗噗钻进身边土里，手榴弹在周围咣咣炸，硬是没伤着。楼上敌人发现他了，手榴弹冒着烟，羊拉屎似的往下掉。不用炸，砸到头上也够呛啊。打完仗回去看看，楼下是个挺陡的坡，坡下一个坑，手榴弹大都滚到坑里炸了。

人们常说"枪林弹雨"，他这一路是从那"雨缝"中钻过来的。

半道上捡牺牲战士的炸药，到楼下又见到小杨没响的那包。白天就看出这是幢钢筋水泥大楼，这工夫又瞅瞅摸摸，感觉没错，那也足够了。

把3包炸药捆在一起，检查两遍。导火索哧哧窜出蓝火苗了，瞅一会儿才跑。也不知跑出多远，未等卧倒，爆炸的气浪就把他掀倒了。

3/ 辽西会战——斩首行动

深秋的辽西，清晨的山野大地亮晶晶结层白霜，像铺了层薄雪。人马走过，大地立刻就黑白分明起来。急行军，强行军，官兵头上腾腾冒着热气，那口鼻喷出来的也是白乎乎的。队伍中不时可见身着没了帽徽、领章的国民党军装的身影，那是在锦州俘虏的匆匆补入的解放战士。

10月15日攻克锦州，17日后长春守敌陆续起义，放下武器，不战而胜。辽沈战役前的沈阳、长春、锦州3坨敌人，只剩下沈阳一坨了。而这一坨最关键的，就是已经进至辽西的那个精锐的廖耀湘的西进兵团，不能让它退沈阳，更不能让它出营口，就在野战中送它上西天。

20日，"东总"部署歼敌并下达动员令。

1纵、2纵、3纵、6纵17师、7纵、8纵、9纵，一路路大军就像一股股洪流，从锦州调头东进，直扑廖耀湘的西进兵团。

3纵7师沿锦义公路，8师、9师沿锦（州）黑（山）公路，分头经北镇、大凌河日夜兼程，向黑山以北地区奔进。25日到达指定地域，根据"东总"指示和当面敌军动向，立即展开。左路9师，中路7师，右路8师，按照划定的战斗分界线，向胡家窝棚地区攻击前进。

在当天紧急召开的师以上干部会议上，韩先楚特别强调：要注意对胡家窝棚及其周围高地的争夺。

他说，林总的战法，是"拦住先头，拖住后尾，夹击中间"。我们和几个兄弟纵队部署在黑山正面，正是"夹击中间"的方向、位置。胡家窝棚是敌军区域的主要支点，很可能是其主力所在。

很多老人说，韩司令已经心中有数，瞄准了廖耀湘兵团的脑袋、七寸，可我们下边的人哪知道啊？黑灯瞎火，还以为是运气好撞上的呢。

21团副团长徐锐,率前卫3营从黑山北边的双台子出发,经尖山、稍户营子向东搜索前进,任务是抢占胡家窝棚交通要点,断敌退路。

星星在天上眨眼,旷野间早已没了虫鸣,只闻官兵的脚步声和粗重的喘息声。间或一发曳光弹划破夜幕,瞬间没了踪影。夜色中的辽西大地神秘莫测,杀气逼人,一支支人马往来奔驰,随时随地可能骤然间就掀卷起血雨腥风。

拂晓时分进至四间房,左右两翼部队已经打响了。前卫8连送来两个给敌人带过路的老乡,说到处都有敌人,胡家窝棚最多,小汽车多,背小枪的官多,电话线多,绊脚。还有许多汽车、大炮,正在过河。

这当口,最能显见指挥员的水平、作风。徐锐和副营长李德章一碰头,当机立断,不等团主力了,立即插向胡家窝棚。

8连直插胡家窝棚村东渡河点,7连抢占胡家窝棚西北各高地,9连为预备队。除枪支弹药外,全部扔掉,跑步前进。

3营像股疾风,卷向胡家窝棚。

据说,徐锐当时判断,胡家窝棚之敌,最小也是个师以上指挥机关。

而无论怎样判断,辽西会战,"旋风部队"的斩首行动开始了。

前卫8连一路小跑,前卫2排一马当先。赶到胡家窝棚已是6点时分,天色还未大亮,敌人也未察觉,排长任炳全率领全排迅速通过村北一片开阔地,插到白沙河的东大桥。河滩上一个榴弹炮营正在发射,一辆大客朝桥上驰来,车上全是军官。战场上还有大客车坐的兵团部军官,自我感觉兵团部是最安全的,这里怎么会出现"共军"啊?好了,别莫名其妙了,都去民房里老实呆着吧。河滩上炮阵地的敌人,也别忙活了,也给你们找个地方歇着吧。

2排控制了渡河点,打掉了敌人的炮阵地,俘获副军长以下百余人,缴获榴弹炮18门,汽车百余辆。而对西进兵团最至关紧要的一击,是炸毁了敌人的电台指挥车。廖耀湘无法指挥、掌控部队,10余万人马失去联系,各行其是,阵脚顿时乱了。

刘振华上将说,温家台之战,2连攻占一座民房后向前冲击,敌人一个挨一个挤在那儿,挺着刺刀都冲不进去,被推挡了回来。而胡家窝棚之战,敌人明白了怎么回事后,立刻玩命了,一下子冲上来两个营的兵力。

此时天已大亮,胡家窝棚西北高地上的敌人,各种火器刮风般向3营射击。

徐锐深知2排的处境,却也无法渡河增援。他咬咬牙,急令8连夺取65高地,9连夺取无名高地,7连夺取104.7高地。

正巧,师山炮连到了。炮火掩护,8连、9连先后得手,104.7高地却连攻不下,7连还受到侧后火力威胁。又巧了,19团1营听到胡家窝棚枪炮声激烈,营长陈永康率领一支生力军赶来了。

3个制高点易手,胡家窝棚局势大变,廖耀湘兵团指挥所完全暴露在枪炮威胁之下。困兽犹斗,敌人一面向高地上反扑,一面准备夺路逃跑。

巧中还有巧,9师25团1营营长李千诚,率营从元山子向着枪炮声扑打,正好插到东大桥,截住敌人逃往沈阳的退路。

坚守65高地的8连3排,就剩战士初长发一个人了,眼看不行了。还是个巧,7连1排上来了。

这么多巧,一个都不巧——打起仗来嗷嗷叫,哪儿枪响往哪儿跑,哪儿枪炮声激烈往哪儿打,嗷嗷叫着就上来了。"旋风部队"就这作风和劲头,瞅着就像多巧似的。

村内敌人乱作一团,徐锐和李德章率领7连、8连掩杀进去,一阵猛冲猛打猛抓。

一切一切的本质价值和意义,都不在毙俘多少敌人,缴获多少武器,而在于这是一次斩首行动,捣毁了廖耀湘的兵团指挥所,顺便捎带个"吃菜要吃白菜心,打仗专打新6军"的新6军军部。

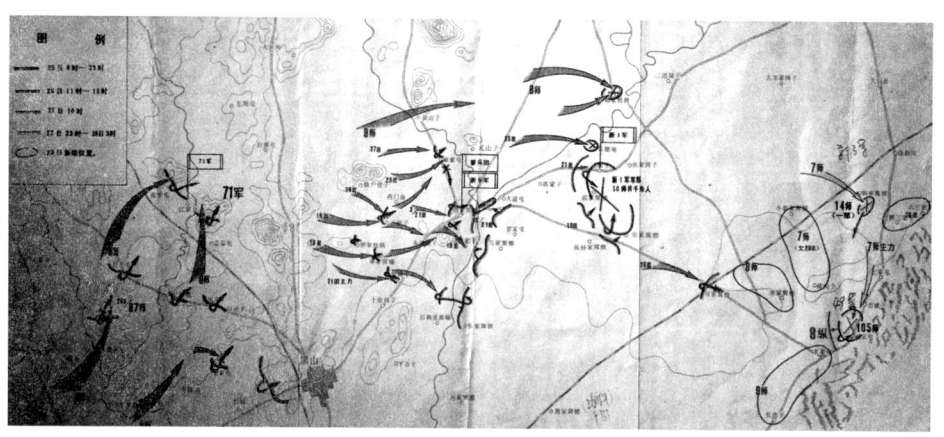

▲辽西会战作战经过要图(1948年10月20日~10月28日)(比例:1:100000)

电台指挥车被击毁，西进兵团的"脑袋"已经晕晕乎乎，找不着北了，这一刻就是一刀两断，彻底搬家了。

但是，当时并不知道，或者说还不清楚。

26日，"东总"通报各师以上机关，今天拂晓，廖耀湘兵团指挥所中断了与其所属各部的电台联系，要求各部迅速查明当面敌情，立即上报。

林彪已经看出端倪，还需求证。

徐锐、李德章又一通忙活，查实800多俘虏中，不光有兵团部的，还有所属3个军的司令部人员。

用廖耀湘的话说："26日早晨，解放军第三纵队及其以北的友邻部队第一棒就打碎了国民党辽西兵团的'脑袋'即兵团前进指挥所，同时打碎了新3军、新1军及新6军3个军的司令部。因为这些部队都是处于行军的状态，原来就未建立好通讯联络的体系，所以当兵团部及3个重要的军部被打碎之后，使指挥官陷于无法指挥，也再不能掌握部队的境地。而部队则因失去头脑，无所适从，以致陷于瘫痪和分崩离析的状态。"

廖耀湘是胡家窝棚战斗结束4天后被俘的，被送到3纵司令部，作战科长尹灿贞向他介绍："这是我们3纵队韩先楚司令员。"

廖耀湘睁大眼睛："啊，韩先生，韩司令，那个'旋风部队'就是阁下指挥的？"

韩先楚道："什么'旋风部队'，那是你们给瞎嚷嚷出来的。"

廖耀湘说："韩先生，我很敬佩你的指挥和你的'旋风部队'。我曾多次告诫部下，一定要小心这个'旋风部队'，没想到辽西战场上，一下子就旋到了我的头上。"

又道："韩将军，你怎么会知道我的指挥所在胡家窝棚？"

韩先楚说："这应该算个偶然事件吧，蒙上的。不然，我就不止会派去一个营，至少也是一个团，一个加强团。"

廖耀湘道："战场上需要运气，需要偶然因素，但不能靠蒙，'旋风部队'更不可能。"

斩首行动后，兵团和3个军部乱了，下边一时还未显现出来，敌人还很顽强。当天晚上，阵线开始紊乱，有的作困兽斗，有的开始四散奔逃。继而全线溃乱，兵败如山倒。

第二天后，各纵基本就是抓俘虏了。

炊事员送饭回来，有时也能带回一群。女文工团员在旷野上喊一嗓子，也能过来几个。

6纵16师48团两个排，持枪排列成一座"解放门"，凡从门内经过者即为"解放"。不到半天工夫，就有5个军9个师的番号2000多人，通过"解放门"。

须知，这是国民党阵营中堪称最精锐的一个兵团，其中有五大王牌军的两个——新1军和新6军啊。

新1军和新6军，是当年远征军中的头号主力。即便入缅作战全局失利，这两支部队依然不乏上佳表现。从印度反攻回来，一路扫荡"武士道"，所向披靡。到东北后，这两个王牌军，特别是新6军，特别是号称"虎师"的新22师，更是令人刮目相看。许多老人说，自沙岭战斗后挺长一段时间里，还真有点"谈虎色变"的味道。从延安到西柏坡，毛泽东都有电报，要林彪设法吃掉这个"虎师"。林彪曾多次谋划，调集几个主力师，要灭了这个王牌中的王牌。可这个"虎师"既有虎的勇猛，又有狐狸的狡猾，能打又能溜，吃掉它一个营，都不大容易。

廖耀湘是新22师、新6军的第一任师长、军长，这个"虎师"和王牌军的所有荣耀，都与他息息相关。新1军军长潘裕昆，新6军军长李涛，以及两个军的师团长，几乎都是从印度打回来的，许多是跟随他多年的老部下。没有比他再熟悉、信赖这两个军的实力的了。电台指挥车被击毁后，他来到新6军，企图凭借这两张王牌稳住阵脚。

且看廖耀湘的参谋长杨焜的回忆录中，怎样描述他们落荒而逃的情景：

> 那是在一个相当大的开阔地上，被围在开阔地上的人，至少有三千人以上，还杂有辎重、行李、骡马、大车、汽车等。东边枪响，人群往西跑；西边枪响，人群又往东逃。我们几个人，先是站在汽车门的两边，命开着汽车跑，后来颠颠簸簸，又下来跟着跑。跑来跑去，只听得四面八方枪响，却未看见解放军人员逼近来。于是我们几个人分别向跑着的人群大喊大嚷："你们不要跑，组织起来吧！帮我们突围出去，要官有官，要钱有钱啊！""司令官、军长都在这里，你们保护着出去，保证你们升官受赏！"

兵是精兵,将是名将,这一刻竟成了这等模样。

接下来,是廖耀湘化装成个商人,李涛被俘时穿件长衫,自称是铁岭县政府文书。

任是什么样的精兵名将,没了"脑袋",还能怎样?

在锦州攻坚战和辽西会战中,"旋风部队"先后打掉了范汉杰、廖耀湘两个兵团司令部,使敌军瞬间丧失指挥,陷入混乱,为东北野战军全歼敌军起到了关键作用。

4/ "攻占配水池的打铁汉"——英雄谱五

许多老人说,守锦州的93军,云南兵,个不高,瞅着干巴瘦,挺顽强,挺能打。

攻打配水池,1营占领那幢红房子后,不到10小时,敌人反击30多次,一波又一波,几乎连上了。敌我之间百多米距离,死的伤的,尸体绊脚,还嗷嗷叫着往上冲。

下午快3点时,刚打退红房子正面一次进攻,一个营的敌人在两架飞机和5辆装甲车掩护下,沿着锦义公路向1营右后方插过来。敌人团长亲自上阵,在装甲车里指挥,被击毙。

锦州是东北的门户,配水池是锦州的门户,红房子是配水池的门户,敌人当然要抱定决心,咬牙死守,拼命争夺了。而且,比之后来平津战役中的天津攻坚战,按说天津的守军是中央军,战斗力理应比锦州的滇军要强。但辽沈战役后,国民党大势已去,军心士气不行了。而这一刻的东北形势,虽然已与1946年春国民党夺占四平后不可同日而语了,但是辽沈大战刚刚开打,从全局大势上看,鹿死谁手还不一定,敌人觉得还有一搏,也就顽强死硬多了。

打下配水池后,官兵发现配水池下面墙上,敌人用石灰刷了10个大字:"守配水池的是铁打的汉!"上面还有一行字:"配水池是第二个凡尔登!"

无论国民党政战部门的"政战"中用不中用,也是有一套宣传经的。

20团官兵说:他是"铁打的汉",咱们就是打铁的。

7师司令部、政治部"奖给甘团一营锦州战斗胜利纪念"的一面锦旗,上面写的就是:"攻占配水池的打铁汗(汉)。"

当5辆装甲车吼叫着,掩护一个营的敌人向攻打配水池的1营右后方冲过来时,未等营连首长下令,1连6班副班长李长修,已经抓起爆破筒上去了。重机枪子弹迎面扫来,一发炮弹在身旁爆炸,腹部炸开个洞,肠子流了出来。他抓着往里塞,塞进去,淌出来,卷吧卷吧塞了几次才塞进去。一手捂着,一手抓着爆破筒,侧着身子往前爬。

战后7师宣传队编演个小话剧,叫《李长修盘肠大战》。

另一位盘肠大战的英雄李惠春,8师山炮营1连2排长。山炮营配属24团攻打大疙瘩,轰击地堡、堑壕内的敌人和铁丝网、鹿砦,敌人也发炮还击。战斗正酣,一发炮弹飞来,李惠春胸前、胳膊鲜血直流,肠子也出来了。他爬起来,依靠堑壕撑住身子,一手捂住流出来的肠子,一手举着望远镜,继续观测目标,下达口令:左前方,重机枪火力点,距离850米达,预备——放!

这边,炮声隆隆、烟尘弥漫中,血人李惠春如果喊一声我负伤了,就会有人赶过来为他包扎,就会被抬下阵地,就可能活下来。

那边,与敌人近在咫尺的7连3排战士吴连义、王玉环,当然也有自己的选择。

王玉环绕到大母堡南侧,从堡门将爆破筒插了进去。与此同时,已经多处负伤应该也跟血人差不多的吴连义,也爬了上来,将爆破筒插进枪眼。堡内敌人岂能眼睁睁等死啊,抓住爆破筒拼命往外推。吴连义死死顶住,整个身体紧紧地堵住枪眼。

这不就是几乎无人不晓的黄继光吗?

李惠春,笔者家乡本溪市桥头镇人,1926年出生,9岁时父亲被抓去海拉尔当劳工。他从小给地主放猪、扛小活,后到南芬铁矿做工,1945年9月参军。四保临江期间,先后4次立功。冬季攻势攻打四平,连长、排长先后负了重伤,副排长李惠春挺身而出,代理排长指挥战斗。战后荣记两大功,2排2炮(4班)被命名为"惠春炮",师党委授予他"模范共产党员"称号。牺牲后,被追认为"炮兵英雄",2排被命名为"惠春排"。

对于吴连义的情况,一概不知。

只有《40集团军军史》的记载:

第七连三排战士吴连义、王玉环在战友连续爆破大母堡未成功的情况下挺身而出,吴连义多处负伤,忍痛匍匐前进,将爆破筒插进敌人枪眼,在敌人拼命向外推的情况下,他毅然用身体紧紧堵住。此时,王玉环也绕到大母堡南侧,从门口将爆破筒插入,终于将其炸毁。在两名烈士壮烈行为的影响下,各分队一鼓作气攻克了东南角地堡。

《步兵第一一九旅(原3纵8师)旅史》的记载,更简单:

3营战士吴连义同志,高举师授予的"插到亮甲山解放锦州"的红旗,冲在最前面,后面的战友,发扬前仆后继的精神,紧跟红旗,勇猛冲杀。

而且,舍身堵枪眼、和战友一道完成了致命一击的吴连义,不是英雄。

在辽西会战中起了异乎寻常作用、全部战死的21团8连3排,被授予"战斗英雄排"称号,排长任炳全也不是英雄。除了他是朝鲜族外,其他情况也像吴连义一样,一概不知。

拿破仑说: "只要有足够的勋章,我就能够征服世界。"

"毛泽东奖章""勇敢奖章""艰苦奋斗奖章""英雄奖章",东北野战军和3纵、7师、8师有足够的奖章。当有关部门看好墓地,挖坑、筹备棺材时,各级组织部门已经把奖章准备妥当了。打下义县去锦州,攻克锦州奔辽西,辽沈大战50天,那人都累脱相了,一口气没喘匀乎进关了。平津战役后,40军是最早南下的两个军之一。湘赣战役,衡宝战役,广西战役,海南岛战役,在参加抗美援朝战争的27个军中,40军是唯一一个从战场直奔鸭绿江的,竟连评功授奖的工夫都没有。组织部门那些奖章,就从辽沈背到平津,再华中、华南,又背回东北。

40集团军自辽沈战役起始的单位、个人英雄、模范称号,多是1950年8月在安东授予的——马上就要入朝作战了,那是另一场战争了,再也不能等了。

立功受奖是有严格规定的,其中之一是营以上干部通常不参加评功评奖。这也是副团长王凤麟未被正式命名为英雄的原因之一。

吴连义当然不存在这种问题。

配水池战斗中,电话线被炸断,赵兴元大喊:"谁上去把电话线接上,俺给他记大功。"攻打省公署大楼,杨玉文抢着要去送炸药,翟文清说:"好!你把大楼炸开,俺给你报功。"翟文清和赵兴元活下来了,如果他们牺牲了,如果一个连(营)打得只剩下炊事班后勤人员,谁还知道前面的战斗情况呢?而从长白山打到海南岛,主力纵队(军)的主力师的主力团的主力营(连),有几多没有打剩几十个人、十几个人、乃至几个人的时候呢?有的已经多次了。活下来的,有的伤愈不能归队,转业到地方了。这种特别能战斗的营连,又特别能够培养、提拔干部,有的调到别的单位去了。更不用说战斗连着战斗,每次战斗都会涌现一批英雄,要记得完全,也委实够难的。

有人会觉得也没什么了不得的,那工夫我也会堵上去。

这种概率无论有多少,是不是也不应排除?

这是一支英雄的部队,英雄太多太多,也就觉得挺普通平常了。

而在关于英雄的论说中,让笔者印象深刻的,是战斗英雄翟文清老将军的一句话:"别人死了,你才活着,还成了英雄,你'英雄'什么?"

翟文清老将军是笔者采访最多的老首长之一,我曾问他:"爆破省公署大楼,全连即使就剩下最后一个人,你也可以派出去,为什么你上去了?"

老将军说:"就是觉得我行,比他们更有把握。"

那种惊心动魄,被他说得轻描淡写:"那时思想很简单,就是得完成任务。军人、英雄也是娘生爹养的,与普通人没什么两样,只不过职业性质不同,军人是用鲜血和生命报效国家而已。一个勤恳、敬业的邮递员,风雨无阻送信几年十几年,才可能成为先进、劳模。军人上去下来一次就行了,上去没下来,完成任务了,也是英雄。那种生死瞬间经历多了,看的也多了,习惯了,挺平常的。"

5/ "文武双全的全面英雄"——英雄谱六

1950年9月25日,应为新中国首届英模会的"全国战斗英雄和工农兵劳动模范代表会议",在北京中南海怀仁堂隆重召开。第四野战军40军118师353团(东北野战军3纵20团)副团长,代表全体与会战斗英雄向毛泽东主席献花,并被授予"文武双全的全面英雄"。

攻打配水池，教导员房干负伤，团长汤景仲给营长赵兴元打电话："你那儿敌人炮火太猛，是不是往后撤撤？"

赵兴元可着嗓子喊："伤员都窝在这儿，不能撤。敌人反击很厉害，我们一是需要手榴弹、爆破筒，二是请师炮兵营拦阻射击，打敌反击。"

自己喊着自己都听不大清，对方只能凭借断断续续的几个字词，凭经验进行感觉、领会。

很快，炮兵营开火了，手榴弹和爆破筒也送上来了。赵兴元把匣子枪朝腰间一插，一手抓只爆破筒，一手提只装满手榴弹的篮子，一会儿跃进，一会匍匐前进，直奔前面的红房子。

▲赵兴元

原是配水池值班人员办会、住宿的红砖房子，眼下成了敌我双方争夺的焦点。房顶上到处是"天窗"，东边山墙被炮弹轰塌了，没倒的也被打得蜂窝似的。

前面说了，2连指导员李兴顺率1排打下红房子，那人快打光了。1连指导员贾福祥带1排赶到了，1排又打得差不多了，2排两个班上来了。赵兴元率营部通讯班进到红房子时，两个连3个班就剩下贾福祥和5班副班长吴亚丁了。

赵兴元清楚，从团到师到纵队，乃至'东总'首长，都在关注着配水池的战斗进展。明天就要对锦州发起总攻，拿不下配水池，部队就不能前出到城下。而眼下的关键，是守住红房子这个支撑点，待后续部队上来，再向配水池发起攻击。

红房子距配水池100多米，站在窗前可以看到配水池后面有两条大交通壕，并排跑4个人也挺宽敞，直通城内，不时可见一队队敌人从城里出来增援。赵兴元原来挺纳闷儿，配水池守敌伤亡肯定不少，那火力怎么不见减弱啊？

赵兴元用电话向团长报告，呼唤炮火，拦截从交通壕冲上来的敌人。敌人很顽强，炮弹在交通壕里外爆炸，把胳膊腿掀上天去，后边的还是往上冲。配水池的敌人，则从两侧向红房子反击。

赵兴元和贾福祥嫌匣子枪不解渴，抓起烈士的冲锋枪射击。吴亚丁抱挺美式机枪，这个窗口哒哒哒，那个窗口哒哒哒，机灵得像只山猫。营部通讯班的几个人，射击的，投弹的，甩爆破筒的，抓到什么武器打什么仗。房子里烟尘眯眼、呛人，两米来远看不清嘴脸，只见人影闪动。不时有砖头瓦块砸下来，赵兴元和贾福祥大声呼喊着，让大家捡起身旁敌尸的钢盔戴在头上。

赵兴元进去不到半小时，打退敌人3次冲锋。

自夺占红房子后，不到10小时，打退敌人30多次反扑。

血战温家台，20团1营也是主角。教导员负伤后，也是营长赵兴元在火线上拳打脚踢。

赵兴元，山东章丘县人，1925年出生，1939年参军。士兵、班长、排长、副指导员、指导员、副教导员、营长——毫无疑问，他当营长前是个政工干部，用今天的话讲叫"改行了"。

一保临江，1连指导员赵兴元还兼连长。

那是最艰难的时期，老天爷也成了可怕的敌人。小黄沟战斗，1连最先与敌接触，全连161人就一个卫生员没有冻伤，依然出色地完成了任务。

"全面英雄"的"全面"，就是无所不能了，这里主要应为前面的定语"文武双全"，即军政双全，军事、政治工作全能。

从八路军到解放军、志愿军，赵兴元荣立两次特等功、6次大功、7次小功，荣获"战斗英雄""战斗模范""工作模范""艰苦奋斗""勇敢"等奖章，被授予"模范党员""模范朱德青年队长""全面功臣"等荣誉称号。

不知道像赵兴元这等规格的功臣英雄，全军同时期还有几多，"文武双全的全面英雄"还有吗？

从长白山打到海南岛，1营经历了三次伤亡惨重的硬仗、恶仗。一是温家台，二是配水池，三是后面将要写到的海南岛白莲市战斗。赵兴元和教导员赵绪珍，指挥1营一举拿下白莲市西南山，又阻截了从白莲市突围的敌人，在海南岛战役的陆上作战中起了关键性的作用，全营荣记集体一大功。

谈起配水池战后由副教导员升任教导员的赵绪珍，许多老人都说他任指导员的9连成为忆苦教育的典型不是偶然的，他是天生的宣传家、演说家。一个指导员、教导员，没有点理论认识水平，或者是茶壶煮饺子型的，也真不行。

海南岛战役两次举足轻重的偷渡，第二次率一个加强团渡海的，是师政治部主任刘振华。关键时刻,政工干部必须冲锋在前。可那样具有战略意义的行动,没有出色的军事才干,无论政治工作多么优秀,能让你担此重任吗?师和军党委两班人的脑袋进水了?

就像锦州之战攻打省公署大楼,指导员翟文清抱着最后一包炸药上去了,光凭勇敢、不怕死,行吗?

因为特别能战斗,用着放心,"旋风部队"打的仗就多,打的硬仗、恶仗也多。连长牺牲了指导员指挥,指导员牺牲了连长一把抓,战场上经常的事。战争年代没有"改行"一说。就说前面写到的配水池战斗1营的4位指导员,当连长没问题,有的还响当当,硬邦邦的。

文武双全的英雄很多,后面还将写道——未命名而已。

6/ 什么叫"头等主力"——战争家常四

东北军区司令部1949年10月编写的《东北解放战争军事资料》,对东北野战军的13个军(纵队)和所属各师,以及各独立师、旅,均有评价。下面是关于40军(3纵)、118师(7师)的两个自然段:

> 四十军为山东地方基干兵团基础,部队历史不算最老,但战斗力却很顽强,过去坚持南满单独局面的斗争,在困难艰苦战斗环境下的锻炼进步甚快,作风勇猛,能攻能守,其中以一一八师(原第七师)为最强,为东北部队中之主力军。
>
> …… ……
>
> 该师战斗力顽强,作风勇猛,战斗积极性高,有朝气,善于夜战及爆破,兼备野战运动及城市攻坚,为东北部队中头等主力师。

当时东北军区的70多个师中,被称作"头等主力师"的只有6个。

什么叫"头等主力"?用当年7师老人的话讲,头等主力就是能打仗,打硬仗,打恶仗,打起仗来嗷嗷叫,别人拿不下来的山头、碉堡,我上去就能拿下来。

有老人说,头等就是顶级、名牌、王牌,没有比它再好的了。"旋风部队"是对手"授予"的品牌、名牌,"消费者"伸出的大拇指,这牌子就是巨大的无形资产。对于一支令对手闻风丧胆的部队,这种品牌、无形资产,就是一种巨大的战斗力和杀伤力。《三国演义》中张飞喝断当阳桥,那叫"张飞",换个无名之辈试试?敢喝吗?把自己喝下马了吧。

有老人说,当年的"老一团""老二团"都在7师,7师若不是"头等主力",岂不是见鬼了吗?

因为特别能战斗,特别是关键性的硬仗恶仗,上级总是首先想到头等主力,特别是头等中的头等的19团、20团。这是他们的光荣和骄傲,同时伤亡的机会也就更多。

离休前为锦州钢厂运输科党支部书记的王世儒老人,吉林省辽源市人,1947年参军,打配水池时是20团1营机炮连2排(重机枪排)6班1组弹药手。战前动员表决心,班长说俺牺牲了副班长指挥,副班长说俺牺牲了1组长代理,3个组长都说完了,是党员代理指挥战斗。打完仗了,下不来阵地了。1挺重机枪得凑够6个人才能扛回来,就剩3个人了。

老人说,吃过饭上阵地,每人还发2斤饼干,等待发起攻击,有人就吃上了。黑了巴几硬邦邦的,搁在今天,不饿急眼了没人吃,那时可是稀罕物、好吃食呀。我也吃,现在不吃,一会儿可能就吃不着了。

黄魁勋老人说,19团3营有个崔文勤,大连庄河县人,辽沈战役立大功,从朝鲜回来后转业到本溪钢铁公司。20世纪80年代初给团里写信,说单位规定,立过大功可以优先分房,让团里出个证明。这是好事呀。可当年谁想过这事呀?什么叫打仗?打仗就是把脑袋往腰带上一挂,一仗下来,摸摸还在,就说"又活一次",一摸没了,就算"成功"了。估计这一仗伤亡不会小,"成功"的可能性很大,有人会希望早点"成功",早"成功"会有口棺材。晚了,有时是用大柜子,东北老乡家几乎都有的那种挺大的装米的大柜子,有时用白布什么的包裹起来,有时连这些东西也没有。

你小子怎么还没"成功"啊?俺去马克思那儿报到了,马克思说俺的任务还没完成,又让俺回来了。

这是战后老战友见面常唠的嗑。陆续从医院回来的伤员,你给他一拳,他给你一脚,算是见面礼。这个说你小子命大,得感谢爹妈,这个头再高出两寸,子弹就从眉心过去了。那个说你当俺是谁？二郎神才3只眼，俺脑袋一圈全是眼眼，还想撂倒俺？伤点皮毛算是给它面子了。

战前指定代理人，可以有第一、第二乃至第三代理人。可像二保临江中的丁家窝棚战斗，一发炮弹把20团1营的营级干部都炸伤了，整个一级指挥断层了，代理人制度的缺陷就显现出来了，就有了保留干部制度。就是战前各营连都留下一两个干部，通常为副职，正职牺牲了提起来，下次战斗就是他的了。无论伤亡多大，有一两个保留干部，还有几个骨干，血脉还在，魂魄还在，补入新人，还是老作风，照样嗷嗷叫的头等主力。

头等主力也不能包打天下，老大哥还要带小兄弟。办法之一是派干部。东北野战军12个步兵纵队中，有的师论资历是老大哥，比7师这样的小兄弟老多了，打仗却不行。有道是"兵熊熊一个，将熊熊一窝"，从头等主力中派干部，有的立竿见影。

在3纵，7师打的硬仗恶仗最多，伤亡最大，战果最大，各营连提拔、调出的干部也最多。这些头等主力团营连的干部，去到兄弟团营连，把非主力打成主力，把主力打成头等。

而非头等的师团营连，有头等在那儿比着，也憋着劲要把自己打成头等。

采访中，王世儒老人唱了10多首当年的歌曲，有的是东北野战军都唱的，有的是3纵自编的。其中有首《三三制战术歌》，共四段，下面是第一段歌词：

> 三三战术教育，
> 努力确实执行，
> 个个服从指挥，
> 注意班长口令，
> 展开队形不要密集，
> 人人注意利用地形。

林彪的六个战术原则，最早的是"三三制"和"一点两面"，1945年底在阜新营以上干部会议上提出来的。最早用于战场并取得成效，是1946年2月中旬的秀水河子歼灭战。战前在法库一所小学，林彪给1师、7旅营以上干部详细解说什么是"三三制""一点两面",以及如何用于实战。可接下来,除沈阳是让"老大哥"给撑出来的外,辽阳、鞍山、抚顺、本溪、四平等等,都是被国民党打出来的。打胜仗才是硬道理。林彪的威信在基层官兵中降到最低点。总在打败仗,什么狗屁战术原则。

真正认真学习并运用这些战术原则,是在夏季攻势前后,因为尝到甜头了。

许多老人说,六个战术原则实际、管用,是打胜仗的战术原则。像"三三制",一个连三个排,一个排三个班,一个班三个组,一个组三四个人,进攻时连三角、排三角、班三角、组三角,队形疏散,减少伤亡,又可交替掩护,把现成的"三三制"编制用到战术队形、动作上了。过去自觉不自觉的群威群胆,一拥而上,伤亡大了,还影响冲击速度。对付美式装备的敌人,吃亏就更大了。再比如爆破攻坚的"四组一队",在山东就有了雏形,像我们这些在山东搞过爆破的人,一听就明白是货真价实的战术原则。战术是抽象、生硬的,林彪用人们喜闻乐见的方式,把它具体、形象了,又通俗易懂易记。

不光3纵,笔者采访到的其他纵队的老人,对此都无异议。

赵兴元老将军说,冷丁听到"一点两面""三三制",有些发蒙。什么"点"呀"面"呀"制"的,只读过半年书,哪懂啊?更不用说那些比我还大老粗的战士了。听人讲解,反复琢磨,都是在战火中趟了多少个来回的人,理解、体会起来就有迹可循,有真情实感。

比如"四快一慢",一是向敌前进要快,敌人在什么地方,要抓住他,别让他跑了,急行军,强行军,动作要快,迅速。二是抓住了敌人,战前准备要快,看地形,选突破口,构筑工事,捆绑炸药包,动员、调动兵力,布置火力,要忙个满头大汗,一点时间也不能耽搁。三是突破后扩大战果要快,撕开口子后立刻向纵深攻击,向两翼扩张,因为这是决定命运的时刻,敌人随时可能反击,犹豫、停留只会造成更大的伤亡。四是敌人溃退了,这时追击要快,不管三七二十一,猛追猛打。一慢是指攻击发起时机这一下要慢,要沉得住气,即便上级催促,也一定要掌握火候,准备好了再打。就像做饭,火候没到揭锅了,岂不夹生了?这不都是些实实在在的规律性的东西吗?

一场战斗下来,听说谁打得好,路上碰上了,或者干脆找去了,就问你用的什么战术啊?"一点两面",你那"点""面"怎么选的啊?"三种情况三种打法",

你那是什么情况，怎么打的啊？嘴里说着，手里拿根树枝在地上画着，唠的都是实在嗑，就像农民凑一块儿唠庄稼，唠年景。

那时，战前动员以诉苦教育为主，战后战评基本就是联系实际，研讨六个战术原则了。赢要赢得明白，输更要输个明白。经常争论得面红耳赤，那才印象深刻，理解得透彻。

抗战胜利到东北，对手变了，美械装备，火力强大。战斗形态、样式也不一样了，动辄几师几旅的较大规模的守备战、攻坚战、运动战。来自关内各根据地的八路军、新四军，熟悉的还是那套游击战法，一打一冲一推，伤亡大，有时挺好的歼灭战打成击溃战，林彪适时提出"三三制"和"一点两面"。冬季攻势前后，随着"大兵团、正规化、攻坚战"时期到来，其他的战术原则也陆续应运而生。

为了便于学习、应用，有的部队将六个战术原则编成顺口溜，有的编成歌曲传唱。有老人记得当年还有一首《战术歌》，歌词记不得了。

辽沈战役前后，一般连队的班长、骨干，对六个战术原则，特别是"三三制""三猛"和"四队一队"，讲起来也一套一套的了——当然不只是嘴上一套一套的。

而对于像3纵这样的主力、7师这样的头等主力，是还要加个"更"字的。

伤亡如影相随，生命的终结就像一片飘落的树叶。都是爹娘生养的，都是血肉之躯，生命也都只有一次。在这种情景下的军人的家常嗑，就不能不是能够打胜仗、又可以减少伤亡的战术原则。而对于头等主力，因为经历的血火更多、更惨烈，对生命的理解也就更充分，学习的动力也就更足，把握、运用得也就更快、更娴熟，更加骁勇善战。

第九章 "没有敌人能够阻挡我们"

1/ 北平入城第一师

11月30日，3纵从冷口入关，夜行晓宿，旋风部队悄然旋进平津。

3年前的这一天，3纵前身部队之一山东3师和警3旅，乘船从海上到达庄河和新金县貔子窝，踏上东北的土地。在海上漂了几天，从未见过大海的军人晕船晕得昏天黑地，许多人是被人背、抬、拖、架着上岸的。说是到东北能接收日军武器，每个连只带几支枪用作站岗放哨。望着这支军不军、民不民，在飘雪的寒风中瑟瑟发抖的队伍，老百姓觉得好奇，"满洲国"已经垮台了，谁还抓来这么多劳工啊？

而今呢？

除了7师、8师、9师，还编入个原来的辽南独1师。装备更是令人叹为观止。纵队有炮兵团，师有炮兵营，团有两个炮兵连，营有机炮连或重机枪排，连有60炮班。每个连有9挺轻机枪，每个排还有个机枪班，每个班有3支冲锋枪——几乎就是把新6军刚闯到东北时的那套装备移交过来了。

当然还有令对手闻风丧胆的"旋风部队"的威名。

美式吉普在夜色中行驶，雪花在车灯的光柱里飘旋，树木、房舍、村落迎来遁去，8师政委刘光涛只觉得一股股热浪扑打胸膛。冀东大暴动，潘家峪惨案，12团大韩庄血战，复仇战役，一张张熟悉的面庞和身影。3年又3个月，当年的冀东子弟兵又回来了，他仿佛听见房东大娘在喊：孩呀，快进屋，脱鞋，水烧好了，烫烫脚。

3纵是东北野战军入关的先头部队，纵队骑兵侦察队是先头的先头。马鞍子全是牛皮的，手枪、卡宾枪，官兵人手两支，全是美式的。马刀上没有USA，也是国货中的精品，在多少次缴获中选了又选的。士兵外罩美式毡绒棉猴大衣，郑需凡穿件草绿色美式风衣，里面是土黄中略带点草绿色的东北解放军服装。

进至三河县城，接到命令，不去南口了，改道奔南苑。太阳一竿子高时，到了永乐店，郑需凡下马径直进了镇公所。所长是个中年汉子，郑需凡问他当地驻军情况，他一五一十道来，又张罗给"长官"做饭。出门一会儿就急慌慌转回来报告："长官、长官，你的弟兄怎么在街上花'匪币'呀？"郑需凡解开外面风衣扣，露出里面胸章："你看俺是谁？"

外面响了一枪，郑需凡出门上马，向枪响处奔去。一个军官模样的人迎面跑来，老远就扬手高喊："别误会，别误会。"到了郑需凡马前，立正、敬礼："报告长官，俺们正在出操。"郑需凡道："马上列队，俺要训话。"

23团进到距南苑机场15公里左右时，前面一个镇子喇叭呜里哇啦连天响。宣传股长李湖渴了，去路边老乡家喝水，问镇子里吹喇叭干什么，老乡说是保安队长娶媳妇。

需要说道明白，那时的保安，可不是如今小区、商场、写字楼的保安，而是国民党的地方武装。

从华北"剿总"司令傅作义，到保安队长，都还蒙在鼓里，不知道旋风部队已经旋到了他们头上。

12月11日，3纵进至北平香河地区，14日从东南面完成了对北平的包围。

17日，7师21团攻占南苑机场，缴获各种飞机43架及大量军用物资。

1945年9月底，冀东军分区21旅政委刘光涛，率部在辽东凤城县收降日军航空大队，缴获飞机46架。

战争年代，40集团军缴获飞机算是全军最多的之一。

北平被四面围定，南苑机场成为守军对外联系的唯一通道。19日，96军56师两个团，在10门山炮、16辆坦克掩护下，拼命反扑。坦克尤其猖狂，庞然大物，轰轰隆隆，趾高气扬、居高临下的样子。21团反坦克炮兵连抵近射击，排长李彦华指挥的1排，就干掉3辆。

炸药包和爆破筒，是鹿砦、铁丝网、围墙、碉堡、坦克通吃，而这反坦克炮没生下来，就是准备对付这种钢铁的庞然大物的。你以为对手还是"土八路"啊？就是"土八路"那通吃的"手中炮",也够你喝一壶的,更不用说现在比你都洋气了。

纵队和师侦察队派出侦察员,化装进城,在各自攻击地域搜集情报。从突破口到攻击顶点,沿途街道、胡同设防情况,有多少可以用作阻击的高大建筑物。城外,各师团演练攻坚、爬城、巷战,大冷的天,一天几身透汗,结果没打上。

北平和平解放了。

辽沈战役,10月15日拿下锦州,19日长春不战而屈人之兵,紧接着廖耀湘兵团在辽西灰飞烟灭,沈阳基本是冲进去就解放了——多米诺骨牌效应。

平津战役,是1月15日攻克天津,22日傅作义率部接受和平改编,绥远敌人也接受改编不用打了。

1月28日,"林罗刘"在给特种兵和3纵首长的电报中说:

> 决定以三纵七师全部以及特司所属重炮一个团、坦克一个团、装甲车一个团参加北平入城式,并统为三纵首长指挥,特司所属之上述部队应立即出发开到北平以南,准备从南门进城,坦克及炮兵的具体集结位置由三纵指定,以靠近七师为妥。

炮兵、坦克、装甲车,就一个特种兵纵队,没得选的。参加平津战役的东北、华北部队,百万大军,围攻北平的东北野战军4个步兵纵队16个师,还有华北野战军1个纵队3个旅,为什么独独看中7师,让7师参加入城式呀?

正义之师不用说了。东北野战军中的头等主力师,威名赫赫的"旋风部队"的头号主力,全美械装备。那可不是像国民党的王牌军、王牌师那样,接收美援从美国人手里接过来的,而是在战场上缴获的,这才叫威武之师,就让北平人民检阅这样的威武之师。

还有文明之师。

包括头等主力师,东北有几支两头冒尖的部队。

1948年1月16日,东北野战军政治部主任谭政,在《关于人民军队建军路线的报告》中,说:

> ××师是从井冈山下来的,是红军的"老祖宗",但部队非常不团

结，上下不团结，官兵不团结，军民不团结，许多干部因此要离开部队，战斗力眼看着下降，这个部队所谓有三凶主义：对敌人凶，对老百姓凶，对自己同志凶。

林彪、罗荣桓和刘亚楼在决定7师参加入城式时，无论考没考虑到这个因素，旋风部队、7师都是一支冒尖的文明之师。

各团营连在驻地找块平整的地方，或者找块野地铲填平了，齐步、正步就练上了。

徂徕山起义后，在山上练过几天队伍。放下锄头的农民，长那么大没站过队，有人还左右不分。1947年夏季攻势后，军区组建二线补充兵团，都是翻身农民，搞过队列训练。这期间近10年来，基本与队列训练无缘。也真没时间。像翟文清参军第二天就打仗，许多人连"三点成一线"都不明白，就投入战斗。再说了，齐步正步走，前后左右转，还能把敌人走死转垮？急行军，强行军，八路军、解放军的铁脚板天下闻名。可这回不行了，这回是入城式，还得走出个样儿。

翟文清老将军说，1月28日接到命令，2月3日入城式，满打满算5天时间。当时也不知道新中国定都北平，也没说代表中国人民解放军接受党和人民检阅，代表平津战役参战部队应该没问题了，这就够光荣的了。那时首长下令做个什么战术动作，不一定好看，但是保证迅速、逼真，个顶个的实战动作。那是战场上练出来的。后来在电影电视上看阅兵，那种整齐划一，我们当年根本没法比。我们那时主要就是那股精神头儿。百战之师，胜利之师，威武雄壮，那虎气，那威势，是战场上打出来的，是从骨子里冒出来的，不是练出来的。

上午10点，入城式正式开始。

军乐队伴奏，按装甲兵、炮兵、步兵顺序开进。步兵首先是师长、政委、副师长、副政委、参谋长、主任等等，乘坐美式吉普。然后是19团、20团、21团，营团干部骑马，大洋马。1营长赵兴元肩头斜跨一条大红绶带，上面4个金色大字："团值星官。"排以上干部都是美式棉猴大衣，官兵清一色美式翻毛皮鞋，四路纵队小正步，伴着《中国人民解放军进行曲》向前、向前。

7师文工队有个军乐队，大鼓、小鼓、大号、小号、长笛、拉管、黑管、双簧管等等全套的，1948年初冬季攻势打四平缴获71军的。不知道当时解放军200

来个野战师,是否还有第二个。这回 7 师入城式,"土八路"吹洋号,威武之师更添别样风采。卞国泰老人当时打小鼓,他说吹的有停歇的时候,大鼓也不能一个劲儿打,我这小鼓 5 个来小时就没停过,完了才觉得胳膊不好使了。当时什么不觉得,那人周身的每个细胞都被喜悦、激动灌满了。

老人都记得那天挺冷,风也大,却一点儿也不妨碍北平人的热情。路边都是人,房屋窗前、阳台上也是,挥手欢呼喊口号,有的还举着或在胸前挂着标语牌,上面写着"解放了天亮了"。青年学生最热情,有的爬上前面的坦克、炮车,有的跑进步兵队列里,挺整齐的队伍就开始乱了。首先奔胸前挂奖章的,奖章越多越受欢迎,几个人把你抬起来往天上扔。有的要和你照相,有的拿出笔和本子让你签名,写上几句话。

战场上什么场面都见过,谁见过这个啊?往天上扔就扔吧,照相也行,红着脸照呗。笔和本子塞到手里就有些蒙了。"三大纪律,八项注意",送给我的慰问品,盛情难却,那也得经领导批准同意呀?就是明白怎么回事了,大都是在部队学的那点文化,一时间谁知道往上写什么啊?

从永定门入城,经前门,再奔东交民巷。

东交民巷是领事馆区,美国领事馆也在那里。入城式经过那里,是特意安排的。与一路沿途情景正好相反,街面上静悄悄的,难见个人影。但官兵都知道,那路边窗户里,都是眼睛。突击了几天的队列训练,这工夫好像才找到点感觉,美式翻毛皮鞋把地面擂得咚咚响。到一领事馆门前,队伍中就下去两个士兵,跑步、立正、向后转,在那门口站定,刺刀雪亮。

有老人说,美国不是援助蒋介石打内战吗?今天让你看看,你给国民党的那些美援都到谁手里了?就是现在美国卖给台湾的那些武器,如果到了非武力解决不可的那一天,照样还是咱们的。

军威!国威!

2/ 思议韩先楚和他的部下——名将录五

有老人说,东北野战军和华北野战军的首长,在前门城楼上向受阅队伍招手致意。看到步兵过来了,有人问这是哪个部队呀?回答东野 3 纵 7 师。师长是谁呀？邓岳。那位首长有些惊讶：小邓当师长了啊？

非但是师长，还是头等主力师的师长，名将。

邓岳，湖北麻城人，1918年生于农家。10岁时父母相继去世，天塌地陷，读3年私塾的少年，拿起放牛鞭。

比邓岳大5岁、同样一口鄂东口音的韩先楚，七八岁就给人放牛，12岁勉强读了一年书，实在读不起，不得不放牛种地打短工，直至1930年18岁参加红军。

40集团军战争年代的军师团干部中，有两个高级知识分子，一个解方，一个李伯秋。其余读过书没读过书的，中学、小学毕业没毕业的，其中不乏像邓岳、韩先楚这样的放牛娃。

前面说了，威远堡战斗，战前军政主官各吹各的号，各唱各的调，两种作战方案同时上报。韩先楚亲自拟定电稿，亲自送去机要室。译电员孙敏一看，老天爷，那字写得扒扒拉拉的不说，简直就是错字、白字连篇，有些字不会写，画些圈。

▲邓 岳

"上马击狂胡，下马草军书。"韩先楚体会不到陆游诗句的浪漫，却出手就能置对手于死命。

大过年的，杨白劳还买了2斤面呢，除夕夜谁不吃顿饺子呀？可第四次临江保卫战的方案之争，还有国民党一路高歌猛进最猖狂时，鞍海战役逼迫184师起义呢？

有道是"一战成名"，决策、指挥一场著名的好仗，即为名将。而韩先楚从长白山到海南岛，好仗连连，好多堪称经典。有的直到今天，乃至明天，依然怎么估计、评价都不过分。

古今中外，或多或少，军中是讲资历的。1936年秋，已经是红军尾巴了，韩先楚才当上师长。以这等资历，1955年被授予上将军衔，凭什么？战功。

第一次世界大战，美国只是打了个尾巴，第二次世界大战也是两年多后才参战的，怎么一下子出了那么多名将啊？仔细端详，巴顿、麦克阿瑟、艾森豪威尔、马歇尔等等，都出自西点军校，马歇尔还是校长。原来，他们早已在这所著名的军校、将军的摇篮，经过全面、系统、充分地学习、训练，为即将投身的战争做好准备了。

后面将会写到，美军在朝鲜半岛印象深刻的中国军队和将军，当然少不了这支"旋风部队"和曾经的"旋风部队"司令。可韩先楚与本书已经和即将写到的名将，为他们投身的战争准备了什么？

当巴顿拿着像他后来指挥的世界上最现代化的军队一样的玩具枪炮，演练一个男孩子的梦想时，韩先楚和他的部下也被同样的天性鼓动着，一根棍子端在手里是枪，骑到胯下是马，在山野间追逐、嬉戏。农闲时节，那些走村串乡的说书人口中的《三国演义》《水浒传》《精忠报国》《杨家将》，在激荡起一种本能的尚武精神的同时，不知不觉地营造着一种原始的军事文化——这就是他们的西点、黄埔。

麦克阿瑟认为中国不会出兵朝鲜的理由，就是中国不敢出兵。那样一个贫穷落后的国家，又被战争蹂躏得残垣断壁，到处瓦砾，陆军装备按美国标准简直就是废铜烂铁，空军、海军根本就谈不上了，而且对手还是世界头号强国的军队。如果是他麦克阿瑟，他也不会出兵，不敢出兵。结果呢？第二次战役，他指挥的"联合国军"，被来自孙子的故乡的对手打得一路狂逃，美军第8集团军司令沃克上将的汽车都跑翻了。

是不是有点不可思议？

韩先楚在朝鲜战场的对手之一李奇微，曾经说过："每个军人到时候都会懂得，打仗是件需要个人做出决断的事情。"

而苏联元帅比留佐夫则说："定下决心的过程是高度紧张的过程，也可以说是痛苦的过程。在这段时间内，司令员必须准确无误地判断情况，并据此做出正确的结论。他必须高度集中精力，果断和顽强。"

一双不大的眼睛，经常像兔子眼睛似的红红的。那只因伤残疾的左手，难得不夹支烟的时候。在东北，街上买的"哈德门""老刀"，缴获的美国"骆驼"，老乡家烟笸箩里的关东烟，那时没有烟灰缸，早晨经常是一地烟屁股。

"剑光如电马如风，百捷长轻是掌中"，"羽扇纶巾，谈笑间，樯橹灰飞烟灭"。

每当听到看到这样的诗句，韩先楚就淡然一笑。一个决心、方案的形成，就像一个生命的诞生，那种阵痛，是只有母亲才能体味得到的。

鞍海战役，不光要吃掉你，还要逼迫你火线起义。得陇望蜀，他太贪婪，战前连自己都未想过。而无论想没想过，这一仗都是必须打的，因为东北的战略全局需要打，付出多大代价也得打。

在确认胜券在握前，头脑中每根弦都绷得紧紧的。战场瞬息万变，每个貌似偶然的因素，都可能使胜负的天平沉向对手一边。而无论多么紧张，也无论中国人民解放军何时授衔，"旋风部队"司令都是上将——上将军，有战略眼光的上将军。

四保临江后的梅河口之战，一个师打一个师，又是攻坚战，10师伤亡很大。韩先楚下令，师机关除了卫生员外，所有的"员"都集中起来投入战斗，各团也照此办理。10师政委葛燕章报告："山炮营炮弹打光了，是不是改为步兵投入战斗？"韩先楚道："让他们原地待命，一个也不准给我动。"

斯大林说炮兵是战争之神，韩先楚把炮兵当作宝贝。

沙岭战斗，初学乍练，炮兵打不准，还打到自己的步兵阵地上了。其他部队也有类似情况。这"神"就让人觉得有"鬼"了，幸亏当时不搞肃反。一直在敌人炮火打压下战斗的"土八路"，一些人就觉得炮兵难带，目标又大，行动笨重，又不会用，是个累赘。韩先楚恰恰相反，出关第一仗就要了炮团，那以后的大部分时间里，炮团都随着10师跟他行动，有时还把军区炮团也抓在手里。行军训练，战时指挥，他经常和炮兵在一起，以便在实践中发现问题，总结经验教训，搞好步炮协同。那时没有"高科技"一说，而对于"土八路"来说，炮兵就是高科技了。

10万大军闯关东，来自关内大小根据地的部队，谁是主力、非主力，一时间还真难辨得清。毫无疑问的是，各级领导都堪称游击战专家。突然开始比较正规的攻防战，一些人难免不适应，面前有道坎。不知道韩先楚可曾觉得不适，实战中一点儿也看不出来。

鞍海战役，给了他充分的挥洒空间。接下来，基本就是在上级，特别是林彪通常会很具体的指挥下，一仗一仗地打了——那也遮掩不住他的独到见地和智慧光芒。

韩先楚入延安抗大学习前，与抗大校长、鄂东老乡林彪并不搭界。他是红4方面军的。到东北后，一个在南满，一个在北满，隔着冰天雪地的长白山和松辽平原，隔不断的是著名将帅的心有灵犀。而从红1军团到115师，再到东北野战军，战将如云，谁未曾从林彪身上学得指挥技艺？

而在更大的宏观上，韩先楚和他的部下能成为名将，是毛泽东的英明指挥。杜聿明、郑洞国、廖耀湘等人也是名将，结果怎样？用蒋介石到沈阳部署东西对进、会战锦州，接见"剿总"师以上军官时的预言，是一个个都让共产党捉了去。

"文化大革命"期间，一天，福州军区司令员韩先楚在办公室里转来转去，突然停住，问秘书夏承祖和江如芳："你们说，我是不是知识分子？"

问题来得太突兀，两位秘书愣住了。

江如芳来报到时，韩先楚看着介绍信，说一个大男人，怎么取个女人名字？两天后韩先楚有事喊他江秘书、江如"芬"。江如芳边答应边想，你怎么又给改名了？

知识分子应是具有较高科学文化知识、又从事脑力劳动的人。司令员肯定是个脑力劳动者，可那另一半呢？他有领导能力、水平，战争年代打了那么多好仗，一些上知天文、下晓地理，或是把兵书背得滚瓜烂熟的人，都不如他。国民党那些从著名学府、军校毕业的将军，更是成了他的手下败将。从这上讲，到底是谁更有知识呢？可从传统和现代的标准看，这"知识分子"的标准，不都是以相当的学历来界定的吗？那延安抗大叫个大学，却不算学历，没有文凭。那么，你这个只读过一年书的"芬""芳"不分的大老粗，又怎么能算作知识分子呢？

韩先楚站在那里，瞅着他们，一字一句地道："我是知识分子。"

没错，他是知识分子，战争大学的高才生，军事科学领域有真才实学的大知识分子。

而他能够成为名将，还因为他是福将，是从战争的火网中筛出来的幸存者。

谁知道第一次参加战斗，刚跃出堑壕就中弹牺牲的那些知名的不知名的烈士中，有多少人后来可以成为名帅名将？

还因为赶上了战争年代。

倘是今天，韩先楚和他的相当数量的部下，可能成为城里的农民工。就算林彪，以他的中学学历，换算成今天的大学生，应该是个白领吧。

1931年初，参军不到两个月的韩先楚，参加了平生的第一次战斗。

他所在的黄安（今红安）、孝感地方游击大队，到鄂东北农村发动群众，建立苏维埃政权，与当地的民团、红枪会之类地主武装发生冲突。红枪会员光着膀子，脸上用锅底灰、染料涂抹得黑蓝青紫，一个个生死不惧的凶神恶煞模样，一股黄潮般卷杀过来。有人叫了起来："他们喝符了，刀枪不入哇！"一人往后跑，都跟着往后跑。大队长挥着匣子枪，大喊"站住、站住"，见制止不住，也随着人群往后跑。

兵败如山倒。

班长韩先楚冲了上去，一把抓住大队长，大喊："不能跑！不能跑！"

人说"擒贼先擒王"，韩先楚却把那杆汉阳造的枪口，对准了自己的大队长："谁跑打死谁！"

在大别山春日弥漫着火药味的阳光里，只见这位个头不高，黝黑精瘦，平时少言寡语，自然也就不怎么引人注意的韩班长，两眼血红，脖子、额头和太阳穴上的青筋鼓凸着，使劲挥动着那杆老旧的汉阳造："趴下，都趴下，打！打！打啊！"

勇敢是军人的第一品性。这工夫已经尿了裤子的人，日后也可能成为英雄。而韩先楚的这种品性，是与生俱来的，无需培养、打造。

旋风部队特色，一猛一奇，用兵之奇，一支奇兵。对手不知道会从何而来，总是在他意想不到之处突然而至，迅疾、猛烈，摧古拉朽，一下子就把他旋得云里雾里。而这种奇，或曰智，或者军事天才，并不是什么样的著名军校和韩先楚们置身的战争大学所能全部造就的。

一个人的本质，包括经过后天开发的先天的潜质，是没有任何其他什么东西可以替代的。

有人在枪林弹雨中活了下来，凭资历也能当上将军。有人尽力了，却总是不能突破，达不到那种高度。有人曾经辉煌一时，之后即黯淡无光。韩先楚则不同。他是经战争这所不带任何虚妄的大学，检验出来的那种不可多得的高才生。如果觉得不可思议，只是因为对他的军事天才和全身心投入缺乏研究、了解。

他的部下也一样。

所谓用兵，就是用将，用这支部队的作风。

3/ 胜利在腿上——战争家常五

1948年11月，根据中央军委命令，东北野战军所属的1至12纵队，依次改称38军、39军、40军、41军、42军、43军、44军、45军、46军、47军、48军、49军。长春起义的国民党60军，改编为50军。每军辖4个师，5至6万人。

从38到49军，12个主力军按全军序列编成4个兵团（12、13、14、15），每个兵团3个军。特点是不按序号，每个兵团有个排在首位的主力中的主力军，12兵团是40军，13兵团是38军、14兵团是39军、15兵团是43军。据一些老同志讲，当时广为流传的"四野三只虎"，其主要根据就是这个排名。后来在朝鲜战场上，这三只四野的"王中王"密切配合，上演了一出出战争大戏，好戏！当然，这是后话了。

由3纵改称的40军，军长韩先楚，政委罗舜初。所属7师、8师、9师，原辽南独1师，依次改称118师、119师、120师和153师。118师师长邓岳、政委李伯秋，119师师长宁贤文、政委刘光涛，120师师长郑大林、政委李改，153师师长管松涛、政委蔡炳臣。各团番号由19团至27团，依次改称352团至360团，153师下辖3个团为457团、458团和459团。

需要说明的是，此后的上级电报中，有时仍以老番号称之，就像今天仍有村民称村为"大队"一样。

1949年3月11日，东北野战军改称第四野战军。

国共内战，就像摔跤，二人相抱，各自运用力气、技巧，想把对方摔倒。如果说辽沈战役前，国民党已经力不从心，仍在勉力支撑，战役结束已是大厦将倾。待到淮海、平津战役落幕，国民党在大陆也就剩最后一口气了。

无论这口气好不好咽，多么不想咽，国民党军队已经由内战初始时的430万人，锐减至204万，其中正规军为71个军227个师115万人。军长、师长当着，"军座""师座"被人叫着，其实也就是个师长、团长罢了。何况这些军、师又多是新建和被歼后重建的，由士气、装备、训练水平和实战经验构成的战斗力，已统统打了折扣，且分布在新疆到台湾的广大地域和漫长的战线上，战略上已不能组成有效的防线。而共产党军队则由120万人猛增至400万，其中五大野战军218万人，一个四野即达80余万，装备更是无与伦比。

人到了什么时候都免不了做梦。国民党逃去台湾还叫嚣"反攻大陆",这一刻则是加紧构筑长江防线,梦想将解放军阻扼于长江以北,然后伺机卷土重来。

根据中央军委部署,由40军、43军及部分炮兵、工兵、后勤分部组成四野南下先遣兵团,箝制武汉地区的白崇禧集团,策应二野、三野渡江作战,同时为四野主力南下建立前进基地,并随时准备粉碎美英帝国主义可能的武装干涉。

2月25日,40军由北平近郊马驹桥、麦庄、通县、大羊房地区动身,兵分两路,沿平汉铁路东侧南下。

保定、邢台、邯郸,3月23日过黄河,在郑州休息两天继续南进。30日后,陆续收复驻马店、确山、明港、长台关、信阳。

4月底,主力进至横店、黄陂、杨店驿一线,准备进击武汉。

5月11日,会同43军攻占黄冈、团风一带滩头阵地,扫清江北据点。15日,118师352团及师特务营经激烈战斗,清除汉口外围标子湾、刘家庙之敌。16日拂晓,352团准备强攻溾口沙河,发现敌已南逃。118师即刻疾进,7时占领汉口,而后迅疾渡江,占领武昌、汉阳,华中重镇武汉三镇宣告解放。

解放战争中,没有像四野走路那么多的部队了。

而四野能和40媲美的,也只有这一刻正与之并肩南下的43军了。从白山黑水到天涯海角,除过长江和琼州海峡坐船外,都是用这双脚一步一步量出来的。

战争年代,行军是比打仗还多的家常便饭。像红军、八路军、解放军这样能行军的军队,在人类的战争史上也不多见。行军是为了打仗,行军打仗是连体的,人们也常把"行军打仗"挂在嘴上。

只是平津战役后南下这次行军,与以往大不一样。

一是走了一个多月也没打仗,以往哪有这事呀?还有辽沈战役后进关,夜行晓宿,在鲁中、冀东打游击,也是摸黑走路,这回就大天白日行军,敌人飞机还不来捣乱。沿途百姓这个热情啊,到宿营地洗脚水就烧开了,保定、邢台、邯郸等城市还组织数万人的欢迎大会。除了118师北平入城式外,40军这种场面还真是见得不多。尽攻城略地了,枪炮打进去的,老百姓早躲起来了。119师还奉命进入郑州,胜利之师,威武之师,文明之师,接受人民检阅。120师就说下回该轮到我们了,153师说什么时候轮到我们呀?

与以往每年的365天大不同的,是个似乎微不足道的细节,从北平南下行军后，开始过礼拜天了。以往除夕夜有时都在行军、作战，共产党和她的武装力量，什么时候过过礼拜天哪？而拿起枪之前的农民，世世代代关注的是节气，不能误了农时，除了那些传统的节日，有几多人晓得7天为一个礼拜，礼拜天还要歇上一天哪？而这意味着什么，还用说吗？

今天怎么又不走了？哦，礼拜天了。许多人还不习惯，有人说歇什么礼拜天哪，快点打到江南去，解放全中国，天下太平一块过呗？就像今人把双休日攒到国庆节过长假似的。

从东北，到华北，
向华中，向华南，
我们胜利向前进，
没有敌人能够阻挡我们。

一路高歌，有时还能看到军文工团、师文工队的人在路边宣传鼓动，或唱或说，来上一段。

老人都说，在河北、河南那一个多月行军，是最轻松、愉快的，太享福、太幸福了。

过江后就难了。

正常行军，以团为单位，营与营相距半公里左右，连与连在山地通常以看得见为准。中间一次大休息，吃顿饭，10公里左右一次小休息，解个溲，整理一下装具。一般一天行军30至40公里，急行军不低于60公里，强行军就没准了。118师353团在广西，一天一夜140公里，那就是一溜小跑。不知道这是个什么记录，反正能打仗的部队，都是能跑路的。

一支步枪3公斤多，冲锋枪稍重点，100发子弹5公斤左右，4颗手榴弹不到3公斤。一个班有时一半人有炸药包，或者爆破筒，一般5公斤左右，一个背包3.4公斤，还有水壶、锹镐什么的。从武汉出发时，战士每人背7至9天粮食，连排干部背大洋，每人几十上百块。国民党完蛋了，那钱也不中用了，共产党的人民币新区群众还不认，就大洋好使。

那时有句话："是兵不是兵，背上五十斤。"

机炮连的重机枪排，每人负重都在 35 公斤左右，轻机枪和 60 炮不低于 30 公斤。

同样的负重，江南行军难，难在雨多路况差。

东北交通发达，铁路、公路多，老百姓称公路为"电道"，形容道路宽阔、平坦，走路像电一样快。江南公路、大路本来就少，国民党撤退又把桥梁破坏了，经常走乡间小道，有时还走田埂。正是雨季，那天像漏了似的，满世界水淋淋的，一踩一滑，人踩马踏，一脚下去泥汤子没脚脖子，你就一脚一脚地拔去吧。田里劳作的妇女，挑秧的在田埂上一溜小跑，扁担颤悠悠的那么轻盈。扛枪的北方汉子踏上去，一会儿一个仰八叉。

冰天雪地中行军，那人呼哧呼哧喘息，喷吐一团团雾气，远远望去像腾云驾雾的天兵天将。这回到了江南，一个个都成了泥猴。

白崇禧集团成了国民党的最后一张王牌，四野南下的主要对手就是桂军。广西部队装备轻便，士兵穿大裤衩子，那人从小在山里转，在田埂上遛。南方人喜欢打赤脚，那脚丫子扎煞着，不像穿鞋的北方人，5 个脚趾头紧拢着。桂军的马是南方小马，马背没人肩膀高，灵巧，善爬山，走田埂、小桥挺利索。40 军的北方马，缴获的日本大洋马、美国大骡子，个大有劲，到江南也像老牛掉井里了。

湘赣战役前，过鄂湘赣交界的九宫山、幕阜山。幕阜山脉上下 50 多公里，118 师炮兵营走了 3 天多。

陡处坡度 40 度左右，一条羊肠小道下边大都是悬崖断壁，一个人、一匹马停下，后边队伍就动不了了。日本大洋马、美国大骡子受过正规训练，听指挥，叫怎的怎的，这工夫也是浑身直哆嗦。上山时，驭手在前边抓着缰绳往上拉，炮手在后边推屁股；下山时，驭手在前勒缰绳，炮手在后拽尾巴。许多石板路，天然裸露的岩石，人走着挺舒服，一些马腿、马屁股磕的那血啊。

离休前为 40 军政委，当时是炮兵营教导员的谭顺田老将军说，我们营还都安全通过了，有的部队有人马炮滚下去了。

开头停下来，后面还往上传口令，让"加快速度"。心里都急呀，想赶上部队，跟上步兵，没有炮火支援，步兵伤亡大，吃亏呀。后来除了滚下山崖块石头，能引起一阵惊叫，以为有人马摔下去了，再就没声了。不是不着急了，实在是有气无力了。

有的部队，一天只挪动1公里左右。

不知道是不是创了全军"纪录"，肯定是四野"纪录"了。

毛泽东问他的卫士李银桥，手重要，还是脚重要，李银桥说手重要。毛泽东说不对，没有脚不能走路，不能走路就不能革命。

老人都说，那时打仗就怕腿脚受伤，一瘸一拐的跟不上队伍了，在部队的革命就"成功"了。

翟文清老将军说，行军途中休息，班长喊"空空脚"，把背包放地上，再把双脚放背包上躺一会儿，让血液循环得快些。到了宿营地三件事，烫脚、吃饭和睡觉，宁肯不吃饭，也要烫好脚。走一天那脚都木了，烫得红红的，血液循环开了，解乏，腿肿了还能消肿。那时烧烫脚水用柴，是正式列入经费开支的，我记得南下时每人每天1斤柴钱，在东北好像是2斤。

脚该烫到什么程度，班长、副班长要一个个检查。烫好了，开始弄泡。用针扎两个眼，把里面的水放出来，再把马尾巴穿进去，这样针眼不会封死。然后用火烤，烤硬实了，老皮厚了，再走就不打泡了。东北战士抽烟的多，泡少的用烟袋锅的火烤，泡多就慢了。东北冬天家家户户都有火盆，放在炕上，几双脚放在上面烤，挺方便的。

老兵脚底厚厚的硬硬的一层老茧子，不然怎么叫"铁脚板"呢。新兵少有不打泡的。行军路上"扭秧歌"的，基本都是新兵。有的班长都不用看，就知道是强大的"泡兵"。

烫脚、挑泡、烤泡，一个连忙活下来得个把小时。

走路靠脚，脚靠鞋。

追击敌人，轻装，除枪支弹药什么都能扔，就是不能扔鞋。

鞋要跟脚，宁大勿小。大了，鞋后帮上缝两根绳，拴脚脖上，再在鞋底、脚面上绑几道。小了，把黄豆沾湿塞进去，黄豆膨胀就撑大了。休息时穿新鞋，行军时穿旧鞋。那时大都是布鞋，新鞋鞋底硬，麻线头不平，容易把脚磨起泡。途中休息，把鞋里沙子倒净，袜子破了也容易打泡。

南方人到东北学习穿乌拉，东北人到南方学习打草鞋。

刚到东北时，有的部队发日军的大头鞋，这东西挺结实，就是沉、笨，还不抗冻。后来穿乌拉，东北人冬天穿乌拉。晚上把乌拉草掏出来，弄蓬松了放炕上烘干，第二天再絮进去。东北人三下两下就弄好了，里面匀匀乎乎一个窝，脚伸进去可舒服了。关里人开头手比脚还笨，这儿薄了，那儿厚了，厚了硌脚，薄了冻脚，慢慢地也练出来了。零下40度趴在雪地里，也能抗上一两个小时，还轻快，不然这乌拉草怎么能成为关东山的"三宗宝"之一呀？

一双布鞋，干爽地行军能穿个把月，雨天水地里两天就完了。草鞋是见水更紧实，鞋底沾些泥，水沟里一涮又轻快了。南方兵和团以上干部，大都会打草鞋，北方人跟着学。官兵有空就坐在那儿打草鞋。先搓麻绳，用麻绳做筋骨，再往上编稻草。纯稻草的能穿个把星期，叫"礼拜鞋"，用布条编的能穿个把月。行军时看吧，一个个屁股上都挂着几双，千军万马过去，那路上破草鞋也甩得到处都是。

离休前为40军炮兵团团长的李如吉老人说，炮兵要管好自己的脚，更要管好马的4个蹄子。炮兵没马寸步难行，那马才是炮兵的两只脚啊。

到了宿营地，遛马、铡草、喂马，炮兵把马伺候完了，才能管自己的脚和肚子。睡得再晚，也得起来添些草料，马不吃夜草不肥呀。

遛马是最重要的，相当于人的烫脚。走了一天，人困马乏，到宿营地了，是最容易松懈的时候，宁可糊弄自己的脚和肚子，也得把马遛好。

在东北的冰雪路，马蹄子咔咔响，踏得冰雪直飞。南方的石板路打滑，下雨淌河的，马蹄子泡软了，马蹄铁挂不住，那是马的鞋啊。马蹄子，马蹄子，看看马蹄子。干部经常喊，班长也喊，还得一个个都看到。马蹄铁磨秃了，或是掉了，马蹄子磨坏了，马拐了，那马就失去战斗力了。如果没有备用马，少驮一个部件，那炮就打不响了。

广西战役，打下玉林，352团缴获一张中国行政区地图，大家围着看。有的找自己的老家，有的找那些打过仗的地方。从山东到东北，再到华北、华中、华南，中国这么大啊，咱们走了多少里路哇？光南满那些路就走了多少个来回呀？

海南岛战役，从海口追到三亚，没事了，也拿出地图看，七嘴八舌议论一番。

离休前为武汉后方基地副政委的李世奎老人，南下时是40军保卫部长。他是湖北大悟县人，1931年参加红军，头一年在大别山打游击，一双铁脚板，到处钻山沟。1932年10月离开鄂豫皖长征，开始东南西北走中国。红4方面军尽走冤枉路了，光草地就过了三次。二过、三过草地时，一过时的一些烈士遗体还没烂。

老人说，走路不怕，就怕负伤，就怕腿脚负伤，我这两条腿都负过伤。

第一次负伤是长征过夹金山前，左膝下被子弹打穿了，当时他是11师33团1连指导员。团长给他几块银元，让他留下养伤。他说我不会拖累部队，砍棵小树，做根拐杖，"三条腿"跟着走。

后来得知，红4方面军离开大别上时留下的伤员，长征一路留下的伤员，有的被白匪杀害了，有的被地主弄死了，活下来的没多少。

老人说，新中国是用枪杆子打出来的，也是用脚走出来的，活着的人和死去的人用脚走出来的——胜利在腿上。

海南岛战役，走到天涯海角了，这回该歇歇这双腿脚了吧？

还要跨过鸭绿江，走到平壤，走到汉城（今首尔）。

4/"东北虎"不是"华南虎"——战争家常六

武汉解放，118师和153师执行城市警备任务，353团1营住在南洋兄弟烟草公司的大仓库里。第二天清晨，赵兴元起床后，见马路边停辆卡车，车厢里架顶蚊帐，司机穿个裤衩子在里面鼾声如雷。如今北方部队也发蚊帐，那时江南人家徒四壁，买不起床也得有顶蚊帐。可从山东到东北，再到华北，赵兴元哪见过蚊帐啊？就琢磨这是个什么东西呀。

通讯员起床了，赵兴元见他脸上红红的，都是疙瘩，说你怎么了，通讯员说，你脸上也是呀。赵兴元摸了一把，疙疙瘩瘩的，这才觉得脸和胳膊腿上这个痒啊。进屋看，墙上棚上全是蚊子，一个个肚子圆鼓鼓的。

全营全团全师全军都一样，四野南下部队都一样。

连队晚点名，有人痒得实在受不了，挠一把。连长说："蚊子咬一口能怎么的，还能咬死人哪？"

真就咬死人了。

首先侵袭上来的是中暑。

2月的北平还是冬天，越往南走，天候地理越温暖，未到长江边已经满眼青山绿水了。官兵惊奇又高兴，说咱们老家那边还穿棉袄呢，这世界还有这么好的地方啊，太养眼了。5、6两月在武汉，已感大火炉的威力。7月发起湘赣战役，正是酷暑盛夏,那人哪受得了啊?

  历时40多天的湘赣战役,桂军跑,四野追,那天像下火似的。队伍中有人晃晃悠悠的,那就是不行了,赶紧扶住。慢了,或是没看到,那人就摔倒了。中暑的人头昏、恶心、胸闷、喘不上气儿,重的会高烧40度,手脚抽筋,口吐白沫。赶紧抬到路边树荫下,脱下帽子,解开衣扣,有水赶紧灌几口,再往头脸上泼一些,拿帽子、用衣襟使劲扇乎,还掐人中、掐虎口。

  8月初,正是伏天,打下攸县,赵兴元向团里报告,1营热死两个。作训股长李喜德说,全团热死8个。

  中暑的,热死的,几乎全是北方人,东北人最多。东北人本来就多,一个连少说也在一半左右。东北人身高体壮,到江南就不行了,从零下40度到零上40度,水土不服,不抗热。

  平津战役后,李洪奎提为团政治处主任,湘赣战役带收容队。路边那人多了,东倒西歪,横躺竖卧,见收容队上来了,有的坐起来招手。大都昏昏沉沉的,有的爬进林子里,林子密,遮光,凉快。背包都在路边放着,有背包就有人,活要见人,死要见尸。倒在那儿一动不动的,那就危险了,首先救助这些人。

  过九岭山收容1000多人,就是说全团近一半人进了收容队。热死5个,就地掩埋了。

  那人多累都不怕,抗不了的是个"渴"字。各级都强调不能喝生水,却拿不出办法,也不可能拿出办法。渴了不能喝水,最容易中暑了。喝点水,浑身毛孔立刻张得大大的,好像立马就蒸发出去了。别说水壶那点水,背上个水桶都不够,更不用说有人还没有水壶了。江南水乡,到处是水,路边水沟、稻田,路上坑洼处和马蹄窝里也有雨水。

  许多老人说,现在要是喝上一口,八成就得去火葬场爬烟囱了,那时年轻,那也不行啊。晚上查铺查哨,你听吧,一个个肚子稀里哗啦的,那屁吱哇乱叫。一些人一遍遍往厕所跑,有的提起裤子走几步,又回去蹲上了。行军、追击敌人不能总蹲啊,弄块破布塞裤裆里,像女人来例假了似的。

  最多也最可怕的是打摆子,比中暑死得还多。

  352团1营,过江后就4个人没打过摆子。

  打摆子先冷,半小时、个把小时后开始发热,烧到39、40度,恶性的能达到

42度，基本就没救了。有的一天发作一次，有的隔天发作，有的三四天一次，还有一天几次的。不管多长时间一次，你上午8点，他下午3点，到时候就来"上班"了，那才准呢。又冷又热折腾你两三个小时，出身透汗，身子轻快些，那人就越来越虚弱，脚下也没根了。

发作起来，头痛眼花，口干舌燥，脉搏、呼吸加快，恶心呕吐，有的还拉稀。论起防冻、治疗冻伤，老兵都有一套办法。可这打摆子就像中暑一样，猝不及防，没有治疗南方病经验的医生，开头也搞不清是种什么病，就算确诊了，也没有药啊。

好在不是同时"上班"。行军时，"下班"的照顾"上班"的，大家轮流互相帮助。全连150多人，谁何时"上班""下班"，连排干部和班长都有数。晚上查铺查哨更得留心。早晨起床，见谁没动弹，那心一下子就吊了起来。用手晃晃，还没反应，赶紧送团卫生队，或者直接送去师医院。

"好汉架不住三泡稀"，又打摆子又拉稀的，八成就熬不过去了。

一个营、一个团的老乡见面，唠起谁"热死了"，谁"叫蚊子咬死了"，就眼泪吧嗒的。

有人就骂，"热死人"，"热死人"，说说而已，真就热死了！敌人的枪炮没打死，跑到这地方热死了，大老爷们叫小蚊子咬死了！

还有烂腿烂脚烂裆生疥疮。北方干燥，南方潮湿，易生霉菌，那身上又成天泥呀水呀汗的，腿脚碰破点皮，被蚊虫叮几口，就溃烂了，疥疮也上身了。正负40度，水土不服，"东北虎"不是"华南虎"，那人就变得娇气了。只是比起中暑拉稀打摆子，这些已经不算病了。

老天爷和疾病，成了最可怕的敌人。

雪上加霜的是断粮了。

白崇禧是有准备地撤退，一是炸桥毁路，二是"空室清野"，拿抗战时对付鬼子的那一套对付解放军。部队进展太快，粮食运不上来，只能在当地勉强筹点。林彪等人给军委的电报中说，40军"部队现筹现吃有的只能吃两顿稀饭"。

"东北虎"病饿交加。

《40集团军军史》载：

进入江南以来，部队连续行军作战，缺粮缺菜，又缺乏南方生活管理经验，部队非战斗减员增多，仅第一一八师重病员即达2875名，其中北方人占83%。

翟文清老将军说，辽西会战，打胡家窝棚头天傍黑，我寻思该埋锅造饭了，营里传达团里命令，不吃饭了，追。打胜仗是硬道理，胜利能当饭吃，当觉睡。打完辽西返锦州，吃饱喝得了，那人却不行了，乏累困，走路直打晃。可那工夫枪一响，那人立刻就精神了。湘赣战役也一样。枪一响，稀不拉了，摆子不打了，肾上腺素分泌，枪响治百病。可一回两回行，还能总这样"治病"吗？每个连都在一半左右。我从未见过那么多病号，这回是真的不行了，真着急上火啊。

7月23日，林彪等人在给军委和各兵团的电报中说：

湘赣主力部队决在三伏天内不做大的行动，以利于修养主力及开展地方工作，各军应进入指定地点休整；休整期间，为扩大占领区及对于尔后之进军，各兵团均应派出先遣师压迫敌人东退。

从8月1日至9月10日，四野11个军和配属的二野4兵团4个军，分别在鄂西南、湘西、湘中和赣中、赣西南休整40天，先是突击治病，然后练兵，时称"兵强马壮"运动。

40军在攸县一带休整。

村镇一下子拥挤起来，好多成了医院。这几个村镇住院的是疟疾打摆子，那几个村镇是痢疾拉肚子，非传染性疾病再集中几个地方。开头是团师军的医生，后来四野所属各个野战医院的医生也来了，那么多穿白大褂的人，好像一下子就从哪儿冒出来了似的，还有日本人。医生到，药也到。那时那人很少吃药，对症下药，立竿见影。

八·一五后，许多日本人滞留东北，先后有约4000人参加东北民主联军，其中主要为医护人员，还有航空、水电、机械、财会等方面的技术人员。辽沈战役后，医护人员几乎全部随军进关、南下，足迹遍及白山黑水、平津地区和中南6省。

40军也有些日本医生，好多老人谈到日本医生，说他们技术好，态度也好，没他们自己早残废了，或者没命了，并一个个地念叨着他们的名字。就是，谁能忘了救过自己命的人呢？

老人都说，一支部队有个好医生，能多活多少人、少残废多少人哪！

粮食也到了，从东北运来的。在江南吃东北大米、高粱米，那个亲哪。那高粱米叫"文化米"，白生生的，煮熟喷喷香，比东北大米还好吃。

病好了，吃饱了，练兵，练南方山地和水网稻田行军作战。

像东北的冬天，干部、班长常喊"搓搓手，跺跺脚，揉揉鼻子和耳朵"一样，自湘赣战役大规模非战斗减员后，因水土不服引发的一些南方的常见病、多发病，就被各级干部和战士挂在嘴上，成了家常话。

实际上，上述疾病，特别是打摆子，一直伴随40军到海南岛。但是，发起衡宝战役已是9月中旬，秋天凉快多了。更重要的是有药有经验了，知道该怎么预防了。

5/ 战争是雄性的——战争家常七

冰河在春天解冻，
万物在春天里苏生，
被压迫的妇女在三八解放。
……

唱这首《三八妇女节歌》的杨永珍老人，离休前是总后勤部工厂部军需生产技术研究所政治部干事，南下时是40军文工团员。

杨永珍是安东（今丹东）人，初中毕业考上安东女高，家穷，念不起。"八·一五"光复，山东八路军过海到安东，成立个联合中学，她去报名，报名就收了。爸爸说这不是念书，是当八路啊。妈妈就哭，说你个姑娘家能行吗？爷爷耳聋，听不清怎么回事，说我大孙女要干什么啊？妈妈说她去上学。那天下大雪，妈妈给她找几件衣服，还有个小褥子，包个包，一再叮咛，送出好远。

国民党进攻安东，联合中学随部队撤到通化，通化又被占了，学员分配到各部队，杨永珍到3纵政治部宣传队。平时排练节目，下部队演戏，行军做宣传鼓动,比较大的战役伤员多,分到医院、包扎所护理伤员。

印象最深的是辽沈战役。在北镇附近一个村子,大炮一响,一股疾风,窗户啪的一声倒了,砸在炕上。老乡趴在炕沿下,大老爷们吓得说不出话来。杨永珍说没事,别怕。她是老兵了,心中有数。曹华也跟着说没事,别怕,挨着她的身子直抖。

3纵医院在那个村子设个临时包扎所,伤员从前线送来,处置一下,再由担架队或大车送去后方医院。她和曹华负责5间房子的30个伤员。曹华17岁,吉林西安人,挺能干,唱歌好,就是胆小。

枪炮响后不到3个小时,伤员就下来了。炕上地下,地下铺的稻草,伤员排一溜,两个人给喂水、喂饭、接尿。伤员流血多,口渴,医生只让喝一点,喝多了会加快流血,伤员不懂,有的骂人。有的喊"撒尿""撒尿",没等接完,抢过去就喝了。

最可怕的是眼球震出来的,送炸药包炸地堡震的,在脸上耷拉着。曹华吓得转身就跑,杨玉珍说你快去找医生,快跑!快跑!

有人耳朵震聋了,人也懵懵懂懂的,站起来乱走,把伤员踩得嗷嗷叫。杨玉珍和曹华搂腰抱腿的,怎么也抓不住,拼命喊:"来人哪!来人哪!"

一个排长,招手让杨玉珍过去,问她什么地方人,哪年参军的。又说他是哪里人,家里有什么人,想回去看一眼,挺清醒的,一会儿就不行了。杨玉珍和曹华举着油灯,浑身看遍了,也没发现哪儿有伤。

杨玉珍老人说,从一保临江开始,打大仗我们就干这个。开头那眼泪流的啊,后来见得多了,心就"硬"了。可看到这种场面,泪水还是扑簌簌直流。那时就着急抬架队怎么还不快来啊,快点送去医院,好多救活几个啊!

40军宣传队最惨的一次,是在雷州半岛海康县,南下后改称文工团(师叫文工队)了。到个村子宿营,女人爱干净,到村边小河洗衣服、洗头、搓身子。突然飞来架敌机,俯冲扫射,伤亡20多人,小河都红了。尚青、王惠倒在河边,高峰、丁强在河边树下,坐那儿牺牲的。丁强演老太太是一绝。高峰是女高音,唱得好,长得漂亮,锦州义县人,官兵叫她"义县之花",文工团的头号明星。

听说"义县之花"她们牺牲了,官兵眼睛都红了。那架飞机也够猖狂的,转一圈又回来了。大家早准备好了,步枪、轻重机枪这一阵猛打啊,眼瞅着飞机冒烟掉下来了，还打，把飞行员活捉了。

本书开篇就说了，参加徂徕山起义的，有平津地区和济南、泰安的学生，其中还有些女学生。成立4支队，即有宣传队，全是学生，人称"学生队"。

平津战役后，平津地区大量青年学生参军，40军文工团（队）一下子多了几十人，都是北平的。

南下行军，开头每天30公里，老兵像逛街玩儿似的。通县女子师范学校学生韩绍玲，一天下来两脚泡。参军前，从家门到学校，连3公里也没走过啊，到了宿营地，老同志帮着洗脚、挑泡，用马尾巴穿上，再用煤油灯烤。有人疼得嗷嗷叫。韩绍玲眼泪也直淌，使劲咬紧牙。

第二天起床，那脚不敢着地。队伍中的新兵，从前边看一个个龇牙咧嘴的，从后看像鸭子似的一瘸一拐。部队赶上来了，有人就喊，文工队的同志真卖力呀，刚上路就扭秧歌了。

行军累，还不敢休息。走上半个多小时，那脚走木了，就不觉疼了。休息缓过来，有知觉了，不又疼上了吗？新兵就不休息，继续走，慢慢走，龟兔赛跑，跑不到前边去，也不掉队。

在海康牺牲的尚青，也是通县人。胖，脚上泡不说，大腿根还磨破了，开头不出血，光淌油。她以为大家都一样，不说，班长看出不对劲了。有人说她是通县潞河中学的，有人还说她家挺有钱，那就更应该娇生惯养了。都说她要强，从不说软话。很快磨炼出来了，帮体质差的同志背东西。新兵行军不掉队就是好样的，还帮助别人就能立功。

大学生张谷，又高又瘦，最能摔跤，平光光的路也摔，怎么也锻炼不出来。过江后更是惨不忍睹，鼻青脸肿。

想解手，去路边林子、草丛里。没有遮蔽物的地方，找个低洼处，大家背对你围一圈。韩绍玲越急越解不出来。别说路上大队在行军，围着这一圈人也不行啊，班长说，别着急，闭上眼睛，不想别的就撒出来了。

韩绍玲的体会是，当兵后什么都得学习、锻炼。

脚下走着，脑子也不能闲着。她演的那些戏和小节目，台词多是行军路上背下来的。

118师文工队50多人，10多个女的，大的20出头，小的15岁，韩绍玲17岁。

脚底板有点老茧了，行军不那么吃力了，开始登"台"演出。50多人分成十几组，几公里一个，沿途摆开，在路边找块高点的地方，主要是唱歌、说快板。不管阴天下雨，头上多大太阳，路越不好走，越要加紧宣传鼓动。看到队伍中有人背着两支枪，有的一瘸一拐也没掉队，老队员随口就能编成词儿说出去。这个说完那个唱，有部队就不能停。这支部队过去了，后面的部队还没赶上来，赶紧坐下喘口气儿，喝点水润润嗓子。后边没部队了，说唱完了赶紧跟着部队走。

在湖南休整期间，下部队演出。那时部队什么文化娱乐活动也没有，全靠文工团（队）这些人了。有大块时间，主要是演戏。《白毛女》《刘胡兰》《抓壮丁》《血泪仇》，韩绍玲在《血泪仇》中扮演儿媳妇。提倡一专多能，韩绍玲主要是演戏，说快板也行，二胡什么的也能拉一下。

一次，队长让她和个男队员去邻村借个道具。出村不远，男队员打起摆子，她说你回去吧，他说你一个人不安全。她说青天白日的，没事儿。男队员走了，她就后悔了，那也不能再喊他回来啊。山沟里，两公里路，路边草丛一人多高，好像随时都会窜出个坏人。她不敢回头，竖起耳朵，瞪大眼睛，一手一颗"王八雷"。就是那种瓜式手榴弹，有个压火，压住扔出去，几秒钟就响，所以又叫"撒手响"。还叫"四十八瓣"，上面横道竖道分隔成48块，爆炸后弹片像铅豆子似的飞，威力很大。老同志告诉她的。心里寻思，要是碰上敌人，一个扔出去，一个就是自己的了。

四野南下后过礼拜天了，还发"妇女卫生费"了。杨永珍记得，每人每月30包麻纸，足够用。可湘赣战役粮食都运不上来，哪还能有这东西呀？

从北平南下，上棉下单，越走越热，棉衣也脱了。从武汉再南下，老天爷把那麻纸都糟蹋了。如今到处都有白色污染，捡几块包几层也行。那时每人发块桐油雨布，用来包背包衣物的，如何包裹得严实？晴天一身汗，雨天裤子湿漉漉贴在腿上，血流到脚脖子上也难发现。有时看到了，拍拍前面那人，说"来了"。什么来了啊？"那个。"哪个啊？那人累得迷迷瞪瞪的，没有知觉了。

有人第一次来事，惊慌失措，我也没中弹，怎么负伤了啊？找个知心的姐姐，说我那地方受伤了，内里受伤了。听明白了，知心姐姐叹口气，唉，傻丫头。

湘赣战役期间，战场上的女性，不约而同去棉衣裤里掏棉花，行军打仗时最省事了，也最舒服了。在东北，天快暖和了，也掏。平时是几块破布，洗了晒了都硬邦邦的了，用时揉搓揉搓。

辽西会战，东去西返两过大凌河，去时河边结冰碴了，回来时河边已经封冻了。一些人在河里抽筋了，拖架上来，再拖架着猛跑一阵子。不然北风一溜，那人就冻僵了。

8师几位老人告诉笔者，部队正在渡河，突然听到上游传来哭叫声，那个瘆人哪，这辈子没听过那么瘆人的哭喊声。晚上，看不见，但是女声无疑。是师医院和宣传队的女同志。有老人说，他的老伴当时在师医院当护士，有人正来例假，有的没等进关就瘫了。

一向温和的政委刘光涛火了，把指挥渡河的干部训了一顿：打仗追击敌人没办法，现在为什么不能搞只船，或是想点别的什么法子？实在不行，让警卫营的战士背过去也行啊？

老将军说，直到今天，那尖厉的惨叫，好像还在耳边回响。

又道，如今是上级参加下级的婚礼，那时是下级参加上级的婚礼。结婚条件"二七八团"（27岁、8年党龄、团级干部），一些团级干部也没结婚，连女人的手都没握过，也是不懂啊。

而在水天水地的江南，老天爷和土地爷也并未因为她们是女性，而有稍许体恤、照护。水土不服，各种疾病一样袭击她们。没有雨具，就在那雨天雨地里跋涉。没有村庄，就在山野间露营。莫道女人来到这个世界，就应该和锅碗瓢盆、针线笸箩打交道，实实在在，她们本来就要比男人承受更多的痛苦，也就更容易受到伤害。

从鲁中、冀东到东北，再到华北、华中、华南，"旋风部队"的女性，是建立了特殊的功勋的。在某些方面，她们甚至比男人更坚韧、顽强，更富有生命力。如果剔除性别的因素，而把"男子汉"视作强者的称谓，她们中的一些佼佼者，甚至比一些男人更男子汉。

但是，战争毕竟是雄性的。

雄性的战场上突然出现一位女性，那么光彩照人，那仅仅是美，一种别样的勇武，像万绿丛中一点红，像茫茫荒漠中一片绿洲，或是一汪清泉？

她们勇敢地走向战争，投身于这种好像有违于女人天性的家常，不愧为这支英雄的部队的英武军人。

6/ "不惜战至一人一枪一弹"——名将录六

10月1日,天安门广场开国大典礼炮轰鸣,旋风部队正在湘南的丘陵山地间疾进。

4日,各师先后与桂军接触、打响,敌不支后退,即分头追击。

7日晨,40军从渣江地区出发,左路120师向大水缸、洪桥、官山坪方向追击,118师随后跟进,右路119师取捷径向文明铺、祁阳方向追击。

所谓捷径,就是走弓弦,只是这弓弦实在难走,要翻越长10余公里,高千余米的衡山山脉七峰之一的五峰山。秋雨绵绵,山高路滑,与湘赣战役翻越幕阜山差不多。不可同日而语的是,3个月前猝不及防踏进了江南的大火炉,而今凉快多了。经过休整,"兵强马壮"运动,官兵的体力、气色和精神头,也和那时不一样了。

三天两夜急行军,饭走着吃,有时歇会儿,那人躺着坐着就睡着了。

有人说,这样下去把部队拖垮了。师长徐国夫说,咬咬牙,成败就在这几天。"广西猴子"(四野官兵称桂军为"广西猴子",形容其行动敏捷)地形熟,行军力强,不能让他跑了。

徐国夫心里没底:"这一路也没见个敌人影儿,会不会早跑了啊?"

刘光涛说:"不会,他们没我们快。"

9日下午,部队进至杨家桥,徐国夫下令原地休息,生火做饭。

部队太疲劳了,是得歇歇了,不然追上敌人也难打了。

师部在村东几户老乡家休息。徐国夫问房东老汉,这几天这里过没过兵。老汉说没有,又指着门上墙上的大红"囍"字,说你看俺刚给儿子办完喜事,过兵谁还有心思办喜事呀?

参谋长夏克说:"与军、兵团和总部联系过了,都没说这一带有什么敌情。"

▲徐国夫

饭好了，还没端起饭碗，就听房后山上响起一阵机枪声。

有情况！徐国夫拔出腰间匣子枪往外跑。跑上山顶，就见约一个连的敌人，正往山上爬来。脚跟脚赶到的师警卫营一起开火，就势一个反击，捉住几个俘虏。一问，是7军171师的先头部队。

20倍望远镜里，北边3000多米外的一个大川子里，一顶顶全是白色、黄色的帐篷，一缕缕炊烟从川子里袅袅升腾。敌人也饿了、累了，今晚要住下不走了。

天哪！119师师长抓着望远镜的手，激动得有些发抖：这几天终于没白跑，这回看你往哪跑！

一个将军，即便一生横戈马上，这样的机会又有几多啊？

马上给军、兵团和总部发报。

一个小时后，林彪等人的电报到了：

> 来电获悉，甚喜甚慰。坚决堵敌南逃祁阳，不惜战至一人一枪一弹，也要守住阵地，坚守到主力到达，围歼该敌。

这一刻的林彪和白崇禧，有点像4年前的林彪和杜聿明，只是角色完全倒过来了。

杜聿明闯到关东后，极力寻求与林彪决战，林彪躲过锦州，没躲过四平。毛泽东让他"化四平街为马德里"，林彪勉力而为，眼看不行，抽身而去。四野过江后，则是林彪极力欲与白崇禧决战。人称"小诸葛"的白崇禧，也是一个字"退"，从武汉到衡阳，连让3省。退却当然不是目的。林彪瞅准机会，在秀水河子给了杜聿明一个颜色，全歼全美械装备的一个加强团。"小诸葛"则在青树坪讨了点便宜，不动声色中，让人感到这个对手的劲道、分量。

9月13日，林彪三路大军出动，衡宝战役鸣枪。左右两路大迂回、大包围，包抄白崇禧的广西老窝，中路40军、41军、45军向衡宝地区正面实施突击。白崇禧重施故技，调集主力，企图寻机打击中路突出部队。林彪命令中路各军停止前进，诱敌北进，决心在衡宝地区歼其主力。一个谁也没有料到的意外出现了。行军状态的45军135师停下休息，架设电台收听到军里焦灼万分的呼叫时，已经过去10多个小时，插到重兵布防的敌后了。林彪立即把这枚棋子抓到手里，重新排兵布阵。"小诸葛"自然也不敢怠慢,调集4个主力师轮番进攻,都被135师击退。白崇禧决心动摇,6日午夜全线西撤,退往广西。

135师是一个偶然因素,突然出现在敌后,站到了衡宝战役一个举足轻重的关节点上。119师是拼命赶路,抢到敌人前头去了,堵个正着,给桂系赖以起家的精锐致命一击。

徐国夫边向军、兵团报告敌情,"请求邻近部队向我靠拢",边部署兵力迎接这场恶战。

也不用看地图,站在房东家北山上,周围山头、高地一目了然。

356团抢占腊冲山、茅草岭等制高点,357团扼守兴龙山、松山亭等高地,炮兵营在杨家桥西侧占领发射阵地。355团是119师主力,最能打,留作预备队。白崇禧的7军是条疯狗,被断了后路,肯定狗急跳墙,关键时刻再把355团这只老虎放出去。

有119师老人说,正常行军,我们跑不过"广西猴子"。可他们睡觉,我们不睡觉,他们坐下来吃饭,我们边走边吃,他就不行了。遭遇战更要突出个"快"字,谁先展开,抢得先机,占据有利地形,谁就主动。就像两个枪手,打个照面,谁出手快,谁就是赢家。徐国夫这人胆大心细,眼明手快,这一手是很能见出功夫的。

7军也很快,不到半小时就攻上来了。

兵力由排而连而营而团,最多时同时出动两个团,向茅草岭和蜡冲山攻击,暗绿色的钢盔几乎覆盖了山坡——也真是豁出老本了。

北伐战争中最能打的,是广东的4军和广西的7军。广东钱多,4军装备没比的。广西穷,论装备7军二流都算不上,凭的是勇猛、强悍、不要命。贺胜桥之战,是北伐最激烈的战斗,双方动用精锐,吴佩孚亲自督战,把退却的旅长、团长砍头示众。4军火力强大,杀开血路,7军踏尸冲锋,有进无退,就有了"铁4军"、"钢7军"的美誉。桂系能从镇南关(今友谊关)杀到山海关,7军确是块好钢。衡宝战役期间,7军作为总预备队,哪里急需就向哪里出击。

徐国夫老将军说,冲锋枪、卡宾枪,7军都是美式武器,我们40军也是美式武器。7军171师冲锋比日本鬼子还厉害,不弯腰,爬山也快,在炮火掩护下,嗷嗷叫着,前边倒下后边上。有人说白崇禧总拿"钢7军"的牌子吓唬人,那也真不是唬牌的。有道是软的怕硬的，硬的怕愣的，愣的怕不要命的，你不要命了，谁怕死呀？更不用说狗急跳墙了。我对刘光涛政委说，把林总电报精神传达到连队去。他说对，坚决打好这一仗，向新中国成立献厚礼。"林总直接指挥我们了！"这是一种什么规格、待遇哇？大家激动啊，感到光荣、自豪、来劲啊！

坚守在茅草岭前沿阵地的，是356团2营副营长任志盛率领的6连。战斗打响当夜，6连打垮7军从排到团的18次冲锋。任志盛重伤，指导员庞玉明牺牲，每个还在战斗的人的身边，几乎都有战友的遗体。在每秒中都可能成为生命的最后瞬间的这个夜晚，从连长徐佩林到士兵，思想异常单纯：战至一人一枪也不能丢了阵地！

357团6连防守的兴龙山丢了，355团3连把它夺了回来。

3连是英雄连队，三保临江荣获"无攻不克"称号，这回再来个"无守不固"。1排长孟庆印，攻打义县第一个登上城墙，被授予"尖刀英雄"称号。1排"三三制"队形，前三角，孟庆印抱挺轻机枪冲在最前面，快到山顶时头部中弹牺牲。副连长公茂英率连奋勇向前，夺下兴龙山后重伤牺牲。

副营长带先头连，副连长带先头排，向来如此。3连不是。此战前，连长、指导员负伤，公茂英代理连长，又没有副指导员，实际上指导员也代理了。据说，他就是上篇中写到的八路军蒙阴子弟兵团的"茂子班"的十二兄弟之一。

公茂英、孟庆印牺牲，3连没干部了，1班长曹水河代理指挥。曹水河就是前面写过的"第二名陈树棠式的独胆英雄"。这位"独胆英雄"又牺牲了，7班长王文柱挺身而出，直至兄弟部队赶到，全师发起反击。

"7师（118师）打，8师（119师）看，9师（120师）围着山头转"，是3纵四保临江期间流传的顺口溜，意思是7师是头等主力唱主角，8师、9师只能警戒、打援，当个配角。8师、9师老大不高兴了，认为是7师有人编的，寒碜他们。7师说是你们不服气，捞不着硬仗打，总觉得领导偏向我们，编套嗑发牢骚，向领导施加压力。不高兴的人一听，觉得这嗑备不住还真是自己的人编的。8师、9师也有头等非头等，硬仗、恶仗用上头等，心里就踏实，要是非头等不也一样不大放心吗？可再一想，还是不服气，这头等这辈子就叫你承包了？什么时候逮住机会，非打出个头等让你们看看不可。

3年等一回，一场关键时刻、关键部位的实实在在的硬仗、恶仗、胜仗，终于让119师逮住了。

而在接下来的广西战役中，120师则开创了追击战中一个师歼敌一个军的范例。

安徽六安人徐国夫，6岁开始放牛，用他自己的话讲，是9年未下岗。直到家乡来了共产党，炒了地主的鱿鱼，闹革命去了。17岁当指导员，资深放牛娃，连"徐"字都不认识。红军有斗笠，他让文书在各自的斗笠上写上姓名，认人识字。不到一个月，重机枪连近200人的姓名就都认识了，再和全连官兵一道认识"共产党""红军""革命"。

在身经百战中认识、学习战争。

5纵（42军）是东北野战军最后组建的纵队之一，把8师师长徐国夫调去13师任师长，那意思应该说是很明白的了。安新战役后，42军奉命剿匪，他觉得不过瘾，就要求回40军，过江去打白崇禧。也巧了，119师师长提军参谋长，他就匆匆赶来官复原职——这场大战就像为他预留似的。

老师长还未走。部署停当，新老师长和政委等人开个碰头会，分析研究敌情我情，可能出现什么意外情况，如何应对。有人认为应该主动出击，不能守在这里被动挨打。

徐国夫说不行，敌众我寡，主动出击可能把敌人轰跑了，更可能动摇防线把敌人放跑了。我们现在就是要死死地钉在这里，坚决堵住敌人，等主力赶到围歼敌人。

政委、参谋长、主任赞同他的意见，认为这样符合总部的意图，也是眼下唯一正确的战法。

有老人感叹：战争年代，跟上个能打仗、会打仗的将军，是最大的幸事了。不然，白白伤亡一大堆，可能都不知道自己怎么死的。

7/ 战争马拉松——续战争家常五

白崇禧将广西划为桂北、桂南、桂东、桂西、桂中、黔桂6个军政区，委任在职或退职的高级将领为军政司令官，每个军政区给个新编军的番号，由司令官兼军长、专员兼师长、县长兼团长，实行"一甲一兵一枪"征兵征粮，破坏交通，坚壁清野——有点"全民皆兵"的味道。

广西是个穷省、小省，却是个出兵大省，且民风强悍，尚武好勇。新桂系在广西经营30多年，颇有一些手段，各种组织健全，民团底子深厚，青壮年给支枪就是战士。以往桂系败下阵来，退回广西，总能迅速恢复元气，重新杀出广西。

这回，白崇禧依然想凭借广西老家的"主场"之利，和共产党打一场。

衡宝战役，桂军被歼4.7万人，其中生俘3.8万人，将官17人。此时桂系的正规军，还有5个兵团12个军约15万人，算上从广东逃往粤桂边的余汉谋残部，共约20万人的兵力，以桂林为中心组成所谓的"西南防线"，阻止四野入桂。

衡宝战役的意义，不在于消灭了多少敌人，而在于解放战争中从未遭受重创的桂系，被打掉7军、48军的4个精锐师后，被彻底打垮了士气。

正如被俘后的7军副军长凌云上所云："这两个军被消灭后，白崇禧逃桂的残部虽号称30万，均闻风丧胆，一与解放军接触，即土崩瓦解。所以解放军入桂后，如秋风扫落叶般，在很短时间内即将白的部队全数消灭，新桂系随之完蛋。"

11月1日，林彪率轻便指挥机构，由武汉进至衡阳。4日广东战役结束，四野及配属的二野4兵团，已从湘西、湘南、广东三面对广西形成包围态势，即决定集中9个军30个师40余万人，分西、北、南三路进入广西，发起广西战役。

13日，40军从湘南出动，22日进入广西，26日进至梧州，27日渡过西江。兵分三路，118师沿自良圩向玉林追击，119师经岑溪向灵山挺进，120师向容县追击逃敌125军。

11月30日，120师追到三堡圩，得知125军已于两天前由岑溪向西北逃窜，立即改道经桑边向贵县（今贵港市）方向追击。12月1日，获悉125军又改道奔西南了，120师前军变后队，掉头经容县、玉林再追。4日午夜赶到寨圩，军里电报说125军当日黄昏已窜至木梓圩，可能经马山圩、百合圩、罗凤圩南逃，命令120师跑步前进，务必歼敌于百合圩地区。

"之"字形，90度大转弯，180度折返跑，在桂东南的丘陵山地，120师日夜兼程。

有老人说，后勤在路边埋锅造饭，路过那儿赶上了舀一缸子，或是抓一把。那人呼哧呼哧气儿都喘不过来了，怎么吃呀？这也不是一日之功，不是咬咬牙就行的。东北交通发达铁路多，火车冒几口白烟，够你跑上半天。"广西猴子"土生土长，爬山快，行军快，逃命也快，你不这样跑行吗？足足差两天的行程，就这样让我们活生生给撵上了。

5日晨，120师接到军里命令，师长张海棠急令前卫359团，10点前必须抢占罗凤圩一带阵地。团长黄国忠看看表，快8点了。一夜强行军50余公里，又两个半小时跑出23公里，赶到罗凤圩，1营直接奔去苏村西山，2营控制了苏村东山，锹镐叮当构筑工事。

敌人会不会已经过去了啊？那岂不还是白跑吗？问罢当地老乡，一颗心终于踏实了。

10点左右，像杨家桥一样，罗凤圩猛然旋起旋风。

湘赣战役，白崇禧给对手和自己算账。他一天行军50公里，解放军顶多40公里，他40公里，解放军就是30公里。坐下开饭，宿营睡觉，途中休息，彼此一样，不用算了。而今，敌人不会再翻这种老皇历了，还是想不到对手会这样快，居然抢到他们前头去了，以为控制制高点的是地方武装游击队，先上来一个连。一交手，立刻觉出不对了，随即两个营就上来了。虽然不是杨家桥的"钢7军"，也是逃命之师，就有股逃命的劲头。

可你就是上来两个团，再困兽犹斗，又能怎样？一个多星期了，忽东忽西，忽南忽北，铁脚板都磨薄了，不就为的这一刻吗？

罗凤圩一仗，毙伤俘敌8200余人。

说是全歼了125军，怎么还不到万人哪？

辽沈战役后进关，一个40军将近6万人，而此时桂系12个军才15万人——要想明了什么叫"残兵败将"，看看这时的国民党军队就行了。

不过，125军的架子倒是满齐整的。中将军长陈开荣，少将师长王光伦、陈少桓、杨文齐，另外还有3位将官——都成了俘虏。

广西战役，40军120师打了一仗，118师、119师基本就是跑路了。

▲广西战役，120师快速追击，全歼国民党第125军，俘军长陈开荣（左二）等7名将官。

当时有个口号："追上敌人就是胜利！"

湘赣战役，敌人在四野各部必经之地留些小部队，一个班，一个排，至少有1挺机枪，打伏击，突然开火，杀伤你，迟滞你前进，打一阵钻山没影了。40军也吃过这种亏。"小诸葛"并非浪得虚名。现在无所谓了。前边地形可疑，两边搜索队早上去了，没等敌人动手先开火。有时一顿炮火就行了，大部队照样前进。

过西江就开始追击，赵兴元让各连每两三天买口猪杀了，改善伙食。炖得半生不熟，来命令出发，人手一块，边走边吃。未下锅，或刚下锅不能吃，就绑在竹竿上扛着走。天热，放桶里、筐里爱坏，露在外面有风吹着能强些。那也有味儿，好歹能添补些油水。如今人们为肥胖发愁，那时那人最缺的就是油水了，有油水就有体力，就能跑。

最后4天，是没白没黑的4个昼夜。

赵兴元戴块罗马表，不时看表。团里命令几日几时赶到什么位置，跑也行，走也行，爬也行，必须到，不到不行。掉队就掉队，能赶到多少是多少，到了马上向团里报告。一个连，一个营，不管赶到多少人，连长、营长必须到，不然不算数。

白崇禧的华中军政长官公署，是被40军和兄弟部队在钦州以北的大、小董圩追上歼灭的。路上汽车、尸体、枪支、弹药、钢盔、行李、皮箱、衣物,乱七八糟的绊脚。小董圩则成了"太太集中地"。路边汽车旁、树下、草丛里,人家院子里、屋檐下、草堆边,到处都是,山坡上也一堆一堆的,一个个泥猴似的。望着公路上的解放军,有的把孩子死死抱在怀里。有的在哭,脸上分不清泪水、雨水,只看到肩头在抽动。有的坐那儿一动不动,眼睛直呆呆地不知瞅什么,木头人似的。

许多老人说,从武汉、衡阳到广西,这些军官家属跟着白崇禧一路奔逃。白崇禧坐飞机跑了,把她们全扔那儿了,也不知道丈夫在那里,是死是活。当时我们冲进小董圩,一下子惊呆了,战场上哪来这么多女人、孩子呀?

这场马拉松的终点,军部和118师是钦州,119师是防城,357团一直追到中越边境的小镇东兴。

有老人说,如果没到终点,再跑上几天也行。可到了,撞线了,那人就像被瞌睡虫叮了似的,晃晃悠悠就站不住了。

电视直播马拉松赛跑,有的运动员跑到终点就倒那儿了,胸膛剧烈地起伏,一脸痛苦状。

这些全副武装的打江山的军人,是酣然大睡,鼾声如雷,那个幸福、甜醉啊。

第十章　旋风旋上海南岛

1/ 海练

地处热带的海南岛，为中国仅次于台湾的第二大岛，面积 32 200 平方公里，环岛海岸线 1500 多公里，北端隔道琼州海峡与雷州半岛遥遥相望。守军除原驻岛部队 64 军外，主要为广东战役后逃去的余汉谋集团 4 个军的残部，总兵力约 10 万人。另有海军陆战队一个团，各型舰艇 50 余艘，空军 4 个大队，有战斗机、轰炸机、运输机 45 架，还有一些地方保安团之类。

海南岛防卫总司令部司令官薛岳，将全岛划为 4 个防区，以 32 军为主防卫琼东，以 4 军、64 军和警备 2 师防卫琼西，以 62 军、暂 13 师和教导师防卫琼北，以 63 军、警 3 师防卫琼南，另有 5 个师为预备队，全岛机动。

薛岳强调海南岛防御重点，为琼州海峡正面及两侧，在便于登陆的要点置以重兵和强大火器，构筑野战工事和支撑点，并设置水上障碍。各防区部队一线展开，不纵深配置，重点防守 12.5 公里以上的海峡正面。

薛岳将空军置于琼北地区，在海口成立海空军指挥部，由他统一指挥巡逻、封锁琼州海峡。他反复强调海空军在"立体防御"中的作用，提出"空军是关键"，"海军定成败"，要求海空军在防卫海南中起突击队的作用。

这么一折腾，这位陆军上将就觉得底气十足，而且来了雅兴，以自己的字将其命名为"伯陵防线"。

其实，谁都明白他仗恃的是什么。

12 月 14 日广西战役结束，月底 40 军即开至雷州半岛，与四野南下先遣兵团的另一个主力军 43 军，准备攻击海南岛。

第一次见到大海，北方人的粗喉咙大嗓门，就吵吵巴火地欢呼着、惊叫着，这大海怎么是蓝的啊？这海水有几个人深哪？是天大还是海大啊？有人脱下鞋，卷起裤子往里走，一个浪头打过来，噗噗抹着头脸，这海水怎么是咸的啊？许多人不信，上前捧起喝一口，咂咂嘴，又喝一口，真是咸的，就说有没有甜的啊？

从冰天雪地的东北，打到青山绿水的江南，"东北虎"不服水土，成了病虎。

而今，面对茫茫大海，从士兵到韩先楚，都成了新兵蛋子。

直到今天，一些40军老人还讲"过海的"，单指日本投降后从海上闯关东的鲁中八路军。从未见过大海的沂蒙山人，在船上吐得一塌糊涂，有人把苦胆都吐出来了。用一些老人的话讲，一些人是像拖死狗一样从船上拖上岸的。而今再见大海，条件反射，一些人立刻头晕目眩起来，有的哇哇呕吐。

全军80%以上没见过大海，那不到20%中的"过海的"，则是一听说过海就头痛。

当时主要有三怕：一怕晕船，二怕木船斗不过军舰，三怕船翻了、沉了，"旱鸭子"就完蛋了。

当年过海闯关东，那就是坐船过海，这回可是渡海作战啊，晕船晕得半死不活的，那不是白给敌人送去了吗？

防止晕船的办法挺多。首先要镇静，别老想着"我要晕船"，那样非晕不可。吃饭要适量，别多别少，菜要清淡些，也能防止或减轻晕船。在船上少活动，不看近处，尽量远望，也能起到同样效果。最重要的一条，还是到海上去练。渔民为什么不晕船？那是练出来的，不是天生的。

船翻了、沉了，"秤砣"就得沉底吗？352团1营教导员张仲先找来杆秤，让通讯员抓着秤钩一称，137斤。到海里再一称，就剩11斤了，海水有浮力。抓住船帮，或块木板，人就不会沉下去。一根桅杆可漂浮起12个人，再学游泳，主动权就多了。当时每人都做了"救生圈"，用杯口粗的竹子，绑个"井"字形，套在腋下。上策当然是不翻不沉了。船打坏了，把木榫子打进去堵洞，洞大先用棉被捂堵，再用面袋子压住。这么一练一实验，大家觉得摸到点大海的脾性了，不像原来那么可怕了。

这木船究竟能不能斗过军舰，正没谱呢，43军来经验了。

128师382团4连副排长鲁湘云，带8个人乘只小帆船在海上训练，碰上一艘敌舰,边开炮边小山似的压过来。篷绳、锚车被打断了,舵也打坏了一块,敌人以为小船不行了,站在甲板上叫喊缴枪投降,想把小船拖回去。看着敌舰进至50米左右时,鲁湘云一声"打",9个人手中的轻机枪、冲锋枪、步枪同时开火,几个敌人栽进大海。敌舰慌忙摆脱,一边开炮,一边开足马力冲向小船,想把小船撞碎。小船正在上风头,鲁湘云瞅准时机,命令舵手扳舵,就在敌舰距小船不到30米的工夫,一排手榴弹抛上敌舰,把高射机枪都炸歪了。小船上无一伤亡,敌舰拖着浓烟跑了。

两军相逢勇者胜,陆上海上都一样。

蓝色的大海,金色、银色的沙滩,在沙滩上嬉闹的孩子,红红绿绿的木瓜、菠萝蜜、椰子、木棉树、辣椒树,用海螺壳和海石垒砌的房舍,构成了雷州半岛的亚热带风情。

先是一群群帽子上缀着青天白日的残兵败将,有时还夹些穿旗袍的一身灰土的女人,徒步的乘车的急慌慌奔向码头,拥上那些铁壳的木壳的舰船,消失在南边的大海里。

接着赶来并驻扎下来的,是被当地人称作"大军"的解放军。以雷州半岛顶端的海安为中心,左至阳江,右到北海,近两千公里的海岸线顿时热闹起来,海里各种大小帆船也日渐增多。晴天雨天,日里夜里,这些高大、壮实的北方军人,就和那船和大海摽上了。这些军人在城里人眼里无论多黑,比之渔民也要差几成的肤色,在不息的海风和南国骄阳的吹灸下,也逐渐地和那些船工难分彼此了。

一次中国人民解放军建军史上罕见的海上大练兵。

首先练游泳。先在沙滩上堆个沙堆,四肢悬空趴在上面,手脚并用练动作。然后到浅水里练,再到深水里游,大都能游出百多米,较好的能游千把米。自制了救生圈后,游得更远了。

练登船,练起渡,练摇橹,练堵漏,练打敌舰,练救护,练登陆,练抢滩。先近海,后远海,先单船,后多船。根据船的大小,组织"四船一组""六船一组""八船一组"的战术训练,既协同配合,又强调单船动作,独立作战,船船有突破能力。从连到营到团的多船联合演习,重点解决航海队形、海上联络、救助,如何应对敌机敌舰的袭扰及各种突发情况,多出难题,反复演练。

在风浪颠簸的海上,怎样才能把枪打得准?352团1连9班战士侯至诚,发现船随浪由起到落,通常需七八秒钟,由落到起要五六秒钟,起落之间有 3 秒左右比较平稳,这不就是射击的时机吗?和班排长研究,试着打了几枪,命中率果然提高许多。进一步琢磨出捕捉目标要快,击发要快,力求眼心手合一。

352 团给侯至诚记功,40 军推广了他的经验。

船是课堂,海是训练场,越练越有信心。

老人都说,从长白山打到海南岛,眼前一下子大海茫茫,处处是难题,人人动脑筋,千方百计和龙王爷交朋友。敌人 10 万,咱也 10 万,1 对 1,可谁都明白,只要龙王爷不跟咱过不去,那还怕啥?上到岸上,一个能打他几个。

而鼓动这种海练热情的最重要的政治思想工作,是 40 军的传家宝之一的忆苦教育。

辽沈战役后进关,离乡离土离开东北了。进关出关,恋乡恋土,对于这支主要由农民组成的部队真是一关,更不用说平津战役后南下了。当时全军进行"将革命进行到底"教育,3 纵当初搞忆苦教育时,就讲"倒苦水,挖苦根",不将革命进行到底,怎么挖掉苦根啊?现在要进军海南岛了,快打到天涯海角了,就剩这点苦根了,还能留着它吗?

40 军修械所所长全白云,一夜之间成了造船厂厂长。

12 兵团副司令员兼 40 军军长韩先楚,亲自交代任务,要他 8 天内造出第一批 12 只机帆船。

全白云这个在东北长大的朝鲜族汉子,过去只在画上见过船,听都没听说过"机帆船"。

韩先楚没问他有什么困难,他也没讲什么困难,因为共产党人不是讲困难的,而是要克服困难的。

海滩上有只破船,船身和普通木船没什么差别,就是前后装些机器。全白云和修械所的同志们转着、看着,爬上去这儿拍拍,那儿摸摸,有人不禁叫出声来:"噢,这就叫'机帆船'呀!"

分水叶子、推进机、翻水泵等等,一件件拆来,再一件件记录下形状及大小尺寸,按次序编号摆好。除了船体和从 10 轮卡车上拆卸的发动机,都得重新制造,就都得画出图样。画着画着,全白云浑身突然抽搐起来,上下牙磕打得咯咯响,拿笔的手也哆嗦起来,就知道疟疾来"上班"了。冷得像掉进冰窟窿里,咕咚咕咚灌一肚子开水，一会儿又热得像钻进了火炉子，就把头扎进水盆里洗一阵子，就这么水深火热地画呀画。

汽车发动机带动发电机发出的光亮，照耀着海滩上的露天造船厂，夜以继日。

光一只分水叶子，就做了6次才成功——还不算成功。

受命第三天后，第一只机帆船下水了。突突的马达声中，大家提心吊胆站在船上，看它驶离船坞，像只老牛漂浮在海上，最大时速只有10公里。

搞机帆船的目的，就是要凭借它的动力、速度和灵活、机动性，在海上与敌舰周旋、作战，掩护船队渡过琼州海峡。这样慢吞吞的，不是连自己都成了敌舰的靶子吗？

把机器拆下来，瞅着琢磨着，七嘴八舌开"诸葛亮会"。这个"诸葛亮"这么说，那个"诸葛亮"那么说，有人说你这都是外行话，有人就说谁是内行啊？

月亮出来了，这个疟疾"上班"了，那个也打起摆子，冷得哆哆嗦嗦的，烧得直喘粗气的，都在那冥思苦想。只有那些拉肚子的，来来回回往厕所跑。

全白云的目光，越来越关注那只分水叶子。它在水里转得很快，排水量却不大，是不是那叶片的斜度太小啊？

将叶片斜度加大5倍，机帆船时速一下子达到20公里。

第一批12只机帆船下水，用了7天时间，第二批20只是12天，第三批20只只用4天。

又和炮兵战友一道，将57战防炮、92步兵炮装到船上，一只只土炮艇乘风破浪。

军师成立土炮艇大队，训练如何护航，攻击敌舰，特别突出近战，"三猛战术"。

2/ 解放海南第一船

3发信号弹腾空，14只帆船从徐闻北东坡码头起航，驶向黑漆漆的大海。

这是1950年3月5日，由118师参谋长苟在松率领的352团1营，实施的攻琼部队第一次偷渡。

苟在松和过海接应当向导的琼崖纵队侦察科长郭强、1营营长陈永康，带电台在船队中间的指挥船上。团长罗绍福和副营长刘绍明,在3连1排的4号船上。教导员张仲先和1连连长毕德玉带1号船,即基准船,走在最前面,担任领航任务。

主要领导分乘多船,为的是一旦哪一只船毁人亡,还能有人指挥作战。

我带部队登上海南岛,完成偷渡任务,是前所未遇的任务,是带着一种赴死的决心而去的。

虽然我在革命军队中渡过了十几年的戎马生涯,爬雪山,过草地,经历过无数艰苦卓绝的战斗。但是,乘木船,渡大海,面对拥有铁甲舰和飞机大炮的优势敌人,把伴随我同生共死的799名战友带到目的地,完成祖国人民赋予我的重任,这对我来说,确是一次新的重大考验。

以上是老红军苟在松的回忆录中的两段文字。

谈到海南岛战役,40军的老人几乎无不谈到苟在松。大家说,现在讲"解放海南第一船",那时讲"过海",攻琼部队第一次过海,上上下下谁心里都没底,就是要通过这次偷渡摸摸底。那是拿生命去摸底、探底,是敢死队,苟参谋长就是敢死队长啊。

许多老人说,从长白山打到海南岛,领导都什么品性,谁心里没点数啊?有人没什么大不了的事挺能咋呼,真该露一手时不吭声了,病呀什么的就来了。要说病,谁也没有苟在松病重,谁都知道他是老病号。肺叶上烂个洞,成天咳嗽,常吐血,在海上吐,上岛还吐。一个苟在松,一个刘振华,叫真章时不含糊,真往上上,也真有能力、水平。

352团,当年鲁中军区威名赫赫的"老一团",四保临江中的"铁拳团","铁拳""尖刀",越是艰险越向前,专打硬仗、恶仗的角色。1营则是尖刀上的刀尖。其实,就像百万军中选7师(118师)参加北平入城式一样,"旋风部队"把渡海第一船的任务交给1营,1营是个什么成色、分量,也就不用赘言了。

营长陈永康,近1.80米的个头,身大力不亏。当年和鬼子拼刺刀,两支枪搅在一起的当口,飞起一脚将那个鬼子踢翻,一枪托捣下去,一只手按住小鬼子的脑袋,有人说差点按脖腔子里去了。朴实、勇猛,指哪打哪,又善战,动脑筋,打巧仗，像苟在松一样把手下官兵视为战友、兄弟。同样的硬仗、恶仗，1营伤亡就小。

教导员张仲先，也是山东好汉，中上个头，清瘦、精干。用苟在松的话讲，"不但政治工作得力，军事上也胆大心细，作风严谨，文武双全"。有人说他越是关键时刻决心越硬，越是以身作则，更能充分发挥聪明才智。

前面说过，选部队其实就是选将，选主官。

夜海茫茫，东北风欢畅，船队乘风破浪，基准船船尾的红灯在风浪水雾中闪亮。

午夜前一切顺利，天亮前登陆没问题。

没想到东北风逐渐弱下来，快拂晓时一点也没了，大海平静得像面镜子，帆船失去动力。

摇橹划桨，连铁锹、木板、枪托都伸进水里划起来。

登陆点在海南岛西岸儋县白马井、排埠附近，那儿是守敌薄弱部位，琼纵也在那儿接应。原计划凭借东北风，天亮前即可抵达，这样就能避开敌机敌舰。

人算不如天算——原本就没把命运都寄托在老天爷和龙王爷身上。

苟在松下令：登陆地点不变，各船保持队形，强行前进！

陈永康手中的电筒明明灭灭，用信号发出命令，周围各船陆续回应：明白。

天亮了，船队暴露在海面上，隐隐约约看到左前方灰蒙蒙的海岸了。官兵顿时兴奋起来，也就愈发心急火燎，拼命地划呀划。

9点多钟，从新盈港方向驶出11只帆船，向船队迎来。后来得知，是一副县长率领的保安队出海巡逻。这时空中又出现4架飞机，盘旋一阵开始投弹，岸上敌炮也开火了。苟在松下令不准还击，按照预定方案装作渔船，全力向敌船靠拢。1号基准船一马当先，其余紧紧跟上，两下里搅在一起。机枪、小炮船头架着，冲锋枪、步枪两侧瞄着，只待一声令下，或者敌人开火。敌人已经闻风丧胆，一看这架势，都躲进船舱不敢露头，结果就成了赶来"帮忙"的了。岸上敌炮停止射击，飞机也在空中盘旋，不再俯冲投弹了。突见敌人船上挂起红旗，苟在松立即下令各船也挂上红旗，敌船换上白旗，各船也跟着换上白旗。这下子"帮忙""帮"到底了，敌机不明真相，可能还觉得刚才炸错了，飞走了。

下午两点左右，船队终于赶到排埠附近海面。岸上敌人黄糊糊的，约一个营的样子，轻重火器齐射，船上枪炮全力还击。8架敌机飞临上空，俯冲扫射、投弹，海面上弹雨如织，水柱冲天。1号船距岸边也就200来米了，水花飞溅中看见海底的泥沙了，张仲先站在船头，挥着匣子枪大吼跳船抢滩，带头跳入海中。

近岸处海面上人头攒动，手刨脚蹬拼命向前。后面船上那人都红了眼睛，全力划进，全力向岸上倾泻火力，掩护战友登陆。有的船被打坏了，一边堵漏，一边划船、射击。机炮连60炮手赵连友，54发炮弹53发在敌群中开花。

指挥船上，苟在松背靠桅杆，望远镜里，先头部队已经占领几处防御工事，刚上岸的官兵奋力奔跑着，沙滩上的泥沙在脚下扬起。

马上发报，报告部队成功登陆。

他知道军首长肯定一直未合眼，就等着这句话。

4架轰炸机，4架战斗机，盘旋的，俯冲的，还在拦截海上部队。而从参谋长到士兵，一脚上岸，踏上坚实的大地，顿觉信心百倍，力大无比。

苟在松离船20米左右时，那只指挥船就被炸沉了。

琼纵赶来接应的部队，在敌后出现了，打响了。

就在后来被命名为"登陆先锋营"的1营渡海时，琼纵一支精干部队已经行军6天6夜，从五指山赶到了接应地点。

天亮了，海上没有动静，中午也不见帆影。太阳开始西斜了，先是飞来几架飞机，很快远处海面出现点点篷帆。站在树上的瞭望哨大呼大叫起来：来了！来了！海北大军来了！

先头连连长三下两下爬上一棵菩提树，官兵纷纷爬到树上张望，就觉得树身摇晃起来。海面上水柱腾空，敌人朝船队发炮，海上炮弹也接连飞来，海滩上硝烟弥漫。

准备战斗，接应老大哥！连长挥着匣子枪，率连向海滩上冲去。

1号船上的侯至诚等人，抓了一些俘虏，继续追击，就见山坡上冲下来一支队伍，全是蓝黑色服装。猛然间愣了一下，马上意识到是琼纵。刚反应过来，琼纵的人已经扑上来了，一些人把他们抱住就行上外国礼了，其中还有些女兵。

从鲁中、冀东到东北，再进关、南下，多少次与兄弟部队会师，老人都说没有像琼纵那么亲的。

40军先后两次偷渡，伤员琼纵全包了。琼纵女兵多，一个连三分之一左右，喂水、喂饭、换药、擦洗身子，没有那么精心、仔细的了。敌机空袭，把伤员护在身下。到了五指山就像到家了。琼纵吃木薯，让"大军"吃米饭，不知放了多少年舍不得吃的咸牛肉，这回也拿了出来。还给每人发双鞋，而琼纵包括女兵，一半人打赤脚，就那么行军打仗。

开头说话只能听出个"大军"，后来懂得多了，40军许多连排干部是解放战争入伍的，琼纵一些士兵都是老八路——顿时让人肃然起敬。

"解放海南第一船"，"北平入城第一师"，"攻克锦州第一险"——至此，旋风部队已经六个"第一"了。

辽沈战役，三大战役中的第一个战役，锦州是关键的关键，热点中的热点，东总为何把攻克第一险的任务赋予40军？放心。而在平津地区的百万大军中，7师成为北平入城第一师，接受党和人民的检阅，也在1949年无不关注中国的聚光灯前亮相，还有比这等规格还高的褒奖吗？

没人说如果没有"解放海南第一船"，海南岛就会成为第二个台湾。毫无疑义的是，在一环扣一环的终于使五星红旗飘扬在中国第二大岛的这场跨海之战中，第一船的影响、作用、分量是举足轻重的。如果这一环掉了链子，接下来会怎么样，还真不大好说。

3/ 迎击最后一颗子弹——名将录七

海南岛战役，大规模渡海作战前，40军两次偷渡，第一次是一个营，指挥员是118师参谋长苟在松，第二次一个加强团，指挥员是118师政治部主任刘振华。

43军也是两次偷渡，第二次也是个加强团，指挥员是师长和政委。这么一比较，就让人觉得40军对这次偷渡，是不是不大重视呀？

如果说辽沈战役后进关，鹿死谁手多少还有点悬念的话，平津战役后南下就一点儿也没有了。

衡宝战役，广东战役，广西战役，秋风扫落叶般扫荡到雷州半岛时，悬念却像那大海的潮浪劈头盖脸扑来了。

身经百战，枪林弹雨，多少次摸摸脑袋还在，连自己都数不清了，好像也没怎么在意。九死一生闯到这蔚蓝色的大海边，有人突然发现自己过不了生死关了。

东北那仗打得那么苦，正儿八经的战场上，40军职务最高的烈士是团长。而东北野战军，也就三战四平时牺牲个旅长，四保临江牺牲个师长。炮纵司令员朱瑞，是意外踏雷牺牲的。从平津到两广，牺牲个团长都少见。在陆地，敌机轰炸，炮弹飞来，警卫员可以扑上去，用身体保护首长。可在这大海上，多少警卫员扑上来，也只有一道沉入海底。大家都在一条船上，龙王爷不识官大官小，船沉了大家都一样。

老人都说，金门之战，三野10兵团登岛部队全军覆没，对一些人的刺激、影响太大了。

▲苟在松

没人知道朝鲜半岛还有那么多枪林弹雨在等着他们。谁都清楚的是，新中国诞生已经快半年了，这是最后一战了，面对大海，有人就畏缩不前了。

用有的老人的话讲，他们要留在大海这边，活在胜利这边，等着"升官晋爵受皇封"。

1950年11月30，中南军区和四野司令部的《海南岛战役总结》中，用了"开始部队思想极为混乱"这样极为罕见的语言。

而任何时候部队思想状况如何，都首先取决于干部，特别是领导干部的思想、行为。况且，金门战况，经验教训，当时只传达到团以上干部，团以下官兵并不知情。

这种火候，尤其需要领导干部，特别是政工干部做出表率。

第一次偷渡，刘振华就主动请缨。韩先楚说，政委刚来，还不大熟悉情况，你还要协助政委工作。

第二次偷渡，再次请战，韩先楚同意了："我代表军党委决定，这个加强团就交给你刘振华了。"

抗美援朝第五次战役后，彭德怀和金日成商定，组建一支中朝联合游击支队，深入三八线以南，在敌后毁断交通，袭击军事基地、重点目标，搜集情报。刘振华这位中朝联合游击支队支队长，就是志愿军副司令员韩先楚推荐的，当时他是

118师副师长。在这位昔日的"旋风部队"司令员心目中,这等艰险的重担,非这位老部下莫属。

而参加了温家台血战的20团(353团)官兵,又有谁能忘了战斗进入关键时刻,突然出现在他们面前的与他们同生共死的团政委呢?

当时,苟在松是团长。东北的冬天,使这位来自天府之国的老病号苦不堪言,零下40度的严寒,更是摧残着他那不堪一击的肺。冰天雪地,雪白血红,深谙带兵之道的老红军,知道他这一刻的位置应该在哪里,被刘振华坚决地劝止了:你听你咳嗽得像打机关枪似的,你以为身体就是你自己的,打完这仗没下仗了?

这回真的是最后一战了,而且是如此凶险的最后一战。

"是带着一种赴死的决心而去的"——他愿和老搭档并肩赴死,能替老搭档赴死更好。战争很快将成记忆,没有硝烟的空气,对老病号的肺大有益。

▲1950年3月6日14时,40军352团1营与琼崖纵队胜利会师

图左起:1营教导员张仲先、琼纵侦察科长说郭壮强、1营营长陈永康、琼纵一总队队长陈求光、352团团长罗绍福

第二次请战,他的理由之一,是"我年轻,身体好"。

又活一次,够本了。从政治战士到师政治部主任,他常听到这话,也这样说。其实,只有活过多少次的人,在感受到生命的脆弱的同时,才能更深切地体会到生命的宝贵。而且,正因为年轻,也就更加珍惜只有一次的生命。

他是泰安县大汶口镇人,当年一道参军的5个人,都有文化,杀敌报国,热血沸腾。有人提议把名字改了,一明志,二防止汉奸告密,免得家人受祸害。刘振华原名刘培一,改名后中间是个"振"字。5个人连起来就成了"振兴中华民国"。而今中华人民共和国都成立了,共产党和人民的江山了。打江山是为了坐江山,是为了民族振兴,国家富强。衡宝战役的枪炮声,伴着开国大典的礼炮轰鸣,接着是把腿都跑肿了跑细了的广西战役,再一身硝烟奔来雷州半岛,这江山还未来得及"坐"呢。可这丝毫也不妨碍他自愿去迎击最后一颗子弹。自愿迎击最后一颗子弹,对一些人只能是一种境界,一种只能仰视、遥望的境界。但对刘振华来说,只是身经百战中的一次战斗,一次与以往大不同的渡海作战,一次伤亡率可能非常高的渡海作战,就更要精心选择自己应该出现的那个时间、空间。

▲刘振华

对苟在松来说,也是一样。

许许多多人都是这样。

1938年4月,刘振华17岁参军,5个月后,由政治战士直接升任4支队特务连指导员。年纪小,个也小,一张娃娃脸,支队上下,包括特务连士兵,都叫他"小指导员",一年半后又成了"老二团"2营的"小教导员"。

当上指导员后的第一次战斗,是这年秋天在莱芜县枯树河村,支队部被日伪军包围。情况十万危急,刘振华和连长、副连长各带一个排,分头掩护首长和机关突围。刘振华拎着大张机头的匣子枪,一马当先冲到村外,抢占了村南一片坟地。炮弹咣咣爆炸,把泥土、石块、棺材板子碎片掀起老高。炮击过后,敌人顺着麦垄上来了,刘振华大吼一声打,匣子枪炒豆般叫起来。特务连平时站岗放哨,警卫机关、首长,很少见识这种战斗,一些人难免惊慌,可看到"小指导员"的样子,立刻踏实许多。打退几次进攻,支队部已安全突围,刘振华让排长带人先撤,他一支匣子枪断后,左手负伤也未觉得。

战后总结,支队政治部主任周赤萍表奖刘振华,奖品10个鸡蛋,全连喝顿鸡蛋汤。

当了指导员、教导员,该怎么"指导""教导"啊?特别是刚当指导员时,那是真叫一个"蒙"啊。可无论多蒙,他都知道行动比什么都重要,那就是吃苦在前,享受在后,冲锋在前,退却在后。用那时的大白话,叫"平时多吃苦,战场上多死几回"。

"登陆先锋营",教导员张仲先带1号船。

参加第二次偷渡的352团3营教导员翟文清,跳船抢滩,枪炮声响成一锅粥,眼面前海水一股红、一股红的。他个小,跳船后脚没够到底,呛了几口水,耽误了一会儿。可他跑得快,拼命游上岸去,很快就抢到了前面。

配水池那种恶仗,教导员房干带主攻连,副教导员赵绪珍带助攻连。

冬季攻势,9师25团(120师358团)5连攻打一个高地,伤亡很大。师组织科巡视干事徐振山,战地巡视到5连时,连长巴克成手提一挺捷克式机枪,大冷的天,满脸汗水泥道子,沙哑着嗓子,正在给预备队训话:"指导员牺牲了,咱们要给他报仇,豁出命也要拿下这个山头!"

徐振山迈步向前,高声道:"现在俺宣布,俺就是5连指导员,俺自报奋勇当这个指导员。连长你说怎么打吧,俺带人往上上!"

苟在松也曾是政工干部,当团长前是团政委。

"旋风部队"威名赫赫,战功赫赫,有强大的政治工作支撑。

由政治战士而指导员、教导员、团政委、师政治部主任,好像突然转身而副师长、师长、副军长,再军政委,沈阳军区、北京军区政委,刘振华上将1955年任师长时授衔大校,也是因为年轻,资历不够。但是,毫无疑义,战争年代,他展现了名将的风采。

而最终还是被肺病夺去了生命的苟在松,后来也没有成为将军。

拿破仑说,不想当将军的士兵不是好士兵。苟在松当士兵时,不会想到当将军。本书写到的将军，当初也少有人想到，甚至根本就没想过。即便当到团长、政委，也难得想到。

但是，就是这些当初没想过当将军的，当时和后来当上没当上将军的将士，在"最后一战"的殊死搏杀中，让40集团军的军魂再一次爆发出灼眼的光芒！

4/ 大医医国——名将录八

本军奉命参加琼崖登陆作战，这是一个很光荣的任务，却又是一个新鲜的问题。由于缺乏经验和知识，必须很大努力做调查研究及战前演习，现在初步想到以下问题：

一、登陆季节与登陆点的选择：（一）北风、浪小、多雾的季节，则有利我者多；（二）登陆点应是宽正面，有重点的突击，选择敌未设防或离设防位置较远，或敌外围薄弱之处，甚至就是有浅滩之一般海岸亦可。海南岛公路，环岛一线修筑，纵贯者不多，又靠近海岸线，易为我切断，使敌军各据点的相互机动支援不易实现。

二、航进战斗队形的组成：（一）加大横宽，还是增强纵深？一般地说应该是加大横宽，齐头并进。好处是：同时展开多数火器与兵力，互相策应方便；侧面短，防敌舰袭扰之目标减少。（二）突击队（船）的编组，应赋予独立战斗能力，能攻能守，既能对付陆上，又能对付海上敌舰之拦阻为原则，因此，工、炮不能少。（三）侧翼掩护船队，主要是防敌舰袭扰，应以平射炮为主，有必要的中等口径炮，一般是一船一炮为好，适合火器分散、火力集中的原则。还要调查了解敌舰的种类、性能及其活动圈大小等情况，以便对其作战。根据以上情况组织船队。

三、登陆作战的战术与技术问题：（一）抢占登陆点，应是夜袭动作。抢上岸后"先宽后深"，巩固立脚点（滩头阵地）；破坏公路，修筑野战工事，防敌反击；挡住、抓住敌人不放，掩护主力登陆；分一部分兵力于正、侧三面扼守，准备机动反击。（二）主力到达后，除留一部分兵力掩护侧翼外，全部寻敌攻歼之。（三）岛上我游击队的内外配合问题，应考虑佯动、迷惑、钳制敌人的方法及直接接应我登陆部队的时机、地点。还有对敌空、敌舰和对敌探照灯、水雷的处理，对向导、联络信号的准备，以及计算渡海人数、每人装备之武器弹药种类与重量和所需船数。

须知，这是12月16日，40军还在开进雷州半岛途中，12兵团参谋长兼40军副军长解方就在日记中写下的几段文字。

林彪是12月10日，下令40军和43军准备攻取海南岛的。而在3天前，解方就对韩先楚说："两广战役已经结束，中国大陆已无大仗可打，华南地区只剩下个海南岛还未解放，应趁敌立足未稳时攻取。渡海作战是个新课题，我们没有经验，应尽早补上这一课。"

▲解 方

12月31日，40军刚在雷州半岛集结完毕，解方就拟定了《渡海作战准备工作指示》，指出收集和管好船只、船工和领航人员，是当前最主要的工作。渡海工具，主要靠民船。军事训练要根据渡过海面实行敌前登陆的要求，争取一次渡过全军主力，一夜完成登陆，整个过程均须战斗。要从演习中熟悉船的性能，即什么风向、风速，船由何地到何地需要多少时间，以此为据编组战斗序列。从演习中了解气象情况，潮水起落时间，起落中对船只航行有何利害。从演习中达到多数人不晕船，部分人能撑船，并以此选定指挥作战的干部和代理人，作战力量力求精干。从演习中确定渡海船只的战斗队形，大体区分为突击船、警戒搜索船、指挥联络船和救护船。

1950年4月11日，在40军团以上干部会上，解方作了据说是关于渡海作战的最后一次报告，题目是《几个战术思想问题》，主要内容为：一、起渡必须"等风等流，就风就流"。二、船队队形一定要"摽在一起，不要走散了"。三、坚决打击敌舰，"叫敌舰怕我们，我们不能怕敌舰"。四、"宽正面，多箭头，重点突破"。五、"连续作战，勇猛发展"。

一位听过解方作报告的老人,谈到听解方讲战术、讲训练,用了个似乎不雅的比喻:就像老牛进了白菜地,口口不带闲着的,那才解馋解渴呢。

40军的老人都说,那时解方讲得最多的话,就是"到海上去,到船上去"。

还说,凡是渡海作战该讲到的事情他都讲到了,因为该去的地方他都去过了,该知道的东西他都知道了,面面俱到,又重点突出,简单扼要。

海流:每十三天一大变,每天两小变。海峡两面的水,每天对流一次;每十三天的开始为新流,最后三天为尾流,故每十三天中的前十天对航海有利,后三天不利。这个变化是每十三天一个周期,周而复始有固定规律,只每天递错一小时。

海潮:是随着海流而变化,尾流三天的潮水也小。每月:1日至4日潮大;5日至12日潮小;13日至18日潮大;19日至26日潮小;27日至30日潮大。

风向:旧历11月18日至11月22日(阳历2月6日至2月10日)五天的风向情况:18日1时至24时,东北风;19日1时至12时,东北风;12时至24时,东风;20日1时至15时,东风;15时至24时,东北风;21日1时至24时,东北风;22日1时至24时,东北风。

当薛岳被"金门大捷"鼓舞着,轻蔑地视琼州海峡对面的对手"出山是虎,下海是虫"时,这个来自松辽平原的精力过人、精明过人的兵团参谋长兼副军长,就在雷州半岛苦涩的海风中,从这些枯燥的数据里,觅得了渡海作战、直捣天涯的最佳,也是最后的时机。

到4月20日谷雨,只有3个多月时间,这场大海练,只能算作个速成班。连速成中学都不算,只能算作速成识字班、扫盲班,却必须拿到即将开始的渡海作战的全部大学文凭。不然,就只有望洋兴叹,葬身大海。

古人说:"边域之胜负,地方千里,制在一贤。"

提起海南岛战役,许多老人说是"两贤":一个韩先楚,一个解方,韩的决心,解的谋略。

有人说,没有解方具体操作的那些方案、数据,韩先楚的决心也不会那么硬。

解方是吉林东丰县人，其父为东丰县第二号大地主，有两房妻子，解方为头房所生。自小妈来后，把持解家大权，解方和母亲，还有奶奶，就备受欺凌。可小妈的儿子十几岁就抽大烟，解方从私塾到小学、读师范，全是拔尖生，也就使父亲不得不刮目相看。每次离家，都要偷偷多给些钱，他就把钱放到亲戚家，再转交给母亲和奶奶。

奉天三中，是东北有名的贵族学校，学生皆为高官、富豪子弟，解方的家庭算是最贫寒、无势力的"土包子"之类，却是人人瞩目的品学兼优的全能型高才生。门门都在98分以上，数理化和英语、日语尤好，语文全省统考也是第三名，那也只是在课堂上集中精力就行了，其余时间就是玩。小提琴拉得好，唱戏是青衣，男中音更是令人倾倒。又是篮球、网球校队主力，足球右前锋，200米低栏全校冠军。50多岁踢毽子，还能前后左右踢上300多个。

张学良、张学铭、荣臻（东北边防军总参谋长），都曾想把自己的妹妹、或是小姨子嫁给他，他都拒绝了。张家不但不怪罪他，反而更敬重他，认为这个人不同凡响。

保送到日本陆军士官学校，毕业考试第一。联队长冈村宁次，认为他对日态度强硬，将其降为第三名。其实，解方一向都属深藏不露之人，只是素质太好，而不能不引人注目。不过，这位后来的侵华日军司令，也确实有几分眼力。

"九·一八"事变不久，日本又策动天津事变，以天津驻屯军为骨干，依托日租界，驱使汉奸便衣队举行暴动，占领一些警察所，在建筑物上悬挂日本国旗。当时以解方为首的贾陶、孙铭九、苏冠南，都是20出头年纪，都是天津保安队教官，解方立即组织反击，战至拂晓，将敌人赶回日租界。第二天，在日军炮火和装甲车掩护下，便衣队又发起进攻。解方待敌进至20多米时，命令大家一齐投出手榴弹，然后步枪、机枪齐放。白天打，晚上谈判；晚上打，白天谈判。能操英日两种语言的解方，就真刀真枪、唇枪舌剑地轮番上阵。如是打打谈谈近一个月，日寇什么便宜没得到，不得不罢手。

从八路军到解放军，战争年代，解方的任职，除了不多的副职，基本上就是参谋长了。而他参与组织和指挥的那些战斗、战役，有熟知内情的老人说，一些仗打得那么好，就是解方的一个建议，一个方案。

有老人说，有人曾经说过，就这仗没听参谋长的，这仗就打成了这个熊样。

听到的人赶紧去找解方，解方赶紧采取补救措施。

解方无疑是最好的参谋长之一了。不然，在朝鲜和美国人打仗，能让他去当参谋长吗？

彭老总对这位据说是林彪推荐的参谋长非常满意，常说他是"诸葛亮"，"我的诸葛亮"。

而解方1941年到延安后，任中央军委情报部3局局长，当然因为他懂日语、英语。可他出任板门店谈判代表、首席代表，就不仅因此了。美国军事史家赫尔姆斯，在《韩战中的美国陆军》中评价解方，说他"足智多谋"，"思维敏捷、严密，无懈可击"，"令人生畏"，"是最难对付的人"。

1955年，解方被授予少将军衔。

据说，最后审定时，有当年在北方局工作的人，说他是旧军人出身，背景挺复杂。

彭德怀听说了，火了，说我也是旧军人出身，元帅中有几个不是旧军人出身？

见到毛泽东，彭老总说："司令员是元帅，参谋长是少将，我就授个中将，或是上将吧。"

毛泽东说："你还是要当元帅的嘛。"

离休前为40军作训处长的吕效荣老人，当年是40军作战参谋，"文化大革命"中，听说解方从秦城监狱放出来了，买车票去北京看老首长，正巧碰见解方在院子里散步。解方眼睛一亮，点点头，又摇摇头，转身走了。吕效荣瞅着老首长的背影，心如刀绞。

和解方打过交道的人，无论上级、下级，还是同级，难得有说他个"不"字的。这不但是因为他的能力、为人，还因为他好像永远都是夹着尾巴做人。

出狱4年后，有人找他谈话，要他去南京高级步校当校长。他很感动，又很激动。可他觉得自己已经10多年未工作了（光在秦城监狱就关了8年），现在部队、院校什么样儿都不知道，都断捻了，一点数没有，一下子就当起校长来，能干好吗？能不能先下去搞搞调研，了解、熟悉一下情况啊？

有人专会拐着弯儿听话，结果就听出什么来了：解方嫌官小了。

不少人埋怨他："给你官，当就是了，当上再说，哪有像你这么死认真的啊?"

他说:"我是从旧军队出来的,我们是共产党啊!"

解方从奉天三中毕业后,正赶上张学良要选派一些优秀青年去日本学军事。解方不去,他的理想是当个医生,治病救人。张学良让人转告他4个字:"大医医国"。

军阀混战,民不聊生,青年解方曾幻想躲避,当个医生,能救治多少人就救治多少人。"九·一八"事变后,军人解方认定要救中国,首先要把日寇赶出中国。国民党腐败,东北军"剿共",他痛恨国人自相残杀,心头激荡着救国救民的豪情,认为只有共产党能够救中国,就在1936年加入中国共产党,成为东北军51军的第一位中共地下党员。

"大医医国",战争年代是赶走日寇,解放中国,之后是医治战争创伤,保卫、建设强大的新中国。他根本没想到会有那么多运动和"阶级斗争",更不会想到他和许多打江山的将军,都成了"革命对象"。可只要力所能及,他就要为国家和军队做他该做的事。他从旧军队中出来,对旧军队、旧中国看得那么透,也就更知道自己该怎么做。

如果说还有遗憾的话,那就是战争年代,他一直渴望带兵打仗。

有人说,解方在国民党那边就当参谋长,到这边还当参谋长,那参谋长当得太好了,也很难找到像他这样的参谋长了,那参谋长就当起来没完了。在司令部建设上,他的贡献像刘亚楼一样突出,可刘亚楼横刀立马,当了把天津战役前线总指挥,他有什么?打完仗了,像他这样有文化、懂外语,又是正规军校出身的人也不多,他就去院校了。看他那儒雅样儿,皮肤也白白的,有人就觉得他就是当参谋长、办院校的料。有人也确是这样,讲理论头头是道,让他统兵打仗就懵门儿。可解方不是这样,他是个真正的军人。一个真正的军人、将军,那心头又怎能不激荡着统兵疆场的渴望和激情?别看他总是那么文文静静的,林彪不也像个大姑娘似的吗?当然了,这个心思,只有最了解他的人才知道,他从来都是党叫干啥就干啥。新中国成立初期,还曾有人提议他去外交部工作。那也许是军人解方最不想去的地方,可果真让他去了,也决不会有二话,也肯定会干得很出色。

有人说他活得挺苦挺累。

但请记住他的座右铭:"贞不绝俗,伙不同流,外圆内方。"

5/ 要不是他极力推动，海南岛会不会成为第二个台湾——续名将录四

看着那蔚蓝色的大海，听着官兵吵吵八火地嚷着海水是咸的，"旋风部队"司令韩先楚，恨不得也去捧起一口，尝尝它到底是个什么味道。

到船上去，到海上去，到渔民家去，也请渔民、船工来谈。渔民告诉他，每年正月到清明，琼州海峡都是北风，或东北风，渡海最有利，帆船顺风顺浪，一夜可达对岸。过了谷雨就是南风了，南渡就是逆风了。琼州海峡每月有两次大潮，每次退潮后3天内流速较小，即使无风，也可摇橹划桨通过中流。他问得认真、仔细，渔民、船工讲得也不含糊，并请其中有经验的老船工参加气象海情调查小组。金门之战，不是败于敌人，而是败于大海。他必须靠天打仗，老天爷和龙王爷谁也得罪不起，必须实心实意与它们套近乎、交朋友，摸透它们的脾性。

一位英国军事理论家说过，地形是一本伟大的独一无二的兵书，一个人如果不会读这本书，他就不可能成为将军。

从参军那天起，韩先楚就在枪林弹雨中学习战争，也把天候地理这本兵书，从大别山翻到陕甘宁，又翻到了冰天雪地的东北，青山绿水的江南，而今则把大海这本兵书读啊读啊。

从1950年伊始，在雷州半岛不息的海风中，能把大海这本兵书读到他那个份儿上，除了解方，没有第三人了。

越读越急。

因为4月20日就是谷雨了，过了谷雨，海南岛战役就只有推迟到明年这个时候了。

因为从一开始，他就判定渡海作战，只能以帆船为主。

大规模渡海作战时间，最初定在春节前。广州2月会议，也就是春节前不久，又将其推至6月。

2月1日，会议在广州军政委员会的会议室召开。广东军区第一副司令、15兵团司令邓华主持会议，首先由广东军区司令员叶剑英传达毛泽东和中央军委及四野关于解放海南岛的指示，并介绍了当前形势。接着，叶剑英请刚从海南岛渡海过来的琼纵参谋长符振中，介绍海南岛敌情。

当符振中讲到冯白驹建议先进行小规模偷渡时，韩先楚非常赞同，认为这样

不仅可以改变岛上力量对比,增强接应主力登岛的力量,更有意义的是能取得渡海作战经验,提高部队渡海作战信心。

会议讨论较多的一个问题,是如何解决渡海工具。有人主张到港澳买登陆艇,有人提议将帆船都改装成机帆船,有人坚持立足现有船只,主要依靠帆船渡海作战。

主张后者的韩先楚,很长时间没有发言。一是经过一个多月的调研,对渡海作战虽然有了基本的路数,但还缺乏实践经验,不能说胸有成竹。

港澳当局是亲国民党的,会卖你登陆艇,让你去打它们的盟友?改装机帆船是必要的,但能改装多少?毛泽东1月10日来电报指示:"不依靠北风而依靠改装机器的船这个方向去准备,由华南分局和广东军区用人力于几个月内装置几百个大海船的机器(此事是否可能,请询问华南分局电告),争取于春夏两季内解决海南岛问题。"显然,毛泽东对于到底能改装多少机帆船,也是心存疑虑。而据韩先楚所知,若能占渡海作战船只的1/5,就算顶天了。那就只有依靠帆船了,靠天打仗了,而靠天打仗是断断拖不过谷雨的。

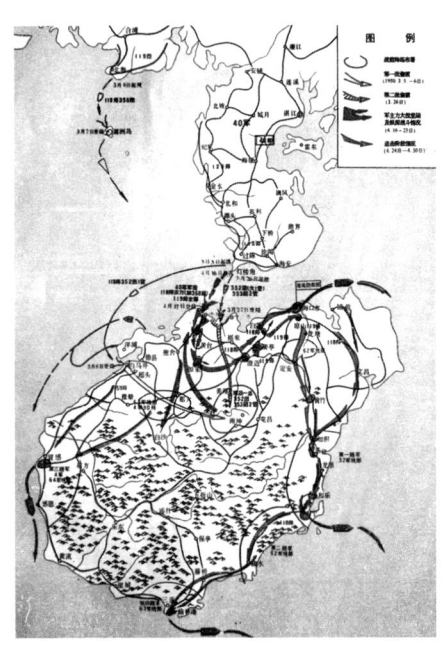

▲参加海南岛战役经过要图(1950年1月~1950年7月)(比例1:200000)

广州会议的重要成果,是确定了小部队分批偷渡的方针。但在渡海工具上,则决定以改装机帆船为主,同时积极购买登陆艇,并将战役发起时间推至6月份。

果真如此,先期偷渡的部队就白偷渡了,甚至可能是给敌人送去了。

韩先楚的办法,是悄没声地用行动说话。对前者全力准备,改装机帆船已在进行中,继续努力,越多越好。其余的会议精神,就由参加会议的40军两位军政主官"贪污"了,根本不向下传达,也就更谈不上贯彻执行了。像将战役发起时间推至6月,连师级主官都不知道。一切以谷雨前的季节风为准,春节也不放假，再三强调抓紧时间，务必在3月份以前完成渡海作战的一切准备。

43军是按照广州会议决定的时间表进行的，教育及准备工作，均布置到5月底。4月10日下达大举强渡作战命令后，仓促间打乱原定计划，改以帆船为主渡海，只能保证两个团的船只。只是因为40军有两个师6个团同时起渡，才基本达到毛泽东关于"必须集中能一次运载至少一个军的全部主力"的要求。

如果40军也只能渡海两个团，海南岛战役还能打吗？能打得那么顺利吗？

5月1日海南岛战役结束，6月25日朝鲜战争爆发，27日杜鲁门命令第七舰队封锁台湾海峡，他就不会下令封锁琼州海峡吗？如果40军也按照广州会议的时间表进行，还会有海南岛战役吗？今天海南岛上飘扬的会是五星红旗吗？

而"好战分子"韩先楚，打下海南岛就想到了台湾，他认为台湾问题就应该在他们这代人手中解决。

1957年夏，从朝鲜战场归来，又在南京军事学院战役系毕业，总参谋部副总参谋长韩先楚，主动要求去了个"有仗打的地方"福建前线，担任福州军区司令员。

有人说，让这么个"好战分子"往福州那么一坐，这本身对台湾就是一种震慑。

到了"文化大革命"，别说解决台湾了，连他自己都自身难保了。

时令已近4月，扑面的海风热度一天比一天高，韩先楚的心也一天比一天急。

3月5日，"登陆先锋营"第一次偷渡，韩先楚一直未合眼，直到琼崖纵队发来电报，才长长地呼出口气：大海是可以驾驭的。

与此同时由解方指挥的攻占涠洲岛，不但是场成功的夺岛战斗，解决了急需的船的问题，还用木船击伤敌人炮艇，也算一场不大不小的海战预演。

3月26日，刘振华率一个加强团第二次偷渡，登陆点就选在敌人防御正面的强点临高角一带。名为偷渡，实则明显的强渡强攻，依然成功登岛，韩先楚就更有底了。

两个军两次偷渡，登岛已近一个师兵力。加上琼纵，可在任何方向上打开缺口，接应主力登岛作战。

可是，有人仍然强调大举渡海作战的困难，主张继续分批偷渡。

3月26日，15兵团在给四野和军委的报告中，认为：

我们应尽量争取可能利用的风向，以减少国家财经困难，但我们不可把希望完全寄托在风向上，故请广州立即分批准备登陆艇和机帆船，4月份完成1.5万人至2万人的以后再看。

"不可能把希望完全寄托在风向上"，与必须抢在谷雨后的南风前发起战役，前者代表了除40军以外的多数，而且是高层的意见，连毛泽东都认可的。

金门弹丸之地，距大陆仅6公里，岸炮火力可直接支援，却打不下来，攻打海南岛岂不是更难？其实正因金门小，无回旋余地，无内应（也不可能有内应），在敌人优势兵力、火力下，登岛部队才难以立足，加上后援不至，以至全军覆没。还有，部队不识海情水性，之前在陆地上打顺手了，以为上岛后就像捉鸭子、赶鸭子似的，是场典型的莽撞仗。

海南岛之战，并不是韩先楚拍拍脑门就要过海的，而是经过扎实、缜密、科学地论证。两个军4次偷渡，船只有去无回，继续偷渡，主力过海的船只都是问题。薛岳已经摸到规律，在海上陆上组织快速部队，专门对付偷渡，小股偷渡与大举强渡遇到的几乎是同样多的敌人，后者自然更易成功。薛岳的方针是"先安内，后攘外"，妄图在大举登陆前消灭岛上对手，以免腹背受敌。先锋营第一次偷渡时，敌人还在进攻五指山根据地。

果真在6月，或者"春夏"，或者"春夏两季"，发起海南岛战役——那还能发起了吗？23年红旗不倒的琼纵，"带着一种赴死的决心而去的"偷渡部队，又将会怎样？

如果海南岛成了第二个台湾，对今天的东亚、东南亚和亚洲的政治格局，又是一种什么影响？如果中国的南大门也被封堵了，国家建设，改革开放，还有今天的南海问题，又该怎么办？

没人想到朝鲜半岛会爆发战争，而历史就在这种变幻莫测的诡异中，使海南岛命悬一线。

机不可失，时不再来——必须抓住谷雨前的时机，大举渡海作战！

3月31日，40军召开党委会，一致认为大规模渡海作战的条件已经成熟，建议兵团立即组织实施主力渡海，攻击海南岛。

而在此前，韩先楚已经多次向上级申明这种意见了。

如 3 月 20 日，在以他和副军长蔡正国署名的发给 15 兵团和四野的电报中，说：

> 今后大规模登陆作战，在有利的内应条件下，我两军就在风向季节（旧历二月底三月初清明前）各以主力由正面并肩作战，估计无大问题。根据这种情况，在帆船的准备上，除我们现已买到和自己拆卸的约百部机器外，再发我们二百五十部即可（此数与原计划数可减少近二分之一的机器）。就是这二百五十部机器解决困难，或我们改装不及时，我亦以现有百部机器改装为炮艇和指挥船，其余用风船，待条件成熟，风向顺利，拟大规模登陆作战。不知四十三军准备工作及意见如何？

"一天夜里"，韩先楚口述，作战科长尹灿贞纪录，又给兵团、四野发出一封电报，并转报中央军委。

许多老人讲到这个"一天夜里"，时间应在 3 月 31 日 40 军党委会前后。有人说是 4 月 7 日。这是一封挺长的电报。据说海南岛战役得以进行，这封电报起了至关重要的作用。

据说，韩先楚在这封电报中摊牌了：如果 43 军未准备好，他愿率 40 军主力渡海作战。

4 月 15 日、16 日、17 日，只要想想预定渡海作战的时间，距 4 月 20 日的谷雨已经多近，就知道这个战机抓得已是多么岌岌可危，也就不难想象韩先楚是怎样急得火烧眉毛了，同时也说明他已经怎样下定了破釜沉舟的决心。

林彪和正在莫斯科访问的毛泽东，肯定了大举登陆的意见。

有人说，无论当年，还是今天，韩先楚在海南岛战役中的作用和贡献，怎么评价都不会过分。

6/ 陆军海战队

4 月 16 日，是农历二月三十，一个漆黑的朔月之夜。

宽阔的海面上，东北风鼓荡着帆篷呼呼作响，船尾的马灯在波涛中起伏闪烁，犹如不夜城的万家灯火。

以雷州半岛顶端为界，左侧是东路43军两个团，右侧是西路40军6个团，近400只帆船、机帆船在海面上矗起一片片帆樯的森林，顺风顺流，浩荡南下。

半夜时分，航程过半，空中突然亮起一串串照明弹，船队立刻暴露在大海上。

敌机在空中俯冲扫射、投弹，敌舰上的机关炮和大口径炮弹，在船队中间溅起一股股水柱。各船上的轻重火器，立即向就近的空中、海上目标射击。在两翼护航的土炮艇大队，则开足马力向敌舰冲去。

中华人民共和国海军史上，没有这场海战。刚刚成立的中国人民解放军海军（1月12日，40军所在的12兵团的司令员兼政委肖劲光被任命为海军司令员；4月14日，即这场海战的前两天，以12兵团机关为基础组建的海军领导机关正式成立）序列中，也没有这支土炮艇部队。可谁都不会否认，这是一场真正的海战，一场堪称海战奇观的壮烈的海战。

40军炮兵主任黄宇，指挥几只土炮艇，用交叉火力将敌先头舰打得冒起浓烟。一艘大型军舰仗着速度快、火力强，闯进左翼船队，企图搅乱土炮艇队形。黄宇的指挥船抢上前去，待到几十米时，战防炮、步兵炮和轻重机枪一齐开火，敌舰拖着浓烟赶紧逃出火网。

夜空中弹如飞蝗，水柱冲天，火光映红了海面。

土炮艇与敌舰第一次过招，是攻打涠洲岛。119师356团2连长石龙生带只土炮艇，在涠洲湾与敌"海硕号"炮艇突然遭遇。敌人愣神工夫，石龙生已指挥土炮艇冲了上去，一顿枪打炮轰，手榴弹也砸了上去。另两只土炮艇也赶来了，也是不顾一切往上冲，"海硕号"拖着浓烟逃跑了。

打这以后，敌人就传说共军船上有钩子，那样不要命地往上冲，是要冲上去钩住你，往船上扔炸药包，投手榴弹，跟你玩命，就躲得远远的开炮。

一些老人说，炸药包是早就准备好了的，钩子却是敌人提醒的，有的船上还准备了梯子，钩住敌舰就架梯子往上爬啊，那钩子就是根丈把长的竹竿，前边绑个钩子，风浪中跑动起来连一般的帆船都钩不住，能钩什么敌舰啊？真要钩住了，那还不叫敌舰钩跑了吗？好像小孩子过家家似的，好在没机会出洋相，可敌人还不明白吗？人没钩去，魂钩走了，吓破胆了。

一只只土炮艇猛打、猛冲、猛追，被打着火了，也猛冲、猛追，只要还有动力就拼命向前，逼近敌舰。这"三猛战术"在陆地上十拿九稳，到海上就不大灵了，敌舰一加劲，就甭想追上它。那也要猛追猛撵，把它们赶得远远的，好掩护主力船队渡过琼州海峡。

17日清晨，掩护40军主力登陆后，海上"敢死队"土炮艇大队，就剩5只还能开得动了。

按原定计划，黄宇率5只土炮艇掩护空船返回雷州半岛，接运43军后续部队。船到中流，一艘军舰从侧翼扑了过来，土炮艇像鲨鱼闻到血腥，立刻扑了上去。

黄宇那只指挥船坏了一台发动机，眼瞅着4只土炮艇追打着敌舰没影了，背后又冒出一艘更大的，小山似的压过来。这是一艘驱逐舰，少说也在千吨级以上。当时不知道它就是国民党第三舰队的旗舰"太平号"，舰队司令王恩华中将就在舰上。黄宇下令关掉剩下的一台发动机，将船上各种火器都用篷布盖上，将篷布割些口子，炮手、射手猫在里边瞄准。这样，这支土炮艇的"旗舰"，就成了一只堆满"货物"的运输船，在海上漂浮着，等着敌人赶来发财。

"太平号"毫无顾忌地驶过来，许多水兵拥在甲板上、船舷边。待到200米左右，敌舰前后主炮已成射击死角时，黄宇一声"打"，发动机和枪炮同时吼叫起来，舰上敌人乱成一团，有的中弹倒地，有的落入水中。舰队司令王恩华也身负重伤，回到海口就毙命了。

海战首先在左翼打响，右翼也很快出现敌机、敌舰。

右翼是两军渡海部队唯一完整的建制师119师，师长徐国夫用报话机下达命令：各团注意，拉大距离，船自为战，高射机枪集中火力对空射击，土炮艇全部出击，抵近射击。

话音刚落，高射机枪就响成一个点儿，敌机立刻爬高飞离船队上空。在两翼护航的师属9只土炮艇，在师炮兵营长武毅指挥下，箭一般冲上前去，紧紧咬住敌舰。

激战中，不时有船中弹。355团3营指挥船3根桅杆都被打断，一艘敌艇迎面驶来，船上两挺重机枪、两挺轻机枪一齐开火。营长杨立明大喊："火箭筒！火箭筒！"火箭筒手李秉东，那只火箭筒从北平扛到雷州半岛，一发实弹没打过，火箭弹少，宝贝啊，不到关键时刻哪舍得放啊？第一发从敌艇后尾飞过，第二发还未来得及发射，敌艇已经跑远了。

这场海战也就半小时左右，却是惊心动魄，一种参军后第一次打仗的感觉。

船过中流风停了，一场海战后又来了，立即升篷扬帆，船速大增，向海岸线靠近。敌舰不敢靠近浅海，只能在侧后盲目射击。

透过薄雾，晨光熹微中看得见临高角的轮廓了。海滩深处亮着3堆篝火，传来激烈的枪炮声，那是先期偷渡和琼纵接应的部队，在与敌人激战。

三次过海，最不顺的是第二次刘振华率领的加强团。起渡才个把小时，挺好的风突然停了。老天爷不给力，龙王爷也来下绊子。午夜时分，海上大雾弥漫，灯光联络完全失效，仅有的电台只能与各营的指挥船联络。韩先楚来电问到了什么地方，刘振华说"在海上"，又问在海上什么位置，还是"在海上"。后来韩先楚说他听得哭笑不得，刘振华说我也是呀。打了十几年仗，在陆上一眼就能判定出方位，这回能和各营指挥船联络，也不知谁在哪儿，各连更是音影皆无，谁也管不了谁了。全靠人力划行，大船慢，小船快，船队越走越散。好在各船都有指南针，不然保不准有划回来的。

刘振华的第一个决定是，不顾一切，只管向前，单船也要登陆。

第二个决定是，不可能在原定的临高西北登陆了，也不用接应部队协助了，各营连排船自为战，就近靠岸，强行登陆。

拂晓时分，353团2营和九二炮连发现敌舰，几十发炮弹飞过去，敌舰调头就跑。

最激烈的是登陆战。

天亮后，在东起林诗港、玉包港、红牌港，西至博铺港宽达20余公里的防御正面，开始陆续登陆。81只帆船，每船多为一个排的兵力，有的是单船登陆。刘振华这一路3只船，又是大船，近200人。天上飞机，岸上炮火，一发炮弹落在船上，352团副团长李广文负伤，政治处主任张之栋重伤后牺牲。团政委邹平光奋不顾身，率部队抢上岸去，很快攻占一个大地堡群。8连2排单船登陆，连续摧毁4个地堡。353团6连2排距岸200多米远，船触礁搁浅，当即涉水登陆，打掉一个地堡，又打退敌人6次反扑。敌机很猖狂，各登陆点都受到攻击，被击落击伤各一架，再也不敢低空俯冲了。

▲40军勇士们离船强行登陆海南岛

除352团4连一只载运两个排的4桅大船外,无论伤亡大小,全部成功登陆。

老天爷、龙王爷不配合,又是如此七零八落地登陆,形成不了拳头,仍能成功,证明大规模渡海作战是完全可行的,而且更易成功。

现在,偷渡部队和琼纵1总队的任务,是夺取西北线海岸的制高点临高山,控制新盈、临高角一带的海岸线和临高城,保证主力登陆,并向两翼扩张战果。

随加强团过来个徒手炮兵排,不是直接伴随步兵的小炮,而是师炮兵营的山炮、野炮。临高山上有两门日式三八野炮,用李如吉老人的话讲,一点不客气,就是为咱们准备的。

拿下临高山,正值渡海主力开始登陆。许多帆船停在海边,敌人的立体火力都往那儿倾泻,海面上水柱此起彼伏,部队潮水般涌上滩头,有的已经突破第一道防线。5公里多长的海岸线上,烟呀火的,枪炮声像开锅了似的。

首先轰击对登陆威胁最大的敌人炮兵。也神了,两门75毫米野炮首发命中,接着一顿猛轰,直到把敌炮打哑。

海面上一艘敌舰,正炮击登陆部队。李如吉测下距离,6000多米,在射程内。炮班长李昌风指挥一门炮调整角度,第一炮弹着点偏右百八十米,第二炮在左舷旁爆炸,掀起高高的水柱。敌舰见势不好,赶紧逃跑,那心里大概还在核计:这临高山上的大炮,怎么打起自己人了啊?

7/ 笑不起来的胜仗——战争家常八

4月17日拂晓,118师、119师分别在红牌港以西和临高角地区强行登陆。

敌人在临高角正面滩头,设置三道防线。第一道是铁丝网,上面悬挂集束手榴弹,当攻击部队接近时拉弦爆炸。第二道是战壕,约一个营的敌人据守,两道防线间埋设地雷。第三道是大大小小的明碉暗堡,海滩上长满仙人掌和野菠萝,一些暗堡就隐没其间喷吐火舌。

40军指挥船离岸50米左右,韩先楚跳下水去,上岸就见119师355团政委夏其昌。夏其昌大喊:"韩司令,滩头阵地还没完全打下来,快隐蔽!"转身见到了3营营长杨立明,立即命令他把韩先楚看起来,一定保证安全。

韩先楚喊起来:"你个夏其昌乱弹琴,谁指挥谁呀?"

杨立明不管三七二十一,上来就把韩先楚按倒在一块大石头后面。

韩先楚大叫:"娘卖×的杨立明,老子非收拾你不可!"

当天午夜,40军主力与前来接应的琼纵1总队和先期偷渡部队,将临高县城紧紧围住,却发现城里一个师的敌人只剩个师部和一个团了。

原计划两军登陆后,西路40军首先围歼临高县城之敌,然后主力应向加来急进,包围敌64军,另以一个团向那大前进。东路43军则向澄迈挺进,包围62军,以分割敌指挥机关,吸引敌援,求得在运动战中歼敌,然后主力向海口进军。而从一天的战斗情况看,登陆时虽遇抵抗,却无增援反扑,专门用来对付小型偷渡的摩托化快速部队也未见踪影,现在临高城主力也不知去向。薛岳这只老狐狸,会不会以为又是小型偷渡,将主力集中东线,去对付43军的那两个团了呢?

韩先楚感到敌情有变,必须立即变更部署。

当机立断,将临高城之敌留给接应部队,渡海主力立即东进,寻敌主力作战。

实践证明,对于海南岛战役的陆上战役,这一招是举足轻重的。

43军128师两个团登陆后,第二天攻占福山,并与先期偷渡的127师加强团和琼纵两个团会师。20日晨,128师赶至黄竹,与敌一个多团遭遇,将敌包围，同时分兵包围美亭之敌。127师加强团进至风门岭地区，阻击白莲、海口方向敌人。

43军登陆点距海口近，威胁大，而敌主力和机动部队，又大都在海口附近。薛岳一边命令黄竹、美亭之敌死守，一边急电已插至黄竹、美亭地区的62军152师，对128师实施反包围。同时命令其机动部队63军153师、教导师和暂13师，分东西两路，火速增援黄竹、美亭。

43军万把人像块磁石，吸引来薛岳5万余众，占岛上一半兵力，而且全是主力。

包围、反包围，40军赶到再来个反反包围。

像40军一样，43军也是四野的主力军。127师、128师则像118师一样，是响当当的头等主力师。而一个军有两个头等主力师，在四野也是绝无仅有了。只是万余对5万，敌人也实在是太多了。

半个多世纪后，有亲历者告诉笔者，如果这次还是偷渡，如果不是40军及时赶到，结果会怎样，还真不大好说。

旋风部队在海南岛旋起疾风。

356团是119师前卫团，3营是前卫营，9连是前卫连，找个老乡当向导，老乡跑不动了，几个战士一路轮换背着跑。

353团快到美亭时，敌机轮番轰炸、扫射，拼命阻挡、拦截。在海上都拦挡不住，地上就更没门了。部队也不隐蔽，不顾一切往前赶——救兵如救火啊！

李洪奎老将军说，那仗打的啊，最里边一层是敌人，外边是43军，再一层还是敌人，最外边是我们40军，一层层像夹馅饼干似的。2营攻打白莲市南山，山头不大，半夜时分攻至山腰，双方调整部署的喊叫都听得见，对方也是山东口音。有人就骂，娘的，山东人和山东人跑海南岛干起来了。

1营的任务，是歼灭白莲市西南山的敌人。团里下达命令时强调，敌我双方主力都集中到黄竹、美亭地区了，这次会战很可能是最后一次决战，一战决定海南岛命运。

西南山位于临高县通往海口的路边，山上梯田层层，有日伪时期修筑的工事，国民党又加修加固，易守难攻，不然62军也不会把指挥所设在这里。望远镜里，山顶围寨里一根根电台天线，炮阵地上的山炮、野炮，不停地轰击山下的43军，支援步兵进行攻击。

天亮了，1营一动，敌人就射击，居高临下，轻重机枪子弹刮风似的扫下来。

赵兴元命令2连副连长段金信，带领1排，加强个机炮班，从侧翼突上去。一要快，迅雷不及掩耳冲上去，无论伤亡多大不能停下。二是死缠硬打，许进不许退，坚决黏住敌人，掩护主力插到敌人背后发起攻击。

在猛烈火力掩护下，段金信和1排长窦永成率领加强排，从隐蔽地一跃而起，一口气冲到围寨墙根下。敌人从正面和两翼一次次反击，加强排死死顶住，也就10多分钟工夫，55个人就剩5个。就在这50个人的鲜血和生命换来的10多分钟里，1营主力从后边杀上山去，一会儿就把敌指挥所和炮阵地打掉了。

薛岳原想歼灭"偷渡"部队后，大肆庆祝一番，海口已经开始布置"祝捷大会"会场了。没想到另一支"偷渡"部队赶到，一下子就打掉了62军的指挥中心，包围了43军的敌人乱套了。

敌人向海口方向突围，1营拼命赶到公路上封堵，与敌先头部队也就百把米距离。后边白莲市的敌人也拥过来，更快，只有几十米了。敌人要逃命，也是玩命了。轻重机枪架上，一发子弹能穿透两个敌人。那也不行，满山遍野黄糊糊的全是敌人，把1营夹在中间，眼看就要被这黄潮淹没了。这工夫，团长黄德懋把预备队3营放出来了，一股疾风般从右翼卷杀上来，把敌人顶住了。

"三猛"变成"四猛"，先是猛打、猛冲，然后猛追、猛抓，一个机炮连就俘敌800多。

喧闹的战场平静了。

刚到东北就喊"独霸东北"，接下来是"最后一战"。而今，别说东北，都打到海南岛了，最后一场大战也结束了，大胜，那还不欢呼雀跃，乃至喜极而泣吗？

一个个却默然无声。

仅355团1营就伤亡430多人，4个营干1亡两伤。

在雷州半岛海练时，副教导员王永芳就说："营长、教导员，最后一战了，让俺带突击队吧。"

他是在1营被夹击时，带领3连冲上去，插乱了敌人，头部中弹，当即牺牲。

副营长卢兆俭战前也要求带突击队，攻打62军指挥部带突击连，大腿负重伤。

营长赵兴元也是在被夹击时,右臂被子弹打断了。

就教导员赵绪珍是个好人,浑身上下也血人似的。解放四平时,他是副教导员,带突击队,伤了一只左眼。配水池战斗,教导员房干重伤,战后提的教导员。

温家台、配水池,这次是白莲市西南山,仅一个1营,这种笑不起来的胜仗就3次了。

从长白山打到海南岛,别说"老一团""老二团"这头等主力师中的头等主力团,就是一般的主力团的营连,又有几多没经历过这种笑不起来的胜仗?

徐国夫泪流满面。

119师登陆后,向海口进军,过临高角后,突然飞来两架敌机,徐国夫大喊卧倒。副师长黄长轩在他前边10多米处,前边是片坟地,他想奔去那儿隐蔽,炸弹下来了,徐国夫不顾一切冲上去,烟尘中抱起黄长轩,大喊老黄、老黄。黄长轩右大腿负伤,大动脉断了,脸色煞白,说,老徐,我不行了,我的老婆孩子,还有个老妈,帮我照管照管。

40多年后,开国少将谈起来,依然有些哽咽,黄长轩原是120师参谋长。南下到湖南后,主力部队地方化,调去湘西军分区当司令员。这人打仗好,稳当,有勇有谋。最后一战了,听鼙鼓而思大将,我找韩司令,把他调回来当副师长,不然不能牺牲啊。解放战争,他是40军职务最高的烈士。

358团过海口向琼山攻击前进途中,团长于承光和政委、副团长、参谋长、主任,在棵树下开个碰头会。刚摊开地图,敌机飞来,几枚炸弹落下,一个团的领导班子5个人全部受伤,半小时后团长牺牲。

8/ 跑到天涯海角——续战争家常五

国民党全线大溃退,共产党三路大追击。

东路40军119师和43军128师及琼纵独立团,4月23日经加积、乐会、万宁,向榆林追击。

中路43军129师和127师380团,25日由美亭地区出发,向北黎一线追击。

西路40军118师352团一个加强营,沿环岛公路向北黎、八所追击。

▲黄长轩

应该说是四路,因为海上还有15只机帆船,乘风破浪直奔八所。

海南岛马拉松。

40军在海口缴获20多辆卡车,土八路还是铁脚板思维,那么多人看着,也没动心思。不知谁喊了一声,这现成的10个轱辘多快呀。大家立刻醒悟、响应、行动,没有司机就去俘虏堆里找,还动员几辆民用汽车。118师354团3营官兵,爬上汽车乐坏了:嘿!咱"东北虎"踏上风火轮了!

有老人说过去打伏击,小鬼子和国民党把机枪架在车头上,咱们也那样架上,冲锋枪分列车厢两侧。

22日晚10点左右,一支由30多辆汽车组成的"快速纵队",风驰电掣驶上东路环岛公路。

凌晨3点多钟,车灯光柱里,路上横着几挺机枪,一群敌人在路边喊叫着让停车。这时就孤零零一辆首车,车队未跟上来,停车危险,开枪暴露目标。排长雷全禄说"冲",司机一加油门,汽车就颠簸着闯过去了。

不久,又一群敌人拦车,都以为是自己的汽车来了。后边车队还未上来,一身敌军官打扮的侦察股长马辛卯,下车喊:"排队,排队上车。"队伍排列好了,车上官兵突然从车厢板后边站起来,枪口齐刷刷指向敌人,大喊"缴枪不杀"。马股长命令他们把枪机卸下来扔车上,扛枪往北走,自己去海口收容所报到。

后来一路上的俘虏,都照此办理。

快中午时,在乐会追上敌人主力。路多宽,人多宽,黄糊糊望不到头,汽车赶上去像犁地似的,人群向两边自动闪开,刚过去又挤满了。有的觉出不对劲儿了,一梭子子弹打在车挡板上,车上轻重机枪和冲锋枪就开火了,手榴弹也往下砸。后边车队也在敌群中打响了,前边一支琼纵打阻击的部队也从山上压下来。原本就乱哄哄的敌人,也没怎么抵抗,几千人齐刷刷举起的双手,壮观得像一片森林。其中有几百名军官,还有200多官太太。

这场海南岛大追击，比起广西追歼战，有过之而无不及。

海上一夜未合眼，在海上就打，上岸又打，连跑带打赶到美亭，已经3天3夜没休息了。一场激战后，有的部队战场都未打扫完，又接到命令向南追击逃敌。

最苦最累的，要属郑需凡和他的侦察队了。

平时作战，侦察队总是先于部队几天行动，进关、南下走在前面。抗战时团以上干部有马骑，解放战争四野是正营每人一匹马，人称"四条腿"，副营两个人一匹马，"两条腿"，副营以下就是"11"号的两条腿了。问题在于侦察队都是"四条腿"的骑兵，渡海作战，马都留在雷州半岛了，这下子可苦了这些"老爷兵"了。侦察兵什么苦累、危险都不怕，可一双脚缺锻炼，娇贵呀，那也得走，还得走在头里，不然你侦察什么啊？

路上枪支、弹药、衣物、文件包、手提箱，还有穿着红衣服的猴子，在树上蹦来跳去，都是敌人扔的。见到好枪捡起来，有吃的更不客气。饿啊，实在受不了了，就薅路边地瓜叶子吃，嘴都吃绿了。从海口到三亚，一个多星期，就在老乡家吃过一顿饭。4月底的天气，东北多凉爽啊，海南岛上30来度，脚底下都烫人。左边就是蓝汪汪的大海，光馋人，不能喝。又热又累，又饥又渴，昏倒了就架到路边树下，这时都有经验了，一般死不了人。

在加积这边，一个老乡跑过来，指着山上冲侦察队伸出一个巴掌。郑需凡明白有敌人，问多少？5个？老乡连说带比划，郑需凡也连说带比划，50？没辙了，派个战斗小组上去看看，刚上去就打响了。郑需凡命令60炮开火，两炮过去，那人就黄糊糊地下来了，500多。一个军官跑到他面前敬礼、报告，说贵军这炮打得太准了，我们营长、副营长和个军统特务看地图，一炮就打死了，我们就都下来"起义"了。

国民党掉队官兵，各市县官员，他们的老婆孩子，都往南走。走不动了，有的倒在路边，死人似的。有的看着被追上了，也坐那儿不走了。开头，郑需凡还告诉他们往北走，到哪儿集合，后来也懒得搭理他们了。

355团3营教导员刘继泰，扛挺九二式重机枪的枪身，27公斤。10多公里后扛不动了，那人也渴得不行了，就去路边稻田喝水。见个国民党兵趴在田埂下，一搭话，是山东老乡。刘继泰就说，你帮我扛机枪吧。这个挺壮实的山东小伙，就把枪身扛上了，也就参加解放军了，后来当到团副政委，叫赵巨山。

徐国夫和夏克，开头坐辆缴获的吉普，跑半天没油了，扔了步行。还有匹缴获的小马，南方那马比北方马矮一头，挺壮实，正当年，也没骑，就驮行李，没到榆林累死了。

郑需凡带侦察队，从海口追到三亚，又从三亚追到天涯海角。

过去听说"天涯海角"，郑需凡以为就是个成语，形容多么偏远，都到天边海尽头了。广西战役后，收集情报，在南宁给韩先楚、解方买关于海南岛风土人情和海洋、海战资料时，有本书介绍"天之涯，海之角"，心想世界上还真有"天涯海角"这么个地方啊，觉得挺有意思。

老远就看到一堆巨石，先看到"天涯"，后看到"海角"。这时有人报告，说搜索过了，这一带没有敌人了。郑需凡顿时就像只泄了气的皮球，脑袋沉了，眼皮黏了，那人就瘫了，瘫在沙滩上睡着了。

不知过了多长时间，有人硬把他拖起来，说参谋长找你。

他说你不把我弄醒，这一觉能睡到共产主义。

9/ 吴连义、万守业式的英雄黄继光——英雄谱七

海风徐徐，波澜不惊，一只小船扬起风帆，从雷州半岛的万沙墟驶入茫茫夜海。

船老大是琼纵派来的游击队员，两位乘客是118师侦察连副连长耿文亭和战士陈明。耿文亭中等个头，英俊潇洒，一副富商打扮，头戴一顶深灰色博士帽，一套棕色西服，披件黑色斗篷。陈明眉清目秀，浑身上下透着股精灵劲儿，一看就是"富商"的"佣人"。

这时1950年2月，苟在松参谋长派他们越海侦察，查明海口至临高角地区敌人防御部署和工事设施。

天亮后上岸，与地下党接头，谈到敌防卫司令部情报处长最近去了台湾，耿文亭立刻有了主意。

海口琼美饭店，岛上一流高档饭店，出入者非官即富。耿文亭和陈明在2楼西侧餐厅落座，邻座一男一女正在对饮。男的30多岁，瘦高个，身穿国民党少校军服，此人就是他们要捕获的目标——防卫司令部情报处高参李佩元。

耿文亭要了几个名菜和一瓶好酒,一副财大气粗的派头,和陈明边吃边谈生意,心里却在留意邻座的少校。见少校不时飘过来几眼,觉得有门儿,起身道:"请问,阁下是防卫司令部的吗?"少校也站起来说:"先生瞅着有点眼生,在哪儿发财呀?"耿文亭递上名片,心里话:就在你身上"发财"。

这国民党官员,少有不喜欢和富人交朋友的,你有钱,我有权,互通有无嘛。搭上话,越唠越热乎,耿文亭说此次来海口,顺便给老朋友徐处长捎点东西,世道动荡,徐处长可好啊?少校说徐处长外出了,有什么事只管吩咐,兄弟我愿意效劳。

第二天下午,少校接到耿文亭的电话,乐颠颠奔来天琼旅社,进屋就被拿下。

地下党已在旅社门外备好两辆三轮车,来到城门,肋部被枪口顶着的少校,从车里探出脑袋,冲哨兵道:"我是情报处的李佩元,有急事要出城,告诉你们王队长,快把城门打开。"

出城后奔海边,一只小船向北驶去。

4月7日,120师358团乘船由安铺向灯楼角转移,准备参加主力渡海作战。天黑时狂风大作,小山样的浪头一排排扑来,一些船漂散了,8连的一只船迷航了。

船上为连部、1排和一个60炮班,共50多人。

连长杨海德和指导员颜承喜,首先让大家镇定下来,讲明"同舟共济"的道理,只要船不翻不沉,咱们一船50多人就要生死与共,坚持到底,待风平浪静些,划也能够划回去。

拂晓时分风停了,远处现出陆地的轮廓。连晕船晕得半死的人,也挣扎着爬起来欢呼。猛听得船老大一声喊"海南岛",咱们跑海岛来了,一船人顿时大吃一惊。

偷渡的战友,千难万险才得成功,这回老天爷和龙王爷把咱们送来了,岂能回去?连长和指导员一核计,当即决定2班、3班为突击队,1班为预备队,机枪、60炮掩护,准备登陆。

岸边礁石很多,咔嚓一声,船身震动一下触礁了。连长一挥匣子枪,带领2班、3班跳入水中。岸上轻重机枪循声扫来,指导员指挥60炮还击。副排长黄领太首先抢上岸去,冲锋枪扫,手榴弹炸,两个班打下两个地堡,又将一幢白房子围住。抓住俘虏一问,白房子是个营部。天色已亮,敌人很快会增援上来,不能恋战,马上转移到树林里。

海南岛战役,意外太多。之前海练,有的船被风浪冲散迷航,有的划回去了,有的漂去越南,有的飘到海南岛附近的小岛上。现在,8连这个加强排闯到虎狼窝里了。

势单力孤,白天在山上树林中隐蔽,晚上向南奔五指山,去找琼纵和先期偷渡部队。

或打或藏或走,与敌周旋4昼夜,终于上了五指山,未损失一个人。

意外多,英雄多,不是英雄的英雄更多。

先锋营偷渡,各船起锚张篷要出发了,1号基准船上3个雷州半岛的船工没影了,就剩个琼纵派来领航的船工,还有个在水手训练队培训过的9连战士侯至诚。张仲先脑袋一下子胀得老大。基准船缺3个船工怎么得了啊?这工夫还上哪儿找人啊?

3连副排长傅世俊跑过来,说让俺来吧,就去掌舵了。

傅世俊是山东文登人,在海边长大,25岁,高个,壮实,平时话语很少,挺倔。他原是4连副指导员,南下到湖北用手榴弹在池塘里炸鱼。北方池塘里的鱼是野生的,南方是人家喂养的,也不知道啊。那也是违反群众纪律,受处分,降职到3连当副排长。

快登陆时,岸上敌人拼命阻击,空中敌机投弹、扫射,傅世俊胸部中弹,还操着舵柄,直至牺牲。

海南岛战役,出现两位舍身堵枪眼的英雄,40军119师357团5连1排长万守业,43军128师384团4连4班长李公范。

4连在理善港登陆后,被地堡的火力阻住了。李公范带个爆破组,上去接连炸开两道鹿砦。快接近地堡了,一颗手榴弹迎面甩过来,李公范身上多处负伤。他已经没有爆破筒了,手榴弹也投光了,地堡的枪眼里还在喷吐火舌。

▲万守业

只见他从侧面爬到枪眼旁,站起来,一翻身,用脊背堵住枪眼,两条腿死死地撑顶在那里。

357团在临高角登陆,万守业率领1排首先抢上滩头。连续爆破,炸开铁丝网、鹿砦,又摧毁一个地堡,迎面的大地堡就成了5连和后续部队的拦路虎。几次爆破未成,伤亡很大,爆破筒、炸药包没了,脖子负伤的万守业,左手抓着两颗手榴弹上去了。距敌堡10米左右时,右臂和腿部又负伤了,两颗手榴弹投出去,都未投进枪眼。他回头望了望,继续朝前爬,爬到枪眼侧旁,猛然挺起身形,扑了上去。

前面说了,吴连义除舍生忘死的一个堵枪眼动作和他的姓名、所在部队番号外,其他一切都未留下,连年纪、籍贯都不为人知。

与吴连义为同团战友的万守业就不同了。从长白山打到海南岛,他早就是40军著名的战斗英雄了。

河南省滑县人万守业,1922年生,1945年参军,原在4纵(41军)当兵,鞍海战役负伤,伤愈后调到3纵8师24团5连2班任班长。

夏季攻势第一仗,攻打山城镇。冲到一座大院围墙下,里面扔出几颗手榴弹,2班当即伤亡几个人。万守业怒不可遏,也往里投弹,然后翻身上墙,一支冲锋枪猛扫。敌人跑进屋子里,万守业堵住门口,大吼"缴枪不杀",40多个敌人举着双手出来了。

秋季攻势,奇袭威远堡,敌116师346团退到拐磨子。5连攻入村内,2班是尖刀班。敌人溃退,在几个山头上架设机枪,掩护逃跑。攻下第一个山头,2班就剩3个人了。万守业带领两个战士,又拿下第二个山头,就见山沟里少说一个连的敌人向南奔逃。这时,他们已经远离连队半公里以上。来不及多想,万守业一马当先,3个人从一片高粱地斜插过去,迎头堵住敌人,冲锋枪、步枪和手榴弹一顿打砸,活着的都成了俘虏。

山城镇战斗,万守业荣记一大功,这次又立特殊功,并被辽东军区授予"第一名陈树棠式独胆英雄"称号。

冬季攻势,攻打四平红十字会大楼时,万守业右臂负伤后残废。领导劝他留在后方工作,他说右臂残废了还有左臂,这腿脚都好好的,不耽误冲锋陷阵。

辽沈战役,攻打锦州,5连突入城内,受到两侧地堡密集火力封锁,伤亡较大。3排副排长万守业，组织连续爆破，摧毁了地堡，顺势冲进一道交通壕。前面一个挺大的地堡，后面部队没上来，交通壕里只有万守业和3个战士，也被地堡火力压得抬不起头。天色暗下来，敌人见交通壕里没有动静，集中火力阻击后续部队。万守业让3个战士别动，他左手抓着手榴弹，利用夜色掩护向地堡爬去，把手榴弹塞进喷吐火舌的枪眼。

这一刻，如果他手里没有手榴弹，舍身堵枪眼是不是就不会等到海南岛了？

对于本书写到和没写到的、被授予和没被授予英雄称号的英雄，如果置身于万守业、吴连义一样的时空点上，许多人的选择会是同样的。

《吴连义、万守业式的英雄黄继光》，这样的标题，重点叙述的理应是志愿军特级英雄黄继光，而不是什么英雄称号也没有的吴连义，和早已是英雄的万守业。

苏联卫国战争期间，有位英雄马特洛索夫，用身体堵住了德军碉堡喷吐火舌的枪眼。在那个什么都向"老大哥"看齐的年代，就有了"马特洛索夫式的英雄黄继光"。

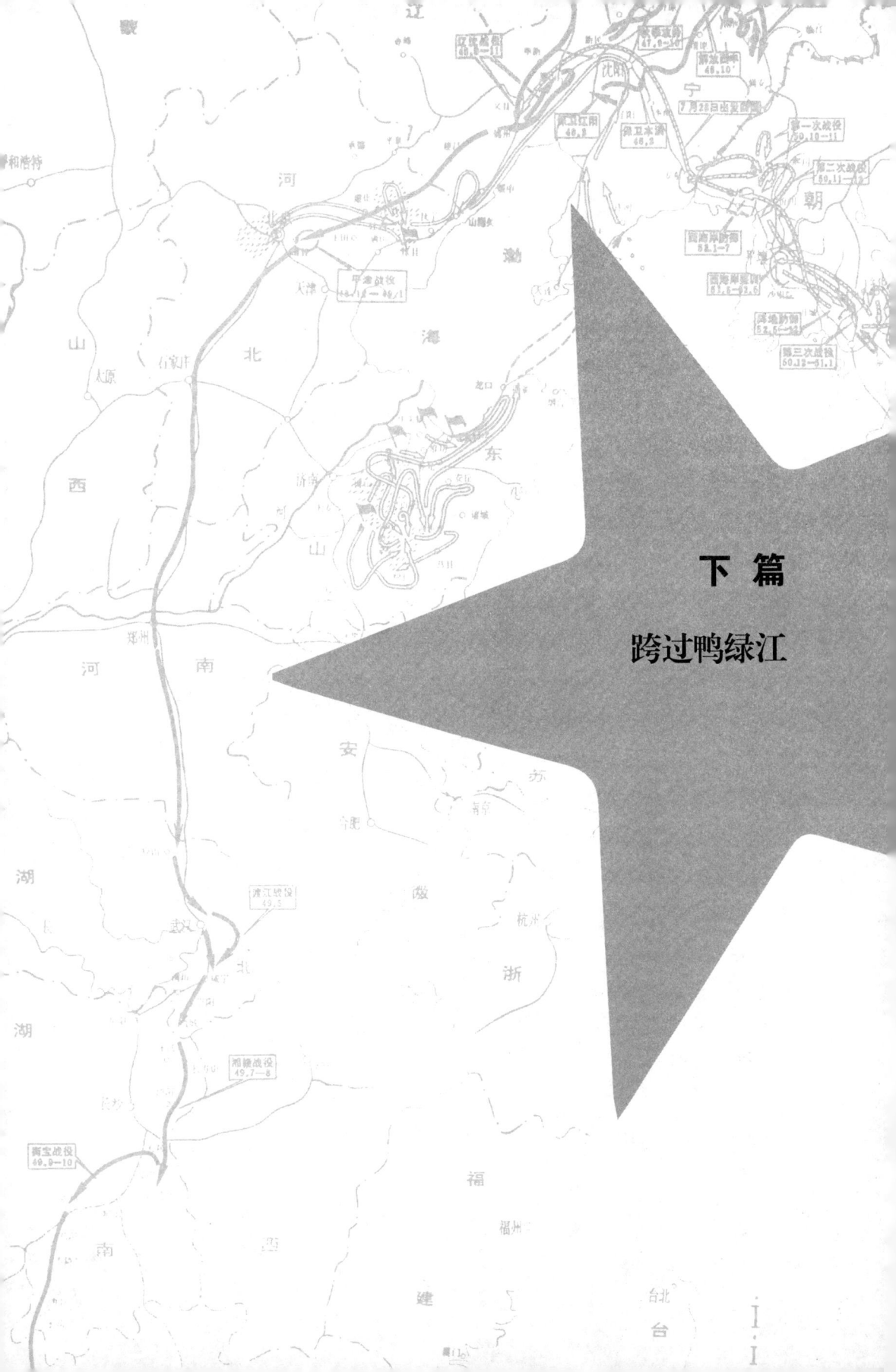

下 篇

跨过鸭绿江

第十一章 龙啸

1/ 从海南岛直奔鸭绿江

1950年5月1日,海南岛战役结束。

从三亚到海口,40军各师团打扫战场,收拢部队,15日奉命返回雷州半岛。

有人上船就晕了,一些人瞅着好生奇怪,说咱们不是都不晕船了吗?这么说着,一会儿也晕上了,许多人吐得一塌糊涂。那人太乏了,最主要的是没敌情了。渡海作战,精力高度集中,头脑中每根弦都绷得紧紧的,"晕船"二字没有容身之地。这回胜利了,和平渡海,精神放松,水上蛟龙又成了旱鸭子。

6月7日,40军以"登陆先锋营"为主,编成凯旋先遣队,向广州开进。

7月8日,"旋风部队"从广州乘火车北上,目的地河南洛阳地区。

38军驻信阳,39军驻漯河,40军驻洛阳,中央军委早已部署停当,四野的3个头等主力军作为全军战略预备队驻防中原,东西南北进出方便,担负战略机动任务。

有老人说,6月25日朝鲜战争爆发,26日美国总统杜鲁门命令其驻远东的空军海军参战,27日公开宣布武装入侵朝鲜,同一天操纵联合国通过决议,为美国搜罗所谓的"联合国军"。在广州时,军委发布命令,由38军、39军、40军和在北大荒搞生产的42军,组建东北边防军,传达到团以上干部。军和各师团已经提前派人去洛阳看营房了,营以下官兵都知道到洛阳驻防。40军从辽沈战役开始就没闲着,一口气没喘匀乎进关,平津战役后是南下先锋部队,两广战役后各军剿匪、休整,先遣兵团的两个军又打下海南岛。43军留守海南岛了,我们40军再过海北上,大家都认为这回到洛阳可该好好歇歇脚了,结果"快马加鞭未下鞍",一下子开到了鸭绿江边。

在先后入朝作战的志愿军27个军中，40军是唯一未经过和平整训，直接从国内战争转入朝鲜战争的一个军。

还是唯一参加了抗美援朝战争全过程的一个军。

志愿军10次大的战役行动，以军为单位成建制参战的，40军有8次，位列第一。

2010年，丹东被评为中国大陆十大宜居城市之一。

1950年的夏秋，还叫"安东"的江城丹东，就自然环境、人与自然的和谐而言，理应比今天更宜于居住，却成了中国最不宜居住的城市，而且愈来愈不宜居住了。防空警报不时拉响，公共建筑和民宅的玻璃窗上，几乎都糊着"米"字形纸条，以防飞机轰炸的碎片飞散伤人。鸭绿江南岸的战火硝烟，正在一阵紧似一阵地逼近，战争的轮子好像随时可能辗过这座美丽的边城。

从7月中下旬各师团陆续抵达安东地区，到10月19日跨过鸭绿江，3个月间，无论朝鲜战局如何变化，北京、莫斯科如何决策、部署，40军将士全力以赴备战。

山地战、近战、夜战已是轻车熟路，这回还要针对是美军装备和作战特点五大技术及班以下战术，突出防空、打坦克和土工作业训练。

1944年夏，冀东军民曾营救7名跳伞的美军飞行军，由12团派人一路护送到军分区。那时美军是盟军。抗战胜利，美军用飞机、舰船运送国民党军队到东北，新1军、新5军、新6军、13军等等，除了人全是美国货。而今，连人都是"USA"了。

在进行应急训练的同时，开展爱国主义、国际主义和革命英雄主义教育，着重解决"该不该打"和"能不能打"的问题。

美国帮国民党打内战，现在又封锁台湾海峡，阻止解放台湾，与新中国为敌。中朝两国山水相依，唇亡齿寒，正像当时墙报上一首诗说的那样："美帝好比一把火，烧了朝鲜烧中国，中国邻居快救火，救朝鲜就是救中国。"

半个多世纪后，翟文清老将军说，无论当年，还是今天，如果有一支军队舞刀弄枪，快杀到美国的国境线了，而且那儿正是关系到美国的国计民生的重要地区，它会不做出反应吗？

老人都说，美国依仗的是武器先进，有强大的空军、海军。在这方面，我们从来都是以弱胜强的。而且，朝鲜的地形有利于发挥我们的特长，又有以苏联为首的社会主义阵营的支持，一定能够打败美国侵略者。

有人认为美国也没什么了不起的，过去它站在蒋介石背后，没直接交过手，可咱手里这些武器不都是它的吗？咱们从长白山打到海南岛，这朝鲜半岛才多大点地方，从北到南，一推就完，一管牙膏用不了就回来了。

这种观点，显然对美国"真老虎"的一面认识不足，对这场战争的残酷性、长期性缺乏思想准备，却也道出了这支军队一往无前的英雄气概。而世界头号强国的军队，也真的认识到了这支百战之师、胜利之师是不好对付的。

应急训练，军政训练，调整编制，补充兵员，还有评功、治病等等。中暑拉稀打摆子这些病没了，从南方带回来的疥疮还得治疗。许多原本准备到洛阳休整时办的事情，这回抓紧时间都办了，不打仗就算休整了。

40军省事了的，是不用找朝鲜语翻译了。

四野各军都有朝鲜族官兵，特别是南满北满部队，每连都有，炮兵最多。两广战役前后陆续调出，到东北集中后去了朝鲜。40军因为还要攻击海南岛，未调。北上到广州后，朝鲜族官兵开始集结。东北3年，进关南下一年半，那是生死之交啊。各连会餐、话别，恋恋不舍，以为从此天各一天。没想到几天后又回来了，各归原位，一个车皮拉来安东了。

"缴枪不杀""志愿军优待俘虏"，类似的朝语、英语，也是应急训练的内容。但是，8年抗战是在国内进行的，与出国作战大不同，语言障碍是个随时随地的问题，军师团营连和新设的敌工部门，需要大量的朝语翻译。其他各军从外单位紧急调配，许多是从地方征召的新兵，唯独40军是现成的，而且是老战友。

有亲人在朝鲜的，那心情更是不一样。

李如吉老家在平安南道（省）平原郡（县），1938年一家人来到中国，在柳河县鱼亮子村安家，他1946年参军。四保临江，一会儿国民党，一会儿共产党，你来我往，兵荒马乱，鸭绿江那边没有战事，不少朝鲜族人携家带口南去。李如吉行军路过鱼亮子村，跑回家一趟，说你们也快走吧。海南岛战役前，给家里写封信，还真就收到回信了，父母一家人都在平壤——平壤现在怎么样了啊？

半个多世纪后，李如吉老人说，当时讲"抗美援朝，保家卫国"——对于像我这样的人，这8个字的分量更是非同寻常啊。

2/ 出国第一仗

绵绵秋雨打湿了边城，鸭绿江上雾气蒙蒙。

街上人烟稀少，店铺早已关门。该是擎起万家灯火的时候，灯光星星点点的，对岸的新义州一片漆黑。

鸭绿江铁路桥上激流涌动。钢轨枕木间的空隙被沙包填平了，上面铺着木板，人马车辆踏压驶过吱嘎作响。这时还没有"雄赳赳，气昂昂，跨过鸭绿江"的旋律，伴着脚下不息的江涛的，是"向前、向前、向前"的战歌。

这是10月19日，作为首批入朝作战的4个军的前卫，40军从安东江桥过江，然后兵分两路迎敌而去。左路118师沿老义州、朔州、北镇向熙川进发，军部和直属队随后跟进；右路120师沿永山、龟城、泰川向宁远开进，119师随后跟进。

40军要赶去清川江沿岸的宁边、球场、宁远一线，顶住北犯之敌，掩护人民军北撤和志愿军后续部队集结展开，自然也就保住了部分朝鲜国土。用当时官兵的话讲，是"给朝鲜保住一块插国旗的地方"。不然，金日成就得像斯大林说的，"到通化去建立流亡政府"，像林彪说的"再度上山打游击"了。

9月15日，美军在仁川登陆，半岛战局顿时大变。10月上旬，以美国为首的"联合国军"和南朝鲜军队（以下称"南军"），越过三八线。20日，即40军过江第二天，美南军占领平壤。麦克阿瑟预想的激烈的平壤争夺战，根本没有出现，也不可能出现。

见中国军队过江来了，新义州的老百姓涌上街头欢迎，少先队员在路边致队礼，老人和妇女深深地鞠躬，一遍遍说着"果麻西米达"（谢谢）、"苏苦哈世米达"（辛苦了）。老义州又是一番景象，女人背着孩子，头顶包袱，老人赶着黄牛、架子车，开始逃难。再往南走，就不时见到北撤的人民军了，三五成群，十几一伙，有伤员被女兵扶架着。令人称奇的是，一架小飞机被老黄牛拖着，在公路上慢吞吞地迎面走来。见到中国军队，自然十分高兴，有的兴奋得朝天鸣枪，问的最多的是："你们有飞机吗？"

24日夜，118师快到北镇了，路边有幢日式房子。一路敌情不明，又在异国作战，师长邓岳和政委张玉华想看看地图。让司机停车，推门进去，里面都是人民军。

为了保密、迷惑敌人，先期入朝部队改换朝鲜人民军服装，排以上干部马裤，师以上均为毛料。屋内人民军清一色毛料军装，每人挎支转盘式冲锋枪，还背支手枪，一看就知道不是个一般的地场。

他们闯入的竟然是金日成的总部，金日成就在这里，彭德怀也在这里。而这里，距第二天打响抗美援朝第一仗的两水洞，只有20公里。

118师是彭德怀入朝后，见到的第一支中国军队。一向严厉、不苟言笑的彭老总，非常兴奋、热情，问他们吃饭没有，两个人没吃也说吃了，又让他们喝水，让秘书拿地图。

彭德怀刚见过金日成。志愿军总部机关和其他首长还未赶到，部队都在开进途中，联络不上。敌情不明，战线混乱，各路敌人分头冒进，到了什么位置也不清楚。敌人也不知道金日成和彭德怀就在这里。不然，派支快速部队，或者空投一个营，甚至一个连，朝鲜劳动党和人民军的统帅部和统帅，还没有统帅部的志愿军统帅，就危险了。

志愿军司令员兼政委，告诉四野头等主力师的师长、政委，敌人进展很快，你们很可能赶不到清川江预定防御地区了，过了北镇，就要随时准备与敌遭遇。

两位师主官上了吉普车，政委说，你听，炮声。

师长道，"炮响四十里"，敌人离咱们不远了。

峰岭纵横，层峦叠嶂，一道道沟壑就像大山深深的皱折。沟底大小通常有条河，河边一条盘山公路，更多的是人踩牛踏出来的山路。峰回路转处，眼前突然出现一片平坦的开阔地，少有不聚拢起人烟的，就有了面（区和乡）里（大村）洞（小村、自然村）。进入10月，经霜的山野，枫叶火红，松柏青翠，白桦展露雪色腰身，深黄浅黄鹅黄的是柞树和其他杂树的叶子，跟东北人讲的"五花山"一般无二，连一些村镇的名字也跟中国一样。

在东北得名"旋风部队"，首批入朝志愿军的先锋军，就在这似曾相识的异国的崇山峻岭间开进。

24日傍晚，右路120师360团进至云山城北，得知预定的设防地宁边已被敌人占领。团长徐锐遂令部队停止前进，占据云山城北的262.8高地、间洞南山和北山、朝阳洞东山、玉女峰一线阵地，构筑工事，准备阻击北进之敌，保障军师主力集结、展开。

25日拂晓，南1师先头部队以14辆坦克，另有几门自行火炮，后随摩托化步兵，过九龙江沿云山至温井公路，轰轰隆隆开过来了。

▲抗美援朝第一仗，志愿军第40军指战员向敌人发起突然攻击

7时许,远远地看到飘动的太极旗,有人老大不满,小声嘟囔,这天下的鬼子都是一个爹调教出来的,都让伪军打头阵,当替死鬼。

一辆吉普竟然超越坦克和自行火炮,一溜烟地往前跑。

徐锐命令将其放过,待大部队过来再打。

1营首先打响,枪炮声顿时填满山谷。坦克、自行火炮调头就跑,退到九龙江南岸。汽车上的步兵死的伤的跳车的,乱成一团。1连、3连乘势出击,又毙伤一些,俘敌30余人。

辽西会战,21团(354团)副团长徐锐,率3营在胡家窝棚实施"斩首行动"。这一刻,他急于了解当面敌军的番号、实力、企图,让1营尽快把俘虏送来团部。哪知一架炮兵校正机正在头上转悠,先是几发试射,接着一群炮弹呼啸而至,正落在俘虏群里。

南军被打蒙了,喘息一阵子,上来两个营。

有老人说,出国第一仗,就发现南军战斗力不行,原因之一是不明白对手是谁。人民军是苏式装备,40军是美式,有经验的指挥员,能从枪炮声中立即分辨出来。而且,对手出手的那种风格、劲道,也与之前的对手不同,这应该是种本能的反应。可这工夫就是换成美军,也是一样。敌人太猖狂了,被胜利冲昏了头脑。

而360团官兵印象深刻的,是美军的飞机确实厉害,和国民党的没法比。多,飞行迅速,火力密集,投弹准确,还发射火箭、扔汽油弹:"不光拉屎(投弹)放屁(扫射),还带撒尿的。"

还有炮火之猛。坦克、自行火炮,在九龙江南岸射击,还有炮兵校正机指引的远程炮火。而360团只有伴随步兵的小炮,师炮兵营还在国内受训。就算来了,从数量到口径、射程,和美南军也不成比例。

炸弹、炮弹轮番轰击1营阵地,重点是3连坚守的间洞南山。不到500米长的山头,落下千余发炮弹、炸弹,山上的马尾松不知多少次被抛上空中,炸得七零八落。工事被炸塌了、打平了,来不及抢修,弹坑就是掩体。

坚守在前沿阵地的3班,子弹打光了,敌人又上来了。班长石宝山抓起两根爆破筒,大呼"为了祖国守住阵地",向敌人冲去。

敌人有些惊愕。一个大汉迎面扑来,拿着两根"铁棍子",什么意思呀?志愿军不晓得在头上转悠的飞机是炮兵校正机,南军是第一次见识爆破筒。突见那"铁棍子"哧哧冒烟,情知不好,已经晚了。

石宝山是志愿军最早决死献身的战斗英雄之一。

正面攻不动,7辆坦克引导步兵,从间洞沟口迂回到3班的右侧和背后来了。

巴顿式重型坦克,上下履带一人来高,所到之处世界都跟着抖颤。借树丛隐身,2连9班副班长秦永发运动到公路旁,一个箭步冲上去,把爆破筒插进履带轮子的空隙里。正待转身,爆破筒被卷动的履带甩了出来,在地上哧哧冒烟。什么也来不及想,一把抓起来,紧追几步,那爆破筒就在正是坦克薄弱部位的尾部上冒烟了。

除了没有地面部队,美军空地火力不遗余力。南军则是使出了吃奶的力气,硬是过不了360团这道坎,也不明白这大山里怎么会突然冒出这样一支"人民军"。

几乎同时,左路118师也在两水洞打响了。

一场漂亮的伏击战。

25日凌晨,118师越过北镇,进至温井西北的两水洞地区,得知敌人已经进占温井。前卫354团迅速抢占富兴洞、丰下洞、239.8高地、216高地、409.5高地,控制了沿温井至北镇公路和九龙江北侧一线阵地。

8点多钟,温井敌人出动了。首先过来的是南6师2团3营,配属一个炮兵中队,一个车炮隆隆、火力强大的摩托化加强营。

南军的装备令人羡慕——也不用羡慕了,马上就要变成自己的了。

8点多钟的阳光,还未驱散山里的雾气。一条公路从温井迤逦而来,就到了脚下的河川谷地。东侧蜿蜒起伏的山峦,西面一条二三十米宽的九龙江,公路、江流两侧是收割后的稻田。首先拐进河谷的是两辆中卡,车头架着机枪,探路尖兵无疑。后面3辆载着步兵的大卡车,应是行军序列中的前卫部队。随后12辆汽车牵引的榴弹炮,最后是这支摩托化部队的主力,20多辆满载步兵的卡车。居高下望,暗绿色的钢盔覆满车箱,就像一支运输西瓜的车队。

竟然把炮兵放到步兵前头,尖兵也不下车搜索,只管风驰电掣,这不是明摆着的国际玩笑吗?

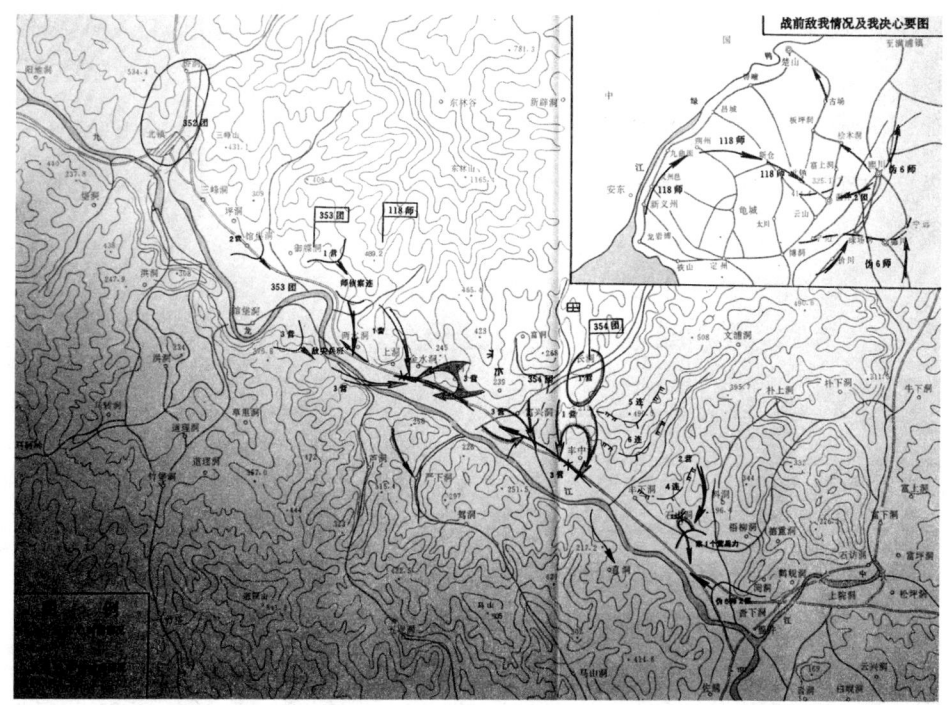

▲志愿军354团两水洞、丰下洞地区伏击战斗经过要图（1950年10月25日）

354团的部署是，3营拦头，2营掐尾，掐断敌团主力与前卫营的联系，使其不能向前靠拢、增援。没想到敌人一路疯跑，前头不管后头，出动才个把小时，行军纵队已在山路上扯出5公里多长。那路顺山势七拐八绕，又有树木遮挡，不能通观全局，待到把后尾都放进来了，那前面的尖兵已经超越伏击区域，闯到师部驻地去了。

头已经打响了，那腰和尾并未介意，有人甚至听到车上传来的爵士乐。

并非因为南6军是南军一流精锐主力，战争爆发时防守春川正面阵地，向洛东江后撤时参加阳城地区战斗，曾立下赫赫战功，而是此刻一路路北进的美南军队，都犯了轻敌冒进的兵家大忌。自占领平壤后，美南军每天就这样向北奔跑，一个团、一个营在山路上如入无人之境，就像一场行军大比赛，看谁跑得快。在他们心目中，对手已经不堪一击，用不着为这种零星抵抗耽误行程，跑到鸭绿江边战争就结束了。快点奔去鸭绿江边，争个头功才是第一要务。

而这个摩托化加强营如此狂奔，还有个重要的特殊使命，袭击金日成的总部。战后，被俘的美军顾问赖勒斯交代的。

1985年秋，沈阳军区政委刘振华，率领一个前志愿军代表团访问朝鲜，受到金日成接见。谈到抗美援朝第一仗的两水洞战斗，得知刘振华就是这支部队的政治部主任时，一双手就握得格外有劲道。

354团迅雷不及掩耳的打击，是毁灭性的，顷刻间令对手灵魂出窍。兵力未展开，火炮未卸架，冲锋号和杀声震撼山谷，1营、3营已经冲下山去。不到20分钟，那腰、尾和头的一部分已被砸得稀巴烂。

自1840年鸦片战争后，只要沾点"洋"字边的国家，就能来中国咬一口、捞一把。连今天在西方世界也是穷国、小国的葡萄牙，也能从大清国手里"租"去个澳门。

无论历史已经和终将怎样评说朝鲜半岛这场战争，也无论苏联为何不肯出动空军帮中国一把，刚刚度过1周岁的中华人民共和国的武装力量，已经与以世界头号强国为首的"联合国军"交上手了。而且，古往今来，军人的表现，战争的胜负，从来都是检验一个国家的综合实力，提高或降低一个国家在这个世界上的威望的最便捷的方式、手段。

而古今中外的军队，没有不强调首战必胜的。

旋风部队一出手，就把旋风、龙卷风旋到了对手头上。

龙啸！

3/ 军号和小喇叭

云山、两水洞枪炮声犹酣，军长温玉成已经盯上了温井。

吃着碗里、看着锅里的温玉成，江西兴国人，浓眉大眼，相貌雄武，勇猛有谋。入朝前，韩先楚调任志愿军副司令员，他由41军副军长升任40军军长，1955年授衔中将。

温井小镇，两条公路十字交叉，是重要的交通枢纽。25日夜，118师两个团由北向南攻，120师两个团由南向北打。26日凌晨将其拿下，得知南6师7团已于24日北上，经桧木洞、古场洞，直逼鸭绿江畔的楚山。彭德怀即令118师回师楚山，歼灭南7团，119师、120师在温井待机，迎击前来策应、援救南7团的敌人。

入朝作战，原想40军前出顶住敌人，掩护后续部队集结展开，求得一战歼敌两三个师。而现在敌人多以团为单位向北窜犯，彭德怀遂决定各军师分途作战，各歼敌一路两路，阻止敌人到处乱窜，稳定战线，稳定人心。

从鸭绿江过来，再向鸭绿江奔去。过北岭山时，迎来1950年的第一场雪。雪花飘飘，山陡路滑，118师急行军、强行军，一夜赶出40公里。

闻知南2团主力被歼，南7团这一惊非同小可。这支唯一进抵鸭绿江江边、抢得"头功"的部队，立即掉头往回跑。

29日拂晓，118师在龙古洞以南地区，将比北进跑得还快的南7团截住。353团立即抢占隘口及公路两侧高地，354团两个营插到龙渊洞，另一个营和352团一个营直插古场，对南7团形成包围。参战的还有人民军的一个战防炮连，牵引车被飞机炸坏了，用黄牛拖着往北走，被353团赶上，听说要打南7团，积极要求参战——这应该是志愿军和人民军首次并肩作战。

与两水洞不同的是，无论南7团跑得多快，《韩国战争史》中说的"曾在鸭绿江畔洗刷刀枪的英勇将士"，再也没了北上的那股疯劲，不可一世，而是十分小心，随时准备战斗。而118师官兵首次见识的，则是来自空中的威胁，几乎刚一打响，十几架飞机即呼啸而至。空地配合，狂轰滥炸，然后一波波地攻击。

午后不攻了。

望远镜里，353团团长黄德懋看到山下南军向后收缩，挥锹抡镐构筑工事。

他把望远镜递给政委王健青："你看敌人搞什么名堂？"

王健青看了一会儿："固守待援？不可能呀？"

黄德懋说："温井那边敌人过不来，美国飞机不能到地上打冲锋。老王，今晚咱们干他一家伙。"

迎面一座大山，大山背后是龙古洞，一个不大的自然村落。公路绕过眼前的山脚，从村子穿过，南7团指挥所应该设在村里。而从敌人榴弹炮发射的声音、弹道判断，炮阵地就在村西南的小山后面。

电话报告，邓岳同意黄德懋的意见，353团主攻，从正面突击。352团从左侧迂回，354团从右翼穿插，分进合击，吃掉南7团。

夜色降临，各团营连分头行动。

353团尖刀2连摸上公路，8班是尖兵班。黑灯瞎火，几乎全凭经验和感觉搜索前进。战士王正元一脚下去，立刻觉出不对，就听脚下嗷的一声，他手中的枪就响了。随即枪声大作，手榴弹爆炸的闪光中，隐约可见4挺重机枪架在路边一个土丘上。正在睡觉的敌人爬起来，子弹泼水般扫过来，尖兵3排被压在地上。

几乎在枪响的同时，冲锋号昂然响亮，接下来就听到小喇叭嘟嘟的鸣叫声。战斗趋于白热化，嘟嘟声四面八方，此起彼伏。

2连指导员崔同信，率1排从右侧山腰上迂回过去，支援3排。迎头撞上一支从公路上退下来的队伍，对方左臂上没扎白毛巾，崔同信大喊打。子弹、手榴弹开路，杀声如雷，1排顺势冲下山去。追上去拼刺刀，没刺刀抢枪托、摔跤。崔同信扑倒一个敌人，将其制服。

2营4连沿着右翼山脊穿插，重机枪掩护，一举拿下一个连据守的1300高地。高地俯瞰公路两侧，可掩护攻击、撤退，举足轻重。南军组织反扑，被4连打下去，也跟着敌人冲下山去。

公路上汽车一辆挨一辆，一个摩托化步兵团啊。车上路边，敌人尸体，丢弃的追击炮、弹药箱、钢盔，更多的是睡觉铺盖的稻草、毯子、大衣。

2连最先冲到龙古洞，在村头又打退南军最后一次反击，冲进南7团指挥所时，里面已经逃散一空。

开始追击，漫山遍野抓俘虏。

27日，南6师和南8师各两个营由熙川、球场西进，企图重占温井，接应从楚山回窜的南7团。

28日，战斗在立石洞、龟头洞相继打响。

正面阻击，两侧迂回，力求全歼。

119师首先在立石洞围歼南6师19团一个营，由353团担任主攻。敌人在包围圈里左冲右突，奔往西南山，那里正是2营营部。教导员把通讯员、电话员、卫生员、联络员等勤杂人员组织起来，命令司号员用号音调附近的4连来堵击敌人。

2班长王君贤一马当先，带领全班奔来西南山。越过两道山岗，看见斜对面山坡黄糊糊的敌人，也在向山上奔跑，前头距山顶也就百多米了。王君贤急了，钻林子，抄近道，快到山顶时，两个敌人已经上去了。他扣住冲锋枪扳机，一梭子子弹全扫了出去，两个人影应声倒下。再一阵狂奔，终于先敌占据制高点，手榴弹就砸了下去。

龟头洞是温井东边群山中的一块盆地，熙川至北镇的公路横穿这里。120师以小部队在龟头洞逗引南军先头部队，待其3个营进入预定地域，突然发起围攻。

从左侧迂回的358团，攻占243高地后，5连把轻重机枪扛到山头上，将南军封堵在一条山沟里。有人想跑，刚一露头，一个点射，或者投去颗手榴弹，立刻缩了回去。

联络员喊话，让他们出来投降，"缴枪不杀"，"志愿军宽待俘虏"。

没白喊，喊出了"共产军万岁"，还喊得挺齐整的。

这意思已经很明白了，那人却不肯出来。

这时，5连抓到个俘虏。官兵还不大熟识南军军衔，瞅那年纪就不是个士兵，一番口舌，弄明白是位营长。

这位营长的第一个动作，是掏出两块怀表和一把钞票，塞到指导员梁延有的手里。梁延有还给他，让联络员告诉他我军的俘虏政策，让他喊话，让南军投降。

这位营长挺惊异，又感动，欣然同意，去到沟口喊起来："弟兄们，听出来了吧，我是你们的营长。中国军队优待俘虏，尊重人格，不搜腰包，不动个人财物。刚才我把表和钱给他们，他们都不要。共产党说话算数，大家尽管放心，赶快出来投降吧。"

出来80多人。

在韩国编撰的《韩国战争史》中，关于龙古洞之战，这样写道："10月30日，一到子夜，中共军吹喇叭敲锣打鼓，集中大批兵力进击第二营和第三营防守的阵地正面……"

接替麦克阿瑟担任驻远东美军司令和"联合国军"司令的李奇微，在回忆录《朝鲜战争》中说："许多美国人第一次听到中国军号的啸鸣，这种铜号看上去就像足球赛巡边员用来表示犯规的喇叭，其粗野的音调夹杂着发狂的吹哨声，似乎在通知新的战斗阶段的开始。这至少有助于使许多自认为中国大规模介入是十足的无稽之谈的人清醒过来。"

时任南1师师长的白善烨将军，在回忆录《一位韩国上将亲历的朝鲜战争》中，这样写道："铺天盖地杂乱的军号声和铜锣声，给士兵造成巨大的恐惧感。""军号声、震耳欲聋的铜锣声及他们进攻时的吼叫声，就像是从夜空中传来的魔鬼嚎叫一般。"

谈到朝鲜半岛这场战争，当年的对手几乎无不谈到中国军队的"军号声""铜锣声"，并极力渲染，而我们自己却好像并未介意，极少提及。

但是，他们说得并不准确，甚至有些滑稽。

军号、军号声没错。中国军队自古就有类似军号的乐器，攻守进退，号令三军。中国共产党的武装力量诞生之初即有号兵。斯诺的名著《西行漫记》，封面就是一位八路军号兵在吹军号。这是中国的一种军事文化。抗战时期，连有号兵，营有号目，团有号长，正式列编。培训一个号兵，需要3至6个月。厚厚一本号谱，战场上可以传达各种命令，并可与友邻部队联络、沟通。官兵最熟悉的，当然还是冲锋号。那种急促、高亢、嘹亮的号音一响，官兵立刻热血沸腾，周身的每个细胞都被一种忘我的激情冲动着，嗷嗷叫着冲上去了。

"敲锣打鼓"的"锣鼓声"、"铜锣声"，是老外们不懂中国文化，实际是四野独具的一种小喇叭发出的声音。

小喇叭一尺来长，喇叭口牛眼睛大小，铁片或铜片做的，自己就能做。后来是统一配发的，都是铜的。可视为军号的一种，却不像军号那样光吹响就得下番功夫，而是拿起来就能吹。有人记得是三下江南、四保临江期间出现的，不知是哪个部队发明的，很快普及各纵。从连长以下，排长、班长、战斗组长，人手一个。有老人说，吹起来说是"嘟嘟"声，其实并不准确，可又找不到比它更接近的象声词，不像军号那么嘹亮，却特别独特，与众不同，也就更具穿透力，震耳欲聋的枪炮声也难掩盖。"冲锋""撤退""穿插""迂回""包围""1排上""2排掩护""3班在哪儿""四班到达位置""5班请求火力支援""6班没手榴弹了""第3爆破组上""第2战斗组有人负伤"等等，战场上一个连的范围内，各级指挥员的命令、报告，都可通过嘟嘟声的数量、长短变化进行传递，夜战、巷战、山地战特别实用。

美军的无线对讲机装备到班，半个枕头大小，有根天线，通话距离15公里。论技术含量，小喇叭根本不值一提，却是近战、夜战的利器，比对讲机实用多了。而且携带方便，揣在兜里，挂在腰上，也不像对讲机那样存在损坏、故障问题。

小喇叭从东北吹到华北，又吹到两湖两广，再从海南岛吹到朝鲜半岛。南军将其视为"夜空中传来的魔鬼吼叫"，美军更是有过之而无不及，因为他们更依赖空中地面的火力。一听到小喇叭的鸣叫，就意味着短兵相接、刺刀见红了，你就是有多么强大的炮火，飞来多少飞机，也干瞪眼使不上劲了。

而志愿军官兵却觉得那是美妙悦耳的音乐，小喇叭拿到手里还没吹，就知道大功告成、胜利在望了。

4/ 见识美军

麦克阿瑟犯了一个绝大的错误，认为中国不会出兵，结果无形中中国军队就隐在暗里，把"联合国军"晾到了明处。用白善烨将军的话讲，是"落入（了）志愿军的圈套"。其实，9月30日周恩来已经代表中国政府警告美国了，不会听任自己的邻居被肆意侵略而置之不理，你美国不信，这能怨谁呢？

吃了一连串的苦头后，确认中国军队过江了，却还是认为中国入朝兵力不多，继续北进，往圈套里钻。

10月31日，美24师进至泰川、龟城，并继续向朔州前进；英27旅进至定州、宣州，并继续向新义州前进；美骑1师从平壤调至云山、龙山洞地区，增援南1师。为保障侧翼安全，南8师已退集球场地区，南1师主力撤到宁边及其东北地区。

彭德怀的战法，是向敌侧后实施战役迂回，结合正面突击，集中兵力，各个歼灭云山、泰川、球场地区之敌。

40军的任务，是配合39军歼灭云山之敌，包围宁边南1师主力，并相机歼灭之。

10月30日，40军从温井地区出动，119师为左路，120师为右路，分头向宁边、博川方向攻击前进。

31日拂晓，119师进至曲波院地区时，与从球场出援云山美军的南8师两个团遭遇。119师奋勇攻击，歼敌500余人，将其击退，向球场溃逃。

11月1日，120师进至石仓洞时，遭敌炮火拦截，九龙江上的公路桥被封锁得简直密不透风。前卫358团隔江与敌对峙，命令前卫3营从右侧插过去，干掉敌人的炮兵。

前已说过，这场战争对志愿军威胁最大的，就是敌人的飞机和地面炮火。这时志愿军连高射炮也没有，轻武器也能打下几架，毕竟偶然性很大。你炮兵也在地面上，这就对等了。抗战时经常到敌后去偷袭伏击打据点，这回不管你躲在多远的什么地方，也找上门去把你收拾了。

8连连长杨海德，看看地图，仔细辨听炮弹发射方向和弹道轨迹，掐着指南针的手一挥，出发。

插入纵深，迎面过来一支队伍，也是一个连的样子，叽里咕噜地说话。是南军。杨海德让联络员也说上几句朝语，迷惑敌人。星光下，两支队伍擦肩而过。

炮声越来越近。爬上一座大山，好家伙，左侧一个迫击炮阵地，十几门炮齐射，炮弹出膛的火光，把山野映得通红。

8连是前卫，9连紧跟着，几次想超越过去，这还了得？加快脚步，同时散开队形，阻挡9连。可这一刻，不知出了什么情况，营主力没跟上来。

杨海德和指导员颜成喜一商量，咱们自己干。

山下一条南北向公路，停着十几辆牵引车，还有一些汽车来回跑着，运送炮弹。

接受任务时，团长宋宪孔就判断这处炮兵可能是美军。8连摸下山去一看，一点没错，官兵顿时兴奋起来。

3排攻击炮阵地，2排两个班对付公路上的敌人，断敌退路，阻敌增援。1排为预备队，阻击应该就在附近哪儿为炮兵保驾的步兵。

冲锋枪、机枪平端着，边跑边倾泻子弹。步枪这工夫使不上多少劲，手榴弹一颗颗砸上去。那炮兵根本想不到怎么会突然杀出这样一彪人马，有的傻了愣了，有的本能地撒丫子就跑。

对面山上机枪响了，约一个排的美军向炮阵地冲来，速度挺快。可没有飞机、大炮助阵，只能是送死。杨海德让放近了打，近到二三十米才突然开火，没死没伤的没剩几个。

一股敌人从公路上压下来，两个班冲上去阻击，9班长苏金桥迎头碰上两个美军。冲锋枪的枪口对准两人，两只卡宾枪掉在地上，那人也一屁股坐到地上。苏金桥以为抓住两个活的，谁知其中一个见他又瘦又小，突然站起扑了过来。苏金桥立即扣动扳机,那枪却卡壳了,没来得及做出第二个动作,人就被扑到了。

小战士彭基贵抓了两个俘虏,送到连里,影影绰绰看到公路上有人厮打。跑过去,一个大个子美国兵正压在一个人身上。他抡起手榴弹照脑袋就砸,咔嚓一声,木柄都砸断了。

说时迟,那时快,另一个美国兵从背后向彭基贵扑来。小彭个小机灵,一抽身,把那美军闪了个狗吃屎,小彭抡起枪托又是一顿砸。

天亮了,飞机来了,却不俯冲扫射、投弹,凯旋路上大家还觉得奇怪。后来才明白,美军的对空联络板还在炮阵地旁边铺着。当时看到了,不懂,说这是老美搞的什么名堂啊?

几乎同时,左路119营355团3营两个连,也在青川江右岸偷袭了一个美军炮阵地。

完全是另一种情形。

358团8连是向着炮声前进,355团3营两个连是哑摸,只能依照白天发射时判断的大概方向前进。半夜时分,前面尖兵排踩到两个软骨囊的活物,立即按住,是骑兵1师8团炮兵连的两个哨兵,躺在鸭绒被里睡大觉,炮阵地就在前面。教导员刘继泰喜出望外。一是没走错路,二是真就碰上了。接受任务,让他带队,感到压力从来没有这么大。抗战时常去敌后活动,人熟地熟。这朝鲜地界,那地图都是日本占领时期绘制的,许多地方不准确,简直就是瞎摸。

原准备一场激战的,却谁知炮阵地上空无一人,只有一门门榴弹炮矗在那里。美国人也会摆空城计吗?不管三七二十一,就算周围都是黑洞洞的枪口,我就是奔这大炮来的。冒烟的爆破筒、手榴弹从炮口塞进,顺着炮膛咣咣当当就滑下去了,然后炮阵地就又轰轰隆隆起来。

也是后来才明白,美军都找个背风的地方,钻进鸭绒睡袋睡大觉了。

不远处山沟里,还有个榴弹炮阵地,没发现。

什么都有第一次,长的是见识。

358团8连打掉了骑1师8团的一个迫击炮连,缴获105化学迫击炮12门、战防炮4门、汽车28辆。毙伤美军没有数字,活捉的是30多个。

355团3营两个连袭击的,是骑1师8团的一个榴弹炮连,18门大炮炸毁9门,任务完成一半。没有遭遇敌人,也就没有毙伤敌人。一门心思都在炮上,两个到手的俘虏也寻机跑了，让大家后悔不迭。

11月3日，在这场由美国人主导的战争中，美国人终于明白美国也不是无所不能的，起码明白到不了鸭绿江边了，不能硬撑下去了，于是开始全线撤退。

之前是北上南下，这回是都往南跑，铁脚板与汽车轮子、钢铁的履带赛跑。

自过江后，为了保密、防空，多是夜行晓宿，这回不分昼夜地追击，白天徒涉九龙江。

不知吃了多少苦头，国民党军队才明白，不能拿自己的行军速度，估算解放军的速度。可美南军队哪里明白，我摩托化行军一天能跑多远，步行是多少公里，以此推算自己与对手的距离，结果多被打个冷不防，有的直嚷嚷"自己人"，以为打错了。

119师356团6连进至曲波院地区，左前方山路上手电筒乱晃，过来一支队伍。从那手电筒的数量，连长陈泽厚就判断是敌人。率连疾进，突然开火，猛打猛追，俘虏7个美军、18个南军。都想快跑，美军和南军搅和到一块去了。

从龟城、泰川方向撤下来的美24师，在坪洞东北山布下不少于一个连的兵力，阻击尾追的358团。

5连3排长车臣才，海南岛战役被授予"英雄水手"称号。3排连夺两个山头，身边就剩两个人了，都负伤了。美军一个班反击上来，车臣才冲过去，拉响手榴弹，与敌同归于尽。

359团一路急行军，4日赶到宁边还是晚了，一座空城。飞毛腿没跑过汽车轮子，团长李林一有点泄气，侦察排报告西南方向有敌人，立刻来了精神。

连续行军作战半个多月，一些连队已经两天没吃上饭。好在老天爷帮忙，下起细雨，美国飞机不能"上班"了。

近路就是翻山越岭，上去下来，左右不拐弯，直插过去。外面雨，里边汗，政委马顺天把缴获的美式大衣毡绒里子扯了，只穿皮。李林一跟着学，还是不行，干脆撇了。队伍中有人更利索，有的脱了棉衣，有的穿着裤衩跑，呼哧呼哧的喘息声，几乎盖过了林涛。

有老人说，什么累呀饿呀困的，那工夫没这事了，就是玩命了。你不玩命，功亏一篑，这些天就白跑了。那工夫，若说把身上哪块肉割下来会跑得更快，那也行。

上山下岭，地图上的直线距离，一个半小时跑出20公里，终于赶上美24师19团，将其拦腰切断。

3营直插龙渊洞，上到一座山顶，就见山下公路上的车队。前卫8连抢下山去，占据山坡、路边有利地形，就有3辆吉普过来了。机枪手王玉林瞄准首车，扣住扳机不放，一个连的火器大合唱。没费多大劲，除了死的，捉住11个活的，其中一位美24师情报科少校科长。

4辆汽车拖着榴弹炮在公路上狂奔，2连斜刺里插过去猛追。6班战斗组长张凤山，带领全组冲上去炸瘫首车，10多个美军跳车钻到车底下抵抗，又被几颗手榴弹炸出来，四散奔逃。

跑出好远了，4个美军发现追上来的只有一个人，不跑了。抓不成活的了，张凤山举枪打倒一个，弹匣空了，3个美军扑上来了，枪托拳脚就打上交手仗了。

论经验，张凤山占上风。论精神、气势，追的与逃的自然也不一样。这一刻虽然敢于正面对敌了，也难免强打精神。可毕竟是三对一，张凤山很快处于下风。他把牙也用上了，敌人也咬他。敌人咬，随你咬，他咬敌人咬出转机了，那家伙嗷的一声惨叫松手了。张凤山趁机抓住面前一支枪，咣的一声，也就是听个响，却把敌人吓坏了。张凤山拼尽全力一抽身，这回把枪抓起来了，一枪放倒一个。这时连部通讯员小王赶到，又打死一个，剩下一个彻底老实了。

指导员周志臣当场宣布，给张凤山记大功一次。

政委马顺天来到1营指挥所，指着公路上的几门榴弹炮，说现成的大炮怎么不用啊？营长蔺汝平说这玩意不是一会半会能够鼓捣明白的。马顺天说拿它当步枪使，直接瞄准。

残敌退到公路东侧一个山头上顽抗，几发炮弹落上去，敌人乱套了。

枪炮声稀落下来，公路上车炮旁尸体横七竖八，有的真是尸体，有的不像。机炮连指导员黄作常，上去踢两脚，没反应。匣子枪照地上咣的一枪，两个死人立刻活了，举起双手。

一个团对一个团，毙敌百余，俘敌190多，其3连被全歼。

5/ 俘虏没处放就放了

首战两水洞，猛打猛冲，惯性思维，以为冲下山去就该像解放战争那样抓俘虏了。也是抓，这回是漫山遍野地追撵，像抓兔子似的，只是敌人比兔子跑得还快。

有老人说，看着不行了，南军的拿手好戏是跑，像受过专门训练似的。美国人生命第一，武器装备无所谓，南军好像还要加个"更"字。命是自己的，武器是美国给的，跑回去再发。最主要的是不了解咱们的政策。咱们的俘虏政策天下第一，敌人却宣传"共产军"割鼻子挖眼睛活埋什么的，怕当俘虏，就玩命地跑。不薅住领子，枪口没对准他，就给你跑。

闫文立这时是354团保卫股干事，两水洞战斗后，由他负责把俘虏送去师部战俘接转站。

10月是东北和北朝鲜的换季季节。首批入朝部队换得早了，全副冬装挺热，美南军则大都一身单衣。快点赶去鸭绿江边，战争就结束了，冬装脚跟脚也到了，没想到落到这步田地。百多人站在山沟的树林里，一个个蓬头垢面，脸色煞白，哆哆嗦嗦。冻得，更是吓得。这些不说朝鲜话，却穿着朝鲜人民军服装、又不佩戴军衔的军人，是些什么人啊？即便多少明白点的，这"共产军"又会怎样对待他们，活埋还是枪毙呀？

送来第一批俘虏，闫文立看着就有些不忍。他知道，当务之急是讲明我军的俘虏政策，让他们把心放到肚子里。

出国前，闫文立曾恶补朝语。那也是赶鸭子上架，那也得上啊？

磕磕巴巴，还夹杂些汉语，讲出一头汗，俘虏听得一头雾水。

俘虏队中有人说："报告首长，俺会说中国话，俺给你当翻译吧。"

又自我介绍："俺也当过中国人民解放军，年初回到朝鲜参加人民军，前些日子被俘了，被迫当了傀儡军。"

突然冒出这么个"昔日战友"，真的假的也得用了。

开饭了，大米干饭，盐水煮黄豆。见闫文立和警卫排官兵跟他们吃一样的饭菜，俘虏的神态更放松了，一个个狼吞虎咽。

闫文立告诉俘虏，晚上行军是为了你们的安全，避免飞机轰炸。为了防止意外，途中还搞了一次防空演习，闫文立挺满意。

龟头洞战斗，359团抓到300多俘虏，由宣传股朝鲜族干事高永杰给他们宣讲政策、训话。

高永杰一见到这些人，就气不打一处来。首先声讨美帝国主义侵略朝鲜的滔天罪行，接着大骂李承晚是个民族败类，战争罪魁，为虎作伥，引狼入室，卖国求荣，独夫民贼，把想到的词都用上了。然后就斥责俘虏不该为李承晚卖命当炮灰，杀害自己的同胞。

有俘虏举手报告，要求发言。高永杰没好气地说，放下你的手，先听俺的。可自己刚才讲到哪儿了？忘了，没词了。就说你要说什么，讲吧。那个俘虏说，俺们也不愿替李承晚卖命，是被捉当兵的。俺被捉来才3天，连枪还不会放呢。

通讯员跑来传达团首长命令："部队马上要投入战斗，俘虏就地释放，全都放了，马上就放。"

高永杰瞪圆眼睛："真的假的？你要传错命令，俺要你的脑袋！"

通讯员说："俺要传错命令，把脑袋割了给你。"

高永杰还是不信："好不容易抓的，就这么放了，这不是白抓了吗？"

信不信也得执行命令。高永杰凶狠地瞪着通讯员，把目光转向俘虏："你们的这些情况，俺们都知道，所以我军一向优待俘虏。现在呢，上级命令，把你们都放了，你们可以走了。"

俘虏几乎都认为自己听错了，这叫什么事儿啊，这世界上还有这么处理战俘的吗？

高永杰使劲咽下一口气，大声道："俺再宣布一遍，你们被释放了，想去哪儿去哪儿。但是，俺要警告你们，不准祸害自己的同胞。谁还想当傀儡军，俺也管不了。但要记住，俺们志愿军的俘虏政策天下第一好，向南军弟兄宣传宣传，怎么回事就怎么说，谈谈你们的切身体会。"

这话倒是说到点上了。

也是没有办法。

行军作战，没有固定驻地。天上飞机说来就来，地上敌人到处乱窜，没有稳定战线，没有后方。朝鲜地方政府没能力接收，送过江去不可能，带在身边怎么打仗？龟头洞战斗，解救百多名被俘的人民军，校以上军官都被杀了。南军仇恨人民军，人民军对南军也不客气，南军俘虏最怕把他们移交人民军了。和国民党军队作战，可以即俘即补。"天下穷人是一家，联合起来打天下"，这些俘虏也多为穷苦人出身。可语言障碍，民族隔阂，在国内行之有效的办法，出国就不灵了。

首战抓的俘虏，吃大米干饭。359团追打美19团，一些连队两天没吃饭，断粮了，连稀粥都喝不上了。

造山洞战斗，357团一个6连就抓了200来个俘虏，部队向宁边攻击前进，这么多俘虏往哪儿放啊？而且，官兵饥肠辘辘，多个俘虏多张嘴，算了，放生吧。

南6师2团3营少校助理军事顾问赖勒斯，是40军，也是志愿军抓获的第一批俘虏中的一个。

军敌工部长叶平询问他的姓名、年龄、军衔及职务，赖勒斯从脖子上解下个铝制小牌，交给叶部长。小牌上有赖勒斯的军号，从军号上可以查明他的部队番号、兵种等等，后面还有他的血型——当时官兵都称其为"狗牌子"。

南2团这个加强营被伏击时，赖勒斯在吉普车上，右臂中弹负伤。被俘后，包括为他包扎伤口，已经从对手的一些类动作和神态上，明白不会加害于他，心情比较放松，瘦高的个子和一双手还时不时发抖。

问道加强营北进的使命、任务，赖勒斯有些支吾，还是说了要袭击金日成的总部。并一再强调"我是军人，服从命令。"

赖勒斯不承认美军在朝鲜进行的是一场侵略战争，"我们是联合国的军队，共产党中国还没有得到联合国的承认。"

叶部长说："你现在还接受不了'侵略军'这个称呼，这个问题留给你自己思考。你参加过欧洲战场上的反法西斯战争，你可以思考一下这场战争与你上次参加的战争有什么不同。"

谈到两水洞战斗，西点军校毕业的美军顾问，说他一听到号角声就觉出不是朝鲜军队，并对对手大加夸赞："你们的打击好像从天而降，我一抬头就看见你们的士兵铺天盖地而来，边跑边射击。中共军队训练有素，战斗力很强，就是装备原始落后。如果有美军的装备和空军海军，将会是世界无敌的一流军队。"

叶部长问他伤口感觉怎样，赖勒斯对医护人员再赞赏一番。

无论美军，还是南军，以及其他的"联合国军"的伤员，只要有条件，都给予包扎、救治。重伤员就地释放，能走的自己回去，不能走的放到敌人必经之路上，让敌人自己收容回去，或者通知敌人抬走，或者送去阵地前沿，让敌人来接。

好好的大活人都没处放，伤员病号就更没法伺候了。

有赖着不走的。

第四次战役，120师完成机动防御任务后北撤，侦察连留下来监视敌人。约一个连的美军上来了，应该是搜索队。侦察连占据有利地形，一顿猛打，乘胜追击，抓住两个黑人俘虏。大部队转移了，没地方送。指导员徐振山使劲挠着头，也挠不出什么办法，说先放到炊事班吧。

16国组成的"联合国军"，看着白人有点像"少爷兵"，非白人就有点"阶级弟兄"的感觉。这两个黑人美国兵很快消除了恐惧，帮炊事班烧火做饭，行军时背行军锅，防空，两人手作手枪状，朝天上飞机瞄准，嘴里还直叭叭。没愁的时候，美国小调不离口，跟战士们嬉笑打闹，不把自己当俘虏了，大家也挺喜欢这两个黑人小伙。

侦察连奉命去敌后侦察。徐振山连说带比划，让他们走人，爱去哪儿去哪儿，反正侦察连是不留你们了。两个俘虏脑袋摇得拨浪鼓似的"闹""闹"，敬礼，作揖，请求带上他们。

这是去敌后活动，要逃跑太容易了，跑了再告密了，后果不堪设想。

徐振山派两个战士，这沟那沟，七拐八拐，把两个俘虏送出几公里，命令他们在树林子里转圈。看着他们转得晕头转向了，留些干粮，赶紧跑了回来。

一夜走出40多公里，天亮后宿营，还未拾整停当，两个俘虏出现了。满脸汗水，龇着白牙，冲着大伙直乐。

"点头'也是'摇头'闹'，喂喂是'哈罗'，跟我走'来斯告'，送你回家'山里后木'……"徐振山老人告诉笔者，侦察连的特殊性，英语、朝语要比一般连队多懂点，那也根本不可能与俘虏对话。可世界上有些事情，并不是全靠语言道白的。相处10余天，大家心里已经有点数了。回到师部，有了翻译，果然确凿无疑。

两个俘虏说，他们在美军中受歧视，中国军人把他们当弟兄待。美国和朝鲜相隔万里，他们不明白美国人为什么要来这里打仗。他们不想回到美军去，愿意当俘虏，当俘虏就不用打仗了。他们不想去俘虏营，愿意在炊事班背锅，俘虏营没有在这里背锅自由。他们要把行军锅背去中国，背去北京，那时战争就结束了，他们就能回美国和家人团聚了。

> 对重伤战俘我们还采取了就地释放的办法，这是第四十军的同志想出来的办法。第一次战役中，他们俘获了一些重伤的敌兵。把这些伤兵

抬下战场要费很大的人力、物力，这在当时是办不到的。见死不救，扔下不管，又不符合我军革命人道主力。他们在两难之中，终于想出了一个绝妙的办法：对重伤俘进行包扎治疗后，仍送回敌方，由敌人自己收容回去。这样，既体现了我军的革命人道主义精神，扩大了我军的政治影响，又减轻了我们战俘管理工作的压力。

以上为志愿军政治部主任杜平的回忆录《在志愿军总部》中的文字。

没有办法的办法，是个好办法。

一个比较明显的感觉，是俘虏比过去好抓了。

也给后来的嘴巴子官司，添些口舌。

停战谈判，交换战俘，中朝战俘多于对手，此为原因之一。

6/ 天地斗——战争家常九

过江入朝第二天，刚蒙蒙亮，就听南边天上轰轰隆隆越响越近。352团3营营长李德章，命令部队上山坡树林里防空，准备宿营。他转着圈儿望着从头上掠过的飞机，自言自语："这美国鬼子还挺勤快，这么早就起床了。"

前面说了，沿途见到的人民军，问的最多的就是你们有飞机吗？听说没有，都很失望，说没有飞机不行，美国鬼子的飞机太厉害了。

倘是个别人这么说，可能是吓破胆了，都这么说就不能不重视了。只是对任何事物的认识，都要有个过程，就难免吃亏。

有老人说，有的部队把汽车开到路边地里，用地里的玉米秸子篷盖上，就像一堆堆玉米秸子似的。在国内常这样对付国民党飞机，对付美军飞机不行了。太多，太猖狂，飞得低，卷起的风把老乡房顶上苫的稻草都刮跑了，那汽车立刻就露馅了，一顿机关炮、炸弹，烧成铁骷髅。

有老人说，月亮地里，能看到夜航机的影子，你说它飞得多低？战斗机白天钻山沟，说贴着地皮飞是夸张，在山上能看到飞行员，飞机栽歪着膀子像查户口，路上有只个黄牛也追着打。一来几架、十几架，这批走了那批来，老鸹似的。面呀里呀洞的，开头还能看到些村镇，后来几乎都黑乎乎的，就剩些房框子了。平壤被炸得一塌糊涂，真成"平壤"了。

型号不一样，官兵都给起个外号。F80 喷气式战斗机，两侧各有一个副油箱，叫它"油挑子"。野马式战斗机叫声特别刺耳，鬼哭狼嚎似的，叫它"黑寡妇"。P51 侦察机的头是红色的，叫"红头苍蝇"。炮兵校正机飞得慢，成天在头上哼哼，就成了"老病号""吊死鬼"。B29 是轰炸机，在万米高空投弹，85 高炮打 8000 米，炮弹一股烟一股烟在它下面爆炸。对地面目标杀伤力最大的是汽油弹，干不干、稀不稀的小米饭似的，溅哪哪着。溅到身上，不能扑打，也不能用水浇，在地上滚，用被子、毯子把人裹起来。

毛岸英就是在汽油弹下牺牲的——谁能想到毛主席的儿子会牺牲啊？

朝鲜战争的最大特点，是难说前方后方。

部队行军，设营的先走。在国内是号房子，在朝鲜看山沟。看山势、地形，选林子密、便于隐蔽的沟沟岔岔，划分区段，这个连在这条山沟，那个营在那几条山沟。部队到了，放下装具，挥锹抡镐挖防空洞，掘进式，半掘进式。冬天，山野冰冻如铁，一镐下去一个白点，那也得挖，起码要挖个能容身的坑，睡觉、防空。有时刚挖完，来命令又走了。

徐振山老人说，枪响打仗，枪不响挖坑。在前线是挖工事，在后方挖防空洞。五次战役期间，平均一天挖一个吧。

侦察连通常走在前面，经历的第一次就多。敌人在飞机上广播，听纯正的汉语，搞心理战。徐振山向师领导汇报，都不信，说还有这种事，飞机上还能喊话？后来习以为常了。

有老人说，跨过鸭绿江，见识了美军飞机，就知道小鬼子和国民党那点飞机不算什么了。

"来了！来了！"步枪、冲锋枪和轻重机枪的枪口，就冲着飞机飞来的方向仰起来。"跑了！跑了！"一阵急射后，这声音既有庆幸，也有失落、遗憾。"打着了！打着了！跳伞了！"大家就呼喊着，向着降落伞飘落的地方跑去抓俘虏了。

40 军在各次战役中，都有用轻武器击落击伤飞机的战例。无论美军怎样报复，那飞机再也不敢表演"空中杂技"了。有时枪一响，飞行员一慌，一团火光，一声巨响，飞机撞山头了。

第三次战役后，部队在逍遥洞、议政府地区休整。354 团 3 营副营长徐忠海，对机炮连 82 炮排副排长李德福说，走，咱俩逗老美去。两个人砍些木头、树枝，在山坡上搭个棚子。两人刚到对面坡上坐定，两架 F80 来了。第一架俯冲下来，机关炮打得烟尘冲天，棚子没倒。第二架咣咣咣又是一阵机关炮，拔高后在空中转了一圈，"得胜"回朝了。

两个人看得这个乐啊，李德福差点笑岔气儿，说咱们再弄一个。徐忠海说天色不早了，明天咱们再来陪老美玩。

352 团 3 营机枪连，在阵地周围设置一些假目标。几架飞机见了，鱼贯式俯冲下来。机枪连 10 余挺重机枪一齐开火，飞机立刻炸了营，有的立即爬高，有的拖着黑烟逃之夭夭。

有老人说，首批入朝部队是秘密出国，开头不让打，后来有人片面理解"防空"，担心敌人报复，过于强调"藏"了。敌人也真报复，你打他一下，一会儿飞来一群，把一条山沟炸得乌烟瘴气。那也得打，进攻是最好的防御，你越不打，他就越猖狂。在地上跟天上斗，天然地被动，明显吃亏。可当年拉队伍时，长矛、大刀和一些破烂枪支，对鬼子的飞机、大炮、机枪，不一样是明摆着吃亏吗？等咱们有了机枪、大炮，那敌人除了人又都成美国货了。如果怕吃亏、怕牺牲，这仗就不能打了，就没有这支军队了。

这是一场不对称的战争。陆地、天空、海洋，后两者都是对手的，志愿军只占有三分之一的空间陆地。时间约为一半，夜间基本是志愿军的，再加上飞机难以出动的风雪天。

世上没有千年老大。有朝一日，美军没了海空（天）优势，不知将会怎样作战。而从建军之日起，中国共产党的武装力量，就是在这种不对称的战争中成长壮大的。解放战争后期，地面上的武器装备与对手对称了，四野甚至优于对手了，空中、海上仍是国民党的天下。那又怎么了？飞毛腿飞不到天上，木船把兵舰冲打得稀里哗啦。

如果对称的话，美军还会来朝鲜，中国军队还用过江吗？

而用本书写到的一些老人的话讲，不用对称，只要有美军一半的海空实力，过江就往南推，就把"联合国军"，也就是美军，推到巨济岛，推到大海里了。

"一年三百六十日，多是横戈马上行。"

中国军事辞书编撰专家、离休前为军事科学院研究员的李英，当年是手握方向盘，在崇山峻岭的山路上，与美军飞行员斗智斗勇。

40军汽车营1连副指导员、党支部书记李英，不用眼睛，一听声音，就知道来的是"油挑子""黑寡妇"，还是"红头苍蝇""吊死鬼"，是高空，还是低空，是路过，还是要发起攻击。也就明白应该隐蔽，还是坐在驾驶室里安然不动，或者不理它，继续开进。

飞机白天钻山沟，晚上瞄灯光，还能把黑夜变白昼。几颗照明弹下来，山野瞬间通明，山路上有时会形成两三公里的照明线。飞机在头上盘旋，照明弹挂在前面，这时要立即停车，或调转车头寻地方隐蔽。照明弹正在头上，刻不容缓，全速通过。照明弹在后面，也要全速向前，隐入黑暗。照明弹多，照射时间长，必须隐蔽。汽车被击中起火，要不顾一切救火，把车开到路边，或者推到沟里，以免堵塞道路。

开灯驾驶，引来飞机，闭灯行驶，惊心动魄。山路崎岖，七拐八绕，一些路段下面就是悬崖、深渊。白天上路都让人提心吊胆，更不用说夜间，还要闭灯驾驶了。

老司机崔景廷，从不闭灯驾驶，受到的攻击自然就多，却安然无恙。1连出国时的50辆大道奇卡车，就他那辆开回来了。

请他谈经验，他说飞机追着俺打，有时炮弹、炸弹前后左右爆炸，也挺害怕的。他在天上飞，俺在地上跑，俺跑不过它，跟它斗心眼。它不是看到俺了吗，俺突然关灯了，它就抓瞎了。估摸着它要动手了，俺一个急刹车，就把它甩前边去了，俺再加大油门猛跑。等它转过身来，俺已经找个地方藏起来了。

没读过书的老崔不善言谈，师范毕业的学生官李英，从中悟出个最普通、直白的真理。一个每秒钟16千米，简直可以任意驰骋，一个每分钟才1千米，只能在一条道上跑，这天上地上的差距实在太大了。可只要抓住几个关节点，就有空子可钻，长处与短板就能互换。

之前，老崔不想连累别人，别人也不愿跟他出车，老崔一直跑单车。推广他的经验，1连先后出现10多个像老崔一样的功臣、英雄。

天上杂技，地上绝技，这场战争培养、锻炼了一批世界顶尖的汽车驾驶员。

一次在山上防空，李英看到飞机在打公路上的坏车。第一次攻击，未见车起火，第二次还是一样，飞机抖抖翅膀，怏怏地飞走了。李英觉得有门儿。之后，空旷地带，无处藏身，就把油箱汽油放出来，电瓶卸下来，再把车厢板拆掉，车头盖揭开，明晃晃停在公路上。飞机见了，以为是坏车，不理睬。有的扫一梭子机关炮，见没反应，也走了。

第三次战役，突破三八线，汽车营直接随部队行动，不能开灯驾驶。正是一年中最冷的时刻，滴水成冰，呵气成霜，挡风玻璃一律支起来，司机就那么坐在驾驶室里，一半人冻伤，一些人致残，一些人在炮火下牺牲。

天地斗，汽车兵与飞机过招的频率，远远高于步兵。汽车目标大，笨重，飞机来了，不能像步兵那样随即隐蔽防空，伤亡率也大大高于步兵。汽车兵成为志愿军中最危险的兵种，据说平均战斗寿命只有一年。

第四次战役，1连装上10车弹药，为插入敌后的118师进行补给。50多公里，天黑出发，午夜前必须赶到，如今高速公路用不上半小时。李英带首车，听到防空哨枪响，立即熄灯隐蔽。越着急，枪声越响，不理它了，闭灯开进。眼看完成任务了，或者就是完成任务了，因为首车已到前沿阵地了，司机小范牺牲了。这回不是天地斗，而是来自对面美军阵地上的子弹。

1951年7月，朝鲜北部特大洪水，铁路、公路桥梁多被冲毁，美军又发起"绞杀战"，空中力量主要用于封锁志愿军后方交通线，前送物资更加困难。可要想志愿军陷于无粮无弹的境地，又怎么可能呢？

兵马未动，粮草先行。40军的先行官是李英，率一个排18辆满载高粱米的汽车，先于部队过江，去熙川建一个屯粮点。汽车司机的儿子李英，驾驶技术是一流的，勇敢和智慧也是一流的。

第十二章 半岛的月亮

1/ 剑不如人,剑法胜于人

美国人,具体是麦克阿瑟将军,总放不下世界老大的架子,而且好像还未从仁川登陆的喜庆中缓过神来。先是认为中国不会出兵,现在又认为不敢跟他硬碰硬,只是象征性出动部队,意在保护边防安全和鸭绿江电力设施,结论是战争"在两星期内就会结束"。

11月10日,"联合国军"全线向北推进,依然是饮马鸭绿江畔,只是动作比上回谨慎多了。

那就让它像上回那样放心、放肆起来。志愿军司令部(以下简称"志司")命令各军继续北撤,停止反击,一路丢弃些无所谓的东西,做溃逃状,将敌诱至定州、南市、香积山、妙香山等预定地区。

40军的任务,是从正面牵制敌人,阻击美2师东援和骑1师北援。

25日晨,美2师抢先进占新兴洞、苏民洞一线,阻住40军去路。志司改令40军以一部继续向西仓穿插,主力从正面实施反击。

当晚22时,118师向新兴洞美2师9团发起攻击。

标高209.6米的间洞南山,横卧在满浦至安州铁路的东侧,是新兴洞的屏障。353团3营前卫9连,1排右侧迂回,2排左翼包抄,1排正面摸进。摸到山脚一条小河旁,发现几条电话线伸向山顶,大家心里踏实了。山上果真有敌人,不会白摸。

山腰山顶,山前山后,美军根据地形和教科书要求,设置阵地守山头。日军和经美军训练的国民党军队,也大体如此,对这些夜老虎来说已属常识。营以上干部对这种夜摸最熟悉了，抗战打鬼子多是夜摸。连排干部经验少些，可班长和绝大多数士兵都从长白山打到海南岛，不说身经百战，也大小几十仗、十几仗了。而那山上和这一刻漂洋过海来到朝鲜的美军，只是排以上军官有二战经历，士兵都是没打过仗的新兵蛋子，老兵到了战场也成了新兵蛋子。

夜静，仿佛能听到清川江的流水声。月亮有些讨厌，只是再亮也不是太阳。

4班长杨贵臻，摸到距山顶200多米处的一个山包，听到有人说话。是3个美军哨兵。杨贵臻做个手势，4个人悄然跟进，一个饿虎扑食按住两个，另一个挣脱跑了。子弹、手榴弹追上去，人也冲上去，5支枪逼住17个还未从睡袋里钻出来的美军。"汗支阿普（举起手来）！"这英语无论多么生硬、蹩脚，那枪口和刺刀的语言全世界通用，就挺听话。

354团8连副连长王和高，率2排摸上新兴洞东山的一个山头，一排手榴弹在夜色中飞了上去，鸭绒好似满天飞雪，上尉连长当即毙命。残敌只恨爹娘少生了两只脚，撩开长腿这个跑啊。2排官兵手里的冲锋枪、机枪啸叫着，猛打猛追。第二个山头上的敌人怕伤了自己人，不敢阻击先跑了。第三个山头上的敌人刚有点反应，2排已经旋风般旋了上去。

冲锋号劲吹，小喇叭声声，声声都在呼喊贴上去、贴上去，贴上去敌人就没招了。

清川江北岸的柳洞，是美2师9团的外围据点。26日黄昏，352团和353团3营发起攻击。敌不支，向新兴洞奔逃，4辆坦克被击毁，两个多连400余人大部被歼。

深夜，353团1连摸进新兴洞美9团驻地。公路上都是汽车，官兵在车辆中穿行，进了村子，敌人也未发觉。平地一声雷，枪声、手榴弹的爆炸声旋起暴风，山坡上的帐篷燃起大火，公路上马达轰鸣，喇叭吼叫。乱了一阵子，4辆坦克轰隆隆逼了上来，2排官兵赶紧卧倒在路边洼地里，等它们靠近。这东西越近，死角越大，越容易干掉它。果然，敌人呆在里面不中用了，前面那辆坦克盖子翻开了，一个美军探出少半截身子，抱着机枪射击。战斗组长赵明均眼明手快，一梭子子弹打得炮塔火星四溅，那个射手伏在机枪上不动了。爆破手郑振铎抓着破甲雷冲上去，轰隆一声，坦克瘫了。那3辆坦克慌忙后退，跟在后面的步兵也赶紧后退，子弹已经刮风般扫了过去，没死没伤的四下奔逃。

新兴洞一场乱仗,把美9团主力搅杀得乱七八糟。村南的美军炮兵还嫌乱得不够,月亮地里见有人往东山上跑,炮弹很快追了上去。山上有一个连美军据守,是3排的攻击目标,正好掩护3排冲了上去。

村南公路与铁路的交叉路口,上百辆汽车挤在那里,车灯光乱晃。3排战士周德高在东山上望见了,就往那儿跑。一挺机枪在车箱下喷吐火舌,周德高从侧翼接近,一梭子子弹扫过去,机枪哑了,3个人影扭头就跑。周德高边跑边换弹匣,正好,前面房子里冲出一些敌人,炒豆般又是一梭子,敌人滚的滚,爬的爬,争先恐后挤进门去,丢下伤兵吱哇乱叫。一摸

▲周德高

弹匣,就剩一个了,铁路对面又过来十几个敌人。他隐在路基下的草丛里,待敌人靠近了,端着冲锋枪横扫,就见钢盔在路基上乱滚。

周德高一人一枪,一次战斗毙伤美军30多,非常英勇。

寒风凛冽,零下20多度,进到1米多深的水里,破冰涉水渡江,会是什么滋味儿?

位于清川江西岸的120师主力,任务是保障40军主力翼侧安全。其359团由副师长黄国忠率领,从龙渊里渡江,直插鱼龙浦,截断新兴洞美2师9团退路,并阻敌增援。

11月底,200来米宽的清川江,冰层每天都在向江心伸展,已经覆盖了近半江面。对岸灰白色的沙滩,影影绰绰的铁路、公路,起伏的山峦的轮廓,美2师的一个步兵营、炮兵营,还有30多辆坦克,就在那月色里隐蔽。

黄国忠和团长李林一,带人勘察完渡江点,几个参谋钻进江边一个窝棚避风,出来时警卫员发现枪不对了。参谋都背手枪,他的是支卡宾枪,手里拿着的却是支半自动步枪。转身进去,打着手电筒,老天爷,地上7个美军在睡袋里睡得香甜。那窝棚是敌人设在江边的一个哨所。"汗只阿普"喊了两遍,有的还在打鼾,就用枪口捅醒了。

美军当然会想到中国军队可能过江，可他们美军想的是桥，过河得有桥，而这里没桥。无论美军有多少研究中国军队的部门、机构，现在，他们还不懂中国军人。他们认为，这个时节没桥的清川江，就是一道不可逾越的天然屏障。

半渡时，敌人觉出不对了，照明弹挂上天去，炮弹在江面上溅起水柱，轻重机枪子弹蝗虫样飞舞。359团迫击炮连早已在西岸153高地占领发射阵地，立即开炮还击。

江边冰层寸把厚，黄国忠带头破冰下水。他个子矮，江心水深流急，一脚没踏稳，连喝几口水，要不是被警卫员一把抓住，八成顺水漂了。

先是针扎刀剜般痛，痛入骨髓，接着就麻木了，腿脚好像不是自己的了，只是机械地拼命地向前挪动。只要不被击中打倒，就不能停下。在江里不能停，上岸后更不能停。棉衣棉裤浸水，在水里已经够沉了，上岸后就像灌了铅。不动，冷风一抽，那人一会儿就冻僵了，衣裤则成了铁甲冰筒，想动也动不了了。

8连连长张炳荣，带领3排首先上岸。枪进水冻住拉不开枪栓，还有刺刀、枪托。手榴弹结层冰壳，揭不开盖，在地上敲碎，再手拧牙咬。肉一碰上铁器就粘住了，一拽皮肉就下来一块。那时那人哪还管这个啊，那血都冲到脑门子上了，再说手脚已经没知觉了。

3排用手榴弹、刺刀干掉公路上一个排美军，对面山头上一挺机枪在封锁江面。张炳荣命令营里配属的60炮班把机枪打掉，炮弹箱冻住了打不开。用石头砸，石头冻在地上搬不动，用炮弹箱砸活动了，再搬起石头砸炮弹箱。

枪打不响怎么行啊？战士陈义成用尿浇，把机枪浇响了。

部队陆续上岸，控制滩头阵地。美军弃尸300多具，30多辆坦克未及发动，还有200多辆汽车，以及大批军用物资。

接着，3营攻占326高地，1营拿下鱼龙浦东山，新兴洞美9团的退路被截断了。

8点来钟，飞来20多架飞机，70多门火炮也开始发威，两座制高点山摇地动，烟飞火腾。

有老人说，美军火力强大，无人可比。空地配合，步炮协同，世界一流。咱们呢？就是手拿肩扛的那些家什，就是单打一的地面，那点火炮在美军眼里可以忽略不计。可飞机不能把山头叼走，大炮不能把高地打成平地，归根结底还得步兵上来，他就是上不来。

日本陆战史研究普及会编著的《朝鲜战争》一书，谈到进攻326高地的美2师9团B连，开始进攻时是129人，最后撤出战斗时只剩下34个了。

原计划，119师与38军一道，向西仓敌后穿插。敌情有变，美2师38团抢先占领苏民洞、龙水洞，直接威胁38军右翼安全，志司遂决定119师解决苏民洞之敌。

这是个百余户人家的山村，铁路横贯东西，公路向周边辐射。南面挺平坦的山谷平川，东北、西北各一座二三百米高的山峰。美38团凭借汽车轮子和钢铁履带，抢先一步。

25日夜，355团7连摸上苏民洞西北山。北风飕飕，枯叶沙沙，月亮明晃晃的，哪有个人影啊？黄昏前，师长徐国夫望远镜里还看见山上有活动，活见鬼了？下令仔细搜索。7连从山顶下去不久，隐约听到鼾声，嘿，一个连的美军藏在反斜面山坡的鸭绒睡袋里睡得安逸。反斜面背风，还挖了地槽子，睡袋与地上树叶一个颜色，不仔细辨认还真不容易发现。

一会儿工夫，一个连美军没剩几个。

7连居高临下，倾泻火力，支援1营突入苏民洞。

2营也很快拿下了东北山。

1营、2营两面夹攻，小喇叭频吹，刺刀见红。一辆坦克迎面驶来，6连1排副排长跳起来，一手攀住炮筒，一手把手榴弹塞进炮口。村头堆积的汽油桶被打着了，烈焰映红了夜空。火光中，几辆坦克冲突着，引导残军向球场方向逃窜。

像苏民洞这样重要的交通枢纽，美军是不会轻易放弃的，天亮后卷土重来。天上炸弹，地上炮火，坦克轰隆隆打头阵。6连占据公路北侧一溜小山岗阻击，连长是四保临江战役中的"无敌英雄"周恒农。见部队都安全转移上山了，主动撤离阵地。

美军晚上防守，守不住就跑，白天又来精神了。白天是华盛顿时间，我不跟你硬碰。天黑了，北京时间开始，用李奇微的话讲，叫"月圆攻势"，月亮是属于中国人的。冲锋号、小喇叭的嘟嘟声此起彼伏，又把美军逐出苏民洞。

一路追击。

全线追击。

美2师主力在新兴洞、苏民洞连遭败绩，11月27日天亮后，从球场地区向价川、军隅里方向撤退。

28日晨，担任战役迂回的38军113师插至三所里、龙源里地区，截断了敌人顺川方向的退路，震撼了西线敌军的布势，正面几个军再强力突击，麦克阿瑟的"圣诞节攻势"遂成"圣诞节溃退"。溃成何等模样？美8集团军司令乘坐的汽车都跑翻了，二战中立下赫赫战功的沃克中将殒命车下。

龙兴洞、苏民洞、云山以南，北仓里、三所里、龙溪里以北，崇山峻岭间的一条条山路上，白天空中机群掩护，汽车、坦克一路扬起烟尘，夜晚马达轰鸣，车灯的光柱在盘山路上闪来晃去，一辆抛锚，喇叭声顿时填满山谷。

午夜时分，118师右翼352团越过球场，在院里北山追上美2师一部。前卫3连首先打响，毙伤俘敌31人，击毁坦克两辆。2连赶到，又击毁4辆。

6连占据院里左侧的山头，听到山下有人说话，好像还有坦克。1排副排长金克智，带个反坦克小组摸下山去。地上一层薄雪，对面山脚下两个黑乎乎的东西是坦克，附近十几个敌人蹲着、站着，不知干什么。再瞅，两辆坦克后面山坡上还有两辆，车身隐在树丛里，炮筒子翘得老高。四下里细瞧，五六十米外的沟口还有一辆。

5辆坦克和一个步兵班，5个爆破手一人一辆，金克智逐一分工，首先合力干掉步兵。

哒哒哒、突突突，冲锋枪、卡宾枪、步枪一齐开火，美军倒下七八个，剩下的有的往山上跑，有的爬到坦克后面。坦克轰鸣起来，炮塔转动着，却找不着对手在哪儿。这工夫，3班副班长崔希明已经向沟口冲去了，破甲雷出手，轰隆一声，那辆坦克冒起大火。

苏联不肯出动空军，援助些对付坦克的破甲雷。比一般盘子大些，有磁性，靠近坦克能贴上去，扔上去也大都能粘住，能投20来米远，爆炸后能穿透装甲，因为状似乌龟、甲鱼，官兵都叫它"王八雷"。

几乎同时，3班长王耀福和战士刘汉来，猫腰向山脚下奔去。那两辆坦克还没找着北，轰轰两声，其中一辆油箱爆炸了，大火冲天而起，把山沟照得通红。

山坡上的一辆坦克发现了目标，炮塔转动着，机枪叫起来，王耀福扑倒了，崔希明也负伤了。

战士于奎云顺着山沟，迂回到这辆坦克侧面，"王八雷"扔上去跳了跳，掉下来了。于奎云抢上去，抓起咻咻冒火星子的"王八雷"，来不及别的动作，顺手塞进转动的履带。

最后一辆坦克向沟口奔去，金克智紧追不舍。开头距离在拉近，待到坦克绕过沟口那辆破坦克拐上公路，可就越来越远了。金克智懊悔不迭，突然又一阵狂喜，那坦克在一座小桥边停下了。炮塔上的盖子翻开，伸出一个脑袋，四下里张望。金克智从路边沟里逼近，往路基上爬时，那个美军好像听到点动静，往下一瞅，哇呀一声，马达也猛地轰鸣起来——已经来不及了，两颗"王八雷"已牢牢地贴在车尾的甲板上了。

黑灯瞎火，右翼"老一团"352团追上了美2师的后卫部队。

大天白日，左翼"老二团"353团插到了美2师一支部队的侧翼。

29日拂晓，前卫2连沿山路搜索前进。天亮了，官兵边走边折树枝做伪装防空。太阳出山，离军隅里不远了，翻过一道山梁，大家惊喜得差点叫起来。山下公路两旁的壕沟里，睡袋横七竖八，能看到露出睡袋的白脸、黑脸。稍远处，一座砖窑旁几堆篝火，黄糊糊的美军闹哄哄地围着烤火。

有人道："鬼子逃跑，还顾得上睡觉啊？"

他们以为白天是他们的，没事了。

白日做梦。

以往多是夜里的经验，悄悄摸近，先把睡袋旁边的枪收了，然后大喊"汗支阿普"。

一个连对敌至少一个营，连长彭继忠二话没说："机枪掩护，冲！"

烤火的炸了营，鸭绒满天飞雪。还能跑的美军，只恨爹娘少生了两只脚，几乎没有抵抗的。无所畏惧的是呼啸而来的飞机，一架接着一架，上下翻腾，机关炮弹在公路上炸出一个个海碗大的坑，汽油弹腾窜着紫红色的火焰，竭力想用铁与火把追的与逃的隔离开。

彭继忠大喊："扔掉伪装，贴住敌人！"

有的美军跑不动了，瘫在路上，躺在路边沟里。

军隅里是铁路、公路交通枢纽，西线美军的供应基地，囤积大量武器弹药和装备器材，还有储存粮食和食品的仓库群。美2师师部设在这里，约一个团的美军也驻在这里。

黄昏后，353团沿公路展开，3营正面主攻，8连1排首先突入镇内，抢占镇中心的一座方形大院，控制了半个镇子。军隅里是什么地方，敌人怎能容忍1排的这种行为，5挺重机枪响成一个点儿，炮弹咣咣砸下来，美军沿着十字街南大街的墙根就反击上来了。院子里停着十几辆汽车，车上有枪有炮，美式武器用着太顺手了，从车上搬下重机枪打。配属1排的60炮压制不住敌人的炮火，炮班长王明喜找到3门迫击炮，却没有炮盘、炮架。几个人用镐在地上捣砸3个圆坑，抱起炮筒子像砸夯似的在坑里坐实了，概略瞄准咣一发放出去，感觉炸点还行。3门光杆迫击炮一阵急促射，40多发炮弹飞出去，敌人的炮阵地没声了，重机枪也哑了。

小喇叭响起来，一声声向街里逼近。排长杨洪礼赶紧回应，别打错了。

3营马不停蹄，涉过清川江攻打南岸的制高点柑子山。2营随后赶到军隅里，打扫战场，肃清残敌。挺大个镇子，一个师部又一个团的美军，跑得干净，活的一个没剩。

二次战役，追上敌人不愁吃的。军隅里一排排仓库，各种食品更是堆积如山，来几个军都管够。

面包、罐头、巧克力，4连官兵洋吃食吃得正香，就听指导员在院子里喊美国鬼子。大家跑出屋去，只见铁路对面黄糊糊的美军，正朝一条大山沟里狂奔。

院门太小，都往外冲，把土墙挤倒了。

机枪手侯尚庆，机枪先是扛着，看着差不多了，端在手里一梭子扫倒七八个。换梭子弹再追，前面横条大沟，敌人在爬沟，侯尚庆大喊"汗支阿普"，没人听，好像也听不见，抬枪口又一梭子。

弹药手闫臣喊起来，侯尚庆扭头一看，左边跑来一股敌人。他抄小路从树棵子里赶过去，正好堵住，端着机枪大吼"汗支阿普"。这回听没听明白，也都举起了双手。

侯尚庆一挺机枪歼敌30余。

28日黄昏，119师奉命向军隅里以南、顺川以北的青谷里攻击前进。前卫357团6连，一路搜索前进，先后两次发现灯光，悄然摸进，突然开火，将其大部歼灭，都是南军。

29日夜，涉过价川河后，路上汽车、大炮、坦克越来越多，有的歪倒在路边沟里，炮口戳进草丛里。

30日清晨，离青谷里越来越近了，黑糊糊的大山前方忽然闪出光亮。是铁路隧道，隧道前方是汽车的灯光。

6连跑步前进，穿过隧道。前天晚上缴获南军的一具大火箭筒，连轰几发，官兵就冲上去了。

公路上，300多辆汽车挤挤匝匝的，有的撞在一起。马达轰鸣，美军扔了汽车就跑，大都没有熄火。从尾到头，6连两个排逐车搜查，车上车下好多死尸，只从车下拎出两个活的。

青谷里的西山，就是38军部队据守的松骨峰。美军被断了后路，想从这里打开缺口，可是使出吃奶的劲儿也上不去松骨峰，前面江桥又被炸断了，车炮坦克都窝在这里，上天无路，入地无门。

有车就有人，满山遍野找美军。

6连1排排长李玉廷，带领全排16个人，沿公路两侧向南搜索。翻过几个山头，零星见到几个，有的枪没响就钻林子没影了。山高沟深林子密，这俘虏还真不大好抓。

天刚亮，就飞来十几架飞机，有的在青谷里公路上空盘旋，有的向公路两侧山上扫射、投弹，那意思是那些车炮坦克还是我的，不得近前。

右前方空中飞来几架飞机，在那儿盘旋，李玉廷觉得应该有点文章。上到山顶一看，好家伙，山脚下紧靠公路的一小块开阔地里，停着几辆汽车，旁边摆放着对空联络布板，车上车下少说一个连的美军——空中盘旋的飞机，正是警戒保护他们的，反倒为1排指示方向帮了倒忙。

李玉廷下达命令，交代任务，强调个"快"字：一口气冲下去，尽快贴上敌人，飞机就使不上劲了。

机枪手温远志扣动扳机，旋风随之旋起。战斗组长王建田率全组迎头扑向敌人，3班长固全忠带两个人插向敌人背后，3班副班长赵振环从左侧突击，2班从右侧压过去。美军蒙了，一时间也不知道周围上来多少"共产军"，竟然没有一人放出一枪。天上的飞机则成了无物，傻呆呆地目睹了一场"投降仪式"。

一个个子挺高的美军，举面小白旗走过来。王建田端着冲锋枪迎上去，接过白旗，和他拉拉手，表示欢迎投降。

▲抗美援朝歼敌场面

那个美军指指自己身上的挂包,王建田伸手掏出两颗手榴弹和一块手表。瓜式手榴弹揣进衣兜,手表又放回挂包里。

数了数,共是193个美军。

全团抓获450多人。

如果有希望,美军会很顽强,打到底。觉得不行了,打下去只能是无谓的流血,或者惊魂未定的溃逃之师,举手投降也挺痛快。

第二次战役,"联合国军"中最惨的,被打残了,基本丧失战斗力的是美2师、南2师和土耳其旅。

李奇微在回忆录中说:"美第2师在清川江一带损失严重,十一月月底已宣布失去战斗力,因而撤到了南朝鲜进行整编补充。"

"损失严重",到底多少?他说"该师"一共损失4000多人。

美2师算是倒霉了——谁叫它碰上的是旋风部队呢?

从李奇微到白善烨,都说中国军队搞"人海战术",意思之一,是以多打少欺负人,也就胜之不武。

第二次战役,"联合国军"总兵力30余万,志愿军入朝9个军,也是30余万。

真的好像有点欺负人的，是老兵打新兵，而且是打过多年仗的老兵，打没打过仗的新兵。

5年了，从莫斯科打到柏林的苏军，在北非登陆，在欧洲驰骋，在太平洋越岛攻击，又在朝鲜半岛登陆的美军，已经没有打过仗的士兵了。而南军连二战的经历也没有。无论美国多么强大，美军多么现代化，毛泽东决定中国出兵朝鲜时，应该会考虑到这一点。没人会羡慕抗战胜利后，中国又接着打了一场内战。实实在在的是，放眼1950年人类居住的这个星球，再也找不到一支像中国人民志愿军这样刚从硝烟中冲杀出来的百战之师了。

老兵和新兵，打过仗的兵和没打过仗的兵，是不可能一样的。

无论课堂上听了多少遍，又与假想敌对垒了多少遍，美军再训练有素，也是训练场上的。枪炮弹真的打过来了，身边有人倒下了，也难免发懵，就要付出代价。而中国军人的动作、判断，是用自己和战友的鲜血和生命换得的经验，沉稳、老练、逼真，一招一式都是实战的。作为一、二、三、四次战役参战主力的四野部队，自辽沈战役后进关，已经不大研讨"六个战术原则"了——已经用不着怎么研讨了，几乎已成战场上本能的思维、行为、动作了。

抗美援朝第一批美俘中的赖勒斯，西点军校毕业。从麦克阿瑟将军到尉官，少有不是西点毕业的。面对战争大学出来的中国军人，炮火中真就成了"西点"——西式点心。

可除了老兵打新兵这种不对称外，还有什么呢？

"吃菜要是白菜心，打仗专打新6军"，原因之一是新6军装备太好了。而首战云山、两水洞，官兵望着在山路上奔进的南军，馋得直咽口水：这南军比新6军还新6军啊！

更不用说还有美国的空军、海军了。

中国、朝鲜，"联合国军"是16个国家拼凑的。在朝鲜半岛作战的18国军队中，中国军队的武器装备是最差的。

你现代化、立体化，空地一体打击，挤压我的空间和时间，我不能全天候和你对攻。但是，老天爷和土地爷也不都是你的，我就把所有可以利用起来的因素和手中武器的性能，都发挥出来，甚至发挥到极致、最大化。

来自孙子故乡的将士，拿着在美军眼里简直就像破铜烂铁样的武器，让对手大败。

至于宏观上兵力相当，微观上总能以多打少，这叫用兵艺术，谋略致胜。

剑不如人，剑法胜于人。

当然不止剑法。

2/ 从平壤到汉城

1950年的最后一天，第三次战役鸣枪。

在横贯朝鲜半岛250公里正面和60余公里纵深，"联合国军"组成两道防线。第一道西起临津江口，东经汶山沿三八线到东海岸的襄阳，由南军防守；第二道西起高阳，向东经议政府、加平到东海岸的冬德里。在第二道防线以南至三七线，还有三道机动防线。

志愿军6个军组成左右两个纵队，加强7个炮兵团，东迄高浪浦，西至马坪里，并肩向南突击。人民军3个军团（军），在两个纵队左右两翼配合作战。

属右纵队的40军，由外峨媚里至高滩的9公里攻击正面，为敌重点防御地段。守军是南1师12团一部和南6师7团、19团主力，沿临津江南岸布防。

第三次战役，首先、也是最重要的，就是突破临津江。

12月14日，40军从安州地区出发，118师、119师左右两路，沿平壤至汉城铁路两侧，向三八线挺进。30日，部队陆续抵达临津江北岸预定地域，各团即派小部队前出侦察。

352团3营教导员翟文清，带8连9班来到江边。

3营缺副营长。经过两次战役，各营连班子已经少有完整的了。不过，完成这种侦察任务，各连随便找个干部都不算难。就是这个9班最差的战士，也比对岸的强手有经验。只是翟文清还是要自己走一趟。看到有人还想跟他争，他虎下脸来："俺说几遍了？这是命令。"

简单交待做好火力掩护和接应准备，翟文清向江面爬去。

积雪的冰面，不时发出冻裂的嘎巴声，在寂静的冬夜像枪声似的炸耳。棉衣里子是白的，翻过来穿，他还披块白布。对岸的探照灯在江上扫来扫去，快扫上他了，就趴在那儿一动不动。他没觉得冷。人的精力高度集中时觉不出冷热。爬到江心了，江心封冻了，爬过去觉得挺实诚，心里踏实些。可冰层到底有多厚，大部队奔跑通过也行吗？扒开雪也看不清，又不能砸开看看，这是没办法的事，就觉得心里不托底。

南军阵地上传来嘎吱嘎吱的踏雪声，两个身影走来走去，是哨兵。翟文清向一个高坡爬去。斜扫过来的探照灯光刺眼，他调整角度，竭力想看得清楚些。雪光星光映衬，前面是铁丝网，然后是坟包似的地堡，还有单人掩体和交通壕，连接成环形的防御阵地，后面黑乎乎的起伏的山岭。向右前方爬出几百米，前看左右看，大体一样。让他放心不下的，是铁丝网到地堡间的开阔地，应该是雷区。积雪把地面上的一切都隐去了，没有一点痕迹。

果然是雷区，爆炸的气浪把2营长和团参谋长都掀到江里去了。

1营、2营为第一梯队，2营主攻，3营是预备队。2营攻击受阻，营长李克良牺牲。3营上，翟文清率7连、8连过江。江面被对岸炮火炸开，冰块在水中浮沉，被炮弹掀向空中就成了冰雹。最危险的就是开阔地的雷区，迎面弹雨如织，脚下轰隆轰隆，透湿的衣裤出水就成了千斤坠。翟文清大吼冲、冲，不顾一切往前冲，越快越好，速度就是生命、胜利，停顿就是死亡。

8连战士吕常恒，一颗地雷在脚后爆炸，行李飞上天去，挎包炸得稀碎。班长上去抓一把，那人软绵绵的没一点反应。战后列入牺牲名单上报了，第五次战役后活蹦乱跳回来了。后背负了几处伤，都不致命，当时震昏了。

配属右翼119师的炮42团全上来了，炮群发威，南军阵地顿成弹巢。地堡、工事和铁丝网争先恐后飞上天去，地雷接二连三爆炸，待命冲锋的官兵看得这个振奋啊。15分钟炮火急袭，冲锋号响，突击3分钟占领滩头阵地，10多分钟后突击部队全部过江，突破江防，向纵深攻击。冲进房子、掩蔽部，香气扑鼻，炉子上咕嘟咕嘟炖着牛肉，酒瓶子东倒西歪，丢在地上的香烟还在冒烟。大家乐了，说南军这年过得还有滋有味呢。

配属118师的炮29团，开进途中遭敌空袭，只上来一个连，几乎就是步兵单打独斗，生吃硬啃。

在侧翼助攻的团警卫连，进展出乎意料得顺利。

第二次战役中的"反坦克英雄"金克智，这时调升警卫连1排排长。1排过江后，他看到右侧有个陡坡，敌人不大注意，也是火力死角，带领全排靠了上去。

3挺机枪在江边被打坏一挺，两挺架在陡坡上压制敌堡火力，爆破手上去炸毁铁丝网，金克智的小喇叭就响了。

第一个地堡里的敌人是被吓跑的，两挺机枪架在地堡上，与前面地堡的火力对射。

小喇叭的功用，原本就是夜战、近战中指挥、联络，国民党军队闻风丧胆，这"联合国军"更是恨不得一下子就能逃离这嘟嘟之声，永远也不再听到这种简直就是来自地狱的声音。那就把这种功能发挥到极致。喇叭声声，手榴弹、爆破筒开路，金克智率2班沿着交通壕奋勇突击，连续攻占3个地堡，掩护、策应正面主力突破南军阵地。

拂晓时分，118师攻占了土城里和283高地。

三八线被突破了。

11月30日，118师追到安州，空中一架飞机飞来绕去转圈，用英语、朝语不停地喊话。

邓岳和张玉华问翻译："它翻来覆去地叫唤什么？"

翻译说："它在呼喊美军、南军和'联合国军'，让他们往平壤跑，去平壤集合。"

12月6日，120师一部与39军116师和人民军进入平壤。

现在，中朝军队向汉城挺进。

119师侦察连先行进入汉城。

突破临津江，打过三八线，侦察连奉命侦察了解汉城守敌情况。能去敌人首都逛逛，官兵觉得挺有意思。1月4日凌晨，插到汉城北郊，连长陈泽厚率1排排除城外埋设的地雷，剪断铁丝网，悄悄摸进地堡群，想抓个舌头了解情况，全

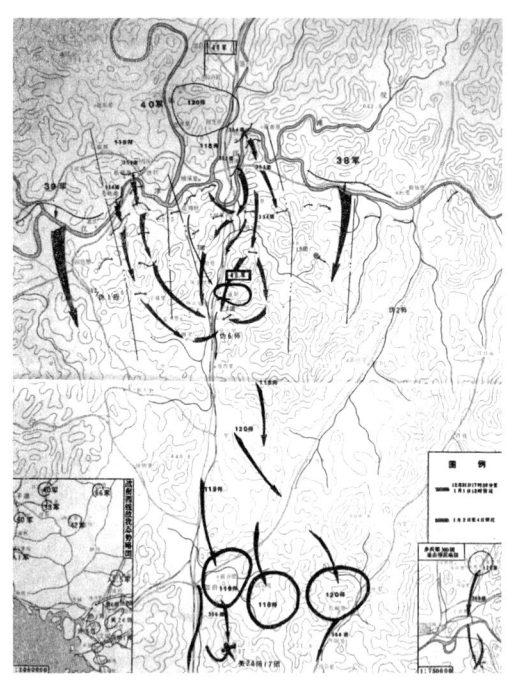

▲参加朝鲜第三次战役作战经过要图（1950年12月31日~1951年1月4日）（比例1:200000）

是空的。全连展开摸到城墙下隐蔽，派 1 班长带几个人进城看看，回来说敌人都跑了。

前面说了，平壤平了，古都汉城建筑几乎跟战前一个样子。唐风汉韵的飞檐翘脊，让人感到亲切，也有日式、欧式的六七层的楼房，主要街道通无轨电车。现在不通了，战争的轮子飞啸，家家门窗紧闭，只有路边广告牌上的俊男靓女在寒风中瑟瑟发抖。

对于侦察连和后来的中朝部队，进入汉城一个最直接的感受，是不用防空了。飞机很少光顾，来了也在高空转悠，从不投弹，偶尔扫一两梭子机关炮，也没人搭理它。

而对于 119 师和 40 军来说，进入汉城的最大收获，应该是发现了敌人丢弃的一座粮库，里面堆满大米，有几十万斤——留待后续。

3/ 夜老虎

第二次战役后，志愿军已连续作战两个多月，已显疲态，而且兵员未得补充，战线拉长，粮弹补充困难。彭德怀提出今冬休整，明年春天再打第三次战役。毛泽东不同意，要求提前打，明年 1 月上半月就打。彭德怀同意，但以不过三八线为宜。毛泽东认为必须打过三八线，否则政治上不利。

军事服从政治。奋战 7 昼夜，进逼三七线，1 月 8 日停止追击，第三次战役结束。

攻击攻击再攻击，三战三捷。一些人脑子热了，认为应该一鼓作气，把美国侵略者赶进大海，结束战争。金日成和外相朴宪永来到志愿军总部，向彭德怀一再表示祝贺、感谢，同时希望继续南进。苏联驻朝鲜大使则说："哪有打了胜仗不追击敌人的？"

彭德怀不为所动。

战线又向南推进百公里左右，粮弹运输愈发困难，部队减员严重，疲惫不堪，急需休整补充。与第二次战役不同，这次美军是有计划地撤退，主力损失不大。狭长、多山的朝鲜半岛，不利于机械化部队行动，可美军凭借其海空优势，随时随地可以再来一次仁川登陆。

第一次战役,听说美军中有黑人,许多人不信。第二次战役见到了,还抓到那么多俘虏,瞅着比灶王爷还黑。有人还是不信,手指上吐点吐沫去蹭,真不是从灶坑里抓出来的,也不是抹了油漆什么的,这世界上真有黑人。让中高级指挥员颇多疑惑,甚至有点神秘的,是"骑1师"这个番号,"骑兵第1师",抓获的俘虏臂章上还有个马头,可骑兵的马在哪里啊?一审讯才明白,骑1师是美国南北战争时期组建的,因其战功赫赫,虽早已是机械化部队,仍保留着老番号,美军也是挺注重传统教育的。

不打不相识。两个多月三次战役,彼此对对手的脾性、风格、打法、综合战力,已经多少有所了解、熟悉,不像开头那样陌生,有准备没准备地猜摸着就打上了。

接替沃克的李奇微,则以一种战略家的目光,窥透了对手的软肋。

第一次战役,大规模攻势作战是8天时间,第二次也是8天,第三次还是8天后停止了进攻。这3个8天,只是偶然的巧合吗?综合方方面面情报,李奇微发现,由于空中封锁、"绞杀",志愿军后勤补给困难,作战部队所需粮弹物资,几乎全靠自己携带,也就够个把星期消耗,粮弹告罄,攻势遂告结束。

这就是李奇微所谓的中国军队的"礼拜攻势"。

就有了李奇微的"磁性战术""火海战术":我现代化,机动快,攻守进退,不即不离,像磁石样吸住你、消耗你、疲惫你,同时用强大的空军火力杀伤你,用远程火炮轰击你,你打不着我,我能打着你。待你的"礼拜攻势"到头了,弹尽粮绝了,就扑上去吃掉你。

由于武器装备极其不对称,志愿军通常只能在夜间发动进攻,"联合国军"称之为"月圆攻势"。而"礼拜攻势"这个软肋,甚至就是死穴,迟早也是要暴露的。只是没想到刚到朝鲜不久的李奇微,目光如此敏锐,反应也如此之快。

1月25日,"联合国军"由西向东逐步在全线发起进攻时,中朝两军高级干部正在志愿军总部驻地成川郡君子里开会,总结联合作战经验,同时也是祝捷。志愿军师团两级干部,奉命回国到沈阳进行协同作战集训。邓岳带两个团长一个政委乘夜车赶到沈阳,在东北旅社住了一夜,第二天即被告之取消集训,马上返回前线,指挥作战。

前面写过的抓获的193个美军的357团6连1排,只有16个人,并非个例。

在国内可以即俘即补，在这里是伤亡一个少一个。待到第三次战役后，一些营连已经失去攻击能力，有的师伤亡近半。连打胜仗，部队普遍有三怕，一怕没饭吃，二怕没弹药，三怕伤员抬不下去。志司下定决心，从1月15日到3月15日，休整两个月，把兵员补齐了，"三怕"整没了，再说也快过春节了。元旦是从临津江的冰水中趟过去，在血与火中冲杀过来的，这传统的春节该好好过过了，后勤部门不顾飞机轰炸，已从国内运来了猪肉、白面。四野南下后，国民党军队一路就是个跑，想让它歇会儿都难。这"联合国军"跑得更快，屁股冒烟，一口气儿跑到三七线，连南朝鲜的首都都不要了。这仗什么时候打，怎么打，那还不是咱们说了算的事吗？

没想到美军跑得快，回来得也快，才半个多月就卷土重来了。

现代化的军队，现代化的装备，现代化的运输手段，可以迅速整补，迅速由进攻转入防御，迅速由退却转入反攻。

你中国军队不是急需休整吗？别休整了，来，咱们接着打。

自40军打响抗美援朝第一枪后，志愿军就开始给"联合国军"上课。

现在，轮到李奇微开讲了：什么叫现代化战争，美军的现代化与以往的有何不同。

自1月15日开始，"联合国军"小股多路，进行试探、侦察性进攻。25日，一线兵力达23万余人，在东西海岸间200公里正面，以飞机、大炮、坦克掩护，发起全线进攻，并很快攻占了水原、金良场里、利川、骊州地区，宣称"5天打过汉江"。

志愿军的战法是"西顶东放"：西线以3个军在汉江南北地区展开，牵制敌人主要进攻集团，顶住20天；东线放敌人进来，以6个军在横城以北地区集结，准备向原州、横城方向实施反击。

2月9日，东线北进的"联合国军"，美2师23团一部被阻于砥平里地区，南8师、5师进至横城以北，均成突出之势。东线指挥员遂决定反击，首先歼灭南8师，然后向原州、牧溪洞方向发展进攻，从侧翼威胁西线之敌。

左邻66军，右邻42军并39军117师，40军居中，3个军并肩突击，以40军为主。40军的任务是从正面实施反击，首先攻占圣智峰，歼灭丰水院、梨木亭、广田地区之敌，然后向纵深攻击前进，协同友邻部队围歼南8师。

10日黄昏，军长温玉成、政委袁升平，从东线指挥所领受任务回来，连夜召集师长会议，排兵布阵。118师、120师并肩突击，政策、待遇却绝对不一样。119师的主力团355团配属118师，炮42团主力和炮29团的两个远程炮兵连，也给了118师，120是只给了炮42团的一个营。

一个师加强这么多兵力、火器，特别是后者，在40集团军战史上，也算史无前例了。

温玉成说："3个军并肩突击，以我们40军为主，40军以118师为主。老邓啊，我可是把看家的老本都压在你这一宝上了，你可得拿出看家的本事，给我唱好这台压轴戏呀。"

从上果湖军指挥所回到上花垈师指挥所，"老邓"邓岳已经有了主意：穿插。

正面突击，不能一线平推，那就把敌人推跑了，而且兵力密集，易遭炮火杀伤。正面展开两个团，突破敌人防御，而以一个团向敌后穿插，尖刀战术，断敌退路，打它的屁股，两面夹击。你不让我休整，不让我过年，我就包你的"饺子"。

3个军以40军为主，40军以118师为主，118师以"老一团"352团为尖刀，3营则是刀尖。

11日黄昏，围歼南8师的战斗打响了。炮火急袭后，353团、354团迅速突破前沿阵地，352团3营悄没声从两个团之间插了进去，团主力随后跟进。

352团的目的地，是敌后25公里处的广田、台峰，明天拂晓前赶到。

枪炮声被甩到身后，满耳嘎吱嘎吱的踏雪声。淡淡的月光映衬积雪，一种薄雾似的夜色，山野间似明似暗。

"联合国军"说"月亮是中国人的"，没错。抗战在山东夜摸，那是越黑越好，伸手不见五指才好，人熟地熟，用不着地图。在朝鲜就不大行，特别是这种远距离穿插，地形不熟，没有向导，很容易走错路，那就彻底毁了。而今天晚上的月亮，那么明亮，又有相当的能见度，挺对这些夜老虎的心思，却也开始有点别扭了。

被官兵称作"瞪眼瞎"的夜盲，有人说是第二次战役后期就出现了，有人说是第三次战役。"礼拜攻势"，半饥半饱，甚至饿肚子，蔬菜更是难见，营养不良，夜盲是自然的。在山东和东北四保临江后期，许多人曾"瞪眼瞎"过，眼前模模糊糊的，一脚高、一脚低的。那也是夜老虎，枪一响饿虎扑食。

营长李玉才不时看看手里的指南针，有时还亮起手电筒，蹲在路边看看地图。"跑步前进""跟上""不许说话"，队列中不时向后传递着口令。

到上榆洞南侧，与南军搜索队遭遇。前卫7连8班机枪猛扫，3排长孙荣田率领全排猛扑上去，将其全歼。到达地吾谷，又撞上个搜索队，7连又一阵猛打，将其打垮。

737高地是座人迹罕至的大山，7连长张洪林在沟口找个向导，进山就迷路了，反倒耽误不少时间。沟底积雪没膝，隐约听见两侧山上有南军说话，烟头的光亮一明一灭。李玉才在垭口两侧各放一个班监视敌人，一个团人马在山路上扯出几公里，敌人竟然毫无知觉。

过了737高地，沿途敌人多起来，来来往往的，三三两两在路边抽烟嬉闹哼小调的。夜声模糊，关键是想不到志愿军会出现在这么深远的后方，脑子里没这根弦，有的还插到队伍里走起来。直到前面传递过来口令，我的妈啊，这不是中国话吗？那也没辙了，枪口顶上没顶上的，老老实实跟着走吧。

无论对手眼神多好，也是"瞪眼瞎"。而这支队伍则无论有多少"瞪眼瞎"，也是夜老虎——从它诞生那天起就开始夜摸、夜战，简直就是天生的夜老虎。

午夜时分，前卫营来到个三岔路口，西侧是洪川至横城公路，东北方向是龙头里到横城公路，在广田东南交汇成个"Y"形——到了。

敌人也到了。西南方向灯光耀眼，好像太阳从那边出来了，很快听到马达轰鸣，百多辆汽车、炮车沿龙头里至横城公路飞驰而来。打起来才发现是美军，全歼了才知道是美2师赶去支援南8师的一个机甲炮兵营——跟这个美2师就是有缘，你根本没想着它也奋不顾身找上门来送死。

教导员翟文清挥着匣子枪，呼喊着指挥8连冲上去抢占阵地。一口气没喘匀乎，车队过来了。打头拦腰断尾，首车瘫了，不知道多少辆瘫了，刹不住的丁咣山响，爆炸起火。

乱了一阵子，车队里冲出两辆坦克，炮口枪口喷吐火舌，想引导敌人冲突出去。8班长周红玉跃上公路，一颗"王八雷"飞上坦克，轰隆一声，坦克不动了。一会儿又轰鸣着开动了，随后被前面的5班战斗组长于水林炸毁了。

"王八雷"大，又没个把，不好携带，于水林把它装在米袋子里。这工夫可抓瞎了，那绳扣怎么也解不开。班长孙成盛火了，说你想不想上了？上上上上上，于水林像打机关枪似的应着，一使劲把米袋子撕开了，那人就上去了。第二辆又上来了，带天线的指挥车。于水林跑回来，见班长不知从哪儿又弄个"王八雷"，一把抢过来，转身又上去了。

于水林炸毁两辆坦克，抓了8个俘虏。

3营不但断了南8师的退路，还意外地吃了美2师一块肥肉。

也付出了沉重代价。

在上榆洞与敌搜索队遭遇时，带前卫营的团参谋长冷利华，被炮弹击中牺牲。

352团穿插到位，控制了广田东山、北山，南山还在敌人手里。以公路为界，南山由兄弟部队攻取，还未赶到。敌人控制南山，可策应、支援南8师突围。时异势殊不能等，李玉才率7连、8连攻击，已经拿下来了，被一颗流弹击中。

正面攻击的120师，右翼358团3营攻取圣智峰，夜老虎趁夜色渗入南军阵地，关闭了报话机，怎么呼叫也不应。刚开打，一个营"失踪"了，团师军首长眼珠子都要急冒了。一位军首长一会儿一个电话，把坐镇358团的副师长黄国忠连训带骂。黄国忠就让副团长赵学胜接电话。圣智峰打下来了，这位军首长高兴了，说你们打得好，立了头功。黄国忠就"报复"上了："功不功的倒不要紧，不要俺脑壳就谢天谢地了。俺就这么一个吃饭的家伙，你要去了，俺就没得用的了。"

左翼360团攻打800高地。巧了，兄弟军一个炮团在山下待命，团长徐锐曾是这个炮团的前任团长。辽西会战中率前卫营完成"斩首行动"的副团长，文武双全，步炮全才。一商量，没二话，并由老团长亲自指挥。横城反击战，军长几乎把政策都倾向了118师，120师只给了一个炮营，这回一个团就"加强"了一个炮团。一顿猛揍，突击部队就攻上去了。

两翼得手，120师奋勇攻击，旋风般卷向纵深。南8师掉头南逃，劈头还是旋风。

横城大胜，全歼伪8师，痛快淋漓。

接下来的砥平里之战，就是另一种情景了。

4/ 砥平里：半岛之战转折点

南8师一败涂地，东线南军、美军收缩南逃，只有紧邻西线的砥平里之敌按兵不动。

有四五十户人家的砥平里，四面环山，原州至汉城铁路从这里通过，向南有公路通向骊州、利川，是第四次战役东西两线的接合部，也是美9军和10军接合部的交会点。

东线指挥员（下称"东指首长"）判断，砥平里之敌可能南逃，决定以现有机动部队8个团兵力将其歼灭，同时部署打援部队。

2月12日，未参加横城战斗的各师师长，奉命赶到放谷的东指开会。

主持会议的东指首长说："据42军报告，砥平里的敌人有南逃迹象，并且只有一两个营的兵力，今晚我们要立即行动，将这股敌人截击歼灭，趁机夺取砥平里，以使我东西防线连成一体。"

东指首长对徐国夫说："以你们119师的两个团担任这次行动的主力，我再给你们配属120师359团、125师375团和40军炮兵团，以5个团打一两个营，虽然现在部队减员较大，虽然敌人是美国兵和法国兵，但也问题不大吧。就由你徐国夫统一指挥，怎么样？"

徐国夫一点思想准备没有，实话实说："首长下达的命令，我119师坚决执行，但我请示能否缓些行动。一、我师355团参加横城战斗未归建；二、总兵力看虽有5个团，但分别来自3个师、一个军直，既没集结，通讯联络又很难接通，恐怕统一指挥不方便；三、对砥平里的地形，不仅我没亲自看过，各团领导也都不熟悉；四、砥平里现在敌兵力是否准确，我们有必要进行侦察。"

徐国夫请求做些战斗准备，14日发起攻击。

东指首长有些激动："徐师长，你说的这些都有道理，但我们现在掌握的情况，砥平里敌人是准备逃跑的，如果我们行动迟缓，让敌人跑掉，你徐国夫负得起这个责任吗？"

随后在119师师部召开的各团领导会议，参战的5个团只来了3位团长。

125师375团副团长李文清，刚从砥平里前线下来，他说砥平里守敌不是一两个营，而是美2师23团和法国营，并且构筑了工事，没有发现要逃跑的迹象。

徐国夫立即让参谋长夏克将这一情况向东指汇报请示。之后几次催问没有回音。

作战部署，356团进至上高松后，首先攻占363、319高地，然后从铁路东面向砥平里攻击；375团到石隅、长满后，首先攻占538.9、401.1高地和草旺里东山、茂村，然后向九屯派出警戒，主力沿铁路西侧攻击，攻占望美山北山脚后，即由东南角向砥平里攻击；357团首先攻占广滩里，然后以一个连攻取葛芝山脚，监视葛芝山之敌，主力沿公路及广滩里东山向凤尾山攻击，得手后从北面攻击砥平里；359团待356团拿下363高地后，沿其左翼首先攻占229高地，然后从东北角向砥平里攻击。

各团从各驻地出发，边开进，边动员，边准备。

砥平里之战，太多意外。先是配属119师的炮团，13日下午遭敌空袭，当晚未能参战。42军375团通过401.1高地后，与119师失去联系。负责由西面攻击的115师，当天未能赶到。按预定计划，13日晚投入攻击的，只有40军两个师的3个团。

更大的意外，守军不是一两个营，而是盘踞半月的美2师23团、法国营，还有一个炮兵营、坦克连，达6000余众。而当晚发起攻击的3个团，已严重减员，只有2300多人。

最大的意外，是守军并未准备逃跑，而是决不放弃砥平里。

苦战一夜，3个团均未突破敌人的主要阵地。天亮后，东指为防敌逃脱，前功尽弃，决定攻击部队坚守既得阵地，以便夜间投入部队继续攻击。既得阵地都是些小高地，完全暴露在敌人各种轻重火器直射火力下，空中还有数十架各种型号飞机冲下翻上，终日轮番轰炸、扫射，尽情施展"火海战术"。

各团与前沿部队失去联系，报话机员喊哑了嗓子。359团团长李林一，给通讯股长张立敬下了死命令，给团部和3营架设有线电话，派出7个电话兵，全部有去无回。张立敬指挥司号员选择位置，刚吹完号，几十发炮弹就过来了。再选位置再吹，吹完立即转移隐蔽，再引来一阵密集炮火。如此反复，3营阵地上毫无反应。

参战部队建制多，分属3个军4个师，集结地域分散，开进距离远，通讯联络不畅，上情下情不能及时下达上报，友邻情况也不能及时通报。负责"统一指挥"的徐国夫，连配属各团团长姓名都不知道，配属的42军125师又是另一套指挥班子。先到先打，后到后上，343团、376团还搞错了目标，把马山、田谷当成砥平里进行攻击。

战场上，一个偶然、意外处置失当，就可能全局崩盘。砥平里之战，各种偶然、意外差不多凑齐了。

14日夜，39军115师两个团赶到，炮兵也有部分营连投入战斗。四面八方，全力攻击，将敌压缩到只有两平方公里的狭窄地域，最终还是啃不下来。

15日，各路援敌逼近，骑1师20余辆坦克突入砥平里。

17时30分，志司首长决定停止攻击。

当晚突降大雪，山河一片缟素。几乎打光了的359团3营，营长牛振厚死活不肯撤离阵地，是被战士拖着架走的。

有人说他的手枪子弹打光了，有人说是被抢下来了。

看地图，由东向西，横城、砥平里、汉城几乎在一条横线上，汉城只是略微向北突出点。如果在狭长的朝鲜半岛画个"十"字，砥平里几乎就在那横竖的交叉点上。

这种地理位置，这个原本默默无闻的小村庄的得失，在此前此后的战役战斗中，或许并不重要。但在这一刻，却因为李奇微的战术和决心，而在对垒的战略棋盘上变得非常重要，甚至绝顶重要。

很少下令"死守"的李奇微，告诉后来和他一样成为4星上将的23团团长弗里曼上校："如果需要，我可以派出整个第8集团军增援你。"

李奇微在回忆录中说："南朝鲜军队在中国军队打击下损失惨重，往往对中共士兵怀有非常畏惧的心理，几乎把这些人看成了天兵天将。"

> 元旦上午，我驱车由北面出了汉城，结果见到了一幅令人沮丧的景象。（南）朝鲜士兵乘着一辆辆卡车，正川流不息地向南涌去，他们没有秩序，没有武器，没有领导，完全是在全面溃退。有些士兵是依靠步行或者乘着各种征用的车辆逃到这里来的。他们只有一个念头——逃得离中国军队愈远愈好。
>
> 美第19步兵团的一个营在其友邻的南朝鲜部队崩溃之后，也被卷

入无秩序的退却。那天上午，我在师的伤员后送站找到这个营的一些伤员谈了话，发觉他们情绪十分低落，没有美国士兵在伤势不太严重时表现的那种重返部队的迫切心情。

攻也败，守也败，三战皆北。无论李奇微对美军是否笔下留情，南军素质、战斗力与美军有多大差距，"逃得离中国军队愈远愈好"的心态，其实是差不多的。

李奇微清楚，当务之急是恢复士气，打破中国军队不可战胜的神话，而他认为能够打破这种神话。

汉城原本没有多少军事价值，那种兵败如山倒的惨状，他也不能力挽狂澜，那就以空间换取时间，休整部队，重整旗鼓。而对手的补给线更长了，破绽也就更大了，更好对付了。

头两次战役，美军轻敌冒进，又过分依赖公路，一打即瘫，技术优势成无物，对手却可以恣意表演拿手好戏。战术加技术，只要把美军巨大的技术优势充分发挥出来，半岛战局就会是另一种样子。

砥平里一战成名、被视为美军在朝鲜战场最杰出的三四位指挥官之一的弗里曼，还未开打，就想拔脚走人。因为他发现周围的中国军队越来越多，再不走就来不及了。

而在李奇微的视野里，南8师溃败，砥平里再丢了，"联合国军"的士气将万劫不复。无论美军带不带上李承晚，或者说无论李承晚愿不愿跟美军走，都得从海上走人了。

李奇微相信，他能为身陷重围的弗里曼，提供地面、空中支援和补给。他要用"火海战术"，对付"人海战术"。"月亮是中国人的"，夜战是为了近战，短兵相接，就用强大火力不让你近前。他要把砥平里当作他的战术试验场，检验、制定未来的战术。

构筑工事，埋设地雷，架设铁丝网，精确丈量各种火炮射程，确保封锁所有可能进入射程的路径，还清理出一个小型飞机场。弗里曼有10天时间完成砥平里的防御体系，军官则检查每一处工事，包括每个散兵坑的大小尺寸，是否符合教程。前面说过，非降即死的时刻，美军会非常痛快地选择前者，像经过正规训练似的。还有条活路，有希望通过拼杀把握自己的命运，也会全力以赴。而且经过三次战役，也不是没见过死亡的新兵了。

砥平里之战，典型的非对称之战。

13日夜，3个团对一个加强团，以攻守论，兵力应算对称，却是全凭轻武器死顶硬啃。14日夜，又上来3个团，另有部分炮兵参战，绝对优势的兵力，绝对劣势的炮火。

没有比参加过朝鲜战争的美国军人，再恐惧黑夜的了。23团和法国营的官兵，则恨不能弄根擎天柱什么的，把太阳绑定在头顶上。照明灯从夜航机上投下来，用炮弹打上天去，地面上还有触发的照明雷。而对于攻击部队来说，前面说了，夜里啃下来的那些小高地，都在敌人的直射火力射程内，白天还有倾泻下来的炸弹。撤出阵地防空，晚上还得从头再来。不然，只有被动挨打，凝固汽油弹把阵地烧成滚烫的焦土。

凡是写到砥平里之战的作品，几乎没有没有"血溅""血战"字样的。温家台也是"血溅""血战"，配水池也是，白莲市也是。可那是笑不起来的胜仗，砥平里呢？

而且，无论意识未意识到，对于双方来说，这都是必须打赢的一场战斗。

《美国第8军简史》称："第2师在砥平里的英勇坚守，后来证明是挡住共产党进攻的转折点。"

《韩国战争史》认为："砥平里战斗，是美军同中共军作战中，在战术上取得的第一个成功战例，鼓舞了全军的信心和希望，解决了美决策当局对战局发展的顾虑。这次胜利的意义，可与英国第8军在阿拉曼取得的胜利相比拟，也可以说是'第二仁川'。"

砥平里之战，一次貌似普通平常的战斗，一次师级规模的战斗，成了半岛之战的转折点。近期效果是志愿军全线后撤，由运动战转入防御战，远期效果是停战，南北分割，直至今天。

小战斗影响了大战略。

汉城北山，南朝鲜著名企业家金性守家后面山坡上的防空洞里，蜡烛的光焰闪动着，不时发出咻啦的响声。

韩先楚披着大衣，在防空洞里踱步，有时踱到地图前就停下来。看不大清，把蜡烛举在手里，或用手电筒照着，看一阵子又开始踱步，手里的香烟一支接一支。

40军的老军长、"旋风部队"司令，正在指挥志愿军入朝后的第一场大规模防御战。由于实力的不对称，这支军队从诞生后长时期避免这种战法，因而也是最不擅长的战法。现在面对世界上最现代化的对手，这种被动的掘壕据守更是异常艰难，他这位西线指挥员却不能不关注东线。因为"西顶东放"，西线寸土必争，官兵每时每刻的流血牺牲，都是为东线造势，为东线的反击争取时间，创造条件。

西线顶住了，东线出势了，突出的两点，横城的南军，砥平里的美军、法军。

东线有南军3个师、美军5个团，还有配属美军的法国营、荷兰营等部队。以志愿军的实力，不可能一口吃掉这么多敌人，就有个先从哪里动手的问题。

韩先楚认为，应该先打砥平里。

东线反击，归根结底是为了打开门户，达成向西线之敌侧后迂回的战役目的。拿下砥平里，可直接威胁美7军侧后，迫使其停止进攻，后撤或转入防御，震撼西线主要进攻集团。打横城达不成这种效果，还得打砥平里。先东奔，再西跑，翻山越岭多跑多半路程，对这支疲惫之师也是颇为忌惮的。更可怕的是弱点更弱了，所携粮食还剩多少？连李奇微都发现了"礼拜攻势"，自己还不清楚吗？

先打横城的理由，是横城之敌是南军，好打。美军战斗力强，法国营的外籍军团士兵，甚至比美军更有作战经验。可先打砥平里，有首战锋锐，是蓄势待发的生力军，战斗力处于最佳最强状态。会精心部署，不会像横城之战后那样轻敌，不会"统一指挥"统一不了，不会还未开打，一个团不知哪去了，不会没有炮火支援就上去硬啃，不会谁到谁打，形成添油战术，有的部队也不会喝粥打仗，有的连粥也喝不上了。

徐国夫老将军在回忆录中，对撤退命令表示"不太理解"："既然已经付出很大代价，再稍作努力，就可攻占砥平里，全歼守敌，何以要撤退呢？"

这是笔者仅见的认为砥平里最终可以拿下来的观点，似为孤证，却能从对方那里得到印证。

美国作家大卫·哈伯斯塔姆在《最寒冷的冬天：美国人眼中的朝鲜战争》中，写道："令人百思不解的是，就在天亮前的几个小时，中国人已经攻克了美军阵地，而且为此付出了相当数量的兵力，但他们却在最后时刻犹豫了，没能夺取最后的胜利。"

志愿军的"礼拜攻势"迟早暴露，李奇微的"磁性战术""火海战术"，堪称有的放矢。但是，打下砥平里，西线受到震撼，李奇微就不能不调整部署，更重要的是给他的战术当头棒喝，砥平里不是你的战术试验场，也没有这样的试验场。兵不厌诈，虚虚实实，以假乱真，以假示真，战争的真谛和主动权的获取，在某种意义上就是让你云里雾里，找不到北，抓不住我的软肋、弱点和破绽。倘若先打砥平里，能打不下来吗？李奇微还会那样信心大增，志愿军立刻陷于被动，全线退守吗？

　　在西线，在汉城，在东线还未发起反击前，在那个满地烟头的防空洞，志愿军副司令员韩先楚，一封又一封电报，向志司说明先打砥平里的意见及为什么。

　　杰出的将军，注定是孤独的。

　　连弗里曼都想丢下砥平里走人了，李奇微是孤独的，无论此后怎样受到信赖和拥戴。

　　鞍海战役，四保临江和秋季攻势中的方案之争，韩先楚是孤独的，终于推动了的海南岛战役也曾是孤独的，无论当时和后来怎样受到"旋风部队"官兵的信赖和拥戴，也无论横城和砥平里之战已经证明了什么。

5/ 一把炒面一把雪——炒面也没了——战争家常十

　　先是美8集团军司令，然后美远东军司令和"联合国军"总司令，李奇微指挥的美军和"联合国军"，攻守进退，有板有眼。

　　以空间换取时间，连汉城都不要了，一路南退，汽车轮子每天30公里，基本为对手徒步一夜的行程和美军远程炮火的射程。对手急需休整、补给，李奇微突然来个回马枪，齐头并进，稳扎稳打，不以攻城略地为主要目的，砥平里却是不可丢失的，如此才能重拾信心，打出士气。

　　第四次战役，从一开始，中国军队就被置于被动地位。

　　砥平里之战后，轮到这支一直南进的胜利之师，以空间换取时间了。

　　2月17日，中朝联军司令部（下称"联司"）决定，全线转入运动防御，争取两个月时间，集结兵力，囤积作战物资，引敌深入，伺机反击。

　　部署两个防御地带。第一防御地带西起汉江口，经杨平、砥平里、横城、芳林里至下珍富里,在正面 150 公里地区展开 8 个军。第二防御地带西起汶山,经议政府、铸锦山、座防山、洪川江北岸至洪川、丰岩里,展开 3 个军又一个师。

40 军位于第二防御地带中部,在座防山、洪川以西地区组织防御。

大雪纷飞,马达轰鸣,20 多辆载重 2.5 吨的大卡车,在砥平里战地颠簸着,幸存的美军、法军翻寻、装载阵亡战友的尸体。四肢张开的,缺胳膊少腿的,还保持着射击姿势的,一个个冻得硬邦邦的。尸体不断被挪动,重新堆排,以便节省空间,装得更多些。

攻击部队撤离砥平里,大雪飘飘中向指定地域开进。

3 月 9 日,40 军打响运动防御首战这天,老天爷很帮忙。雨夹雪下了一天,头上没有飞机,这仗就好打了。美军多是仰攻,山坡上薄雪压着的树叶下水淋淋的,皮靴踩上一直打滑。坚守座防山 725 高地前沿阵地的 355 团 8 连一个战斗小组,3 个人没费多大劲,一个排的美军没死没伤的也不能不伤了,连滚带爬的能不磕伤碰伤吗?

你不是"火海战术"吗?我兵力前轻后重,重要支撑点就放一个组,或一个班,炮火下伤亡就小,班排连梯次配置,互相照应,前面伤亡大了,随时上去增援、补充。相应的是火力前重后轻,迫击炮、重机枪尽量靠前,集中火力,支援主要方向作战。

▲徐长富

敌人下去,炮弹上来,老把戏了。组长杨树华半截身子从泥石中挣出来,毫发未损,两个战士跟他一样。只是耳朵不行了,他可着嗓子大喊准备战斗,连自己都听不见。

M-1 半自动步枪,射程近 500 米,射速每分钟 30 发,弹匣装 8 发子弹,官兵都叫它"大八粒"。在国内打仗,美式武器还得经蒋介石倒手,这回美国人直接送来了。40 军原来就是美式武器,二次战役后,步枪几乎都换成了更新式的"大八粒"。杨树华把那支"大八粒"准星上的泥土擦净,担在几乎炸平了的堑壕壕沿上,一声枪响,两个美军应声倒下。再扣动扳机,串糖葫芦般又打倒两个。同时不管能能不能听到，大喊放近了打，节省弹药。

第二天天亮后，杨树华小组撤出前沿阵地。当天晚上，8班悄悄摸近，突然袭击又夺了回来，缴获1挺机枪、8支"大八粒"和千余发子弹，又够打上几天了。

8连主阵地上，1班长徐长富感觉枪声不对，跑到山后一看，不由倒吸一口凉气。美军从后面上来了，已经摸到掘开式隐蔽部附近。居高临下，十几颗手榴弹出手，连滚带跳地在山坡上的敌群里爆炸。

8连奉命北撤，徐长富一挺机枪断后。子弹打光了，手榴弹也没了，还有两颗手雷埋在堑壕里，两手去扒。敌人不明白他在干什么，想抓活的。一声巨响，又一声巨响，待美军缓过神爬起来，徐长富已经没影了。

358团3连3班副班长王学风，带一个组守卫华岳山1号阵地。两腮被子弹贯穿，牙碎舌烂，血人似的，也顾不上包扎。两腿又被重机枪子弹打断，爬着跪着继续战斗。头部负伤昏了过去，醒来后发现敌人已经占领阵地。他抓起颗手榴弹投过去，然后滚下悬崖。

坚守鹰峰山前沿阵地的3连一个组，就剩组长刘维汉一个人了，子弹也没了。十几个美军把他围住了，他拉响了手里的手榴弹。

▲刘维汉

▲王学风

▲吴志洲

360团8连2排副排长吴志洲，率5班坚守503.9高地紧靠公路的前沿阵地。飞机轮番俯冲，炮弹把阵地打得乌烟瘴气，坦克在山下直接瞄准射击。5班伤亡大了，4班接替，4班下去，6班上来。吴志洲多处负伤，耳朵成了摆设，鼻孔震出血了。敌人被打下去了，炮火该上来了，他让大家隐蔽，自己抱挺机枪监视敌人。4天4夜，他一挺机枪毙伤50多美军。

攻击862高地的敌人，钢盔像炒菜的小锅，比其他"联合国军"的浅一截，一看就是英军。守卫前沿阵地的358团2连3班，班长毛国臣在国内立过3次大功，锦州范汉杰兵团司令部大楼，就是他用炸药炸开的。空地火力把阵地打成火海，敌人以为阵地上不会有人了，上来扔下些尸体再下去，一个班毙伤英军200多。

坚守吾野平北山的354团4连一个组，反击夺下3个山头。炮火急袭后，上来一个多排美军，没发现人，坐那儿听一个军官训话。战士曾南生和李克先，从隐蔽处爬出来，几颗手榴弹投过去，再把两只冲锋枪的弹匣打空。接下来的情景匪夷所思，先是炮弹砸下来，又飞来4架"油挑子"，两个人赶紧防炮防空，眼瞅着没有任何思想准备、也缺乏这方面经验的美军，被炸得连滚带爬，最终一个没剩。

出国前换发的新棉衣，四次战役时已经没了模样。

先露出棉花，然后是肉，最先露出来的是膝盖、胳膊肘子、肩头、屁股，随便找块什么织物，粗针大线缝上。在国内打绑腿，出国不打了，人民军服装，人民军不打绑腿。膝盖以下刮得丝丝缕缕的，棉裤像棉裤衩似的，袖口磨飞了，成了棉T恤。除了把能套身上的东西都套上，就是扒敌尸上的衣服。扒得最多的是鞋。行军打仗，没有比鞋再费的了，也没有比脚再宝贵的了。

五次战役后在平壤，人民军一位苏军顾问问志愿军一位团长，一个月洗几次澡。第三次战役，突破临津江，在冰块撞击的江水里"洗澡"了。第四次战役，119师工兵连和355团一个连，在洪川江上架桥，在冰水里"洗"了10多个小时。

好在穿"棉T恤"、"棉裤衩"的越来越多，天也越来越暖和了。可雨夹雪中打了一天，浑身淋得透湿，晚上在山上蹲守，再加上饥肠辘辘呢？

前面说了，官兵普遍有"三怕"，首先就是怕吃不上饭。

第一次战役后期，粮弹供应已经困难。第二次、第三次战役是追击战，追上敌人就有吃的，也只能解一时之需。中朝联军进入汉城，国内和社会主义阵营雀跃欢呼。而对于浴血奋战的前线将士来说，占领汉城实实在在的军事意义，几乎就是119师侦察连发现的那个储满大米的粮库，全师集中所有驮马驮运了十几天。军隅里贮存粮食和各种食品的仓库群，像青谷里等地山路上长龙似的汽车、坦克、大炮一样，飞机在上空盘旋，不让你靠近，看着保护不了了，就炸个一塌糊涂。

有老人说，南军在平壤抢银行，那钱上是汉字"中央银行"，第一次战役成了40军的战利品。在老乡果窖里防空，吃个苹果给钱，秋毫无犯。到哪儿找到里委员长（村长），多少也能筹到点粮。打过三八线，找谁筹去？战争年代，饿肚子打仗，也是家常便饭。湘赣战役，病饿交加，可以休整，等粮食和药运上来。1942年抗战进入最艰苦时期，肚子成天喊饿，多少也能吃点黑豆什么的，还可以种地。第三次战役，攻击达到顶点，后勤补给上不来，李奇微的"磁性战术"缠着你打，不让你喘气儿。"打过三八线，凉水拌炒面"，"一把炒面一把雪"，后来炒面也没了。

徐振山老人说，在汉城北边，我们用钢盔煮树叶子吃。

李德福老人说，洪川阻击战，一个星期粒米未进。

翟文清老将军说，第四次战役，48天未见油腥，各连一半左右夜盲，行军用绳子牵着走。

立体对平面，杀敌作战时间被挤压到了夜晚。夜老虎变成瞎老虎，那空间也一下子狭窄了。运动防御，突出个"动"字，你白天进攻，我晚上反击。夜盲，两眼一抹黑，只能大约摸向着枪炮声冲锋、射击。就算眼神还行的，一个冲锋几百米，经常是攻山头，冲上去射击、投弹，有时还要拼刺刀，肚里没食，或者填塞些树叶子，冲上去还能有多少气力？

有人跑着跑着，一头就栽倒了。有人趴在战壕里射击，就再也爬不起来了。

美军一个班的一顿吃食，一个10公斤左右的密封铁桶，里面的牛奶、点心、罐头，各种营养计算好了的。还有咖啡、巧克力、香烟、火柴，甚至还有手纸。笔者在40集团军军史馆，见到一只美军班用加热炉，水壶大小，固体酒精，现在还能用。当志愿军一把炒面一把雪，或者用钢盔煮树叶子时，美军叼着香烟，用加热炉煮咖啡了。

"吃西餐去"，官兵管追击战叫"吃西餐"。汽车、坦克里，各种见过没见过的的食物，通常是少不了的。357团团长孟灼华、副团长王爱荣和3营长薛合基，黑灯瞎火，把包装精美的香皂当成糕点，吃得满嘴冒沫子。

隔条鸭绿江，粮弹难以送上前线。美军从日本、从本土运来各种作战物资，漂洋过海，畅通无阻。战斗机掩护，直升机降落，卸下物资，接走伤员。第一次见到直升飞机，铁蜻蜓似的，这是个什么东西啊？打扫战场，见到防毒面具，许多人莫名其妙，打仗又不是演戏，这美国鬼子怎么还带着"假脸"啊？

359团政委马顺天，第一次战役，右腿动脉被打断。战场牺牲，多因失血过多。脸色煞白，昏昏沉沉，很快就不行了。美军急救包里有血浆，官兵受过自救训练，输上脸色和精神状态立刻不一样了。只是有人把它派了另外的用场，抹在脸上，洒在身上，躺在死人堆里装死。

点点滴滴，方方面面，见证的都是刚从战火中走出来的一个贫困、落后的农业国，与一个世界头号强国的巨大反差。

仅举一例，1950年中国的钢产量是60.6万吨，美国是8772万吨，还不及那十位数的零头。

解放战争中，一次战役歼敌几个军，甚至十几个军。第二次战役，崇山峻岭中一条条山路，倘是国内，击毁首尾车辆，连人带车炮就全包圆了。第五次战役，计划还是歼敌几个师，实际上吃掉美军一个完整的团都不容易。只要熬撑到天亮，不用援军，那种空中火力，几公里内都难以立足，坦克则在地面横冲直撞。没有大量反坦克火器，凭"王八雷"、爆破筒和集束手榴弹，也能炸毁几辆，却挡不住众多的坦克，引导步兵夺路突围。夜里，坦克在开阔地上围成一圈，步兵在圈里睡觉。你去袭击，他从睡袋里钻出来也来得及；不去袭击，就只管

▲温玉成

睡去，养精蓄锐。

有体验过鸭绒睡袋的老人说，那里放个屁的热量，都不容易散失。

有老人说，下一天雪，掘开式防空洞漫平了，雪地上有些窟窿眼儿，喘气儿喘的，没窟窿眼儿的那人就不行了。

同样的冰天雪地，睡鸭绒睡袋的与睡防空洞的，或雨夹雪中在堑壕里和衣而卧的，对构成战斗力的诸多因素的体力、精力的恢复，是绝对不一样的。在汽车轮子上进退，与用"11号"奔波，道理也是一样。至于营养充足与饥肠辘辘，就不用说了。

"联合国军"的16国军队，有的只不过算个国、凑个数而已，综合战斗力不如美军一个连，甚至一个班。所谓的"联合国军"，就是美军在那儿顶着，伤亡惨重的除了南军，就是美军。其中最惨的，就是和40军交手最多的美2师了。可它很快就能撤到后方休整，兵员、体力很快就能得到补充、恢复。而40军在运动防御时期，步兵班多者7人，少者3人，体力早已疲惫不堪，并且继续疲惫不堪，愈发疲惫不堪。

砥平里之战，一波一波，前仆后继。夜盲的不夜盲的，已经摸到坦克冰冷的装甲了，"王八雷"、爆破筒没了——那就冲上去攻击后面的步兵。

毛泽东说：美军"钢多气少"。

一个钢多，一个气多，各展所长。

6/ 杀开百里血路

4月中旬，三八线上两军拉锯，一封电报把温玉成从上甘岭召去志司。

有什么事不能在电话里说啊？第一次战役后，彭德怀要"斩马谡"，那场面温玉成是见过的。特别是想到砥平里，难免忐忑，却也胸有成竹。砥平里没打下来，志司有关首长不是做了检讨，还说我们打得不错吗？自入朝以来，40军指哪打哪，只有赵子龙，没有马谡。

彭德怀起身相迎，非常热情、客气，谈到砥平里也说"责任在上边"。

进入主题，彭德怀说现在部队很多，但是许多部队刚到，还没和"联合国军"交过手。和40军一道首批入朝作战的部队，都撤到后方休整了，我实在不忍心让

40军再打了,可是不能没有主力呀?你们还得参加第五次战役,而且还要挑大梁、担重任。

温玉成说,请首长放心,我们保证完成任务,40军指到哪儿打到哪儿。

4月初,"联合国军"越过三八线,计划从侧后登陆配合正面进攻,将战线推到三十九度线及其以北地区,在半岛蜂腰部的元山至平壤一线建立防线。中朝联军为争取主动,粉碎敌人的登陆计划,遂决定投入15个军的兵力,重点放在西线的汶山至春川之间,进行战役反击。战役部署,举足轻重的一环,是以一个军实施中央突破,直捣敌人战役纵深加平,将敌分割成东西两块,阻断其联系,保障主力分割围歼敌人。

志愿军司令员兼政委,百忙中之所以要单独召见40军军长,因为40军就是中央突破的尖刀,是第五次战役全局上最具震撼力的一枚棋子。

没人知道彭老总的心思,同样的疲惫之师,为什么独独留下40军,而且出任这样一种角色。历史的事实是,没有40军打不了的硬仗、恶仗,从无这一仗打好了,下一仗就搞砸了的起落——这样的部队用着放心。

4月22日黄昏前后,40军第一梯队118师、120师先后发起攻击,很快突破,进展迅速。

40军当面之敌,左为美陆1师,右为南6师。120师配属军警卫营的任务,是从敌两个师的结合部头流山突破,南插30公里,到达北汉江畔的马坪里,分割陆1师与南6师的联系,配合39军歼灭逃敌并阻援,同时保障军左翼安全。

120师兵分三路,右路360团攻占松亭里及773.7高地,居高临下,就见一笔意外之财滚滚而来。西侧山下公路上,车灯乱晃,马达轰鸣,格外刺耳的是履带转动的哗啦声。南6师一个炮兵团的自行火炮营、火箭炮营和榴弹炮营,还有几辆坦克和一些南逃的美军,已快轰隆到脚下了。360团进展太快,炮兵没跟上来,只有轻武器和步兵携带的小炮。可那公路左贴陡崖,右临河流,车炮坦克像被绑在公路上,这种地形手榴弹比什么都好使。手榴弹像下饺子似的一顿打砸,团长徐锐下令出击,让南军掉魂儿的冲锋号、小喇叭响彻山谷。

第五次战役,志愿军有坦克部队参战。听说360团缴获甚丰,赶紧派人把12辆大口径自行火炮和几辆坦克开走了。

23日晚,358团进至滩甘里,与陆1师一个营遭遇,双方搅打在一起。美军畏惧夜战、近战，坦克开路，能跑就跑。1连7班韩勤忠带3个人，追到一处山坡下，看到前面平地落下一架直升飞机，几个美军出舱比比划划说着什么。韩勤忠做个手势，指挥3个人悄悄摸上去，4颗手榴弹飞过去，接着冲锋枪一阵猛扫，直升机燃起大火，美军一个没剩。

24日晚，359团2营插到马坪里西山，发现一处炮兵阵地，当即以两个连进行袭击。这是美92机甲炮兵营，配有坦克群、高射机枪。南6师那个炮兵团，那炮火就算能把天打个窟窿，那工夫也是老牛掉井里了。而这个炮兵营已构筑坚固的环形防御阵地，是有准备之敌，不可同日而语。结果，两个连陷入火网，吃了大亏，大部伤亡。

25日白天，360团主力向马坪里发起猛攻，敌不支，南退春川。

120师进占马坪里，与39军会合，将陆1师全部阻隔于北汉江以东，完成战役割裂。

比之118师，120师算小穿插、小割裂。

第四次战役中的横城反击战，东线3个军并肩突破，以40军为主，40军以118师为主，118师以352团为尖刀，3营是刀尖，刺透25公里纵深，突然出现在南8师背后。

这回是354团3营，要穿透60公里防线，从金化至加平劈开战役缺口，将敌整个战役部署割裂为东西两大部分，是志司第五次战役布势中最重要的一枚棋子。

半岛的春天，在枪打炮轰、硝烟弥漫中如期而至。山野间绿意拂荡，被朝鲜人称作"金达莱"的映山红，一簇簇红红火火的，让人想到汽油弹腾窜的火焰。

23日6时，118师攻占鹰峰、华岳山一线阵地后，向敌纵深穿插。354团参谋长刘玉珠率尖刀3营，急行军，强行军，冒着飞机轰炸、炮火封锁，翻越千余米高的大山云霄砚，沿途遭敌五次拦阻。猛打猛冲，冲垮一切阻拦，不恋战，俘虏也不抓，不顾一切往前插。

24日零时，3营插到加平东北的沐洞里，完成战役割裂任务，迎头撞上赶去西线的英27旅和加拿大25旅——一场兵力、火力绝对劣势的恶战。

一条小河在山沟里淙淙流淌，桥上影影绰绰一辆坦克。前卫7连开火，坦克跑了，就听周围都是履带转动的哗啦声。西边山沟里还停着10多辆，都是百人队长式重型坦克，炮塔开着，马达轰鸣，没人，都跑了。有人说炸了，有人说等大部队上来都是咱们的，后来都被英军开跑了。

黑灯瞎火，敌人不明虚实，夜间怯战。打一阵有数了，坦克轰轰隆隆攻上来，周围都是敌人。

用亲历者、时任机炮连1排副排长李德福老人的话说，是闯进敌人窝里了。

3营穿插太猛，后续部队没上来。更险恶的是，一路冲杀，弹药已经不多了。刘玉珠和营长李德章、教导员马仲吉，冷静分析形势，烧掉公文包里的文件。身经百战之人，执行这种任务，各种思想准备、应对方案，几乎是现成的。看着文件烧得差不多了，每人抄起一支卡宾枪。

前面一个小山头，英军两挺高射机枪平射，打得火龙似的。李德福指挥一挺重机枪，掩护7连一个排攻击，第一次没有奏效，第二次拿下来了。打退敌人几次进攻，子弹没了。眼瞅着坦克上来了，火箭筒只剩一发炮弹了。李德福问是穿甲弹吗？射手说不知道，李德福说放近了打。也就20来米，轰隆一声，烟尘中坦克跟跄了一下，没怎么的，吓破胆了，跑了。

营部管理排长刘志华，带救护组上来抢救伤员，看见山坡上下来5个英军，立即隐蔽。待敌走近，刘志华一跃而起，冷不防夺下一支冲锋枪。拿着夹板的卫生员郁长安，也活生生从敌人手里抢下一支。文书姜臣扑倒一个敌人，两人在地上翻滚着，就听对手嗷的一声惨叫。把5个敌人消灭了，才发现厮打中把那小子的眼睛抠出来了。

救护组是营部勤杂人员，没有武器。郁长安手里的夹板，却被英军当做了什么"新式武器"。

而3营4个连的官兵，后来也只有从敌尸中翻找武器弹药，从敌人手中抢夺武器了。

24日，3营在沐洞里恶战竟日，团主力一路冲杀，奋勇前插。

25日，120师进占马坪里，军遂令预备队119师迅速南进，配合118师作战。

同时，118师也将预备队353团放出去，从354团右翼向加平攻击前进，352团从左翼突击。

27、28日，老天爷照应，恰逢阴雨，118师勇猛突击，在加平以北连续粉碎美陆1师7团、英27旅、加拿大25旅等部反扑,28日拂晓占领加平及其西南地区。

杀开百里血路,40军这把尖刀,前进最快,前出最远,大穿插,小穿插,全部到位。

第五次战役,40军在加平成功打开战役缺口,圆满完成战役割裂任务。但是,战争不是单打独斗,而是一台机器在运作。就像绿茵场上的一支足球队,场上11个队员,场外还有教练、替补。即便如贝利、马拉多纳、梅西,攻守进退,也需要互相配合,环环相接。

40军孤军深入,处境险恶,奉命撤回。

从上甘岭地区出发,杀开百里血路,又回到攻击出发地。

又一次"礼拜攻势"。

7/ 一级战斗英雄——英雄谱八

这是山坡上一个掘进式防空洞,应该是第三次战役后留下的,或是之前人民军挖掘的。先是团参谋长刘玉珠把身上背的公文包里的文件掏出来,营长李德章和教导员马仲吉立刻明白了什么意思,也马上动作起来。打火机咔哒一声窜出火苗,文件化作火焰,映照着一张张毅然决然的脸。

没有比这再庄重、神圣、悲壮,让人屏息凝神,又热血沸腾的时刻了。

官兵都清楚,是战至最后一人一枪一弹的时候了。

李德章率领一支20多人的队伍,向东突击。机枪、冲锋枪、卡宾枪啸叫着,引来密集的弹雨,未冲过公路已大部伤亡,他也负伤扑倒在桥边稻田里。

刘玉珠带人再冲,胸前中弹牺牲。

马仲吉也牺牲了。

"为参谋长报仇!""为教导员报仇!"有人以为营长也牺牲了,还喊着"为营长报仇"。热血冲到脑门上,那工夫就是杀死一个够本,杀死两个赚一个,为首长和战友报仇了。

机炮连连长宁青云,佳木斯人,原是东北抗联,后来参加3纵,海南岛战役当连长。不知得的什么怪病,一口牙掉得没几颗了,人称"没牙佬"("没"音mò)。行军打仗,饥一顿,饱一顿,冷一口,热一口,牙口好的都受不了,他那胃还能好吗？胃病怕凉，可自第二次战役后，一把炒面一把雪，吃过几回热乎饭啊？疼起来双手捂着缩成一团，汗珠子从脸上直滚。营团领导让他回国治病，他说枪一响就好了，就是打仗的命。第四次战役后同意了，收拾东西要走了，听说3营是尖刀营，而且是整个战役战线上的尖刀，就非要打完这一仗不可。

沐洞里之战，一场众寡悬殊的遭遇战，3营把敌人打乱了，自己也被分割包围。机炮连火力最猛，自然成了敌人炮火覆盖的重点目标。宁青云腿被打断了，跪在地上指挥重机枪、迫击炮还击，阻击对3营威胁最大的敌人。左臂又负重伤，一只手举着卡宾枪射击。李德福要背他下去，他让李德福快去搜集子弹、炮弹，从敌尸身上找手榴弹。

敌人越来越多，坦克的轰鸣声震耳欲聋，几支枪口逼住了宁青云。血人似的机炮连长，举起手枪。敌人以为他要投降，他把枪口对准了自己的太阳穴——枪里还有最后一颗子弹。

从一开始就是混战，营连基本失去指挥。排自为战，班自为战，组自为战，人自为战，小喇叭声声，宣示宁死不屈，殊死搏战。

黑夜永远是敌人挥之不去的梦魇。黄昏后，绝对优势的敌人放弃进攻，脱离接触。

夜色里，小喇叭聚拢近一个连的兵力，从营长到士兵，大都是伤员。

机炮连还剩两个人，李德福攥着一颗准备与敌同归于尽的手榴弹。

2月13日晚上，357团2连受命攻打砥平里北面的凤尾山。

过了春节，半岛不见一点春意，山沟里深处积雪没膝。前面就是凤尾山，一片开阔地，有人踩上一颗照明雷，一声刺眼炸耳的响亮窜上天去，满世界一片惨白，2连随即暴露在三面火力之下。

1班是突击班，班长牺牲，带突击班的副排长和几个人负伤，只剩下4个人。

副班长乔永生说："听俺指挥。"

凤尾山是砥平里北面的天然屏障，美军在大小山头和山脊上构筑地堡，并有交通沟和堑壕连接，阵地前设置铁丝网、雷区。这些都不稀罕，难对付的是洋鬼子的土办法，在高地上泼水形成的冰瀑、冰墙，而这显见的也是美国雄厚的综合国力。此后的运动防御，志愿军也守山头，"土八路"的土办法天下第一。可美军所需物资，包括融雪为水的油料，都可以空投，"土八路"土得起来吗？

前面和两侧的轻重机枪,在夜色中交织起一道道火网。炮弹呼啸着砸在山坡上,爆炸的气浪好像要把他们掀下山去,冰块土块石头弹片雨点似的。乔永生指挥,交替掩护,从这个弹坑跃至那个弹坑,愈接近敌人愈安全。照明弹光照里,十几个美军从地堡里出来反击。太好了,你不出来还真难对付,就盼着这样的机会呢。机枪、冲锋枪可劲儿吼叫着,几顶钢盔蹦跳着滚下来,趁势冲上左前方一个小山头。

美军感到威胁,好像还有点不服气,怎么就让对手上来了啊?又出来反击。就怕你不出来。结果又丢下几具尸体,就再也不出来"配合"了,只是发挥优势,倾泻火力。

1班剩两个人了,机枪手杜长山头负重伤。敌人火力太猛,人多无谓牺牲。乔永生给他包扎,让他下去。杜长山说俺能帮你装填子弹。乔永胜说这是命令,俺命令你向连里报告,人在阵地在,俺一个人就行。

359团3营攻打砥平里西北角的229高地,8连被压在山坡上的稻田里,伤亡很大。指导员机枪掩护,连长张炳荣拿着两颗手雷和几颗手榴弹,上去炸了地堡。

9连指导员关德贵,带突击排攻下第一个山头。左臂负伤也不包扎,乘势拿下第二个山头。左腿又伤,依然冲锋向前,再夺占第三个山头。

冷冰冰的太阳,冷冰冰地照耀着枪打炮轰的砥平里,汽油弹把山头的枯草、树木、冰雪化作火焰。可只要敌人试图接近,火海中就会射出子弹。而当太阳变成月亮,小喇叭声声,敌人又开始噩梦连连了。

沐洞里之战,趁着夜色还未降临,英军赶紧走人。

砥平里没打下来,打垮的是对手的精神防线。

徐长富、王学风、刘维汉、吴志洲、毛国臣前面写了,着墨不多,还有356团1连8班副班长曹庆功未写,40军共有5位一级战斗英雄。笔者曾经不无疑惑,从过江到停战33个月,这些一级战斗英雄,怎么全部出自砥平里

▲曹庆功

之战后运动防御的个把月间啊？

张炳荣率领8连攻打229高地，临牺牲前，念念不忘告诉司号员，俺那背包里有两件衣服，你们穿吧。

古今战事，少有比被抄了后路再可怕的了。砥平里之战前，大穿插，小穿插，"联合国军"一发现对手出现在身后，立刻慌神，乱了阵脚，不战自退，甚至自溃。砥平里之战后变了。李奇微洞悉志愿军的"礼拜攻势"，战术加技术，以长击短。志愿军已经没了头两次战役中的奇兵优势，面对除了原子弹什么都用上了的对手，穿插、迂回战术也大打折扣。有人还认为横城反击战的胜利，大于砥平里受挫。

从认为中国不会出兵，因为中国不敢出兵，到确认中国出兵了，仍未把对手放在眼里，再到第二次战役大败亏损，战局一边倒。现在，无论彼此是否把对手和自己看得真切、透亮，并有了相应的对策，半岛之战已经拉开架势，进入实打实的全面较量时期。

装备在美国人眼里就像废铜烂铁，这一刻的衣食按中国人的标准也堪比叫花子，这支军队最终凭什么让对手坐到了谈判桌前？

毛泽东说："这个军队具有一往无前的精神，它要压倒一切敌人，而决不被敌人所屈服。"

这支军队不是最强大的，却是不可战胜的。

就凭着这种精神、气概。

"他是我们军在抗美援朝战争中涌现的第一名决死献身的伟大英雄"，《40集团军战史》中如此赞颂的"他"，是前面写过的360团3连3班长石宝山。可在40集团军和120师的英雄榜上，却没有石宝山的名字，因为当时没给他请功，后来也没有追认、命名。从这一点上说，像吴连义一样，可与董存瑞、黄继光相提并论的伟大英雄，并不是英雄。

战前战后有"诸葛亮会"，这是40军的传统。打了胜仗也挑毛病，那仗能不能打得更好？上级、同级、下级七嘴八舌，动辄几条十几条的，不明底里还以为打了败仗呢。仗没打好就更不讲情面了，你怎么判断、决策、指挥的，上级怎么指示的，下级曾有什么建议。根据敌我企图、兵力、装备、士气、地形等等，有时会提得出几十个"为什么"。有人那话才尖刻呢，弄得你汗流浃背，也就愈发刻骨铭心，难以忘怀。

"成绩不说跑不了，问题不说不得了。"特别能战斗的"旋风部队"，特别善于给自己挑毛病，对闪光的一面却往往关注得不够。

有人说，有的部队是属茶壶的，烧开水里外都响，40军是属暖水壶的里面烫。

第十三章 拼的一股英雄气

1/ 旋风本色

1951年5月,7个月连打五次战役的40军,进至平壤东南的中和、沙里院、祥原地区,执行战备整训任务,守卫西海岸,随时准备打击可能登陆之敌。

又是5月,40军奉命南下,接替兄弟军的一线防务,防线为东起临津江畔的古庄里北山,西至黄鸡山南麓的16公里正面。

第五次战役后,你推过来、我推过去的大规模运动战不见了,半岛之战胶着在三八线一带,成了谁也不肯退让的阵地战。

60多年过去,一条虚拟的三八线,仍将一个民族分隔成两个世界,剑拔弩张不知道还要对峙到什么年代。而当年近在咫尺的两个世界,那种泾渭分明,比今天更直观、更强烈。

这山那山,敌我之间,通常也就几百米的距离,正是草木蓬生的季节,这边不见些微绿意,被炮弹、炸弹犁翻的泥石米把厚,而且还在继续加厚。对面则草木萋荣,野花娇艳,"联合国军"在山坡上说笑、嬉闹,躺着晒太阳,有时还有女人唱歌、跳舞。沟底有河,应该以河为界吧?成人家的天然浴场了,白的黑的赤条条的,就在你眼皮底下洗澡。

官兵肺都要气炸了。

换防时,兄弟部队讲,你打他一枪,他还你几炮,"不主动惹事"就成了一条经验和纪律传续下来。

355团9连副连长徐世祯,一位壮实的山东汉子,在黄鸡山打响第一枪。

一连几天,徐世祯带支水连珠步枪,悄悄来到2号阵地前沿潜伏。他是光着膀子上去的，在水坑里把自己滚成泥人，脸上再糊涂乱抹一气，与隐身处融为一色。不知道这算不算中国军队最早的"迷彩"，反正比今天制式的迷彩还迷彩，而且信手拈来。

三点成一线，一声炸耳的枪响，连他自己好像都吃了一惊。这不是违纪了吗？一咬牙，一枪也违纪，两枪也违纪，今天反正是违纪了，就把这口恶气都打出去。

这时的连队，已经绝少抗战干部了，他这位"过海的"还带着个"副"字，因为在一些人的印象里，他是个"愣头青"有人说他像"单手英雄"曹世范，打仗行，不讲政治。

敌人反应很快，几个火力点轻重机枪响成一锅粥，炮弹像一群群老鸹从山后飞过来。

眼瞅着两个英军在堑壕里探头探脑爬出来，去拖那具尸体，徐世祯叭叭两枪，两个英军又歪在那儿一动不动了。

射程内的一切烂熟于心，有人影就扣动扳机，打一枪换个地方，又打倒几个英军。

回到坑道，咕咚咕咚灌一缸子凉水，然后抓起电话："营长、教导员，俺违犯纪律了。"

讲罢违纪经过，山东汉子强调："今天这事跟连长、指导员无关，完全是俺自作主张，擅自开枪。"

从营到团师军，徐世祯真的给各级首长出了个难题。

一连几天，英军疯狂报复，3营许多工事被摧毁，使难题更难。

砥平里之战，没达成目的，不得不撤退。沐洞里之战，杀开百里血路，达成战役目的，怎么还是个退呀？基层官兵掰扯不开那些宏观战略上的问题，反正就是觉得这仗打得窝囊，自砥平里之战后就憋气窝火。什么叫"不主动惹事"？你不打它，它也打你，旋风部队从来都是攻击攻击再攻击，什么时候打过这种窝囊仗啊？

离休前为军政治部副主任当时是3营教导员的康松老人说，营长接的电话，没批评徐世祯，我也没批评他。当时上上下下都憋着一股火，觉得不能就这么被动挨打，非打下敌人的气焰不可。阵地战不比运动战，敌人更能发挥火力优势，咱们确实比不过它。可咱们也有敌人比不了的优势,这种优势是在进攻中产生、发挥的,现在却被抑制着。是龙得盘着,是虎得卧着,旋风部队也就没了旋风。

团里派人来了解情况,问到徐世祯,山东汉子没二话:"俺就是咽不下这口气。"

通报批评,甚至撤职,山东好汉等着受处分了。

团里通知,各连选拔优秀射手,开展冷枪狙击运动。

旋风首先在黄鸡山旋了起来。

在像被深翻过的土地似的山坡上,在散发着苦涩的TNT气味的弹坑里,在还残留些草木的阵地前沿,一支支水连珠步枪黑洞洞的枪口,随时可能喷火冒烟。

天亮前进入预定地点,身子在蓬松的泥土中晃动一会儿,那人就沉没下去了。风和日丽,中午的太阳好像要把人烤化,几天下来,那人就"掉地上都找不着了"。风雨交加,又是另一种滋味儿。有时昏昏欲睡,一声枪响,一个激灵,赶紧看是谁有了猎获物,是不是自己错过了机会。一天下来,一无所获,是最懊恼的了。

一个英军在清理交通壕,土石一锹锹飞扬出来,只能看到少半截钢盔在阳光下一闪一闪。俺就不信你不会露出来一回。2排副排长陈思广在心中道,手指搭在扳机上耐心等待。果然,大半个脑袋在准星前一闪,枪响了。山野一片死寂,随即隐约传来一阵吵吵巴火的喊叫,顷刻间子弹泼水般扫射过来。

一天早晨大雾,影影绰绰看见3个英军钻出工事,其中一个边走边比划说着什么,好像是个当官的。陈思广扣动扳机,枪响人倒,另两个倏忽间没影了。

狙击手并非单打独斗,几个人互相照应,有时会几支枪同时打一个目标,另外还有观察员,狙击手的专职"眼睛",跟踪、指示目标。战士许世增是陈思广的"眼睛",望远镜里盯住那两个英军,用手势告诉副排长敌人躲在一个树后。3颗子弹飞过去,又打伤一个。

自徐世祯开打后,敌人的气焰开始收敛。待到9连、3营狙击手冷枪频发,斩获量就越来越小,敌人也过上暗无天日的日子,不敢出来了。而无论敌人怎样狂轰滥炸,好像发誓要让黄鸡山永远寸草不生,当面英军在气势上已经被压倒了。

守卫大德山的352团,当面之敌原是南军。40军接防不久,美海军陆战队1师即换下南军,与40军对峙上了。"联合国军"非常重视40军的动向,老人都说这个陆1师的报复性最强。

"老一团"对陆1师,也算棋逢对手了。而所谓的"报复性最强",就是我根本不服你,一定要压倒你。陆1师是美军中的王牌,火力强大,反应也快,包括以狙击反狙击。

7连5班长严柏林,这天看见对面美军地堡的枪眼里,什么东西一闪一闪的。望远镜里仔细观察,是敌人迎着阳光翻转一面小镜子。什么意思呀?前后左右不放过任何疑点,终于发现是出双簧戏,主角隐蔽在地堡左侧的草丛中,自动步枪上好像还装着瞄准具。用面小镜子反射阳光,逗引你开枪,隐身杀手的子弹就会循声而至。

200米距离,严柏林选好角度,定好标尺,一枪毙命。

一天黄昏,从对面双尖山下来两个美军,手里提着个圆鼓隆通的东西。严柏林瞄准那个圆东西扣动扳机,一声炸雷,就见胳膊腿飞上天去。

守备战期间,严柏林毙伤近50名美军。

祖国慰问团来朝鲜,给前线官兵每人一袋水果糖。3班战士吕中和,长这么大没见过这么多属于自己的糖果,吃几块舍不得吃了,数了数,还有126块。《游击队之歌》唱"我们都是神枪手,每一颗子弹消灭一个敌人",吕中和给自己规定,消灭一个敌人,才能吃一块糖。开头信心满满,吃到20多块知道这糖不好吃了,因为再难见到敌人了,最终是吃了40多块。

仅一个7连,就毙伤300多美军。

40军个人最高记录,是352团5连1班长魏广龄,毙敌70余人。

报复性越强,付出代价越大。

炮当然也不会闲着——时称"冷枪冷炮运动"。

双尖山后有条公路,陆1师汽车不时往来。团炮兵营一门八二迫击炮,在前沿阵地山后坑道设置阵地,发射后立即进入坑道,屡有斩获。这天黄昏,一架直升飞机落到山后,团里命令设法将其击毁。这可是个难题,它会落在哪儿啊?山上有条交通沟,从山前通到山后,直接那条公路。前运物资,后送伤员,十有八九就停在交通沟与公路的衔接处,而且应该紧靠山根,因为怕被炮火击中。班长张建兴判断已定,两发试射,听炮弹爆炸声好像远了点,修订标尺,出膛的炮弹在落日的余晖中划出一道挺陡的抛物线,就有了一种篮球场上神投手出手就有了的那种感觉。果然,山背后升腾起一阵浓烟,团的前方观察哨当即向团里报告,直升机被击毁了。

开展冷枪冷炮运动前,最猖狂的是坦克。敌人在山坡上晒太阳,它也懒洋洋地趴在那里,或者轰隆隆开到沟底,炮口对着你,向你示威。不管发没发现目标,这儿一炮,那儿一炮,玩儿似的,震唬你。把无后坐力炮调上来,击毁击伤几辆,就钻进工事里了,后来干脆躲到山后去了。

"大炮上刺刀",说的是"土八路"有了火炮后的战法,也是无奈之举。揭竿而起的队伍,难得有人会操控火炮,不能间接射击,就把炮推到敌人眼皮底下,像步枪那样直接瞄准。一路走来,这种游击炮已经驾轻就熟。至于狙击手之间的对决,无论美军、英军经过怎样的严格训练,从训练场到战场都有段距离。而40军徂徕山举义后的第一场战斗,火药枪、章丘造、老套筒等凡是能打响的东西,瞄的就是活靶子。

五次战役后,师炮兵营扩编为团,各团都有个37高炮营,化整为零,上前线打游击。

118师高炮营首战告捷,是5月底的一天。一架炮兵校正机,在阵地上空哼哼叽叽转了两圈,就听咣咣咣三响,"老病号"立刻喷火冒烟,一头栽进山坡上的树丛里。

几天后,又飞来一架"老病号",在3000米以上高空盘旋几圈,向阵地后方飞去了。官兵管37高炮叫"小高炮",轻便灵活,适于前线游击,只是射程有限,打低空目标,3000米以上高空只能瞪眼瞅着。根据以往经验,通常还会原路返回,这次也未例外,大概想看得更清楚些吧,还降低了高度。一串炮弹冲天而起,"老病号"扯起长长的黑烟,甩出一只降落伞。没有比这再美妙的时刻了,官兵呼喊着"抓飞贼",朝降落伞飘落的方向跑去。突然,空中滚雷般轰轰隆隆,一下子飞来8架飞机,阵地上顿时地动山摇,炸弹在飞行员落地处筑起火墙。这工夫更见旋风部队素质、本色,子弹对炸弹,轻重机枪、转盘枪、步枪齐指天空,小高炮咣咣咣响成一个点儿。也不知道谁打中的,两架飞机中弹起火,拖着黑烟往回跑,没跑多远栽到山上爆炸了,那个跳伞的飞行员也被活捉了。

51天马良山保卫战,118师高炮营击落击伤17架飞机。

119师高炮营,4天击落7架、击伤9架。

美 8 集团军司令范佛里特的儿子小范佛里特驾驶的 B-26 夜航机，被 9 连 8 发炮弹打得机毁人亡。

历时 13 个月的阵地防御战，40 军击落飞机 96 架，击伤 178 架。

2/ 争雄三八线

大德山道木洞西南山脚，有一无名小高地，距 352 团 6 连据守的 5 号阵地 300 米，被称作小 5 号阵地，原是两军中间地带的缓冲区域。7 月 26 日，陆 1 师将其占领，进驻两个班，在山上构筑工事，围设铁丝网，山脚下还有一道墙壁式铁丝网，埋设许多地雷。

陆 1 师嘛，王牌，想怎么着就怎么着，就这么牛气。

8 月 8 日午夜，几十门火炮齐射，小 5 号阵地顿时翻江倒海沸腾起来。一向反应迅速的陆 1 师，竟然 20 分钟未打出一发炮弹。

炮火延伸，早已进入攻击地域的 6 连 3 排，在副连长王来泉率领下奋起冲击。敌人火力很猛，正面攻击的 8 班被压在山坡上，从左侧迂回的 9 班冲了上去，几颗手榴弹砸进工事里，当即炸倒 4 个敌人。8 班战士窦希先在爆炸的烟雾中，冲进被炸毁的机枪掩体，转盘枪一盘子弹打光了，还剩个活的，举起了双手。

半个多小时拿下小 5 号，毙伤俘敌 20 余人。

小 5 号阵地成了陆 1 师几个炮群的弹巢，天亮后炮火更加猛烈，空中爆炸的榴弹弹片急雨似的。飞机上下翻飞，最多时十几架，投掷炸弹、汽油弹。觉得阵地上不会有什么生物了，再发射一阵烟幕弹，人就上来了。烟幕弹把白天打成黑夜，照明弹把黑夜变成白天，9 日夜连攻三次。有时不打照明弹，上来一两个班，夜摸、偷袭。

在陆 1 师眼里，我的阵地叫你抢去了，这还了得吗？一定要抢回来，把你的气势打下去。

大德山团指挥所，军师团首长手持望远镜观战。

这是 40 军进入阵地防御战后，第一次强攻美军设防筑垒的阵地，精心部署，目的明确：无论这个陆 1 师报复性多强，不会善罢甘休，这小 5 号拿下来就是我的了。

5号与小5号间有条坑道，战前挖的。敌人炮火反击时，部队进入坑道隐蔽，步兵发起攻击再上去。阵地上始终只保持一个班的兵力，并有专人负责联系炮兵。敌人出动一个排，发射红绿信号弹各一发，各连的迫击炮把敌人砸一顿。上来一个连，红绿信号弹各两发，营团师炮兵一齐开火拦阻。最多一次展开约一个营的兵力，一直引而不发的两个榴弹炮营也发威了，10多分钟急促射，胳膊腿和钢盔什么的就竞相飞上天去。

如今，大德山是朝鲜对外开放的景点，爱国主义教育基地。站在山顶，能看到西面不到10公里处的板门店，谈判场所建筑物的屋顶。当年最醒目的，是几只悬空的彩色大气球。那边唇枪舌剑，这边枪打炮轰，都在较劲儿，谁也不肯退让。

三八线上的300米，一枪穿透的弹丸之地，成了比拼决心、意志、毅力和牺牲精神的角斗场。

11日上午，敌人不顾日内瓦国际公约，向小5号阵地发射毒气弹。

冲上去就和敌人搅在一起，攻必克原本没有问题，关键是在敌人绝对优势的火力下，能否守必固。而敌人守不固，攻不克，再气急败坏，恼羞成怒，也是黔驴技穷了。小5号阵地，还能打颗原子弹不成？

战至13日，陆1师终于泄气了。

冷枪冷炮运动，不断地杀伤你，同时也是挤对你，明白地告诉，耗到什么时候也休想讨到你想讨得的便宜，哪多哪少想通了，识相走人了，我就上去了。

再就是像小5号这样强攻强守，把阵地向前推进。

还有坪村南山这种，便于防守的阵地，拿下来就不客气了，不便于防守的还让给你，什么时想攻再攻。拉锯般拉来拉去，不断地消耗你的兵力，折磨你的神经，打击你的士气，到板门店谈判的中朝代表说话也就更硬气。

在大德山东面的坪村南山，是陆1师防线上一个突出的支撑点，由7团1营防守，与357团1营防守的169高地南北对峙。主峰161高地（坪村南山高地均为标号，而非标高）驻守一个加强连，其余诸峰多的一个加强排，少的一个加强班。点多分散，经营了一年多的坚固设防阵地，陆1师的脾气是有失必反，不可能一次性皆收囊中，那就一个两个地收拾。

主峰西侧的162高地，相对比较孤立，驻守两个班。更有利也有趣的是，敌人怕被夜袭，不敢住在山上，天黑后悄悄撤走，天亮前再悄悄进驻。一切摸得清清楚楚，准备得妥妥帖帖，8月16日夜，7连一个排上去"接防"了。第二天，美军照例前来"上班"，一场漂亮的歼灭战。

像坚守小5号一样，阵地上只放一个班，伤亡大了再换上一个班。

162高地到手，再谋划攻打130高地和140高地。

团长朱玉荣，中等身材，圆脸上总是带着笑意，让人感到温暖、信心。他原是119师作战科长，爱动脑筋，思维敏捷、缜密，不放过任何疑点。作战会议上，侦察股长介绍敌情，说阵地前有各种类型的铁丝网2至4道，他插问各种类型都是什么类型，究竟是2道，还是4道？回答有的地方2道，有的地方4道。他刨根问底，什么地方2道，什么地方4道？又谈到阵地前埋设地雷，他问都什么地雷？回答是绊雷、踏雷、照明雷，再问具体位置在哪儿，在地图上标示出来。

他说，我们不能光凭决心和勇气去打仗。

最棘手的，莫过于如何通过阵地前的那300多米开阔地了。

彼此都把对方的火力点、坑道看得死死的，弄不好还未接敌，半道上就伤亡了。

朱玉荣去前沿看地形，跟官兵谈话，开座谈会，群策群力。

2连一个排长谈到去敌人阵地侦察，回来赶上炮火封锁，正巧旁边有个防炮洞，躲过炮袭才回来。之后再出去，那儿就成了站点，防炮、歇脚、眯一觉都行。

就开始在敌人阵地前沿挖屯兵洞，挖出的土石送到远处。夜里上去，天亮前回来，洞口伪装好，神不知，鬼不觉。

10月2日傍晚，46门火炮齐吼，砸上134、140高地。两发绿色信号弹腾空，炮火延射，2连4班冲出屯兵洞，跟着一排排炮弹就上去了。一路烟火，连续摧毁9个地堡，逼近130高地的核心大碉堡时，班长纪庆禄身边就剩两个人了。火箭筒班长张栋上来了，3支转盘枪掩护，一发火箭弹钻进大碉堡，大火映红了半个山头。

都这工夫了，敌人还没找着北，炮火还在封锁那片开阔地。

130高地就在主峰161高地下边，不宜防守，打扫战场，扔下40多具敌尸走人。

140高地是志在必得。

6连副连长隋文富率领1排，8分钟歼敌一个加强班，拿下140高地。之后5

天5夜,他带病上阵又负伤,一直在火线上指挥战斗。

长宽百多米的高地,原来满山的柞树林不见了,浮土没脚脖子。炸弹坑米把深、丈把深,稍作加工即为工事。那人伤的没伤的,全没了模样,喊叫没人应,耳朵都震聋了,眼睛也被泥土眯糊了。一轮炮击、轰炸后,没被埋住的,先从土里拱出来的,赶紧看看身边缺了谁,先扒人,再扒枪和手榴弹、手雷、爆破筒。敌人上来了,正是转盘枪发威的时候,那弹盘里71发子弹,叫起来赶上一挺机关枪了。6班长孙德金正杀的兴起卡壳了,其他人的几支也大都打不成连发了。

前面写过前所会师,"土八路"看着"洋八路"的转盘枪,好奇又眼馋。五次战役后有了,40军每师两个团换装苏式武器,步枪水连珠,冲锋枪转盘式。使惯了美式武器,这苏式就有点手生,可前者弹药全靠缴获,有时就让人心头不大踏实,后者是配套供应。苏联的东西通常比较实用、抗造,这转盘枪却娇气,灌进点土就这毛病、那故障。"人在阵地在",枪不好使也不行啊。那也"人在阵地在",还有手榴弹、手雷、爆破筒。

步步推进,节节胜利。

10月8日,接替李奇微的克拉克,宣布板门店谈判无限期休会,14日向上甘岭地区发动进攻。

美国人还是不服气,觉得能在战场上得到谈判桌上得不到的东西,那就继续在战场上对话。志司要求全线战术反击,旋风部队就旋上了坪村南山。

26日,陆1师的恶梦,依然从黄昏时分开始。先是3辆T34坦克开到前沿,对主峰161高地上的工事直接瞄准射击,接着86门大炮在坪村南山这个局部形成炮火优势。突击队已经从屯兵洞出击了,美军还在老调重弹,用炮火封锁那片开阔地。

130高地,上次是旋风般来去,这回还要依托它夺取主峰。还是2连,10分钟突破前沿阵地,然后大小碉堡逐个收拾,美军死多少说不准,活的抓了22个。

主峰堡多火力强,此前虽未涉足,也心中有数。1连从北面攻击,9连从西侧突破,以班、组大胆穿插分割,先打乱,后围歼。火箭筒打,爆破筒炸,小喇叭的嘟嘟声让美军灵魂出窍。最终是山崩地裂一声巨响,15公斤炸药把中心大母堡揭盖了。

接下来是一昼夜的防御战,打退从排到营的16次进攻后下山了,敌人还没从恶梦中醒来，还在朝高地上倾泻炮弹。

357团准备撤到二线休整了，侦察排抓回来的俘虏，变成英国人了。陆1师7团伤亡惨重，由英29旅的黑卫团（Black Watch）接替了防务。它初来乍到，人地生疏，立足未稳，这等战机岂能错过。357团两个连又旋风般旋上坪村南山，把几个高地风卷残云一番，毙伤俘敌328人。

3个月大小四战坪村南山，歼敌2000余人。

五次战役，美2师吃尽了40军的苦头，这回轮到陆1师了。最倒霉的还是这个黑卫团，刚从英国调来朝鲜，还没找到北呢，这下子更找不着了。

年底，军部和118师、119师奉命到西海岸执行反空降、反登陆作战任务，120师仍在前线进行防御作战。

360团1连2排防守的大德山36号阵地，最近处距美军阵地只有40米，是全师防线中最突出的一个点，让对面的陆1师5团如鲠在喉。1953年，元旦这天，飞机炸，大炮轰，8辆坦克开到山前射击。美军也想趁对手换防之际讨点便宜，还不从正面进攻，而是施放烟幕弹，在炮火掩护下绕到山后企图偷袭，却没想到坑道会有那么多出口。

在山后坑道口待命的6班，看到敌人上来了，班长黄学祥带个组从正面反击，副班长傅志叶和机枪班长庞林带人从两侧洞口出击，三面夹击。短兵相接，勇气和两挺机枪、7支转盘枪的火力无可匹敌，手榴弹再向溃逃的敌群砸下去。

五次战役运动战，用近战夜战抑制对手的空地火力优势。进入阵地战后，是依托坑道进行攻守。多山的朝鲜半岛，不仅使飞机翅膀和汽车轮子陡增难度，还为三八线上的对峙创造了便利。由堑壕、防炮洞而坑道，不断向山里开掘，形成四通八达的地下长城，火炮可以从山后推到山前去，发射完就退入坑道。那时美军没有钻地炸弹，即便山头削去几米，坑道里安然无恙，即使占领表面阵地，也成了炮兵的靶子。

1月8日，美军向板门店以东2公里处的359团7连1排阵地发起攻击。依然是飞机、大炮轮番轰击，坦克掩护一个加强连就上来了。

3班战士高凤春和陈元胜冲出坑道口，两只转盘枪吼叫着给敌人点名。新战士李明远慢了几步，眼前突然一片通红，一股热浪差点儿将他掀倒。他不顾一切冲出去，眼睛一时间不大好使，恍恍惚惚看到个手持火焰喷射器的大个子美军，一颗手雷把这小子送上天去。一颗手榴弹落在脚下,怎么不响啊?他抓起来,发现没拉环,就拉环回过去。侧面山坡飞过来一个冒烟的炸药包,他上前去抓,来不及了,轰隆一声,这回耳朵有点不中用了。他噗噗地吐着嘴里的泥土,发现前面3挺机枪封住了机枪班的那个坑道口。他爬过去,3颗手榴弹投过去,敌人拖着两挺机枪跑了,剩下的那挺就成他的了。

生死置之度外,新兵顿时变成老兵、英雄。

接着,又和班长一道,用手雷炸坏一辆坦克。

一个排的敌人迂回到1班的坑道口,班长李廷轩第一个冲出去,一个点射打到两个敌人。战士林义江左臂负伤,趴在坑道口,一只手据枪,连续毙伤几个敌人。

连里发射信号弹,出击的两个班迅速退入坑道。炮弹呼啸而至,阵地上土石飞腾,敌人抱头鼠窜干挨打。慌不择路,有的竟往坑道里钻,或者被击毙,或者成了送上门的俘虏。

7连两个班激战正酣,5连用侧射火力支援。机枪手谭绍辉把机枪架在土坎上,就见一架飞机俯冲下来。瞄准机头前5米左右一扣扳机,5发子弹全钻进飞机肚子里,刚看到火舌窜出来,就听一声巨响,飞机已经一头扎到山上了。

枪炮声停息后的一幕,通常是阵地上的广播站让敌人过来收尸,一会儿就见美军打着白旗过来了。

3/ 侦察兵的故事

40军跨过鸭绿江后,兵分两路向预定地域开进,在前面搜索前进的是侦察连。

月色中异国的山野村落,笼罩着一种天然的新奇和神秘,偶尔有夜航机在空中轰鸣。侦察兵是夜老虎中的夜老虎,早已习惯了这种"夜生活"和先锋角色,有事提前几天就行动了。与在国内不同的,朝鲜族官兵比较多,各连都在四分之一左右。

晓宿夜行已经第四天了,120师侦察连没发现任何敌情。半夜时分进至云山北边一条山沟,路边一幢独立草房罕见地透出些微光亮,连长马振堂说进去问问路。人生地不熟，地图是日本占领时期绘制的，与现地常有出入，没有比走错路再糟糕的了。

推门进去，一个大个子从炕上爬起来，脖子上挂支卡宾枪，说"苏苦哈世米达"（辛苦了），下地要和马振堂握手。马振堂伸出手去，脚先到了，指导员徐振山和文书上前将其按住、缴枪。一问，这小子是南6师的侦察参谋，同行。

平淡无奇，却是志愿军最早的俘虏之一。

第一次战役后，侦察连奉命深入敌后，炸毁球场至价川、宁边的公路桥，阻敌南逃。天亮前赶到，100公斤炸药绑在桥墩上，轰隆一声以为完成任务了，一看桥墩炸去不到一半，上面还有半边可以通车。没别的招了，弄辆汽车横桥上吧。还好，很快过来一辆带篷的大卡车，打住了，手电筒往车厢里一照，全是伤员。

第二次战役打响前，师里让侦察连24小时内抓两个"舌头"，要美军。龟头洞至宁边公路，往常美军车来人往，这回2排长兰福臣带人在那儿潜伏一夜，没见个人影。大天白日，徐振山带两个班又去了。

连长在第一次战役中负了重伤，军政担子都在徐振山肩上。关键是太阳落山就到24小时了，头拱地也得弄两个"舌头"回去。

来了，百多人的美军进至百来米，徐振山的卡宾枪响了，机枪、冲锋枪和卡宾枪顿时响成一个点，待到手榴弹也在敌群中炸响了，1班长张洪钦已经带领捕俘组上去了。两个美军趴在块大石头后边，顾头不顾腚，两人夹起一个往山上跑。在公路上跑不过汽车轮子，翻过山去基本就安全了。开头两个俘虏挺听话，很快炮弹一排排在山上爆炸，呼啸着好像都要砸到后脑勺上了，就"闹""闹"着不走了。一到这种当口，没有比美国兵再怕飞机和炮弹的了，当然是他们自己的飞机和炮弹。美国兵个大，又是上坡，拖死狗似的拖一阵子，也走不多远。这工夫从龟头洞出来增援的敌人到了，两个俘虏还在"闹""闹"地挣扎，一把没抓住滚下去一个。没办法，只有让他们彻底不"闹"了。

"舌头"没抓回来，还伤亡几个人。首长听着汇报，铁青着脸，一声未吭。

上次炸桥，抓获一车敌人伤员，美军、南军，还有个菲律宾的卫生兵，全是"舌头"，得来全不费功夫——这次怎么就这么难啊？

一缸缸子凉水灌个肚儿圆，也去不掉一嘴燎泡。已经过了24小时，那也得抓两个回来，不然这脸就更没地方搁了。

夜黑沉沉的，徐振山带4个精干的老兵，在路边一个村子外边转悠。美军多是双岗，寻机摸两个。忽然脚一绊，是条电话线，大喜过望，这回可要得来的全不费功夫了。剪断了，就在附近守株待兔。一会儿，手电筒晃闪着过来两个查线兵，在断线处四下照照，咕噜几声刚蹲下去，5个人一跃而起，那才叫饿虎扑食呢。

1950年的最后一天，第三次战役鸣枪。师长罗春生指点着地图，亲自向徐振山交代任务：你带支精干队伍，天黑后出发，从800高地插过去，经丰水院直插静冰亭西大桥，拂晓前赶到泰川公路口，堵住800高地南逃之敌，配合主力围歼南8师。

战斗、战役打不打，怎样打，首长需要情报做依据、下决心。战略的，战术的，首长需要什么，侦察连就得手到擒来。第三次战役进逼汉城，为什么让119师侦察连先进去？因为侦察连轻便灵活，善于独立作战，是首长的眼睛、耳朵之一。远离上级，深入敌后，直接观察，偷听电话，捕俘抓"舌头"，偷袭、爆破重点目标，执行这些特殊任务，侦察连独具优势。而插入敌后，断敌退路，直接抗击敌人，像各团营的连队那样使用，就不多见了。

800高地阵地前沿，遍布铁丝网、地雷、鹿砦，唯独公路旁一道深沟里没这些东西，却也是个死地，路边矗立着个大碉堡。最危险的地方，有时也是最安全的，而且老天爷帮忙，北风吹得树叶哗哗响。徐振山带尖兵班爬过去，机枪掩护，看着70人的队伍安然通过。前面山坡上传来噼里啪啦的脚步声，下来一队南军。应对这种情况小菜一碟，三言两语答对过去，跟着敌人走更安全了。

下半夜两点来钟，看到静冰亭大桥了，徐振山又在地图上核对一遍。

半夜时分，就听到身后炮声轰鸣起来，天亮后就见敌人退下来了。依然是徐振山枪响为号，把敌人放到阵地前20米左右才扣动扳机。侦察连都是单兵武器，火力不强，可公路两侧山头都被控制，南军登山爬砬子四散奔逃的绝技不得施展，这时也了解志愿军的俘虏政策了，一人举手，纷纷投降。

刚把俘虏带到桥下，北面又乱哄哄过来一群敌人。又是突然袭击，又是喊话，对方却无动于衷。俘虏中有两个营长，徐振山让他们喊话，一个营长就喊我是朴营长，我和金营长都在这边，志愿军优待俘虏，快投降吧，没别的路了。趴在路边沟里的敌人，先是抬头张望，一会儿就站起来，拿枪不拿枪的都把手举起来。

清点俘虏，240个。

4架飞机在空中盘旋，有点拿不准下边的队伍是敌是友。若是俯冲下来，不用多，一颗炸弹，一堆俘虏立刻就炸窝逃散了。缴获的武器装备中，有两幅对空联络布板，徐振山让朴营长指挥，赶紧把布板铺开。飞机临走还晃晃翅膀，向"友军"致意。

118师接防阵地当天，飞来一架飞机，在空中转悠着广播，挺纯正的汉语，开口就是"中共40军118师的弟兄们"。

敌人情报很快，也是一种心理战，未交手先给你来个下马威：瞧，我什么都知道。

与在国内作战不同，敌人特务挺多。部队行军、宿营，常看到周围山上升起信号弹。有老人说在防空洞睡觉，醒来看见降落伞挂在树上。阵地战期间，后方部队早起出操，有时就搜山抓特务。

而对于前线部队来说，要紧的是了解当面敌情。像前面写到的357团6连副连长隋文富，攻打140高地前，曾六进六出敌人阵地。

侦察连的任务，主要是抓"舌头"。

119师355团守备黄鸡山，初来乍到，想了解山下对面的沙涠川有无敌人。山下一条小河，双方以河为界。师侦察连3排长刘汉中，带两个战士摸过河去。夜风在草丛和树隙间掠过，空气中散发着苦艾和泥土清凉的气息，看不到暗堡、铁丝网、交通沟，也没有埋设地雷的痕迹。进入一条山沟，恍惚听到说话声。刘汉忠让两个战士从侧面迂回，自己从正面循声逼近。摸到距发声处十几米远，看到树下有个人影，背对他蹲着，好像在跟谁说话。再往前摸，也就几米远了，枪口对上，刘汉忠低声喝道："东特梦夫，汗支阿普！"（"不许动，举起手来！"）就见敌人猛然转身，举枪就射。刘汉忠早有准备，生死瞬间，也只想将其击倒击伤，要"舌头"啊。两枪相对，扣动扳机，邪了门了，竟然都没打响。刘汉忠正要扑过去，侧翼上来的两个战士的枪响了。

后来得知，被打死的是个连长，正在用报话机呼叫调遣部队。当天晚上，美军组织一个加强连的兵力，准备趁对手换防之机偷袭黄鸡山。结果偷袭不成，还丢了连长性命。

攻打坪村南山前，各连已多次派人进出各个高地，抵近观察敌人的各种防御设施。师团首长反复研究，为防万一，决定让侦察连抓个"舌头"，再从敌人嘴里掏掏情报。

月亮在河面上漂浮晃悠，不知水里有没有鱼，山野间不闻一丝虫鸣。飞禽走兽早已没了踪影，连昆虫也去了它们想去的不想去的地方，河对面听觉及处的任何响动，都会让人立刻屏住呼吸。

在河边潜伏了个把小时，连长陈泽厚按照预定计划，准备让2排长带人过河，就听见对面山坡上一声咳嗽，接着是越来越清晰的脚步声。今晚有戏。一会儿，对岸河堤上出现两个身影，好大的块头，像两尊门神，端着枪向这边打量一阵子，就响起哗啦哗啦的趟水声。

陈泽厚在判断这两个敌人的企图，关键在于后面是不是还隐秘地跟着敌人，月光里看不清楚。这时敌人已经走到河中央，一个突然嗷的一声，转身就跑。陈泽厚的枪响了，随即十几支枪响成一片，跑在前面的那个应该被打成筛子了。水花飞溅中，另一个摔倒了，爬起来再跑，5班长已经到了。这小子转身举枪要打，被5班长一把夺下，顺势将其扑倒。两个战士赶上去，架起来就往回跑。上岸没跑出多远，轻重机枪子弹呼啸着追上来，接着炮弹也打过来。

抓回一个"舌头"，17人的小分队伤亡五六个。

118师、119师调去西海岸后，120师侦察连的任务，是每个月至少抓回一个"舌头"。

狭长的半岛，凭借海空优势，整个抗美援朝战争期间，始终存在着美军再来一次侧后登陆的威胁。而搞这种动作，几乎少不了40军阵地战中的老对头陆1师，海军陆战队1师嘛。120师侦察连每月去对面阵地抓个"舌头"，为的是查明当面敌人的番号，搞清陆1师的动向。这是一种战略侦察，同时也为120师提供战术情报。

天黑后出动，天亮前回来，连续8天，一无所获。

敌人不出来，你怎么抓啊？

第9天出来了，一个加强连，还有几辆坦克，在炮火掩护下向大德山前沿阵地攻击。两下里炮火连天，打了约个把小时，敌人讨不到便宜，退下来。连长陈同贵带领十几个人，昨天晚上潜伏在敌人眼皮底下，这工夫机不可失，立刻从侧翼打响了，捕俘组就上去了。敌人乱了一阵，很快稳住阵脚，子弹哗哗扫过来，坦克也调过头来。捕俘组还在往上冲,不行。这是在敌人窝里,你抓他,他也抓你,一个反击就危险了。陈同贵吹响小喇叭,把捕俘组调回来,交替掩护,撤出战斗。还好,只有两个轻伤。

也有收获,从敌尸脖子上拽下两块铭牌。被官兵称作"狗牌子"的铭牌,上面刻着佩戴者的军号和部队番号。

可这算什么"舌头"啊?

陈同贵嘴上说不着急,心里比谁都急。

抓捕的第一个"舌头",顺利得令人难以置信。前出到一个小山头下,传来脚步声,下来一个人。扑上去按住的同时,毛巾就塞进嘴里。这回全须全尾,一个完整的"舌头",却是个死硬分子,没掏出什么有价值的东西,连自己的军官身份都不承认。

领导说侦察连完成任务了——上级要的是"舌头",而不是俘虏,这叫什么完成任务啊?

几天后,又上去一个排,还是个小山头,旁边一条小道,将爆破筒绑在道边树下草丛里,把电话线拴在拉火环上扯出三四十米。等了一夜没动静,第二天晚上再上去,这回等着了。十几米距离上,3根爆破筒几乎同时炸响,约一个排的敌人没死没伤,一时间魂也炸飞了。火力组掩护,捕俘组上去,接应组在下边等着。一个"舌头"反应过来,死死地抱住一棵松树,赖着不走,一枪托砸昏了,走吧。

前面说过,山穷水尽没路了,美军缴械投降挺痛快。可眼下是在敌人窝里,他只要撑上一会儿,援军就到了,就不肯轻易就范。这工夫最要紧的是个"快"字,各组密切配合,不能出一点纰漏。否则,即便敌人没追上来,炮火也到了,就难走脱了。

一次抓了两个"舌头"。

最多的一个月,抓了5个。

4/ 英雄不语——英雄谱九

357团上上下下都在忙活,准备攻打坪村南山162高地,7连10班新战士孙占鳌突然失踪了。

是后半夜失踪的，当时孙占鳌并未站岗执勤，全班同志都在坑道里睡觉。会不会出去解手被敌人摸去了？那也不能连枪和手榴弹都没影了啊。而且当晚没有敌人出来活动。

会不会开小差了，甚至投敌了？7连官兵都说这个兵一向表现很好，没什么形迹可疑处，政治上靠得住。和他一块参军的同乡张义，更是拍着胸脯打包票：肯定不会出这种事。

两军对峙，正待发起攻击的节骨眼上，一个大活人突然没了，太蹊跷了，无论如何都不是小事，上上下下非常紧张，也就不能不往坏里想。

天快亮了，孙占鳌突然出现了，全副武装，扛着一拐子电话线，还有台电话机和一些美国罐头。

他说他摸到162高地上去了，想捉个美国鬼子，立一功。上去一看，阵地竟然是空的，连个人毛也没有，不能白来一趟啊。地堡里有重机枪扛不动，就随便捡些东西扛回来了。

问他怎么想起要过去捉个美国鬼子，他说俺最烦有人说俺们是新兵，低人一等似的，就想立一功，给他们看看。跟班长说，肯定不让去，就谁也没告诉。俺知道这是违犯纪律的事，会受处分，可只要捉回个美国鬼子，让他们别再小瞧新兵，就值。

翻身农民入伍的孙占鳌，中等个头，圆脸，黑黝黝的挺结实。没抓到敌人挺失望，知道自己犯了错误挺紧张，却没想到上上下下会把这事看得这么严重，这下子就更紧张了，说话也有点结巴了。但那心底的坦然、明朗，那种初生牛犊不怕虎、不服气的闯劲、倔强，却是一眼就能触摸到的。

而团长朱玉荣最感兴趣的是：162高地晚上没人？

就派人侦察，就有了前面写过的8月16日夜，7连一个排上去"接防"了162高地。

炮火袭击后，美军从排到连连续攻击，12班伤亡很大，10班两个组上去增援。

排长让老战士周致祥，带孙占鳌和张义去高地右侧防守。半道上周致祥负了重伤，只剩下两个新兵了。

炮火停了，敌人上来了，钢盔在下面山坡上晃。毕竟是第一次上阵，张义有点心慌，拧手榴弹盖的手有些发僵。

孙占鳌说："打完这一仗，咱们就是老兵了，咱俩说什么也得立一功。"

张义道："立功喜报寄回家，俺爹俺娘得乐坏了。"

听到敌人呼哧呼哧的喘息声了，两只转盘枪暴叫起来。眼瞅着3个敌人向后一仰摞成一堆了，张义乐得叫了起来。孙占鳌的转盘枪还在响着，一盘子弹打光换上弹盘，打不成连发了，就抓起手榴弹往下砸。

敌人退下去了，看着山坡上的尸体，孙占鳌说："张义呀，你数数打死多少鬼子，够不够立功的啊？"

张义数了一会儿，数不太准，说："大头在后边呢，打完仗一块数吧。"

孙占鳌修工事，张义擦枪，排除故障，脱下衣服把枪盖上，防止灰土落上再出故障。

又打退一次进攻，左边阵地上枪声还炒豆似的。孙占鳌说："你在这儿监视敌人，俺到那边去看看。"

炮弹一排排落下来，防炮洞被炸塌了，张义好歹拱出来，觉得头一下子变得斗大。孙占鳌跑回来，张义见他冲自己直嘎巴嘴，什么也听不到。孙占鳌扑上来，喊叫着扑拉战友身上的泥土，发现木呆呆的傻了似的张义两耳流血，被炮弹震的。

敌人快上来了，两个人奋力扒土，先扒出两支转盘枪，孙占鳌抓起来转身奔去工事。张义又扒出半麻袋手榴弹，扛上阵地，一个车皮拉过鸭绿江的战友已经牺牲了。

张义疯了似的在这个无声世界吼叫着。枪打不响了，就投手榴弹，还有手雷、爆破筒。

两个人都荣立一等功。

攻打坪村南山主峰161高地，1连7班副班长许长友在剪铁丝网时，腰和背脊骨被弹片炸伤。7班拿下两个地堡，他的右臂又被子弹打穿，剩下一个大母堡，8班三次爆破都未成功，连主力被压在山坡上。许长友抓起爆破筒，从侧后爬过去，轰隆一声，里面的轻重机枪哑了一会儿，几个枪眼又开始喷吐火舌。

许长友抱起两包炸药，又上去了。

钢筋水泥大母堡一人多高，光溜溜的，正常人平时都难上去，已经三处负伤血人似的许长友，竟然爬了上去了。15公斤炸药，放到堡顶，连炸带震，最保靠了。

前面说过，大母堡揭盖了。

1连拿下主峰，8连副连长支全胜带一个排上来防守。

天亮后，照例是一阵炮火，主峰及两侧和前面几个昨晚一遭拿下来的高地上，土石飞迸，树木横陈，硝烟、灰土呛得人咳嗽。敌人还远，周腊生架在堑壕上的苏式转盘机关枪，先当步枪用。瞄准了，叭的一枪，一个美军应声倒地。又一枪，又倒下一个，抱着腿在地上爬。第三个是个大块头，还是枪响人倒，应该是一枪毙命。

支全胜喊："周腊生，战后俺给你请功。"

周腊生微微一笑，继续瞄准，给敌人点名。

第一次上来一个班，剩几个跑回去了。第二次还是一个班，还是同样结果。百多米机枪、转盘枪齐射，50来米手榴弹就飞起来了，爆破筒也居高临下甩了下去。

几个高地都像开锅了似的。排长韩发成带8班两个组，守卫的右前方小山头164高地，距主峰150多米，首当其冲。这边不紧张时，周腊生就送过去几个点射，不说弹弹咬肉，每次都能撂倒几个敌人。

打退八九次进攻，主阵地上只剩5个人了，弹药也不多了，7连副排长孙景坤带着担架班上来了。

上来弹药，下去伤员和烈士遗体，自战斗打响后，孙景坤已经不知道上来下去多少次了。炮弹在封锁区筑起一道道火墙，有时飞机也在头上轰炸扫射，伤亡率也不比山上差多少，这个壮实的东北汉子居然皮毛未损。

这次上来就不打算下去了，弹药够用一阵子的了，估计也快"鸣金收兵"了。

担架班上来时，两个班的敌人，已经攻到阵前了。没枪啊，转盘枪打都打不响了，水连珠步枪根本不顶事，手榴弹大显身手，冰雹般往下砸。

担架班上来后，连续打退四次进攻。

阵地上烟火弥漫，两个敌人从右侧绕上来，距孙景坤就几米远了，水连珠枪口顺手调过来，叭叭两响。左边交通沟里又冒出两顶钢盔，一个正待把机枪架到沟沿上，水连珠又响了。后面的敌人退下去，孙景坤一枪一个，周腊生的机枪哗哗欢叫。

除164高地那个小山头外，都是主动放弃的。

8连2排和7连一个担架班，共毙伤敌500余人。

真的有血有肉的数字告诉对手：我随时都可再来。

  烽烟滚滚唱英雄，
  四面青山侧耳听，
  晴天响雷敲金鼓，
  大海扬波作和声，
  ……

这是电影《英雄儿女》的插曲《英雄赞歌》中的歌词——下面就说说像女主角王芳一样的说英雄、唱英雄的40军文工团员。

军师文工团（队）分两批入朝，首批同大部队一道过江的主要是男同志，一部分到野战医院护理、转运伤员和掩埋烈士，一部分随部队行动，战地演出，宣传鼓动。没带乐器，拿两块石片当竹板说快书、顺口溜，唱歌也是无伴奏清唱，或者用铜碗、罐头盒什么器物敲打个节奏。转入阵地战后，人都过江上来了，乐器、道具也全了。在山沟里选块地方，简单平整一下就成了舞台，两边山坡就是阶梯式坐席。前排观众每人拿支蜡烛，后来有了汽灯，大山作幕，报幕员登场，一场演出就开始了。周围山上有防空哨，急促的"啪啪啪"三响是防空警报，能听到回音的"啪——啪——啪——"，是解除警报，燃亮蜡烛或汽灯，继续演出。

更多的是三五人一组，到前线坑道里演出。

韩绍玲老人说，除了打仗，日日夜夜一盏油灯，坑道里还有什么？说段快板唱支歌，开个玩笑，战士们有说有笑的，这就是战斗力。

119师文工队创作员郝玉峰，带一个小组去357团驻守的227高地慰问演出后，他留在8连体验生活，赶上一场战斗。美军朝坑道口发射火箭弹，郝玉峰上去扑火、抢救伤员，一箱箱往坑道口搬弹药，拧手榴弹盖。3个美军冲上来，刚架上机枪，就被几颗手榴弹炸翻了。郝玉峰看得真切，随口来段快板：

> 同志们，真勇敢，
>
> 一排手榴弹，
>
> 鬼子机枪被炸翻，
>
> 3个鬼子上西天。
>
> 一人一枪打到底，
>
> 英雄好汉看今天。

文工团（队）表演的节目，许多取材部队，表现真人真事。一些节目还在兄弟军流传，歌曲《孤胆英雄周德高》，还从前线流传到国内了。

海南岛战役的白莲市战斗，黑灯瞎火，担任主攻的352团5连2排队伍中多一人。是师文工队的创作员卞国泰。排长急了，说你怎么来了？卞国泰说你别管俺，让俺跟着就行。子弹嗖嗖飞，突然左腿一软差点摔倒，摸一把粘糊糊的，是血。排长扶住他，要给他包扎，还要派人背他下去。怕成累赘，还真成累赘了。他急了，大喊："别管俺，快去指挥战斗！"

指挥员靠前指挥是传统，文艺工作者深入生活，也是这支队伍的传统。"烽烟滚滚唱英雄"，你就得了解英雄、熟悉英雄，就得到连队去，到前线去。

而在朝鲜，前方、后方有时是分不清的。

1952年10月22日晚9时多，在西海岸永丰郡孝敬洞驻地，文工团员何于壁刚倒下，就听到炸弹落下来的尖啸声。两声巨响后，世界一片死寂。他晃晃头觉得自己还活着，一用劲从米把厚的浮土中拱出来，怎么天亮了？头顶防空洞炸开个天窗，月光洒下来。他听到有人喊他，是冷冬霜，负伤了。就开始喊人、找人、扒人，怕伤了战友，不用锹镐用手扒，双手扒得血糊糊的。崔省非的脸已经变形了，侯亚莉还嘴对嘴地为他做人工呼吸。

11人牺牲，20多人受伤，是40军文工团组建以来伤亡最为惨重的一次。舞蹈队的男队员几乎全部遇难，一些还未满18岁。一个颇受部队官兵喜爱的节目叠罗汉，再也不能表演了。最下面被称作"底座"的闵永安，一个虎背熊腰的壮汉，一条腿断了。

行军时触雷，过封锁线被炮火击中，防空洞坍塌还伤亡几个人。去前线抢救伤员，后送时伤员上不去汽车，女性纤弱的身体趴跪着搭成人梯。突破临津江，上岸后裤腿很快成了冰筒,有人正来例假。无论他们见没见到敌人,他们都实实在在经历了战争的血火。他们说英雄、唱英雄,他们好像只能永远向英雄学习,他们中也真的没有人被命名为英雄。

连《英雄儿女》中的女主角,不也只能是英雄的妹妹吗?

拿下坪村南山后,山上的最高指挥员副连长支全胜,左腿被子弹打穿,右腿被炮弹炸断,他让通讯员给他拿来一根爆破筒,坐在屁股底下。战斗紧张激烈时,别被谁顺手抓起来投出去了。

2排长韩发成率领的8班两个组,在164高地打剩最后一个人时,这个战士抓起爆破筒冲向扑上来的敌人。

不知道这根爆破筒是不是预留的,也不知道这位并不是英雄的英雄的姓名、籍贯,是老兵,还是新兵,是不是也曾像孙占鳌那样渴望立功、当英雄。已知的是,1947年参军的吉林省柳河县人支全胜,和他的战友在枪林弹雨中冲杀时,喝松花江水还未长大的孙占鳌和张义,是拿着红缨枪的儿童团。

还知道在旋风部队这个集体中,成为英雄,其实挺容易。

在文化人的文工团员心目中,英雄是那么高大,简直可望不可即。而在现实的部队里,一茬茬新老英雄,每个连都有,哪一仗都有,也不用说什么,就在你身边,照着做就行了。

还有另一种心态:谁不知道谁啊,下一仗看俺的!

面对以世界头号强国为首的"联合国军",无论40军和志愿军有多少什么样的优势,最大的也是对手最难以匹敌、承受的,就是这股英雄气。

5/ 谁是最后一名烈士——战争家常十一

3月26日晚6时19分,120师358团攻打梅岘里东山、马踏里西山的战斗打响。破坏射击,压制射击,拦阻射击,86门榴炮、野炮、山炮和轻重迫击炮的炮火,再一次在局部地区形成优势。

自中朝联军和"联合国军"对峙三八线后,史无前例的一幕,是10多门野炮、山炮"突然"出现在阵地前沿。野炮是夜里硬拖到那儿的,山炮是大卸八块背抬上来的。二三百米距离,第一炮把地堡掀去半拉,第二炮差不多就削平了。

步兵还在等待炮火延伸，已经抓到俘虏了。烟火飞腾中，一个美军懵懵懂懂跑到这边来了，灶王爷似的，连牙都黑了，开头大家还以为是个黑人。

仅用5至10分钟，就占领了两山的表面阵地。

8连7班冲上马踏里西山主峰了，大母堡里面的敌人还未发现。战士于运德绕到堡后，把炸药包塞进门里，一声巨响后，进去抓了6个活的。

侧后一个暗堡，机枪叫得挺欢。炮5班战士姜平浩爬过去，趁射手换梭子的工夫，一把将机枪从枪眼里薅了出来。3个美军傻眼了，举手吧。

前面就是坑道了。

这次战斗的一个新课题，是要攻占敌人的坑道。

有矛就有盾，志愿军用坚厚的大山的岩石，对付美军的TNT和钢铁。不屑于此道的陆1师，自己的碉堡被摧毁就无处藏身，占领对手的表面阵地就成了炮靶，吃了无数苦头，也不得不放下身段，向对手学习，求助于土地爷和山神爷。据"舌头"供称，梅岘里东山主峰侧后，构有45米和10米长的坑道各一条，马踏里西山主峰东南侧，有25米和10米长的坑道各一条。

8班蒋运红小组逼近坑道口，蒋运红投进去两颗手榴弹，两声闷响，窜出一阵黑烟，卢长友就上去了。两挺机枪歪在坑道口，一个美军趴着不动，一个仰面哼哼。捏亮手电筒，看看美国佬的坑道什么样。烟尘弥漫的光柱里，左右3间小屋子，前面几米处坑道拐弯。紧贴岩壁走过去，两颗子弹擦肩而过，转盘枪就吐着火舌回过去。没动静了，匍匐前进，感到人的气息越来越浓。两颗手榴弹抛出去，耳朵瞬间失聪，浓烟差点儿让他窒息。又静了一会儿，里面开始射击，子弹在岩壁上溅起火星子。他扣动扳机，没打响，一摸手榴弹也没了。这时，蒋运红带人进来了。投进去几颗手榴弹，里面一片死寂。

蒋运红大喊："汉支阿普，乃当不尔亚门什！"（举手，交枪，不要怕！）

清理坑道，拖出20具尸体，还有两个活的。

那条10米长的坑道，被1班用炸药将进出口炸塌，敌人全被闷死里面。

1连炮排排长李仁智，带着担架班上到梅岘里东山主峰，看见侧后洼部有个残破的地堡，悄悄摸近，送进去颗手榴弹。手电筒光线很暗，脚下一具敌尸，迎面堡墙开个大洞，是不是坑道口啊？进去一看，果然没错。拐了两个弯，电筒光罩住几顶钢盔，还有一双惊恐的眼睛。枪声好像要把坑道震塌似的响起来，李仁智已经隐身到拐弯处了。手榴弹揭盖一颗甩进一颗，甩到第6颗时实在呛得受不了了，跑出去换口气。抢救员王中元闻声赶来，李仁智说快去拿手榴弹，一会儿扛来一箱。两人进去，碰上拐弯处就向里甩手榴弹，不时踩上软骨囊的尸体。手榴弹甩完了，增援上来了。

40多美军，还剩一个活的。

对峙13个月，陆1师从未进入过40军的坑道，只是在外面炸呀烧呀封呀堵的。120师接防后的首次反击，就里里外外全收拾了。

梅岘里东山主峰鹤立鸡群，前沿距358团阵地最近处只有40米，拿下就是我的了，坑道保留加固。马踏里西山的两条坑道全部炸塌，让敌人重修重挖去。

板门店的彩色大气球又升起来了，美国又坐到谈判桌前了，还是不肯让步——那就再给他点颜色瞧瞧。

5月28日，358团再次拿下马踏里西山，同时攻占梅岘里东南山。激战3天3夜，这回寸土不让，把阵地向南推进15平方公里。

需要说明的是，敌人换防了，代陆1师倒霉的是土耳其旅。

没人想到，这是40军跨过鸭绿江后的最后一战，也是40集团军战争年代的最后一战。

前面说了，40集团军的第一名烈士，是徂徕山举义后首战寺岭牺牲的班长杨桂芳。

那么，最后一名烈士是谁？

前面说过，为了保密，志愿军首批入朝的4个军，全部换着人民军服装。没说的是从机关到部队，携带的所有物品，都不能有任何显示中国军队的痕迹。连牙膏上的汉字都刮掉了，就别说干部、组织，军务部门的各种实力统计和连队花名册等等了。如果想带过江去一张纸，那只能是一张白纸。

海南岛战役，第二次偷渡上岸后，在文生村被敌包围。突围前，干部把公文包里的文件都烧毁了。

血战大韩庄，冀东12团伤亡惨重，1营仅剩18名伤员，除了部分团营干部，谁知道那些烈士的姓名？

辽沈战役后，各连开始上报解放战士的姓名、籍贯和家庭地址，以便通知地方政府，使其家人享受革命军人家属待遇。那此前牺牲的呢？还有此后即俘即补即牺牲的呢？

以上应为比较极端的例子，大量的连姓名都牺牲了的烈士，不在此列。

《40集团军军史》载："在激烈残酷的五次战役中，我们军有近半数的同志为了战斗的胜利献出了鲜血和生命。"五次战役是运动战，大规模、远距离地前进、后退，除团以上干部和战斗英雄的遗体运回国内，大都就地掩埋了。进入阵地战后，方方面面的条件、环境都好多了，无名烈士出现的概率也大大地降低了。可最后一战的二打马踏里西山，在攻打主峰南面的无名高地时，突击队2排全部伤亡，除排长王占利外，谁还晓得、记得烈士的姓名？

李洪奎老将军说，1945年夏季大反攻前，"老一团"召开排上干部会议，政治处给与会人员都照了张相。除个别营团干部外，都是第一次照相，大家高兴得不得了，说这次战斗光荣了也行了，留下相了。

战争年代，"无名英雄"并不经常被人提及，许多基层官兵甚至说不出这4个字，却是那个年代实实在在的战争家常。"谁是最后一名烈士"，也就不是个伪命题，他就存在于当年60多个野战军和各军兵种部队的最后一战中。

只是连40军在朝鲜半岛的老对手、官兵脖子上都挂块名牌的美2师和陆1师，就能说得出他们的最后一名"烈士"的姓名吗？

犹如世上没有两片相同的树叶，每个英雄都是不同的，即便是同样拉响爆破筒与敌同归于尽的英雄。而无论英雄怎样不同，大体上也就分为两种，有名的与无名的，无名的还包括连姓名都牺牲了的。

烈士也一样。

英雄也好，烈士也罢，谁愿连姓名都牺牲了，让父母妻儿不知所终，魂安何处？

或许，这样也能给亲人留下一点念想，一丝希望。

第十四章　和平无声

1/ 古来征战几人回

1953年7月27日，朝鲜军事停战协定，在板门店签定。

第二天，首批入朝作战的40军，作为停战后的首批归国部队，从西海岸地区北上，向鸭绿江开进。军直、118师、120师以铁路输送，119师徒步行军，30日过将抵达安东后乘火车。8月1日，各部先后进驻锦州地区，直到今天没动窝儿。

"雄赳赳，气昂昂，跨过鸭绿江……"40军过江时还没有这支歌。那是个细雨蒙蒙的秋夜，安东的街巷难见人影，江桥在人马车炮涌进中发出轰隆轰隆的响声。

而今，月朗星稀的夏夜，起落的脚步，伴着江涛的鼾声，江城愈显安宁、恬静、温馨。

骁勇善战的旋风部队，除了118师那次北平入城式，好像永远与鲜花、掌声无缘。

和平无声。

回到祖国，走进没有硝烟的和平年代，军人的感觉是不大适应。

先是118师，后是120师，官兵站在大德山上，免不了遥望板门店。听说那些彩色大气球圈定的区域，叫"中立区""和平区"，飞进一颗流弹、一块弹片，双方就要严正抗议、交涉，定要查明来自何方，已经习惯了硝烟战火的军人，就想那是个什么样的世界啊？

在朝鲜33个月，除了防空洞，就是坑道，这回住到房子里了。人就该住在房子里，这个挺好，可睡觉还得脱衣服吗？别说在朝鲜，就是在国内，别说衣服，脱鞋的时候都不多。无论参军前在家怎么睡觉，多少年了，已经习惯这样睡了，或者说已经忘了应该怎么睡觉了，就觉得不得劲儿，翻来覆去睡不着。还要讲卫生，不能喝生水，消灭虱子，勤洗衣服勤理发勤剪指甲等等。1952年初敌人搞细菌战，大冬天苍蝇在雪地上爬，部队开展卫生防疫、人马健康运动，用大油桶烧水洗澡，洗完一仗下来还是泥人。喝开水，热咕嘟的不解渴，哪有灌一肚子凉水痛快呀？四保临江，五次战役，头发老长，等于多顶帽子。肉搏战，摔上跤了，指甲长点还是武器呢。

没营房，部队住老乡家。进了村镇，连长的目光把周围地形地物巡视一番，有的地方还去踏查一遍。防空，防偷袭，今晚会不会有什么敌情啊？哦，朝鲜停战了，蒋介石早跑去台湾了，大陆已经没有拿枪的敌人了。后来也不用谁提醒了，可还是要四下里看个明白，那觉才睡得踏实。

闯到关东不久，就是"最后一战"。从长白山打到海南岛，都扫荡到天涯海角了，肯定是最后一战了，还要跨过鸭绿江打上近3年。睡梦里都是硝烟，战争这根弦就这么一直绷着，一时间还真难松弛下来。

而自踏上祖国的土地，官兵就像听到了一声口令，齐刷刷一个心思：想家。

四野南下，40军进至湖北黄冈地区，离韩先楚家乡黄安不远了，他说什么也要回去看看唯一的姐姐。赶到河口，雨大涨水，郑需凡说这河过不去，再说你家那边还没解放，不安全。12兵团副司令员兼40军军长说：你弄头水牛，俺抓着牛尾巴也得游过去。

1930年10月，韩先楚在河口参加红军，姐姐在河边望着他远去，一别19年啊。

徐国夫是1952年去南京军事学院学习，顺路回趟安徽六安老家。母亲老泪横流，踮着小脚摸啊看啊，说你是老大，还是老二啊？

哥哥和他同年参军，1933年在四川长寿县牺牲了。

翟文清参军时的那个班12个人，抗战胜利就剩他一个了。

1947年2月参军的刘炳文，同村一齐出来52人，开小差的不算，从朝鲜回来5个。

文工团舞蹈队演员吴庆平，武汉解放后15岁参军。她在坑道里写的几封信，母亲不知看了多少遍，都翻烂了。母亲盼信，又最怕见到邮递员，怕邮递员送来个邮包，那样女儿就没了。

都想回家看看，党员、干部靠后，先紧老兵。同样的老兵，先紧年纪大的。那时干部年轻，营级干部过30岁的不多，30来岁的老兵却不稀罕。像战斗英雄周德高，已经40岁了，当年一块撒尿和泥玩的伙伴的孙子都可哪跑了，他的媳妇还不知道在哪儿呢。

王世儒1947年参军，1955年秋探家。

自配水池一战后，他就没想着能够活着回来。

他是土改后第一批参军的翻身农民之一。十字披红，胸前一朵大红花，骑在马上，区政府和土改工作队的干部一边一个给他牵马，还有一只秧歌队簇拥着，在"八路军，独立营，谁参加，谁光荣，光荣光荣真光荣"的秧歌调中，在村子里走了两圈，再吹打欢舞着送到区里。

王世儒5岁时，祖父赶车车翻了被砸死，13岁时父亲盖房子房塌了被砸死。村里人说王家两代人横死，咱村这些当兵的谁能回来，他也回不来。

8年后探家，得知全村先后参军23个人，十几个是伤后复员回来的，像他这样的就他一个。

五次战役后，给家里寄张照片。过几道炮火封锁区，随时还有飞机轰炸扫射，那信也是从枪林弹雨的"雨缝"中钻过来的。照片有点脏了，胸前还被水洇了一片，眼睛也弄得似睁不睁的。母亲捧着照片几次哭得没气了，认定这是张死人照片，儿子没了。街坊邻居和村干部都来劝，说这还有你儿子的亲笔信，信上说他好好的，一遍遍给她念，那也不信。因为之前有人伤了亡了，村干部担心父母一时间受不了，寻思慢慢做工作，念信时就把亡了改成伤了，重伤说成轻伤。区长和区干部也来了，区长说你儿子要是没了，俺给你当儿子。这话管用，也就管一会儿。还是区长有办法，让几个区干部去邻居家待着，说这封信他们都没看过，俺也是第一次拿到，俺先给你念一遍，再让他们一个个地念。大娘你仔细听着，如果俺们想糊弄你，也不可能念得一字不差啊？

回国后，王世儒成了大忙人。他读过两年书，给战友们写家信。

王世儒的母亲接到信，就从辽东省西安县（今吉林省辽源市）二道河子村，一路打听着赶来了。收拾屋子、烧水、打饭，连队倾其所能做好吃的，南腔北调的"大娘""大婶"叫得这个亲哪。多少年没见到妈了，见到战友的妈也像自己的妈似的。如果共产党兴认干儿子，母亲能有一连干儿子。

李德福的母亲，把从小订的娃娃亲的没过门的儿媳妇也领来了。

辽沈战役后进关，和李德福一块参军的一个老乡开小差回家了。母亲去问李德福怎么样了，回答是好长时间没见到了，八成是不在了。辽沈战役伤亡那么大，如此推测也不是没有道理。可东北全境解放了，各种有关规章制度开始建立健全起来，谁家的孩子牺牲了，部队会通知，政府有烈属待遇，李德福怎么音信皆无啊？后来就风传这人失踪了，开小差了，不知跑哪去了，政府来人把大门上的"光荣军属"牌子摘走了。

母亲眼睛快哭瞎了。不知儿子的忌日，每年民间习俗需要祭奠的那些日子，就去十字路口烧纸，再烧香拜佛。村里来个算命瞎子，那是必须请进屋的，而且大都说这人还在，在南边。谁都知道东北大军南下了，那还不是在南边吗？结果却是在庄河县东北边的安东见到儿子。不管在哪边，反正只要活着就行，母亲就靠算命先生的话撑着活着。

王世儒参军后，先在区中队、县大队、独立团，辽沈战役前分到3纵7师19团1营机炮连重机枪班。李德福在21团3营机炮连重机枪班，也是弹药手。两人都说咱扛大活出身，扛弹药箱算个啥？还说打起仗来，重机枪对付集团冲锋最解渴了，自己伤亡时也是一大堆。而李德福所在的锦州市军队离退休干部第一服务管理中心，他还被称作"子弹漏""炮弹漏"，因为在这些战争年代的幸存者中，像他这样直接在战场上冲杀的不多。

入朝前在安东整训。在沐洞里牺牲的金守续的叔叔，到安东办事，听说后找上门来。家乡来人了，一帮老乡都聚去了。金守续的叔叔吃了一惊：这不是李德福吗？好好儿的一个大活人啊？

步行、搭马车、坐汽车，母亲一双小脚从未出过远门，着急上火，晕车晕得不省人事，听到有人叫"妈"，立刻两眼放光。

就后悔走得太急，没把没过门的儿媳妇带来，就让儿子请几天假回去成亲。

去辽西驻地探亲的家属，好多带着没过门的儿媳妇。有的是娃娃亲、童养媳，有的是父母相中了，就迫不及待地带来了。

横城反击战牺牲的352团3营营长李玉才，29岁，1.75米左右个头，浓眉大眼,下颌稍尖,英俊帅气。他是山东省安丘县李家大沟村人,父亲去世,有个母亲和与他同岁的童养媳。在鸭绿江畔厉兵秣马3个月,收到几封家信,字迹都不一样,不知母亲求谁写的,都是催他回去结婚。母亲想不到儿子还要抗美援朝,只知道江山已经打下来了,你还推三阻四不回趟家,莫不是变心了啊?这是断断使不得的。

李玉才很羡慕翟文清:"老伙计,你没这事,多省心哪。"

翟文清说:"打完仗回来,你第一件事就是回家成亲。"

李玉才道:"要是回不来,你替俺写封信,让俺娘告诉人家,再找个人家。"

又道:"老伙计,不唠这个了。这回过江去,咱们好好配合,争取打出个英雄营。"

李玉才牺牲,翟文清泪水像断线的珠子,那眼里又喷出火星子。

老将军说:战争年代身边倒下的那些战友,印象最深的,一个是第一任班长郎君田,再就是李玉才。李玉才平时挺温和,打起仗来眼珠子瞪溜圆,勇敢、果断,脑子快,百分之百的将才。他原来就是战斗英雄,抗美援朝又打出个英雄营,他却牺牲了。

老将军有些哽咽:"李玉才曾说他'怕死',不为别的,就是童养媳。如今30岁的大姑娘好像不算啥,那时哪行啊,快当奶奶了。他怕自己回不来,让人家白等了,那还怎么嫁人啊?一辈子都耽误啦!"

又哽咽着道:"我就一个人,没牵挂,应该我去替他死呀!"

2/ 还是战争家常

1947年春的南山城子战斗,黄魁勋跟在连队后面跑着跑着,裤子突然掉了。跩个跟头爬起来一看,裤带被打断了,子弹在右侧腰上出溜一道沟,肉白白的,血一下子冒出来。

这是19团8连卫生员黄魁勋第一次负伤。

8连通过一片树林,一发炮弹削掉一溜树头落地响了,副连长李玉才负伤。右臂肩头处骨折,嘴也伤了,满脸是血。先止血,后包扎,肩膀负伤不大好包扎,黄魁勋的手有点发抖。

李玉才笑笑，说别着急，让狗咬两口，离死还十万八千里呢。

笑是感觉到的，说话也听不大清，嘴一动就淌血，还吐出两颗牙。

李玉才是黄魁勋从营部卫生班下连后，抢救的第一个伤员。

横城反击战，3营穿插到位后，拿下广田北山、东山，又攻打南山。黄魁勋在山下包扎所，天还没亮，山上下来一副担架。谁伤了？营长。他一个激灵，听见通讯员小刘哭得嘎儿嘎儿的。飞步赶到，李玉才头上盖块毛巾，红得像从血里捞出来的。

战场上叫唤得最欢的伤员，通常不会有大问题，最可怕的是一声不吭、一动不动的。而这不声不动的会怎样，医助黄魁勋一眼能瞅出个八九不离十。可他还是倾其所能，在几只手电筒的光照下动作着。

他眼里流的不是泪，而是血：营长啊，兄弟啊，俺救你一次了，你就让俺再救一次呀！

从山东到东北，再华北、华中、华南，又跨过鸭绿江，一路上倒下多少战友啊，一个个音容笑貌就在眼前，黄魁勋最难忘怀的是李玉才。一道闯关东，四保临江后就在一个连，偷渡琼州海峡也在一条船上。

枪炮声中没什么感觉，父母也没别的奢望。步入和平年代，远去了刀光剑影，老人一下子变得迫不及待，甚至忍无可忍了。也是，当年过海的八路军，就算抗战尾巴参军的，如今都多大年纪了？

经人介绍，黄魁勋也有了女朋友。第一次约会，望着后来成了妻子的那个姑娘，他突然想起李玉才和他的童养媳。

当了父亲，又想起李玉才和那些战友，他们没有后人。

今天军人有档案，各种自然情况一清二楚。他们那时有什么？有的在家时叫"栓柱子""狗剩子"，参军后才有个大号，牺牲了什么都带走了。

开头他关注照片，那个年代太稀缺，就文字资料、片言只语都收集。那时了解情况的人很多，找到同村的战友收获最大了。不时有来队寻找亲人下落的烈士家属，也能提供一些信息。锦州攻坚战，8连牺牲20多人，部队驻地，诸多方便，大体上都搞清楚了。海南岛战役，沂水籍官兵牺牲不下百人，搞清楚20多。

6连2班长任光第，和黄魁勋同村同龄同时参军，两人好得一人似的。打完锦州奔辽西，在个村子见到6连，他去找任光第，指导员刘立修说在锦州留守了。班长留什么守啊，这人肯定没了。

刘立修是唯一有后人的，参军时儿子3岁了。他比黄魁勋大8岁，同乡不同村，一天书没念，却是十里八村有名的教书先生。在海南岛牺牲的，重疟疾，"叫蚊子咬死了"。通知书把"修"字写成"休"，区里干部说这不是"刘立修"，退回来了。妻子从区找到县、省、民政部，民政部与40军联系，黄魁勋和几个战友给写的证实材料。

锦州原有"解放锦州烈士陵园"，1997年重新选址，在城北帽儿山前刺槐山扩建，1998年10月15日锦州解放50周年纪念日落成。

黄魁勋告诉他的3个孩子：每年清明和10月15日，部队、地方会去烈士陵园，你们要去，平时也常去看看。这些叔叔伯伯都是和爸爸一样的军人，他们牺牲了，我才活着，才有了你们。他们的父母都去世了，又没有后人，你们就是他们的后人。我不在了那一天，你们更要多去，带上孩子，看看他们，跟他们说说话。

笔者去烈士陵园瞻仰，映入眼帘第一个熟悉的名字是任光第。两侧球柏，簇拥一个挺大的大理石墓碑，上面镌刻两行5个金字：烈士任光第。左下方有胶带纸粘贴固定的一张纸，写着烈士的籍贯、部队番号、职务和出生、牺牲年月。

黄魁勋老人经常去看望这些熟悉的不熟悉的战友，那纸上的字迹被风吹日晒雨淋得模糊不清了，就再粘贴一张。

从胶东到鲁中，然后足迹遍及40集团军战争年代所有征战之地，旋风部队头等主力师政委张玉华，离休前为南京军区副政委。

山东省文登县文登营镇人张玉华，1935年4月加入共产党，开办"新生活书社"作为党的秘密联络站。读10年书的小学教师，工资除了维持生计，大部分交了党费。

而今，96岁高龄的老将军，把自己的大部分工资都帮助了需要帮助的人。

笔者采访的前一年国庆长假，黄魁勋让儿子驾车带他重走临江路。四保临江是东北3年战争最艰苦时期，冰天雪地，穿双露脚背、大脚趾头也出来观光的布鞋。房东大娘心疼得眼泪一对一双的，连夜给他补鞋，用包袱皮缝了两双袜子。

有家房东还是沂水老乡，更亲了，什么好吃的都拿出来，大娘还要认他干儿子，临走一家人都哭了。他说打完仗，俺还活着，一定来看你们。

张玉华参军后的第一次战斗，《山东纵队进行曲》中唱到的雷神庙战斗，就负伤了。

战争年代，三次负伤，重伤醒来，这是哪儿啊？第一次没经验，后来就习惯了。喂水喂饭，擦洗伤口，甚至擦屎端尿。老母鸡下个蛋也是你的，你不吃？就看着大娘着急上火生气？

至今腹部还有颗三八枪子弹的老将军说，我的母亲活到87岁走了，当年受了那么多苦难煎熬，我对她非常孝敬，她觉得非常满足。可对人民群众这个母亲呢？到个村子，写个条子，吃老百姓的，负伤了用门板把你抬回家，那是再生父母啊，该怎么报答？这辈子能报答得了吗？

在山东30年，东北22年，武汉13年，然后是南京，老将军首先想到的是曾经的征战之地，那是太自然而然的了。辽宁是重工业区，改革开放转型期那么多下岗工人，而辽宁的东西南北中，哪儿没有他和战友们带血的足迹啊？锦州地区简单，一个电话，老部队就帮他办了。别的地区，一遍遍拨打电话，与有关部门联系，或者寄钱就行了，或者请人家帮助代买粮食、食油等物。

截至2012年10月底笔者采访，老将军已累计捐款30多万元，捐赠大米10万斤。

采访期间，老将军正与黑龙江、新疆两省区有关部门联系，有什么比较合适的扶贫项目，各捐1万元。

汶川地震，立马捐1万。替他管钱的士官小李说，捐这些这个月就难过了，能不能少捐点，或者等月底发工资再捐？他说救人是救急，有房住，有饭吃，有什么难的？

"新三年，旧三年，缝缝补补又三年。"这话已经多少年没声响了，戎马一生的老将军的内衣还在实践着。身上那件每年穿三季的灰黑色中山装，少说有20年了。

他说："四平保卫战，我们22团牺牲两位营长，至今不知尸骨何处。1951年5月16日上午，我们118师刚接防阵地，敌机来了，几颗炸弹下来，师长罗春生、参谋长汤景仲和几个机关干部都牺牲了，我这个政委就在他们身边。"

老将军说:"那时评功评奖,官兵说我们不要,给烈士吧。"

韩邵玲老人说,前年春天张玉华政委来锦州了,我去招待所看他,说老政委,你还认识我吗?他说你呀,不就是在通县穿件蓝大褂,软磨硬泡非要当兵的那个黄毛丫头吗?我说黄毛丫头成老太婆了,他说在我面前还敢说"老"?在老首长眼里,我们这些人永远长不大,永远是"小韩""小李""小刘"。他问文工团那些人都怎么样了,我说谁没了,谁这两年身体也不大行了,谁还硬邦邦的。一会儿人越来越多,拄拐杖、不拄拐杖的,儿女跟着保驾护航的,沙发坐不下搬些椅子,七嘴八舌一阵子,话题就回到战火纷飞的年代。每次都这样,那人立刻意气风发、青春焕发了。

40军干休所文化活动中心,每天8点准时开门。书报室、电视室、棋类室、麻将室,还有个"军事论坛",又叫"自由论坛"。这个星球哪儿响起枪炮声,美国航母编队在哪儿游弋,美俄又有什么新装备列装,中国和谁有领土领海争端,日本右翼的动向,钓鱼岛、黄岩岛及台独等等,都是论坛的话题。近几年中国空军、海军的飞速发展,尤其使当年一直单一军种作战的军人热议、振奋。而自1989年干休所成立以来,结合自己的经历、体会,回顾40集团军战史,研讨旋风部队特色,则是这个论坛的特色。谁写回忆录,大家帮着提供素材,分析战例,写完了再评说一番。

半个多世纪了,人们已经习惯了和平的生活,空气中好像从来都没有、而且就应该没有硝烟,战争遥远得就像是另一个星球上的概念。

而这些身上绝少没有伤疤的老人,还是战争家常。

3/ 梦里杀声

深秋的辽西,天空寥廓,遍地金黄。

40军营房,一片片矗立起来,红砖红瓦,格外喜庆。

朝鲜停战回国,从1954年开始,盖了两年营房。

这是使用标准20年的简易营房,经周恩来批准,总后勤部统一设计的图纸,木材都是等外材,沙石就地取材,砖瓦灰都是官兵自己烧制的,再一砖一瓦盖起来。

前面说过，海南岛战役后，旋风部队奉命北上，目的地是洛阳地区。作为军委战略机动部队的3个军之一，40军驻扎中原，进出东西南北方便快捷。从海南岛出发就知道，到洛阳首先要建营房，没想到会在锦州大兴土木。沈阳军区最多时有8个野战军的编制，是名副其实的超级大区。而40军自归国后，就驻守在辽沈战役中的热点中的热点，出关入关的咽喉要地、交通要冲锦州，再没动窝儿。

40军代政委李伯秋少将，来到352团。营房已经盖好，官兵身上汗呀泥的，正在做最后的修整，准备入冬前搬进去。而住进新营房后，和平年代的第一批老兵复员、干部转业，就要开始了。

李伯秋说，同志们辛苦了，歇会儿，咱们唠唠嗑。

谁探家了，谁还没有，准备什么时走，探家结婚的有多少。参加过抗日战争、解放战争和抗美援朝的"三代老兵"，一个连四五个，几乎都是连干部，"两代"的还有二三十人，从朝鲜回来的就多了，70%以上。

从徂徕山下来的"三代老兵"李伯秋，问：你们觉得这房子质量怎么样，能不能达到20年使用标准。

都说30年也没问题打了这么多年仗，这回终于有自己的营房了，那还能差了？

李伯秋问，刚住进新营房，咱们在座的许多同志就要转业复员了，大家怎么想的？

有人说，说心里话，真有点舍不得走。可打完仗了，国家不需要养这么多兵了，这事俺想到了。俺服从命令听指挥，党叫干啥就干啥，就跟战场上接到命令炸碉堡一样，没二话。

有人说，这叫"前人栽树，后人乘凉"。

40来岁的连长问，政委，你说说，三八线上还对峙着，这就算是和平了吗？

有的说，俺看这和平有点悬。签的是停战协定，不是和平协定，兄弟部队还在那儿顶着，说不定什么时候就打起来了。

有的说，要是还打仗，可别忘了告诉俺，俺立马回来，还在咱旋风部队。

有的说，还打仗俺就不走了，就让咱们把仗打完，让后人过太平日子。

2008年春,临高角矗起一座纪念碑,上面镌刻着海南岛战役中旋风部队已知的烈士的姓名。

刘立修的儿子刘遂业,和母亲在家乡给父亲修个假坟。黄魁勋给他打电话,说这回有地方了,你爸爸和那些有名没名的战友在那儿聚齐了,什么时候想去就去看看吧。

已经退休的临沂地区电业局总工程师刘遂业,带着一家人去了。

陈永康去了,有当地老人还认识他,说这不是大个子营长吗?

徐国夫坐在黄长轩牺牲的地方,吧嗒吧嗒落泪。

苟在松参加了纪念碑落成仪式不久,就去世了。

笔者采访时,陈永康和几位老战友,想去温家台看看。干休所的领导一再劝阻,说头几年没问题,现在还是身体第一,别出意外。

1987年去40军采访,第一次见到离休不久的翟文清将军,我请他带我去看当年攻打的辽西省公署大楼。大热的天,我们走得汗涔涔的。我说副军长,累了吧?他说没问题,现在行军也不会掉队。

1998年第二次采访,身上嵌着弹片的老将军,依然那么健康、矍铄,思维敏捷。每天早晨4点半起床,到锦州锦路分局广场,那儿有个老年活动中心,伴着音乐做健身操,然后慢跑、快走,比他小十几岁的人都走不过他。每月要交1元钱,许多人认识他,说老军长是战斗英雄,还是解放咱们锦州的战斗英雄,不用交钱。他说那是过去的事了,大家说没有过去哪有现在呀?他说咱们都一样,都是在这里健身的老人,我不过是个打过仗的老头。

当年这里叫锦州铁路局,是范汉杰的指挥所之一,充满耳鼓的是枪炮声和冲锋号。"打过仗的老头",率连打下省公署大楼后,又冲杀到这里。是夜间,呼哧呼哧喘着粗气,全速奔跑。周围枪炮声炒豆似的,子弹在路面上犁出一道道火星子,脚下是砖头、瓦块和敌人的尸体。他记得在这个广场上还绊了一跤,爬起来再跑,身上粘好多血,粘糊糊的。

14年后再采访,一向快人快语的老将军,表述已经挺困难了。

当翟文清抱着最后一包炸药逼近省公署大楼时,陈泽厚正率领尖刀排通过神社山前面的那片开阔地。炮弹在前后左右爆炸,轻重机枪子弹像割庄稼似的,半人来高的蒿草,未及收获的玉米,一溜溜纷纷倒落。那是一刻也耽误不得的。陈泽厚手里的冲锋枪吼叫着,那人好像要追上子弹,冲在最前面。

解放锦州烈士陵园坐落的刺槐山,当年是旋风部队3纵的炮兵阵地。如今的40集团军干休所,就建在陈泽厚率尖刀排通过的那片开阔地上。当年的尖刀排长,前面写过的率连最先进入汉城、阵地战中屡抓"舌头"的侦察连长,离休后就住在那里。

最近一次采访,笔者去干休所不下20次,可我没去陈泽厚老人家,老军人患脑萎缩已经多年了。

1989年干休所落成时,先后有72家入住,就是说有72位"三代""二代"老兵聚居这里。当年陈泽厚率领的那个尖刀排,如果加强一个步兵班,或者火器班,(这是很可能的)人数应该和干休所的老军人差不多。不知道通过这片开阔地后,尖刀排还剩多少人,笔者2012年最后一次采访时,干休所还有26人。

刺槐山上炮群轰鸣,旋风部队卷起旋风,锦州城里硝烟弥漫,冲锋号、小喇叭声声。战争的动感和影像,声声在耳,历历在目,从不曾褪去,弥久弥新。当年冒矢冲锋的老兵,就在这片浸染着鲜血的战地,伴着战友的英灵,日里夜里,梦里杀声。

从徂徕山到长白山、海南岛,再到朝鲜半岛,一路血火,一路英魂,就有了旋风部队的军魂。

清晨,军号嘹亮,军营冲腾起雄性的朝气与活力。

集团军机关楼前的雕塑,旋风旋起一柄利剑,剑光如电,铮铮有声。

干休所,李如吉老人下楼推出电动车。每天这个时候,当年在刺槐山上占领发射阵地的炮兵班长,就会出现在铁路局对面早市买菜的人流中。

翟文清老将军推开窗户,望着这座战争名城的新的一天,望着距干休所不远的辽沈战役纪念馆,望着城北刺槐山上的烈士陵园,耳边响起军歌的旋律:

　　向前向前向前!
　　我们的队伍向太阳,
　　脚踏着祖国的大地,
　　背负着民族的希望,

我们是一支不可战胜的力量。

……

1987年、1998年 2012年采访于锦州、
北京、南京、武汉、沈阳、丹东、大连
2013年9月至2014年3月看资料、
写作、修改于大连

参考文献

1. 陆军第四十集团军编：《中国人民解放军陆军第四十集团军军史》第一卷（1937年10月—1953年7月），1996年8月。

2. 陆军第118师政治部编：《英雄集》，1983年10月1日。

3. 陆军第119师编：《英模集》，1978年5月2日。

4. 陆军第120师编：《英模集》，1981年8月1日。

5. 中共泰安市委党史征集研究办公室编：《徂徕山起义》，黄河出版社1997年版。

6. 八路军山东纵队史编审委员会编：《八路军山东纵队》（回忆史料上册），山东人民出版社1991年版。

7. 八路军山东纵队史编审委员会编：《八路军山东纵队》（综合册），山东人民出版社1993年版。

8. 中共临沂地委党史资料征集委员会：《中共沂蒙党史大事记》（1923年—1949年9月），山东人民出版社1992年版。

9. 《冀东革命史》编写组编：《冀东革命史大事记》（1919年—1949年），河北人民出版社1988年版。

10. 中共唐山市委党史办公室编：《纪念冀东人民抗日暴动》，1988年。

11. 齐戈：《转战沂蒙的老一团——为纪念抗日战争胜利五十周年作》，新时代出版社1995年版。

12. 袁占先、高月泽编：《血沃中华——抗日战争亲历记》，白山出版社1995年版。

13. 《中国人民解放军第四野战军战史》编写组：《中国人民解放军第四野战军战史》，解放军出版社1998年版。

14. 沈阳军区政治部编研室编：《沈阳军区历史资料选编》，1985年。

15. 王树和：《大地旋风——中国人民解放军第四十军征战纪实》，解放军文艺出版社 2004 年版。

16. 姜庆肇：《泰山之子——共和国上将刘振华》，解放军出版社 2004 年版。

17. 刘振华：《海南之战》，辽宁人民出版社 1988 年版。

18. 徐国夫：《大漠风声疾》，白山出版社 1998 年版。

19. 曾克林：《戎马生涯的回忆》，解放军出版社 1992 年版。

20. 徐振山：《我经历的革命故事》，2010 年 8 月。

21. 李德福：《烽火岁月》，2008 年 11 月。

22. 琼崖武装斗争史办公室编：《琼崖纵队史》，广东人民出版社 1986 年版。

23. 军事科学院军事历史研究部：《中国人民志愿军抗美援朝战史》，军事科学出版社 1988 年版。

24. 杨迪：《在志愿军司令部的岁月里——鲜为人知的真情实况》，解放军出版社 1998 年版。

25. 庄红军主编，陆军第四十集团军政治部：《闪光的篇章》，2000 年 10 月。

26. 李英、王树和、陈彻、李维赛：《四十军在朝鲜》，辽宁人民出版社 2010 年版。

27. 陈彻：《旋风部队——第 40 军朝鲜战争传奇》，新华出版社 2010 年版。

28. 李奇微著，军事科学院外国军事研究部译：《朝鲜战争》，军事科学出版社 1984 年版。

29. （美）大卫·哈伯斯塔姆著，王祖宁、刘寅龙译：《最寒冷的冬天——美国人眼里的朝鲜战争》，重庆出版社 2010 年版。

30. （韩）白善烨著，金勇译：《最寒冷的冬天——一位韩国上将亲历的朝鲜战争》，重庆出版社 2013 年版。

旋风战歌

——陆军第四十集团军军歌

易仁寰 词
聂向军 曲

图书在版编目（CIP）数据

旋风！旋风！：第40集团军征战史记 / 张正隆著.
—北京：人民日报出版社，2017.7
ISBN 978-7-5115-4840-5

Ⅰ．①旋… Ⅱ．①张… Ⅲ．①八路军－抗日战争－史料 Ⅳ．①E297.3

中国版本图书馆CIP数据核字（2017）第178846号

书　　名：旋风！旋风！：第40集团军征战史记
作　　者：张正隆

出 版 人：董　伟
策划编辑：陈　丹
责任编辑：马苏娜
装帧设计：刘龄蔓

出版发行：人民日报出版社
社　　址：北京金台西路2号
邮政编码：100733
发行热线：（010）65369527　65369846　65369509　65369510
邮购热线：（010）65369530　65363527
编辑热线：（010）65369522
网　　址：www.peopledailypress.com
经　　销：新华书店
印　　刷：北京鑫瑞兴印刷有限公司

开　　本：710mm×1000mm　1/16
字　　数：360千字
印　　张：23.5
印　　次：2017年8月第1版　2017年8月第1次印刷

书　　号：ISBN 978-7-5115-4840-5
定　　价：49.00元